Christian W. Kröger
Kommunale Sonderfinanzierungsformen

DUV Wirtschaftswissenschaft

Christian W. Kröger

Kommunale Sonderfinanzierungsformen

Möglichkeiten und Grenzen einer Börseneinführung von Versorgungsunternehmen

Mit einem Geleitwort von Prof. Dr. Gebhard Zimmermann

Springer Fachmedien Wiesbaden GmbH

liothek – CIP-Einheitsaufnahme

ı W.:
lerfinanzierungsformen : Möglichkeiten und
örseneinführung von Versorgungsunternehmen /
ger. Mit einem Geleitw. von Gebhard Zimmermann.
sbaden : Dt. Univ.-Verl., 2001
haftswissenschaft)
ourg, Univ., Diss., 2001
ISBN 3-8244-0598-9

Gedruckt mit freundlicher Unterstützung der Sparkassenorganisation e.V., Bonn

1. Auflage November 2001

Ursprünglich erschienen bei Deutscher Universitäts-Verlag GmbH, Wiesbaden, 2001

Lektorat: Ute Wrasmann / Dr. Tatjana Rollnik-Manke
www.duv.de

Gedruckt auf säurefreiem und chlorfrei gebleichtem Papier

ISBN 978-3-8244-0598-5 ISBN 978-3-663-08070-1 (eBook)
DOI 10.1007/978-3-663-08070-1

Meinen Eltern

in Dankbarkeit gewidmet

Geleitwort

Kommunen und ihre öffentlichen Unternehmen stehen hinsichtlich der Erfüllung ihrer öffentlichen Aufgaben vor den größten finanziellen Herausforderungen. Die unabweisbaren Ausgabensteigerungen der Gebietskörperschaften können nicht mehr durch eine Erhöhung der Einnahmepositionen ausgeglichen werden. Es herrscht Finanznot. Die kritische finanzielle Situation der Städte und Gemeinden, auf denen die Hauptlast der Planungen und Umsetzung der Infrastrukturmaßnahmen liegt, zwingt daher zu einer stärkeren Beachtung neuer, unkonventioneller Finanzierungsinstrumente. Vor allem Mischformen der Finanzierung, die sog. Public-Private-Partnership und auch die „Privatisierung kommunaler Aufgabenstellungen" werden derzeit besonders diskutiert.

Die verstärkte Anwendung alternativer Finanzierungsmodelle hat zur Publikation einer ganzen Vielfalt von Diskussionsbeiträgen und Aufsätzen geführt; dennoch ist die ökonomische Vorteilhaftigkeit alternativer Finanzierungsformen kommunaler Infrastrukturinvestitionen nach wie vor heftig umstritten. Ein Grund ist hierfür neben der Vielfalt und Unterschiedlichkeit der in die kommunale Praxis eingeführten Finanzierungsformen auch darin zu suchen, daß es bis heute weder zu einer Systematisierung noch zu einer abschließenden finanzwirtschaftlichen Bewertung dieser Modelle gekommen ist. Dabei kommt es in der Literatur überwiegend zu einem Nebeneinander deskriptiver einzelwirtschaftlicher Finanzierungsaspekte mit vereinzelt ordnungspolitisch motivierten Privatisierungsaspekten. Trotz zahlreicher Einzeldarstellungen mangelt es häufig an einer problemorientierten finanzwirtschaftlichen Bewertung kommunaler Finanzierungsformen.

In seiner Arbeit erläutert Christian Kröger, daß sich eine derartige Problemstellung nicht ohne fundierte Erkenntnisse der Finanzierungstheorie sachgerecht lösen läßt. Herr Kröger hat sich vorgenommen, mit Hilfe des Agency-Kosten-Ansatzes Vergleiche zwischen der herkömmlichen Kreditfinanzierung und alternativen kommunalen Finanzierungsformen sowohl zu analysieren als auch abschließend zu bewerten.

Als Folge der beschriebenen Finanznot ist aber nicht nur für Kommunen, sondern auch für kommunale Unternehmen die Frage nach externer Eigenkapitalbeschaffung zur Finanzierung notwendiger Investitionen in jüngster Zeit verstärkt in den Mittelpunkt der Diskussion gerückt. Ein Weg für kommunale Aktiengesellschaften, sich eine ausreichende Eigenkapitalbasis zu schaffen und zu sichern, ist der Gang an die Börse. Während das Going Public in seiner Grundform keine neue Finanzierungsform darstellt, wird von Herrn Kröger erstmalig ein Going Public als mögliche Finanzierungsform für ein kommunales Unternehmen beschrieben. Die Börseneinführung von kommunalen Unternehmen bringt hinsichtlich ihrer Durchsetzung und Umsetzung im Vergleich zum Going Public privater Unternehmen andere Aspekte und Voraussetzungen mit sich, die Herr Kröger untersucht und analysiert.

Herr Kröger stellt dar, daß das Going Public von kommunalen Unternehmen in einem sowohl theoretisch als auch empirischen Erkenntnissen umfassenden Zusammenhang bisher wissenschaftlich nicht gewürdigt worden ist. Sein Thema ist hochaktuell und für die kommunale

Praxis außerordentlich brisant. Die Arbeit von Herrn Kröger stellt dabei hohe Anforderungen an die kommunalwirtschaftliche und finanzierungstheoretische Sachkenntnis. Dabei wurde in verschiedener Hinsicht wissenschaftliches Neuland betreten. Die Ergebnisse der Arbeit liefern wertvolle Erkenntnisse für die öffentliche Finanzwirtschaft und die kommunale Praxis.

Prof. Dr. Gebhard Zimmermann

Vorwort

Die vorliegende Arbeit entstand zwischen Januar 1997 und März 2001 im Rahmen einer externen Promotion am Fachbereich Wirtschafts- und Rechtswissenschaften der Carl Von Ossietzky-Universität Oldenburg. Konsequent und kompetent begleitet wurde die Forschungsarbeit von meinem Doktorvater, Herrn Prof. Dr. Gebhard Zimmermann, Lehrstuhl für Finanzwirtschaft und Bankbetriebslehre, sowie von Herrn Prof. Dr. Hannes Rehm, Stellv. Vorsitzender der Norddeutschen Landesbank in Hannover, der ungeachtet starker beruflicher Anspannung das Korreferat übernommen hat. Herr Prof. Dr. Zimmermann hat die Themenstellung angeregt und dank intensiver Diskussionen bzw. wohlwollender konstruktiver Kritik diese Arbeit entscheidend mit geprägt. Beiden möchte ich für Ihr Engagement herzlich danken. Ebenso danke ich dem gesamten Lehrstuhlteam von Herrn Prof. Dr. Gebhard Zimmermann.

Die Erstellung der Dissertation wurde mir u.a. ermöglicht durch ein Begabtenstipendium der Konrad-Adenauer-Stiftung e.V., Sankt Augustin. Herrn Dr. Michael Müller danke ich für die geleistete Unterstützung.

Die Wissenschaftsförderung der Sparkassenorganisation e.V., Bonn – vertreten durch Herrn Vorstand Hartmut Forndran – erklärte sich bereit, die Drucklegung der vorliegenden Schrift finanziell zu unterstützen, wofür Ihr gedankt ist.

Zum Gelingen dieser Arbeit haben zahlreiche Personen beigetragen, denen mein herzlicher Dank gilt. Herr Dr. Jonny Holst, Göttingen, hat insbesondere während des ersten Jahres der Bearbeitung konstruktive Hinweise zur Umsetzung des Arbeitstitels gegeben. Für das Korrekturlesen danke ich meinen ehemaligen Studienkollegen und Freunden Herrn Dipl.-Hdl. Ralph Schröder, Vechta, und Herrn Dipl.-Kfm. Karsten F. Simon, Frankfurt.

Ohne die emotionale Unterstützung von Freunden, Freundinnen und meinen Eltern wäre das „Langzeitprojekt“ dennoch wohl kaum zustande gekommen. Ganz wesentlich möchte ich mich bei meiner Freundin Anja Wellmeyer bedanken, die mir in der letzten Phase jederzeit verständnisvoll zur Seite stand und stets für die nötige Motivation sorgte. In dieser Hinsicht fühle ich mich aber auch meinen Eltern verbunden. Ihnen ist diese Arbeit gewidmet.

Die von mir angesprochenen kommunalen Versorgungsunternehmen zeigten sich stets hilfsbereit. In zahlreichen Gesprächen konnte so über diesbezügliche Veröffentlichungen hinaus der praktische Bezug der Arbeit sichergestellt werden.

Christian W. Kröger

Inhaltsverzeichnis

Verzeichnis der Abkürzungen

Abb.	Abbildung
Abs.	Absatz, Absätze
Abt.	Abteilung
AfA	Absetzung für Abnutzung
AG	Aktiengesellschaft
AktG	Aktiengesetz
Anm.	Anmerkung
AO	Abgabenordnung
Art.	Artikel
Aufl.	Auflage
Bad.-Württ.	Baden-Württemberg
BAG	Bundesarbeitsgericht
BAK	Bundesaufsichtsamt für das Kreditwesen
BAT	Bundesangestelltentarif
Bay.	Bayern
Bd.	Band
bearb.	bearbeitete
BetrVG	Betriebsverfassungsgesetz
BewG	Bewertungsgesetz
Bewag	Berliner Kraft- und Licht AG
BFH	Bundesfinanzhof
BGB	Bürgerliches Gesetzbuch
BGBl.	Bundesgesetzblatt
BGH	Bundesgerichtshof
BHO	Bundeshaushaltsordnung
Bio.	Billionen
BMF	Bundesministerium der Finanzen
BMT	Bundesmanteltarifvertrag
BMT-G	Bundesmanteltarifvertrag für Arbeiter gemeindlicher Verwaltungen und Betriebe
BörsG	Börsengesetz
BörsZulV	Börsenzulassungsverordnung
bspw.	beispielsweise
BStBl.	Bundessteuerblatt
Buchst.	Buchstabe
BW	Baden-Württemberg
bzgl.	bezüglich
bzw.	beziehungsweise
ca.	circa
CDU	Christlich-Demokratische Union (Deutschlands)
DAI	Deutsches Aktieninstitut
d.h.	das heißt
Difü	Deutsches Institut für Urbanistik
Diss.	Dissertation
DIW	Deutsches Institut für Wirtschaftsforschung
DM	Deutsche Mark
DSGV	Deutscher Sparkassen- und Giroverband
DtA	Deutsche Ausgleichsbank

DVFA	Deutsche Vereinigung für Finanzanalyse und Anlageberatung
EDV	Elektronische Datenverarbeitung
EIB	Europäische Investitionsbank
EigBetrVO	Eigenbetriebsverordnung
e.V.	eingetragener Verein
EStG	Einkommensteuergesetz
EStR	Einkommensteuerrichtlinien
EnWG	Energiewirtschaftsgesetz
erl.	erledigt
ERP	European Recovery Program
erw.	erweiterte
etc.	et cetera
EU	Europäische Union
EuGH	Europäischer Gerichtshof
f.	folgende
FAG	Finanzausgleichsgesetz
ff.	fortfolgende
Fn.	Fußnote
GE	Geldeinheiten
gem.	gemäß
GemHVO	(Niedersächsische) Gemeindehaushaltsverordnung
GG	Grundgesetz
GmbH	Gesellschaft mit beschränkter Haftung
GmbHG	Gesetz für Gesellschaften mit beschränkter Haftung
GewStG	Gewerbesteuergesetz
GewStDV	Gewerbesteuerdurchführungsverordnung
GewStR	Gewerbesteuerrichtlinien
GO NRW	Gemeindeordnung Nordrhein-Westfalen
GrEStG	Grunderwerbsteuergesetz
GVBl.	Gemeinde-Verwaltungsblatt
Habil.-Schr.	Habilitations-Schrift
Hess.	Hessen
HEW AG	Hamburgische Elektricitätswerke AG
HGB	Handelsgesetzbuch
HGrG	Haushaltsgrundsätzegesetz
Hrsg. v.	Herausgegeben von
i.d.R.	in der Regel
i.e.S.	im engeren Sinne
ifo	Institut für Wirtschaftsforschung, München
inkl.	inklusive
insg.	insgesamt
i.S.	im Sinne
i.S.d.	im Sinne des
i.V.	in Verbindung
Jg.	Jahrgang
jr.	junior
KAGG	Gesetz über Kapitalanlagegesellschaften von 1998
KAV	Kommunale Arbeitgeberverbände
KfW	Kreditanstalt für Wiederaufbau
KG	Kommanditgesellschaft

KGaA	Kommanditgesellschaft auf Aktien
km	Kilometer
KStG	Körperschaftsteuergesetz
KStR	Körperschaftsteuerrichtlinien
KWG	Kreditwesengesetz
Mio.	Million, Millionen
MitbestG	Mitbestimmungsgesetz
Mrd.	Milliarden
MVV	Mannheimer Versorgungs- und Verkehrsgesellschaft
Nds.	Niedersachsen
NdsSchG	Niedersächsisches Schulgesetz
neubearb.	neubearbeitete
N.F.	Neue Folge
NGO	Niedersächsische Gemeindeordnung
Nr.	Nummer
NRW	Nordrhein-Westfalen
NV	Niedersächsische Verfassung
NW	Nordrhein-Westfalen
NYSE	New York Stock Exchange
Oldb.	Oldenburg
o.	ohne
OHG	Offene Handelsgesellschaft
OLG	Oberlandesgericht
o.V.	ohne Verfasser
OVG	Oberverwaltungsgericht
Rdnr.	Randnummer
RhPf.	Rheinland-Pfalz
Rn.	Randnummer
RWE	Rheinisch-Westfälische Elektrizitätswerke
S.	Satz bzw. Seite/Seiten
SchlH	Schleswig-Holstein
SG	Schmalenbach-Gesellschaft – Deutsche Gesellschaft für Betriebswirtschaft
sog.	sogenannte, r, n
Sp.	Spalte
SPD	Sozialdemokratische Partei Deutschlands
TGE	Tausend Geldeinheiten
überarb.	überarbeitete
u.	und
u.a.	und andere
überarb.	überarbeitete
UBGG	Gesetz über Unternehmensbeteiligungsgesellschaften von 1998
umgearb.	umgearbeitete
UmwG	Umwandlungsgesetz
UmwStG	Umwandlungssteuergesetz
Univ.	Universität
USA	United States of America
UStG	Umsatzsteuergesetz
UStR	Umsatzsteuerrichtlinien
usw.	und so weiter

u.U.	unter Umständen
v.	von
verb.	verbesserte
VEW AG	Vereinigte Electrizitätswerke Aktiengesellschaft
vgl.	vergleiche
vH	von Hundert
VIAG AG	Vereinigte Industriebeteiligungs-Aktiengesellschaft
VKU	Verband kommunaler Unternehmen
VOB/B	Verdingsordnung für Bauleistungen
Vol.	Volume
vollst.	vollständig
Vst.	Vorsteuer
V&V	Vermietung & Veprachtung
WHG	Wasserhaushaltsgesetz
WpHG	Wertpapierhandelsgesetz
ZfK	Zeitung für kommunale Wirtschaft
zugl.	zugleich
z.B.	zum Beispiel
z.T.	zum Teil

1. Einleitung

1.1. Problemstellung und Zielsetzung der Arbeit

Gebietskörperschaften des Bundes, der Länder und der Kommunen und auch die öffentlichen bzw. kommunalen Unternehmen (Betriebe)[1] stehen hinsichtlich der Erfüllung ihrer öffentlich-rechtlichen Aufgaben vor den größten finanziellen Herausforderungen in der Geschichte Deutschlands. Schwache Konjunkturimpulse, wachsende Wirtschaftsstrukturprobleme, verstärkt durch eine anhaltend hohe Arbeitslosigkeit, insbesondere in den schwachstrukturierten, ländlichen und altindustriellen, aber auch in bisher prosperierenden Regionen, interne und strukturelle Probleme[2] bei den Gebietskörperschaften und - nicht zuletzt - die steigenden Lasten der deutschen Einheit[3] lassen die Schere zwischen den Einnahmen und Ausgaben der Gebietskörperschaften in existenzbedrohender Weise auseinanderfallen[4]. Zwar scheinen die Jahre sehr hoher Haushaltsdefizite der Vergangenheit anzugehören – große Kommunen wie bspw. die Stadt Frankfurt am Main erzielten in den Jahren 1998 und 1999 sogar Haushaltsüberschüsse – temporäre Überschüsse können jedoch nicht als Indiz für eine entspannte Haushaltslage interpretiert werden.

Das Zusammentreffen stagnierender Gewerbesteuereinnahmen[5], weiter stark wachsender Sozialhilfeausgaben und durch den eingeführten Solidarpakt Ostdeutschland erheblich aufgestockter Finanzierungsbeiträge zu den Transfers in die neuen Länder stellt vor allem große Städte vor Probleme, die sie aus eigener Kraft kaum mehr bewältigen können[6]. Zudem birgt das neue Energiewirtschaftsrecht, das Ende April 1998 in Kraft getreten ist, Risiken für die städtischen Finanzen. Infolge der eingetretenen Liberalisierung in der Energiewirtschaft ergibt sich für die kommunalen Haushalte die Gefahr finanzieller Einbußen bei den Einnahmen aus Konzessionsabgaben, bei den Gewinnabführungen kommunaler Versorgungsunternehmen und dem Ausgleich von Verlusten kommunaler Verkehrsunternehmen über den Querverbund kombinierter Versorgungs- und Verkehrsunternehmen. Diese Entwicklung ist dadurch zu begründen, daß die kommunalen Versorgungsunternehmen infolge des eingetretenen verschärften Wettbewerbs mit erheblichen Rückgängen bei den Einnahmen rechnen müssen[7].

---

1 Die von der Betriebswirtschaftslehre entwickelte Unterscheidung zwischen Betrieb und Unternehmung spielt hier keine Rolle. Auch das Kommunalrecht ignoriert diese Unterscheidung, vgl. H. Wöhe, [Einführung], 1996, S. 390.

2 U.a. wurden in den Kommunen vielfach überdimensionierte Investitionen getätigt, ohne an die Folgekosten der Finanzierung zu denken, vgl. M.J. Matschke u. Th. Hering, [Kommunale Finanzierung], 1998, S. 41.

3 Seit Anfang 1990 - und insbesondere im Zuge der deutschen Wiedervereinigung - hat sich nach einer längeren Phase der Konsolidierung die Situation der öffentlichen Haushalte in Deutschland drastisch verschlechtert. Verglichen mit 1989 erreichte die Verschuldung der Gebietskörperschaften im Frühjahr 1996 eine Größenordnung von 2 Bio. DM, vgl. E. Meister, [Moderne Finanzinstrumente], 1996. Diese Negativentwicklung begann jedoch bereits lange vor der Wiedervereinigung, vgl. K.U. Rudolph, [Zur privaten Finanzierung], 1994, S. 92. Die Wiedervereinigung hat aber die bereits bestehenden finanziellen Ungleichgewichte insb. zu Lasten der Kommunen weiter verschärft.

4 Vgl. U. Kirchhoff, [Umbruch], 1995, S. 3.

5 U.a. wird das Gewerbekapital seit dem 01.01.1998 nicht mehr besteuert, der Abschnitt III (§§ 12, 13) GewStG ist aufgehoben.

6 Vgl. B.J. Schneider, [Not], 1996, S. 173-180.

7 Vgl. H. Karrenberg u. E. Münstermann, [Gemeindefinanzbericht], 1999, S. 187 f. Die Einnahmeverluste für die kommunalen Haushalte werden auf jährlich 8 bis 10 Mrd. DM geschätzt, vgl. ebenda S. 187.

Insgesamt besteht weitgehend Konsens, daß eine Krisenbewältigung über eine Mobilisierung von Einnahmereserven aus guten Gründen ausgeschlossen werden muß[8]. Zudem fehlen insbesondere in strukturschwachen Städten und Gemeinden heute Sparpotentiale, die schon in den 80er-Jahren und zu Beginn der 90er-Jahre hätten ausgeschöpft werden müssen. Um längerfristig die finanzwirtschaftliche Notlage der Gebietskörperschaften zu vermeiden, sind die Etats zu konsolidieren. In dieser finanziell bedrohlichen Situation gilt es zu verhindern, daß die finanzielle Leistungsfähigkeit und insofern die Handlungsfähigkeit der (kommunalen) Gebietskörperschaften zur Erfüllung ihrer spezifischen Aufgaben verlorengeht. Mit einer spürbaren Verbesserung der kommunalen Haushaltssituation ist in den nächsten Jahren nicht zu rechnen[9]. Die zwangsläufige Konsequenz sind aller Voraussicht nach weitere Einschränkungen kommunaler Leistungen für die Bürger und die gewerbliche Wirtschaft sowie ein weiterer Rückgang kommunaler Infrastrukturinvestitionen[10]. Verstärkt wird diese finanziell bedrohliche Situation für die kommunalen Haushalte durch die Schätzungen bzgl. des enormen Kapitalbedarfes für die kommunale Infrastruktur[11]. Dabei nehmen die Prognosen ständig neue Größenordnungen an[12].

Insofern erscheint auch zweifelhaft, ob mit der bisherigen traditionellen Haushaltsfinanzierung die öffentliche Leistungserstellung vor dem Hintergrund der hohen öffentlichen Gesamtverschuldung noch zu bewältigen ist[13]. Die beschriebene kritische finanzielle Situation der Städte und Gemeinden, auf denen die Hauptlast der Planung und Umsetzung von Infrastrukturmaßnahmen liegt, zwingt daher bei Investitionsmaßnahmen zu einer stärkeren Beachtung neuer, unkonventioneller Finanzierungsinstrumente. In den Kommunen wird die Ansicht vertreten, daß der enorme kommunale Finanzierungsbedarf zur Bewältigung des anstehenden Infrastrukturinvestitionsvolumens nicht ohne stärkeren Einsatz privaten Kapitals befriedigt werden kann[14], um wenigstens einen Teil der für dringend erforderlich gehaltenen Investitionsmaßnahmen noch realisieren zu können[15]. Innovative, privatwirtschaftliche Beteiligungen an Kommunen sind heute Themen, die unter den verschiedensten Überschriften wiedergefunden werden können, angefangen mit der *„Kommunalen Sonderfinanzierung“* bzw. *„Privati-*

---

8 Vgl. U. Kirchhoff, [Umbruch], 1995, S. 3. Städte, Gemeinden und Kreise haben die Möglichkeit, über Gebühren und Abgaben die Haushaltslage spürbar aufzubessern, weitgehend ausgeschöpft. Steuererhöhungen bei Bund und Ländern behindern ferner den volkswirtschaftlichen Aufschwung.

9 Vgl. Deutsche Bundesbank, [Staatsverschuldung], 1997, S. 17-32, vor allem die finanzpolitischen Schlußfolgerungen auf den Seiten 30-32. Dennoch hat die Verschuldung der Kommunen im Jahr 1999 weiter zugenommen, vgl. Deutsche Bundesbank, [Öffentliche Verschuldung], 1999, S. 9. Voraussichtlich erhöht sich die Verschuldung der Kommunen in 1999 um 2,7 Mrd. DM, vgl. A. Schrinner, [Schuldenberge], 1999, S. 14.

10 Vgl. H. Karrenberg u. E. Münstermann, [Gemeindefinanzbericht], 1999, S. 153 ff. Die kommunalen Infrastrukturinvestitionen sind bereits seit 1992 rückläufig.

11 Vgl. W. Noll u. W. Ebert, [Kontext], 1997, S. 25.
Zur Situation: Allein für die Herstellung, Modernisierung und Sanierung von Kläranlagen und Kanalsystemen müssen in Deutschland über 150 Mrd. DM innerhalb der nächste Dekade aufgewendet werden, vgl. E. Ditterich, [Privat], 1996, S. 28. Nur für den Ausbau der Verkehrsinfrastruktur müssen bis zum Jahr 2000 mehr als 280 Mrd. DM in Gesamtdeutschland aufgebracht werden, vgl. R. Leuthner, [überlastet], 1991, S. 3.

12 Dabei ist unverkennbar, daß der erforderliche Kapitalbedarf kurzfristig nicht einmal ansatzweise gedeckt werden kann. Dadurch ergibt sich die Notwendigkeit, in wesentlich größeren Zeiträumen als bisher zu denken.

13 Vgl. H.E. Büschgen u. T. Ergenzinger, [Erstellung], 1993, S. 62.

14 „Niedersachsen will Weg für privat finanzierten Straßenbau frei machen. Verkehrsminister will Weg für privat finanzierten Straßenbau frei machen“, o.V., [Niedersachsen], 2000, S. 8.

15 Vgl. P. Kothe, [Recht und Risiko], 1996, S. 14.

sierungsfinanzierung" über „*Private-public-partnership*" bis hin zur „*Privatisierung kommunaler Aufgabenstellungen*"[16].

Diesem Bestreben kommen eine Reihe von Finanzierungsformen entgegen, die sich als vermeintlich vorteilhafte Alternativen zu herkömmlichen Fremdfinanzierungsformen kommunaler Infrastrukturinvestitionen anbieten. Diese Finanzierungsmodelle wurden weitgehend bereits in den 70er- und 80er-Jahren von Kreditinstituten und Finanzintermediären[17] entwikkelt[18]. In den darauffolgenden Jahren wurde diese Formen aber aufgrund einer sich leicht entspannenden kommunalen Haushaltssituation und einer zurückhaltenden Genehmigungspolitik kommunaler Aufsichtsbehörden nur vereinzelt angewandt. Nach der deutschen Wiedervereinigung und der sich daraufhin wieder einsetzenden und bis heute andauernden prekären Finanzsituation der Kommunen wurden aber vor allem in den neuen Bundesländern[19] inzwischen zahlreiche privatfinanzierte kommunale Investitionsvorhaben realisiert. Die verstärkte Anwendung alternativer Finanzierungsmodelle hat zur Publikation einer ganzen Vielfalt von Diskussionsbeiträgen und Aufsätzen geführt; dennoch ist die ökonomische Vorteilhaftigkeit alternativer Finanzierungsformen kommunaler Infrastrukturinvestitionen nach wie vor heftig umstritten[20]. Der Grund ist hierfür neben der Vielfalt und Unterschiedlichkeit der in die kommunale Praxis eingeführten Finanzierungsformen auch darin zu suchen, daß es bis heute weder zu einer Systematisierung noch zu einer abschließenden finanzwirtschaftlichen Bewertung dieser Modelle gekommen ist[21]. Statt einer finanzierungstheoretischen Beurteilung und deren empirischer Überprüfung kommt es in der Literatur überwiegend zu einem Nebeneinander deskriptiver einzelwirtschaftlicher Finanzierungsaspekte mit vereinzelt ordnungspolitisch motivierten Privatisierungsaspekten. Trotz zahlreicher Einzeldarstellungen mangelt es an einer problemorientierten finanzwirtschaftlichen Bewertung kommunaler Finanzierungsformen.

Insofern ist zu analysieren, ob sich eine derartige Problemstellung überhaupt ohne fundierte Erkenntnisse der Finanzierungstheorie sachgerecht lösen läßt. Wichtig für diese Arbeit ist deshalb, inwieweit die Analyse und Bewertung der institutionellen Vertragsstrukturen kommunaler Finanzierungsformen einer Erweiterung der neoklassischen Sichtweise der betrieblichen Finanzwirtschaft um das Gedankengebäude der Neuen Institutionenökonomik bedarf. Die Agency-Theorie als eine theoretische Ausprägung der Neuen Institutionenökonomik und

---

16 Statt vieler vgl. G. Zimmermann, [Finanzierungsinstrumente], 1997; G. Zimmermann, [Finanzierungs- und Organisationsmodelle], 1997, S. 395-416, D. Bös u. F. Schneider, [Private-public partnership], 1996 u. U. Kirchhoff u. H. Müller-Godeffroy, [Finanzierungsmodelle], 1996.

17 Bspw. sind hier Leasinggesellschaften zu nennen.

18 Vgl. die Diskussion statt vieler bei D. Budäus, [Instrumente], 1982.

19 Die im Vergleich zu den Altbundesländern noch gravierendere kommunale Finanzknappheit weckt dort vielleicht noch stärker das Interesse an alternativen kommunalen Finanzierungsformen.

20 Die Fülle aktueller Diskussionsbeiträge belegt nicht nur, welchen Stellenwert diesem Thema angesichts der Finanznot der öffentlichen Haushalte beizumessen ist. Sie zeigt darüber hinaus, daß trotz der bereits länger andauernden Diskussion in der interessierten Fachöffentlichkeit noch kein Konsens über die Bewertung alternativer Organisations- und Finanzierungsformen im Bereich der öffentlichen Infrastruktur hergestellt werden konnte, vgl. u.a.
R. Wendt, [Probleme], 1994, S. 38 f., U. Kirchhoff u. H. Müller-Godeffroy, [Finanzierungsmodelle], 1996, S. 41 ff. bzw. T. Schweisfurth, [Privatwirtschaftliche], 1991, S. 7 ff. bzw.
J. Wahl, [Alternativen], 1992, S. 107 ff. Somit ist u.a. Ziel dieser Arbeit, einen Beitrag zur Herstellung eines solchen Konsenses herzuleiten.

21 Zudem wird häufig in Wissenschaft und Praxis um die Vorteilhaftigkeit alternativer kommunaler Finanzierungsformen interessenspezifisch diskutiert.

zugleich zentraler theoretischer Ansatz der vorliegenden Untersuchung systematisiert die Verhaltensrisiken und Gestaltungsmöglichkeiten zur Reduzierung finanzierungsvertragstypischer Interessenkonflikte. Ein Ziel dieser Arbeit ist, mit Hilfe des Agency-Kosten-Ansatzes Vergleiche zwischen der herkömmlichen Kreditfinanzierung und alternativen kommunalen Finanzierungsformen sowohl zu analysieren als auch abschließend zu bewerten. Als Folge der beschriebenen Finanznot ist aber nicht nur für Kommunen, sondern auch für kommunale Unternehmen[22] die Frage nach externer Eigenkapitalbeschaffung zur Finanzierung notwendiger Investitionen in jüngster Zeit verstärkt in den Mittelpunkt der Diskussion gerückt[23]. Ein Weg für kommunale Aktiengesellschaften, sich eine ausreichende Eigenkapitalbasis zu schaffen und zu sichern, ist der Gang an die Börse[24]. Der deutsche Aktienmarkt verzeichnete in den 80er- und 90er-Jahren einen enormen Aufschwung[25]. Zudem ist die Anzahl der Aktionäre in der letzten Zeit gestiegen[26]. Neuemissionen am deutschen Aktienmarkt erfreuen sich trotz saisonaler Schwankungen zunehmender Beliebtheit[27]. Und im öffentlichen Bereich hat die Teilprivatisierung der Deutschen Telekom AG im Herbst 1996 mit anschließender Börseneinführung große Aufmerksamkeit gefunden.

In diesem Umfeld gingen im März des Jahres 1999 als erstes deutsches *rein-kommunales* Unternehmen die Mannheimer Stadtwerke in Gestalt der MVV Energie AG (Vorgänger: Stadtwerke Mannheim AG) im Zuge einer Teilprivatisierung - durch Kapitalerhöhung um 25,1 % - an die Börse[28]. Während das Going Public in seiner Grundform keine neue Finanzierungsform darstellt, wird in dem Börsengang der ehemaligen Mannheimer Stadtwerke erstmalig das Going Public als Finanzierungsinstrument für ein kommunales Unternehmen genutzt. Die Börseneinführung von kommunalen Unternehmen bringt hinsichtlich ihrer Durchsetzung und Umsetzung im Vergleich zum (herkömmlichen) Going Public andere Aspekte und Voraussetzungen mit sich, die im folgenden untersucht und analysiert werden sollen.

Nach der Börseneinführung des kommunalen Unternehmens ergeben sich aus betriebswirtschaftlicher Sicht erhebliche Verhaltensrisiken für die nicht-kommunalen Anteilseigner, wenn die Kommune als Mehrheitsgesellschafterin weiterhin über einen beherrschenden Einfluß

22 Insbesondere sind hier die kommunalen Stadtwerke zu erwähnen.

23 Vgl. H. Brocke, [Stadtwerke], 1998, S. 22.

24 Vgl. K. Bösl, [Hohe Börsenreife], 1996, S. 183. Auf einer Veranstaltung des Deutschen Aktieninstitutes „Der Börsengang kommunaler Unternehmen" wurde einerseits den kommunalen Unternehmen ein großes Privatisierungspotential vorausgesagt, anderseits bremste jedoch u.a. Frau Petra Roth, Frankfurter Oberbürgermeisterin und Präsidentin des Deutschen Städtetages, die Euphorie einiger Kommunen, mit „eiligen Aktienplazierungen rasch an das große Geld zu kommen". U.a. seien auf dem Weg zur Börseneinführung große Hindernisse, bspw. juristischer Art zu bewältigen, vgl. o.V., [Kommunale Unternehmen], 1999, S. 25; W.H. Goldschmitt, [Moderne Geldquelle], 1999, S. 25 bzw. P. Roth, [Begrüßung], 1999, S. 7-15.

25 Seit 1982 hat der Wert des Deutsche Aktienindexes mehr als 1000% zugelegt, vgl. B. Rodewald, [Aktienkultur], 1998, S. 2.

26 Im zweiten Halbjahr 1998 stieg in Deutschland die Aktionärsquote auf 7,3 % (nach 6,9 % im ersten Halbjahr 1998), vgl. o.V. [Deutsche], 1998, S. 19.

27 Nach einer Veröffentlichung des Magazins „Going Public" sind in den Jahren 1997 bzw. 1998 25 bzw. 70 Aktiengesellschaften an der deutschen Börse eingeführt worden.
Anfang 1999 wurde geschätzt, daß in 1999 sogar bis zu 100 Unternehmen unter der Voraussetzung stabiler Kapitalmarktverhältnisse an den Gang an die Börse anstrebten, vgl. o.V., [Börse], 1999, S. 25. Tatsächlich sind bereits bis Oktober 1999 über 100 Unternehmen nur am „Neuen Markt" eingeführt worden, vgl. o.V., [Unternehmen], 1999, S. 1.

28 Vgl. o.V., [kommunale Stromverteiler], 1999, S. 18. Nach der Börseneinführung wird an der MVV Energie AG die MVV-Holding GmbH zu 74,9 % (der Rest im Streubesitz) beteiligt sein. Alleinige Eigentümerin der MVV-Holding GmbH ist die Stadt Mannheim.

verfügt[29]. Die neoklassische Theorie der Unternehmung betrachtet die Unternehmung als eigenständig handelndes Wirtschaftssubjekt, welches im Interesse der Eigentümer handelt[30]. Solange die klassischen Unternehmerfunktionen des Haltens von Eigentumsanteilen und der Unternehmensführung in der Händen einer oder mehrerer Personen vereint sind, wie es in den Rechtsformen der Einzelunternehmung und der Personengesellschaft der Fall ist, bedeutet diese Annahme keine schwerwiegende Einschränkung. Bei der Rechtsform einer Kapitalgesellschaft - und hier insbesondere der Aktiengesellschaft - sind diese beiden Funktionen jedoch voneinander getrennt. Insofern impliziert die neoklassische Theorie der „Unternehmung als ein Instrument zur Erreichung von Eigentümerzielen" die Voraussetzung einer Interessenkongruenz zwischen den Aktionären und dem Management. In den USA ist in den Wirtschaftswissenschaften jedoch bereits um das Jahr 1960 das Vorhandensein von Interessenkonflikten zwischen den Anteilseignern und dem Management von Aktiengesellschaften beobachtet worden[31]. Die Problematik der „Trennung von Eigentum und Verfügungsgewalt" fand ihren Niederschlag in verschiedenen theoretischen Ansätzen, die sich mit den Auswirkungen dieser Trennung der Unternehmerfunktionen auf die Politik der Kapitalgesellschaften beschäftigten. Die bereits erläuterte Principal-Agent-Theorie und ihre Übertragung auf die Beziehungen zwischen Aktionär und Management von Aktiengesellschaften hat in diesem Bereich zur Entstehung einer Forschungsrichtung geführt, die die Theorie der Unternehmung um die Aspekte ungleicher Informationsverteilung und damit möglicher real existierender Interessenkonflikte zwischen verschiedenen Anspruchsgruppen der Unternehmung erweitert hat.

Für die vorliegende Untersuchung begründet die Frage nach der Gestaltungskraft der Principal-Agent-Theorie die Motivation für eine agency-theoretische Ursachenanalyse des Auftretens von besonderen Verhaltensrisiken und Anreizstrukturen in kommunal beherrschten börsennotierten Versorgungsunternehmen. Dabei ist die Analyse konzeptioneller Natur; es erfolgt kein strenger empirischer Nachweis der Hypothesen der Agency-Theorie. Als Ausgangssituation werden bestehende agency-theoretische Beziehungen zwischen der Unternehmensleitung (Agent), mit oder ohne Eigenkapitalbeteiligung, einerseits sowie den externen Eigenkapitalgebern (Principal) andererseits betrachtet. Ein weiteres Ziel der Untersuchung ist die Herleitung transaktionskostengünstiger Mechanismen zur Verringerung der besonderen Agency-Problematik zwischen dem kommunalen Management (Kommune und Management) und den nicht-kommunalen Anteilseignern in kommunal beherrschten börsennotierten Aktiengesellschaften.

1.2. Vorgehensweise der Untersuchung

Im einzelnen stellt sich der Untersuchungsablauf wie folgt dar: Die vorliegende Untersuchung gliedert sich in sieben Kapitel. Im zweiten Kapitel „Grundlegung" wird das Analyseinstrumentarium des Untersuchungsgegenstandes dargestellt. Nach einer konzeptionellen Abgren-

29 Auf Anreizstrukturen zwischen den nicht-kommunalen Anteilseignern und dem Management ist nicht einzugehen, da das Management Ausführungsorgan der Vorstellungen der kommunalen Anteilseignerin ist. Insofern werden die Kommune und das Management des Unternehmens als eine Interessengruppe verstanden. Im folgenden werden daher unter den Interessen der kommunalen Mehrheitsgesellschafterin die Interessen des Vorstands subsumiert.

30 Vgl. R.H. Schmidt u. E. Terberger, [Finanzierungstheorie], 1997, S. 55 ff.

31 Vgl. ebenda S. 31 ff.

zung der für die vorliegende Untersuchung betrachteten kommunalen Investitionsvorhaben werden elementare Begriffsabgrenzungen vorgenommen. Dabei werden die Wesensmerkmale kommunaler Gebietskörperschaften und die von ihnen durchgeführten Infrastrukturinvestitionen aufgezeigt. In diesem Zusammenhang wird zur genaueren Analyse auf die finanzierungsrelevanten Besonderheiten kommunaler Investitionsvorhaben eingegangen.

Infrastrukturinvestitionen werden nicht nur von kommunalen Gebietskörperschaften, sondern auch von ihren kommunalen Unternehmen getätigt. Zum inhaltlichen Verständnis der späteren Ausführungen werden dazu wichtige Betriebsformen der kommunalen Verwaltung und wichtige privatrechtliche Rechtsformen von kommunalen Unternehmen dargestellt. Für die weitere Vorgehensweise sind auch die gemischt-wirtschaftlichen Kapitalgesellschaften als teilprivatisierte Träger öffentlicher Aufgaben von besonderer Bedeutung. Das Kapitel schließt mit dem Abschnitt über die unterschiedliche Besteuerung kommunaler Unternehmen, entweder als Hoheitsbetrieb im steuerrechtlichen Sinne oder als Betrieb gewerblicher Art, ab.

Im dritten Kapitel werden, ausgehend von einer Analyse des kommunalen Investitionsbedarfs und einer Situationsanalyse der derzeitigen eingeengten kommunalen Finanzlage, zunächst die klassischen Fremdfinanzierungsformen kommunaler Investitionsvorhaben vorgestellt, die sich im Rahmen der kommunalen Haushaltsführung ergeben. Im Anschluß werden unter Berücksichtigung der Verpflichtung zur öffentlichen Leistungserstellung ausgewählte, zum Teil innovative Finanzierungsinstrumente unter Beteiligung privater Finanziers diskutiert, die zu einer Reduzierung der Finanznot führen sollen.

Es schließt sich die ökonomische Vorteilhaftigkeitsanalyse an, ob alternative kommunale Finanzierungsinstrumente die ihnen vielfach zugeschriebenen Lösungsbeiträge leisten können. Wichtig für die vorliegende Untersuchung ist deshalb die Frage nach der einzelwirtschaftlich vorteilhaften Ausdehnung der kommunalen Finanzierungsbasis durch alternative Finanzierungsformen. Eingangs wird als theoretischer Bezugsrahmen für die ökonomische Vorteilhaftigkeitsanalyse das Gedankengebäude des Neoinstitutionalismus dargelegt. Als Analysemethode zur Herleitung ökonomisch vorteilhafter Finanzierungsbeziehungen bei asymmetrisch verteilter Information wird die Principal-Agent-Theorie gewählt.

Anschließend wird auf den eingetretenen Liberalisierungsprozeß in der Energiewirtschaft Bezug genommen. Aufgrund veränderter Rahmenbedingungen in diesem Sektor besteht für kommunale Versorgungsunternehmen (Eigen-)Kapitalbedarf zur strategischen Wettbewerbsanpassung. Dieser könnte aufgrund der beschriebenen Finanznot der Kommunen durch nicht-kommunale Gesellschafter gedeckt werden. Eine Teilprivatisierung durch eine Kapitalerhöhung mit gleichzeitiger Börseneinführung des kommunalen Versorgungsunternehmens stellt eine Möglichkeit zur Verbesserung der Kapitalbasis dar. Daneben existieren für das kommunale Unternehmen allerdings auch alternative Möglichkeiten der externen Eigenkapitalverstärkung[32]. Die Darstellung des kommunalen Going Public stellt den Schwerpunkt des fünften Kapitels dar. Dabei wird auf die wesentlichen Aspekte eingegangen, die beim Börsengang kommunaler Unternehmen zu berücksichtigen sind. Das Kapitel gliedert sich wie folgt: Im ersten Abschnitt werden rechtliche und ökonomische Voraussetzungen eines kommunalen Going Public dargestellt. Anschließend werden wichtige Fragestellungen beleuchtet, die bei einem solchen Börsengang von Bedeutung sind. Dies beinhaltet vor allem betriebs-

32 Hier ist bspw. die Beteiligung eines strategischen Investors zu nennen.

wirtschaftliche Entscheidungsgründe, die bei einem kommunalen Going Public zu berücksichtigen sind. Die für eine betriebswirtschaftliche Analyse wichtigen Verhaltensrisiken und Anreizstrukturen in kommunal beherrschten börsennotierten Versorgungsunternehmen werden aufgrund ihrer Besonderheit und Einzigartigkeit in börsennotierten Aktiengesellschaften in einem separaten Kapitel einer detaillierten Analyse unterzogen.

Um das kommunale Unternehmen „börsenfähig" zu machen, sind insbesondere gesellschaftsrechtliche Vorgaben und steuerrechtliche Auswirkungen zu berücksichtigen. Im Anschluß an die Darstellung gesellschaftsrechtlicher und steuerrechtlicher Aspekte wird die praktische Durchführung eines kommunalen Going Public skizziert. Nach der Börseneinführung des kommunalen Unternehmens verfügt das nunmehr gemischt-wirtschaftliche Unternehmen über kommunale sowie nicht-kommunale Aktionäre. Diese beiden unterschiedlichen Anteilseignergruppen haben differierende Zielvorstellungen. Das Spannungsfeld zwischen den kommunalen und den nicht-kommunalen Anteilseignern wirft agency-theoretische Fragestellungen auf. Bevor auf die agency-theoretische Ursachenanalyse für das Auftreten bestehender Verhaltensrisiken und Anreizstrukturen in gemischt-wirtschaft-lichen Versorgungsunternehmen näher eingegangen wird, soll mit Hilfe theoretischer Ansätze untersucht werden, inwiefern die spezielle Unternehmensstruktur eines gemischt-wirtschaftlichen Unternehmens mit einer Kommune als Mehrheitsaktionärin dazu führt, daß ein solches Unternehmen anders operiert als ein privatwirtschaftlich geführtes Unternehmen. Dazu werden folgende theoretische Ansätze herangezogen[33]:

- Die Property-Rights-Theorie mit ihrer besonderen Struktur in kommunalen Unternehmen bzw.
- die ökonomischen Theorien der Politik und der Bürokratie.

Die ökonomischen Theorien der Politik und der Bürokratie und die Principal-Agent-Theorie sind weitgehend unabhängig voneinander entstanden und nehmen in der Literatur kaum aufeinander Bezug. Im sechsten Kapitel wird der Versuch einer Synthese der ökonomischen Theorien der Politik und der Bürokratie mit dem Agency-Ansatz unternommen, um die aus der Principal-Agent-Theorie abgeleiteten Schlüsse für transaktionskostengünstige Maßnahmen zur Verringerung der Agency-Problematik zwischen der kommunalen Mehrheitsgesellschafterin und den nicht-kommunalen Anteilseignern nutzbar zu machen. Eine kritische Würdigung der theoretischen Analyse des Agency-Ansatzes in börsennotierten Aktiengesellschaften mit der Kommune als Mehrheitsgesellschafterin schließt dieses Kapitel. Den Abschluß der vorliegenden Untersuchung bildet eine Zusammenfassung der gewonnenen Ergebnisse mit einem Ausblick.

[33] Diese Ansätze dienen auch zur Operationalisierung des Zielsystems der kommunalen Mehrheitsgesellschafterin.

2. Grundlegung zu Untersuchungsgegenstand und -rahmen

Den theoretischen Überlegungen wird im folgenden Abschnitt zunächst eine konzeptionelle und begrifflich-inhaltliche Abgrenzung vorangestellt.

2.1. Konzeptioneller Abgrenzungsrahmen

Angesichts des breiten Spektrums an öffentlichen Investitionsvorhaben, die es zu finanzieren gilt, konzentriert sich die folgende Arbeit aus Gründen der Zweckmäßigkeit und Operationalität ausschließlich auf den Bereich der kommunalen Infrastruktur. Eine Beschränkung auf kommunale Investitionen wird vorgenommen, da statistisch gesehen etwa 2/3 der öffentlichen Investitionen auf den kommunalen Bereich entfallen[34]. Öffentliche Infrastrukturmaßnahmen des Bundes und der Länder werden somit in den folgenden Analysen nicht behandelt. Dies scheint auch deshalb gerechtfertigt, da die sinkenden finanziellen Handlungsspielräume von Bund und Ländern zusätzlich eine Durchführung der erforderlichen Infrastrukturinvestitionen erschweren.

Der Begriff der öffentlichen und damit auch kommunalen Infrastruktur ist durch eine geradezu große Vielfalt gekennzeichnet[35]. Einigkeit besteht darin, daß es sich bei der „Infrastruktur" um eine Bestandsgröße handelt, die durch die Stromgröße „Infrastrukturinvestitionen" verändert wird und vielfältige Wohlfahrts-, Kapazitäts- und Produktivitätseffekte induziert. Unter Infrastruktur[36] ist in der vorliegenden Abgrenzung primär die materielle Infrastruktur zu verstehen, die dem produktiven und nicht dem konsumtiven Bereich zuzurechnen ist. Hierzu zählen „1. die Gesamtheit aller Anlagen, Ausrüstungen und Betriebsmittel, die zur Energieversorgung, Verkehrsbedienung und Telekommunikation dienen; 2. die Bauten zur Konservierung der natürlichen Ressourcen und Verkehrswege im weitesten Sinne, und 3. die Gebäude und Einrichtungen der staatlichen Verwaltung, des Erziehungs-, Forschungs-, Gesundheits- und Fürsorgewesen"[37]. In diesem Zusammenhang werden hier auch Teile der mittelbaren institutionellen Infrastruktur berücksichtigt, etwa die Bereitstellung von Verwaltungsgebäuden.

---

34 Von den Städten und Gemeinden werden rund 2/3 der öffentlichen Sachinvestitionen durchgeführt, vgl. M.J. Matschke u. Th. Hering, [Kommunale Finanzierung], 1998, S. 42 bzw. Bundesministerium der Finanzen, [Haushaltssystem], 1996, S. 116. Insofern sind die Kommunen nach wie vor größter Investor im öffentlichen Sektor, vgl. H. Seitz, [Effekte], 1998, S. 456. In 1998 betrugen bspw. die Investitionen der Gebietskörperschaften insg.
86,70 Mrd. DM; davon hatten Städte Gemeinden einen von Anteil von 54,96 Mrd. DM.
Dieser Anteil der Kommunen relativiert sich allerdings, wenn man auf die Finanzierung der Investitionsausgaben abstellt. Zieht man von den gesamten Investitionsausgaben (inkl. der Finanzinvestitionen und der Investitionsförderungsmaßnahmen) der kommunalen Haushaltsebene die Vermögenszuweisungen vom Bund und von den Ländern ab, so stellt der Bund den größten Finanzierungsanteil an den öffentlichen Investitionen dar, vgl. Deutsche Bundesbank, [Finanzierungsaspekte], 1999, S. 32 u. 46 bzw. auch D. Berg, [Bewertung], 1994, S. 518.

35 Zu unterschiedlich weiten Abgrenzungen der öffentlichen Infrastruktur, vgl. E. Wille, [Bedeutung], 1993, S. 15 ff.

36 Der Infrastrukturbegriff wurde von R. Jochimsen u. R. Frey in den 60er- und frühen 70er-Jahren durch intensive Infrastrukturforschungsarbeiten geprägt, vgl. R. Jochimsen, [Theorie], 1966 u. R. Frey, [Infrastruktur], 1972.

37 R. Jochimsen, [Theorie], 1966, S. 103.

Die Ausgaben für die Infrastruktur sind investiver Art, da sie eine Nutzenerhöhung in späteren Zeiten bewirken[38]. Sie sind daher deutlich von konsumtiven Ausgaben zu trennen. Dem gegenwärtigen Aufwand stehen künftige Erträge gegenüber. Deshalb ist von Infrastrukturinvestitionen zu sprechen[39]. Die Investitionsbedarfsgüter haben sich seit den ersten Arbeiten zur Infrastrukturforschung gewandelt. Während in den 60er- und 70er-Jahren erhebliche Ausgaben für den Bau von Schulen und Sportstätten getätigt werden mußten, sind in den 90er-Jahren vordringlich Investitionen im Bereich des Umweltschutzes und zur Verbesserung des Wohnumfeldes notwendig geworden[40].

Ferner ist in Untersuchungen bzgl. des langfristigen Investitionsbedarfes[41] festgestellt worden, daß der kommunale Investitionsbedarf eine neue Struktur erhalten hat. Der Neubau von Infrastruktur tritt gegenüber der Modernisierung und der Sanierung bestehender Infrastruktur zunehmend in den Hintergrund. Ohne entsprechende Erneuerungsinvestitionen besteht die Gefahr, daß Teile der Infrastruktur „funktionsuntauglich" werden. Von einer Bedarfssättigung im Bereich der kommunalen Infrastruktur für die nächsten Jahre und Jahrzehnte kann insofern nicht die Rede sein. Für die Bereitstellung öffentlicher Infrastrukturmaßnahmen war in Deutschland bisher vorwiegend die öffentliche Hand (Bund, Länder und Kommunen) zuständig. Zur Finanzierung des kommunalen Investitionsvolumens bedarf es jedoch neben der Diskussion herkömmlicher kommunaler Finanzierungsformen[42] auch einer Analyse der Leistungsfähigkeit unkonventioneller Finanzierungsansätze[43]. In diesem Zusammenhang kommt die alternative Einbeziehung privater Investoren in den Finanzierungsprozeß, aber auch in die Projekterstellung und/oder -betreibung, eine Bedeutung zu. Unter alternativen Finanzierungsformen sollen zunächst im Sinne einer Annäherung solche Modelle verstanden werden, die die Einbeziehung privater Investoren in die Finanzierungsgestaltung beinhalten. Hierzu zählen das kommunale Finanzierungsleasing, die Finanzierung von kommunalen Investitionen durch Immobilienfonds bzw. die Bereitstellung von Eigenkapital durch ein „Going Public" kommunaler Unternehmen. Derartige Ansätze sind generell als Auswege zu der klassischen kommunalen Kreditfinanzierung zu sehen und zu beurteilen. Aus der Vielfalt der herkömmlichen Finanzierungsformen kommunaler Infrastrukturinvestitionen werden in dieser Arbeit nur die klassischen Fremdfinanzierungsansätze (u.a. Kommunalkredit) dargestellt. Eine abschließende Behandlung der mit der kommunalen Organisationshoheit verbundenen Vielfalt an möglichen Finanzierungsformen würde über den Rahmen dieser Arbeit hinausgehen[44], da hier primär eine Definition, Systematisierung, Darlegung, Abgrenzung und eine theoretische Beurteilung alternativer kommunaler Finanzierungsformen und insbesondere eines Going Public kommunaler Unternehmen gegeben werden soll.

Die quantitative Vielfalt klassischer Finanzierungsvarianten läßt sich nach eingehender Analyse der kommunalen Haushalts- und Finanzierungsstruktur in ein System von Haushalts- und

38 Vgl. K. Spremann, [Wirtschaft], 1996, S. 91.
39 Vgl. R. Frey, [Grundlagen], 1970, S. 11, ebenso J.-G. Grunwald u. H. Witte, [Infrastrukturinvestitionen], 1979, S. 492.
40 Vgl. H. Albers u. R. Seeger, [Finanzierung], 1990, S. 9 f.
41 Vgl. die Untersuchungen des Deutschen Institutes für Urbanistik, [Investitionsbedarf], 1987, S. 235.
42 Bspw. Kommunalkreditfinanzierung.
43 Vgl. auch die Ausführungen im vierten und fünften Kapitel.
44 Hier wären u.a. die umfassenden Innenfinanzierungsmöglichkeiten zu nennen, siehe dazu M.J. Matschke u. Th. Hering, [Kommunale Finanzierung], 1998, S. 50-149.

Unternehmensfinanzierung kategorisieren. Beide Finanzierungsversionen weisen unterschiedliche Finanzierungscharakteristika auf: Sie gliedern sich bei der Finanzierung über den Haushalt nach zeitlichen Aspekten in Vorab-, Sofort- und Nachherdeckung kommunaler Investitionen[45], bei der kommunalen Unternehmensfinanzierung nach der Kapitalherkunft der Passivseite der Bilanz des Unternehmens in Eigen- und Fremdfinanzierung. Die als alternative kommunale Finanzierungsmodelle bezeichneten Konzepte sind nun keineswegs einseitig als Finanzierungsinnovationen zu bezeichnen. Vielmehr geht es um eine mehr oder minder starke Einbeziehung privater Investoren sowohl in die Entstehung (Planung und Bauerstellung), das Betreiben (laufender Betrieb, Durchführung) und in die Instandhaltung (Inspektion, Sanierung) von kommunalen Infrastrukturmaßnahmen. Diese unterschiedlichen Teilabschnitte müssen finanziert werden. Bei jeder Teilaufgabe und ihrer Finanzierung stellt sich die Frage nach der öffentlichen vs. privaten Aufgabenerfüllung. Bereits bei dieser einfachen Systematisierung ergeben sich diverse Kombinationsmöglichkeiten, wie die folgende Abbildung zeigt[46]:

	Öffentlich	Privat
Finanzierung	**1**	**2**
Erstellung	**3**	**4**
Betreiben	**5**	**6**
Instandhaltung	**7**	**8**

Abb. 1: Private und öffentliche Aufgabenerfüllung kommunaler Infrastrukturaufgaben

45 Exemplarisch kann in der Vorabdeckung die Finanzierung aus Rücklagen oder eine Finanzierung durch die Veräußerung von gemeindeeigenem Sach- und Finanzvermögen gesehen werden. Für die Sofortdekkung kommunaler Investitionsausgaben können Beiträge und Zuweisungen veranschlagt werden. Eine Nachherdeckung von Investitionsausgaben ist ein Vorgriff auf die laufenden Einnahmen kommender Haushaltsjahre und geschieht im Wege der Kreditfinanzierung u.a. durch einen Kommunalkredit. Eine Darstellung der verschiedenen Formen der kommunalen Haushaltsfinanzierung findet sich u.a. bei R. Dautel, [Sonderfinanzierung], 1997, S. 56-64.

46 In Weiterentwicklung an eine Darstellung bei D. Budäus, [Transaktionskosten], 1993, S. 114.

Eine vollständige private Aufgabenwahrnehmung liegt vor, wenn Finanzierung, Entstehung, Betrieb und Instandhaltung von Infrastrukturmaßnahmen ausschließlich privat erfolgen. Im umgekehrten Fall handelt es sich um eine vollständige Wahrnehmung der genannten Bereiche durch die Kommune[47]. Zwischen diesen Endpunkten liegen theoretisch vielfache Kombinationsmöglichkeiten kommunaler und privater Aktivitäten. Entsprechend vielfältig sind auch die in der kommunalen Praxis anzutreffenden Varianten. Der Bau eines Verwaltungsgebäudes wird häufig durch private Baubetriebe erstellt und sowohl öffentlich finanziert, „betrieben" als auch instandgehalten. Müllabfuhr, öffentlicher Personennahverkehr oder Schwimmbäder sind häufig in privaten Rechtsformen - als kommunale Eigengesellschaften[48] - organisiert und werden lediglich durch kommunale Defizitabdeckungen öffentlich mitfinanziert. Im Bereich der Energieversorgung übertrugen die Kommunen vor den Liberalisierungstendenzen in der Energiewirtschaft ihre Versorgungsaufgabe in der Regel über Konzessionsverträge an private Gebietsmonopolisten, die ihre Leistungen den einzelnen Infrastrukturnutzern direkt in Rechnung stellten[49].

Die Empfehlungen und die Diskussion um die Zweckmäßigkeit eines privatwirtschaftlichen Engagements bei der Realisierung kommunaler Infrastrukturinvestitionen ist von einer ordnungspolitischen Grundposition „Mehr Markt und weniger Staat" überlagert[50]. Im Rahmen dieser Arbeit wird auf die ordnungspolitische Diskussion „Mehr Markt und weniger Staat" nicht näher eingegangen[51].

2.2. Elementare Begriffsabgrenzungen und Grundlagen

2.2.1. Wesensmerkmale kommunaler Gebietskörperschaften

Bei der klassischen Fremdfinanzierung werden als Kommunen eine Vielzahl unterschiedlicher Gebietskörperschaften betrachtet. Kommunale Gebietskörperschaften sind kreisfreie Städte (§

---

47 Vgl. D. Budäus, [Infrastrukturen], 1993, S. 451 f.

48 Zum Begriff der kommunalen Eigengesellschaft vgl. die Ausführungen in den Abschnitten 2.2.4.2.1. und 2.2.4.2.2.

49 Vgl. D. Budäus, [Infrastrukturen], 1993, S. 451 f. Seit der europaweiten Öffnung der Energiewirtschaft sind in Zukunft Konzessionsverträge mit Ausschließlichkeitsbindung für Versorgungsgebiete nicht mehr zulässig, vgl. M. Moraing, [Gemeindewirtschaftsrecht], 1998, S. 223.

50 Dieses Anliegen stellte ausdrücklich ein Element des ordnungspolitischen Programms der in 1998 abgewählten konservativ liberalen Bundesregierung dar, wie es der Bericht des Bundesministeriums der Finanzen mit dem Titel „Private Finanzierung öffentlicher Infrastruktur" anschaulich erkennen ließ. Dort heißt es u.a.: „Die Voraussetzungen für ein privatwirtschaftliches Engagement bei der Finanzierung öffentlicher Infrastrukturinvestitionen zu schaffen, stellt die konsequente Fortführung einer Wirtschaftspolitik dar, die mehr Markt und weniger Staat anstrebt. Die Umgestaltung des Wirtschaftssystems in den neuen Ländern schafft jetzt gute Voraussetzungen, hier neue und zukunftsweisende Entscheidungen zu treffen. Diese Bemühungen ergänzten die mittelfristig orientierte Politik der letzten konservativ-liberalen Bundesregierung zur Privatisierung, Deregulierung und Entstaatlichung", Bundesministerium der Finanzen, [Arbeitsgruppe], 1991, S. 17. Macht man das ordnungspolitische Ziel „Mehr Markt und weniger Staat" zu einem Entscheidungskriterium dieser Arbeit, würden sich faktisch alle weitergehenden Analysen erübrigen. Es wäre lediglich der Frage nachzugehen, ob sich bei der gegebenen Rechtssituation die Organisation und Finanzierung von kommunalen Infrastrukturinvestitionen privatisieren läßt, und welche rechtlichen Änderungen erforderlich sind, um dieses erreichen zu können.

51 Wenn zudem nachfolgend von den vorgenannten Abgrenzungen bzw. inhaltlichen Schwerpunkten abgewichen wird, ist dies in geeigneter Form kenntlich gemacht.

10 Abs. 3 NGO), kreisangehörige Gemeinden[52] (§ 10 Abs. 1 NGO) und Gemeindeverbände (Kreise bzw. übergeordnete Gemeindeverbände wie z. B. die Bezirke in Bayern)[53]. Verfassungsrechtlich ist die Kommune eindeutig von den anderen politischen Ebenen der Bundesrepublik Deutschland, den Ländern und dem Bund, getrennt. Art. 28 Abs. 2 GG räumt den Gemeinden eine grundsätzliche Freiheit von staatlicher Ein- und Mitwirkung, d.h. von Bund und Ländern, ein. Kommunen haben das Recht und die Pflicht, die ihnen im Rahmen der gemeindlichen Daseinsvorsorge obliegenden Aufgaben eigenverantwortlich zu lösen[54]. Dazu können die Kommunen im Interesse des Gemeinwohls wirtschaftliche Unternehmen gründen, wobei nicht die Absicht, Gewinne zu erzielen, im Vordergrund ihrer Geschäftstätigkeit steht, sondern die Erfüllung öffentlicher Aufgaben[55].

Zudem wird das Selbstverwaltungsrecht der Kommunen durch die Landesverfassungen gewährleistet[56]. Juristisch bestimmt sich insofern das Selbstverwaltungsrecht der Kommunen als Recht auf selbständige, vom Staat unabhängige Regelung der eigenen Angelegenheiten im eigenen Namen, nach eigenem Ermessen und mit eigenen Finanzmitteln. Damit die Kommune ihre öffentlichen Aufgaben wahrnehmen kann, hat sie aus ihrer Rechtsstellung als Gebietskörperschaft mit dem Recht auf Selbstverwaltung heraus verschiedene Hoheitsrechte (Körperschaftsrechte), u.a. die Finanzhoheit (Art. 58 NV, § 3 Abs. 3 Abs. 1 NGO)[57], d.h. das Recht zu einer eigenständigen Finanzwirtschaft. Dies beinhaltet, daß die zur Aufgabenerfüllung erforderlichen Mittel von der Kommune selbst erzielt, verwaltet und eingesetzt werden müssen. Diese eigenverantwortliche Regelung der gemeindlichen Angelegenheiten setzt voraus, daß den Kommunen die zur Aufgabenerfüllung notwendigen Mittel zur Verfügung stehen[58].

Die verfassungsrechtlich garantierte Allzuständigkeit äußert sich in den Wirkungskreisen der Gemeinde. Es wird unterschieden zwischen freiwilligen Aufgaben, bei denen die Gemeinde entscheiden kann, ob sie diese Aufgabe übernimmt, den Pflichtaufgaben, wozu die Kommunen durch Landes- und auch Bundesgesetze verpflichtet werden, und den Auftragsangelegenheiten,

---

52 Zu den kreisangehörigen Gemeinden zählen große selbständige Städte, selbständige Gemeinden und Gemeinden i.e.S.

53 In Deutschland gibt es seit der Wiedervereinigung mehr als 16.000 kommunale Gebietskörperschaften, vgl. G. Schwarting, [Haushalt], 1993, S. 16.
Diese Arbeit nimmt auf die unterschiedlichen Formen kommunaler Gebietskörperschaften keinen Bezug und verwendet den Begriff Gebietskörperschaften im folgenden synonym mit dem Begriff der Kommune. Der Begriff der Kommune umfaßt somit sowohl Dörfer mit weniger als 100 Einwohnern als auch Städte mit einer Millioneneinwohnerschaft.

54 Art. 28 Abs. 2 GG garantiert das kommunale Selbstverwaltungsrecht: Wörtlich heißt es dort: „Den Gemeinden muß das Recht gewährleistet sein, alle Angelegenheiten der örtlichen Gemeinschaft im Rahmen der Gesetze in eigener Verantwortung zu regeln. Auch die Gemeindeverbände haben im Rahmen ihres gesetzlichen Aufgabenbereiches nach Maßgabe der Gesetze das Recht der Selbstverwaltung. Die Gewährleistung der Selbstverwaltung umfaßt auch die Grundlagen der finanziellen Eigenverantwortung".

55 Vgl. A. Dörhöfer, [Immobilien-Leasing], 1993, S. 13 f.

56 Vgl. statt vieler Art. 57 Abs. 1 der Niedersächsischen Verfassung (NV).

57 Die weiteren Hoheitsrechte beinhalten die Allzuständigkeit, Gebietshoheit, Organisationshoheit, Personalhoheit, (Bau-)Planungshoheit und die Rechtsetzungshoheit, vgl.
W. Schwirzke u. Kl. Sandfuchs, [niedersächsisches Kommunalrecht], 1997, S. 11 ff. Eine differenzierte Darstellung der einzelnen Hoheitsrechte würde über den Rahmen dieser Arbeit hinausgehen.

58 Vgl. H. Dettmer, W. Prophete u. Kl. Wegmeyer, [Kassenwesen], 1995, S. 20 f.

die im Namen von Bund und Ländern durchgeführt werden, wobei die Gemeinden als Glied des staatlichen Instanzenweges fungieren[59].

Die Gemeinde hat die Möglichkeit, innerhalb der gesetzlichen Schranken kommunale Aufgaben zu definieren. Der kommunale Zuständigkeitsbereich ist über die gesetzlichen Regelungen sehr weit zu fassen. Gerade für den kommunalen Bereich sind daher vielfältige Versuche unternommen worden, die Aufgabenpalette normativ zu beschränken. So wird das Subsidiaritätsprinzip[60] herangezogen, um kommunale Aufgaben zu identifizieren, die die Kommune der Privatwirtschaft aus ordnungspolitischen Gründen überlassen sollte[61]. Dies gipfelt in der Forderung nach einer „Umkehr der Beweislast“ dergestalt, daß die Kommunen im Einzelfall die Vorteile und Notwendigkeiten einer Leistungserstellung durch die öffentliche Hand nachzuweisen hätten[62]. Die Diskussion um das ordnungspolitisch „richtige“ Ausmaß kommunaler und privater Tätigkeit soll jedoch - wie bereits im vorgehenden Abschnitt dargelegt - hier nicht aufgenommen werden.

Definiert werden die Grenzen kommunaler Zuständigkeit in den jeweiligen Gemeindeordnungen[63]. Hier finden sich Beschränkungen, die darauf abzielen, eine rein erwerbswirtschaftliche Tätigkeit der Kommunen zu unterdrücken[64]. So ist nach der Niedersächsischen Gemeindeordnung eine erwerbswirtschaftliche Tätigkeit nur dann zulässig, wenn das kommunale Unternehmen gleichzeitig einen öffentlichen Zweck erfüllt (§ 108 Abs. 1 Nr. 1 NGO), wenn es nach Art und Umfang in einem angemessenen Verhältnis zur Leistungsfähigkeit der Kommune und zum voraussichtlichen Bedarf steht (§ 108 Abs. 1 Nr. 2 NGO) und wenn der Zweck des Unternehmens nicht besser und wirtschaftlicher durch ein anderes Unternehmen erfüllt werden kann (§ 108 Abs. 1 Nr. 3 NGO)[65].

Des weiteren sind für die folgende Analyse qualitative Unterscheidungskriterien zur Klassifizierung von Kommunen im Gegensatz zu anderen am Markt orientierten Unternehmungen zu berücksichtigen, da sich die Analyse auf alternative Finanzierungsformen bzw. kreditähnliche Konstruktionen bezieht und Kommunen hier eine besondere Stellung einnehmen[66].

---

59 In Anlehnung an U. Cronauge, [Kommunale Unternehmen], 1997.

60 Das Subsidiaritätsprinzip besagt als Formalprinzip der Organisation und Zuständigkeitszuweisung, daß für die Lösung eines Problems zunächst derjenige zuständig ist, bei dem das Problem entsteht. Übergeordnete Stellen soll erst dann eingreifen, wenn Selbsthilfe nicht mehr möglich ist. Das Subsidiaritätsprinzip fordert zugleich die Begrenzung der wirtschaftlichen Betätigung der Kommunen auf die Bereiche, in denen sich private Unternehmen nicht, nicht im politisch gewünschten Umfang oder nicht mit dem politisch gewünschten Ergebnis betätigen sollen, vgl. H.J. Wallraff, [Subsidiarität], 1989, Sp. 1527-1532.

61 Vgl. hierzu J. Grünewald, [Aufgaben], 1994, S. 5-15, H. Fluhrer, [Weniger Staat], 1984, S. 61 ff.; sehr ausführlich A. v. Loesch, [Privatisierung], 1987, S. 67 ff. Kritisch äußert sich der Deutsche Städtetag, [Möglichkeiten], 1986, S. 17 f.

62 Vgl. H.J. Pfüller, [Erbringung], 1989, S. 497, H. Broder, [Kriterien], 1985, S. 53 bzw. H.J. Doos, [Daueraufgabe], 1987, S. 39. Kritisch dazu E. Pappermann, [Aufgaben], 1984, S. 249.

63 Vgl. auch die kommunalverfassungsrechtlichen Restriktionen von kommunalen Unternehmen bei einer Teilnahme am Wettbewerb in Abschnitt 4.4.1.

64 Vgl. statt vieler § 108 NGO.

65 Zur rechtlichen Zulässigkeit der wirtschaftlichen Betätigung der öffentlichen Hand, vgl. J. Vahle, [Betätigung], 1997, S. 1267-1274.

66 Eine Reihe von alternativen Finanzierungsformen ist entwickelt worden, weil private Wirtschaftssubjekte steuerlich anders behandelt werden als die kommunalen Gebietskörperschaften, die im Rahmen ihrer hoheitlichen Aufgaben und Pflichten keiner Steuerpflicht unterliegen, vgl. U. Kirchhoff u. H. Müller-Godeffroy, [Finanzierungsmodelle], 1996, S. 17. Hierauf wird aber bei der Behandlung und Analyse der alternativen Finanzierungsformen noch näher einzugehen sein.

In diesen Zusammenhang fällt aus Sicht der Banken und Sparkassen die Kommunalkreditwürdigkeit von Gebietskörperschaften, denn diese besondere „Qualität" bedeutet für Banken und Sparkassen als Kreditgeber, daß weder spezielle Ausfallrisiken einkalkuliert werden müssen noch seitens der Kreditnehmer besondere Sicherheiten zu stellen sind[67]. Zu begründen ist diese Kreditwürdigkeit durch das verfassungsmäßig verankerte Recht der Kommunen, im Rahmen der Realsteuern autonome Steuerpolitik betreiben zu können. Denn gemäß Art. 106 Abs. 6 Satz 1 GG wird den Gemeinden die alleinige Ertragshoheit für die Realsteuern, also u.a. für die Gewerbeertragsteuer, eingeräumt[68]. Dasselbe gilt für die örtlichen Verbrauch- und Aufwandsteuern, soweit sie nicht durch Landesgesetz den Gemeindeverbänden zugewiesen sind (Art. 106 Abs. 6 Satz 1 GG). Weitere Argumente für die besondere Kreditwürdigkeitsposition sind die Einbindung der Kommunen in den Steuerverbund und Finanzausgleich[69]. Hinzu kommt, daß die Gemeindeordnungen den Kommunen die Verpflichtung zur wirtschaftlichen Haushaltsführung auferlegen und speziell für die im Rahmen von Krediten eingegangenen Verpflichtungen strikte Verfahren der aufsichtsbehördlichen Überwachung vorschreiben[70]. Die genannten gesetzlichen Regelungen sichern somit den Kommunen auch ohne eigene Gesetzgebungshoheit den Status von Schuldnern, deren Bonität ebenso außer Zweifel stehen muß wie die von Bund und Ländern[71].

Neben dem kommunalen Haushaltsrecht[72] als rechtlichem Rahmen besteht insofern mit der Kommunalkreditwürdigkeit ein weiteres bedeutendes Abgrenzungskriterium für die Lösung eines kommunalen Finanzierungsproblems zu sonstigen am Markt beobachtbaren Finanzierungsinstrumenten, denn die in dieser Arbeit dargestellten alternativen Finanzierungsformen beinhalten einen engen Bezug zu den Vorschriften des kommunalen Haushaltsrechts[73] und den daraus resultierenden Möglichkeiten und Grenzen alternativer Finanzierungsformen kommunaler Infrastrukturinvestitionen[74].

2.2.2. Merkmale kommunaler Infrastrukturinvestitionen

Die nachfolgenden Abhandlungen dienen dazu, den theoretischen Hintergrund für die Diskussion alternativer Finanzierungsformen kommunaler Infrastrukturinvestitionen zu durchleuchten.

Unter dem Begriff „Infrastruktur" werden in einer weiten Begriffsfassung die personellen, institutionellen und materiellen Gegebenheiten und Einrichtungen verstanden, die den einzelnen Wirtschaftseinheiten zur Verfügung stehen und dazu dienen, den Integrationsgrad und das Ni-

---

67 In Anlehnung an § 92 Abs. 7 NGO.

68 In Art. 106 Abs. 6 Satz 1 u. 2 GG heißt es wörtlich: „Das Aufkommen der Realsteuern steht den Gemeinden oder nach Maßgabe der Landesgesetzgebung den Gemeindeverbänden zu. Den Gemeinden ist das Recht einzuräumen, die Hebesätze der Realsteuern im Rahmen der Gesetze festzusetzen".

69 Siehe auch Art. 106 Abs. 7-9 GG.

70 Vgl. u.a. § 92 Abs. 2-6 NGO.

71 Diese Auffassung spiegelt sich auch in entsprechenden Regelungen des Kreditwesengesetzes (KWG) und der vom Bundesaufsichtamt für das Kreditwesen erlassenen Grundsätze für die Mindesteigenkapitalausstattung der Banken wider. Diese Regelungen sollen hier aber nicht näher erläutert werden.

72 Vgl. U. Kirchhoff u. H. Müller-Godeffroy, [Finanzierungsmodelle], 1996, S 14-20. Auf die besonderen Inhalte des kommunalen Haushaltsrechtes wird aber bei der Behandlung der alternativen Finanzierungsformen im Verlauf der Arbeit noch näher einzugehen sein.

73 Vgl. U. Kirchhoff u. H. Müller-Godeffroy, [Finanzierungsmodelle], 1996, S. 14-20.

74 Es werden daher im folgenden keine Empfehlungen abgegeben, die mit dem kommunalen Haushaltsrecht nicht im Einklang stehen.

veau der Wirtschaftstätigkeit zu verbessern[75]. Die Infrastruktur stellt den realen Nettokapitalstock des Staates dar, welcher zum privaten Kapitalstock komplementär ist[76].

Da sich die vorliegende Untersuchung mit Finanzierungsfragen von Infrastrukturinvestitionen beschäftigt, gilt es, diejenigen Infrastrukturmaßnahmen abzugrenzen, für die der Investitionscharakter nicht relevant ist. Insofern werden die institutionelle Infrastruktur mit ihrer rechtlich-sozialen Ordnung (soziale und institutionelle Normen, Rechts- und Wirtschaftsverfassung)[77] und die personale Infrastruktur (Bildungs- und Gesundheitsökonomik, human capital)[78] nicht explizit einer weiteren Erörterung unterzogen. Gegenstand der Untersuchung ist die materielle Infrastruktur, also der Teil des volkswirtschaftlichen Kapitalstocks, der in hohem Maße den Charakter eines öffentlichen Gutes besitzt[79]. Für eine eingehende Analyse wird aus dem umfassenden Bereich der materiellen Infrastruktur[80] sowohl der Bereich der netzförmigen[81] als auch der Bereich der punktförmigen[82] Infrastruktur berücksichtigt.

Materielle Infrastrukturinvestitionen sind durch typische, sie charakterisierende Merkmale gekennzeichnet. Dabei lassen sie sich in technische, ökonomische und institutionelle Merkmale untergliedern[83]:

- Zu den technischen Merkmalen werden die Unteilbarkeit der Investition, die Standortgebundenheit der erbrachten Leistungen, eine lange Lebensdauer, eine allgemeine Nutzbarkeit von Infrastrukturleistungen und die technische Verbundenheit zwischen den Teilsystemen gezählt.
- Zu den ökonomischen Merkmalen gehören der hohe Fixkostenanteil der Investition, der hohe Kapitalkoeffizient, das hohe Risiko der Nutzungs- und der Folgeausgaben bzw. der Kollektivcharakter der erbrachten Leistungen.
- Die institutionellen Merkmale beinhalten das häufige Fehlen von Marktpreisen für die erbrachten Leistungen, eine häufig defizitäre Betriebsführung des Systems, die öffentliche Planung, Organisation, Leitung und Kontrolle und die Entscheidung durch öffentliche Institutionen.

Allerdings hat die mangelhafte Operationalisierung des Infrastrukturbegriffs in der älteren Literatur dazu geführt, nach einem operationalisierbaren Begriff zu suchen. In der modernen Literatur wird der Begriff Infrastruktur, bedingt durch eine starke empirische Ausrichtung der Beiträge, dadurch präzisiert, indem man Beispiele von Sachanlagen oder Investitionsbereichen aufzählt, um den Begriff eindeutiger zu beschreiben. So wird von Diewert[84] unter Infrastruktur

75 Vgl. R. Jochimsen, [Theorie], 1966, S. 1 ff.

76 Vgl. H. Seitz, [Effekte], 1990, S. 152 bzw. H.-P. Klös, [Infrastrukturkapital], 1991, S. 3 ff.

77 Vgl. R. Jochimsen, [Theorie], 1966, S. 117.

78 Vgl. ebenda S. 133.

79 In finanzstatistischen Untersuchungen werden zumeist nur die Sachinvestitionen (Baumaßnahmen, Erwerb von Sachvermögen) als eine eng abgegrenzte Stromgröße betrachtet, vgl. M. Junkernheinrich, [Infrastrukturfinanzierung], 1994, S. 6.

80 Für eine Einteilung der einzelnen Infrastrukturbereiche, vgl. J. Bloech, [Infrastruktur], 1989, S. 638.

81 Zur netzförmigen Infrastruktur werden Versorgungs- und Verkehrssysteme sowie Schienentrassen und Autostraßen gezählt.

82 Im Gegensatz zur netzförmigen Infrastruktur spricht man bei Flughäfen, Umschlagplätzen, Wasserwerken, Kläranlagen, Schulgebäuden, öffentlichen Bauten, Parkplätzen usw. von punktförmiger Infrastruktur.

83 In Anlehnung an R. Jochimsen, [Theorie], 1966; R. Frey, [Grundlagen], 1972; J. Bloech, [Infrastruktur], 1989, S. 637 ff. u. S. Klatt, [Finanzierung], 1990, S. 209 ff.

84 Vgl. W. Diewert, [Measurement], 1986.

das Realkapital des öffentlichen Sektors aus 19 Aufgabenbereichen, aufgeteilt in vier Kernbereiche (Ver- und Entsorgungseinrichtungen[85], Erschließungsmaßnahmen[86], Transportwesen[87] und Kommunikation[88]), subsumiert.

Da in der folgenden Ausführung kommunale Infrastrukturinvestitionen behandelt werden, ist der Investitionsbegriff unter haushaltsrechtlichen Aspekten[89] zu beurteilen. Der gesetzliche Rahmen kommunaler Infrastrukturinvestitionen findet sich in den Gemeindeordnungen und den Gemeindehaushaltsverordnungen der Länder. Die Vorschriften über die Kreditaufnahme entsprechen fast durchgängig dem gemeinsamen Musterentwurf, der der Haushaltsreform von 1974 zugrundelag[90]; sie sind daher in den wesentlichen Grundzügen textgleich[91]. Die Ausführungen in dieser Arbeit beziehen sich vorwiegend auf die Niedersächsische Gemeindeordnung und die Niedersächsische Gemeindehaushaltsverordnung (GemHVO).

Zu den haushaltsrechtlichen und -wirtschaftlichen Grundlagen alternativer Finanzierungsformen soll im Rahmen dieses Kapitels lediglich eine zusammenfassende Darstellung gegeben werden. Daher werden die Elemente in den Vordergrund gestellt, die zum Verständnis der weiteren Analyse von Bedeutung sind[92].

Grundlage der gemeindlichen Haushaltswirtschaft ist der in § 90 NGO verpflichtend vorgeschriebene Finanzplan. Dieser beinhaltet eine Schätzung der zukünftigen Einnahmen und Ausgaben der Kommune[93]. Ein solcher Finanzplan umfaßt einen Zeitraum von fünf Jahren, beginnend mit dem Haushaltsjahr, in dem er aufgestellt wird[94]. Er hat keine verbindliche Wirkung, soll jedoch die Kommune zwingen, sich über die Entwicklung ihrer aktuellen und zukünftigen finanziellen Situation Klarheit zu verschaffen[95]. Im Finanzplan sind die vorgesehenen Investitionsschwerpunkte zu erfassen und zu begründen. Als Grundlage für den Finanzplan wird ein Investitionsprogramm aufgestellt[96]. Aufgabe des Investitionsprogrammes ist es, einen Überblick zu geben, welche Investitionen und Investitionsförderungsmaßnahmen notwendig sind und welche Ausgaben diese Maßnahmen erfordern. Das Programm soll erkennen lassen, wie sich die einzelnen investiven Maßnahmen auf die einzelnen Jahre des Planungszeitraumes der Finanzplanung verteilen[97]. Die auf die einzelnen Jahre entfallenden Teilbeträge einer Maßnahme sind hierbei nach dem Grundsatz der Kassenwirksamkeit auf die jeweiligen Haushaltsjahre

---

85 Hierzu zählen die Wasser-, Elektrizitäts-, Gasversorgung bzw. die Abfall- u. Abwasserentsorgung.

86 Hierzu zählen Aufforstung, Entwässerung, Deiche u. Dämme, Gewerbeflächenerschließung etc.

87 Hierzu zählen Straßen u. Brücken, das Eisenbahnnetz, Flughäfen und Kanäle u. Häfen.

88 Hierzu zählen das Telefonnetz, Postdienste, Telex u. Telefax.

89 Siehe hierzu die besondere qualitative Stellung von Kommunen in Abschnitt 2.2.1. Die haushaltsrechtlichen Probleme, die eine Beteiligung Privater an der Finanzierung der öffentlichen Infrastruktur aufwirft, werden erst im späteren Verlauf der Arbeit behandelt.

90 Musterentwurf der gesetzlichen Bestimmungen des neuen Haushaltsrechts vom 3.3.1971, abgedruckt bei St. Depiereux, [Gemeinden], 1975, Anhang 1, S. 225 ff.

91 Vgl. Th. Bücker, [Finanzinnovationen], 1993, S. 23.

92 Für eine detaillierte Behandlung des kommunalen Haushaltsrechts wird auf die zahlreichen und z.T. umfangreichen Kommentare zum Haushaltsrecht der Kommunen verwiesen, vgl. u.a. zum Haushaltsplan u. zu den Haushaltsgrundsätzen, H. Dettmer, W. Prophete u. Kl. Wegmeyer, [Kassenwesen], 1995, S. 84-172.

93 Vgl. § 24 Abs. 2 GemHVO.

94 Vgl. § 90 Abs. 1 NGO.

95 Vgl. H. Dettmer, W. Prophete u. Kl. Wegmeyer, [Kassenwesen], 1995, S. 188 f.

96 Vgl. H. Wiesner, [Finanzwirtschaft], 1992, S. 14.

97 Vgl. § 24 Abs. 2 GemHVO.

aufzuteilen[98]. Die Kommune muß jedes Jahr eine Haushaltssatzung erlassen[99]. Grundlage hierfür soll der beschriebene Finanzplan sein. Die Haushaltssatzung enthält u.a. die Festsetzung des Haushaltsplanes mit dem Gesamtbetrag aller Einnahmen und Ausgaben des Haushaltsjahres, die vorgesehenen Kreditaufnahmen und Verpflichtungsermächtigungen[100]. Der Haushaltsplan enthält eine verbindliche systematische Zusammenstellung der im Haushaltsjahr der Kommune voraussichtlich erzielbaren Einnahmen, zu leistende Ausgaben und notwendige Verpflichtungsermächtigungen[101]. Die damit verbundene Haushaltshoheit stellt die Befugnis dar, das gemeindliche Vermögen zu verwalten und die Einnahmen und Ausgaben verbundenen Geldvorgänge selbständig zu tätigen[102].

Mit Hilfe der Haushaltsplanung werden die zur Verfügung stehenden Mittel der Gemeinde nach kommunalpolitischen Prioritäten des Stadt- bzw. Gemeinderates[103] den einzelnen Aufgabenbereichen zugeordnet. Gleichzeitig ermächtigt der Haushalt die Verwaltung, Ausgaben im Rahmen der zur Verfügung stehenden Mittel zu tätigen[104]. Somit hat der Haushalt auf der einen Seite nach außen eine Lenkungsfunktion, indem er die Richtung für ein bestimmtes politisches Handeln vorgibt, auf der anderen Seite eine interne Lenkungsfunktion, indem er der Gemeindeverwaltung bzw. ihren einzelnen Dienst- und Betriebsstellen die Aufgabenerfüllung zuordnet. Für die Aufstellung und Ausführung eines Haushaltsplanes gelten eine Reihe von gesetzlichen Vorschriften. Die kommunalrechtlichen Anforderungen an die Haushaltswirtschaft der Kommunen werden in den sog. „Allgemeinen Haushaltsgrundsätzen" erfaßt[105]. Dies sind die beiden folgenden, kurz zu erläuternden Prinzipien der Haushaltsführung[106]:

- Der anzustrebende Haushaltsausgleich[107]

Voraussetzung für die Sicherung der stetigen Aufgabenerfüllung ist der Ausgleich des Haushaltes. Die Erfüllung der Gemeindeaufgaben kann finanziell auf Dauer nur gesichert werden, wenn im Rahmen der Haushaltswirtschaft die Ausgaben durch entsprechende Einnahmen[108] ausgeglichen werden. Über den Ausgleich von Haushalts- und Finanzplan wacht die kommunale Rechtsaufsichtsbehörde.

- Der zentrale Grundsatz des Haushaltsrechts, das Postulat der Sparsamkeit und der Wirtschaftlichkeit[109]

98 Vgl. H. Dettmer, W. Prophete u. Kl. Wegmeyer, [Kassenwesen], 1995, S. 155.

99 Vgl. § 84 Abs. 1 NGO.

100 Vgl. § 84 Abs. 2 NGO.

101 Vgl. § 85 Abs. 1 NGO.

102 Vgl. M. Fuchs, [Haushaltsstruktur], 1983, S. 416 ff.

103 Die Verabschiedung des jährlichen Haushalts gehört zu den wichtigsten Rechten des Gemeinderates, vgl. § 40 Abs. 1 NGO.

104 Gegenüber dem Bürger entfaltet der Haushalt Bindungswirkung nach außen, indem er bspw. die Steuersätze für das kommende Haushaltsjahr festlegt, vgl. G. Schwarting, [Haushalt], 1993, S. 29.

105 Vgl. H. Dettmer, W. Prophete u. Kl. Wegmeyer, [Kassenwesen], 1995, S. 143-147.

106 Die Prinzipien „Die Sicherung der Aufgabenerfüllung (§ 82 Abs. 1 S. 1 NGO)" und „Die Einhaltung von Erfordernissen des gesamtwirtschaftlichen Gleichgewichts (§ 82 Abs. 1 S. 2 NGO)" werden nicht näher erläutert.

107 Vgl. § 82 Abs. 3 NGO.

108 Zur Reihenfolge kommunaler Einnahmen bestehen für die Gemeinden kommunalrechtliche Vorschriften. Die „Grundsätze der Einnahmebeschaffung" legen für die Kommune die Rangfolge der Einnahmebeschaffungsarten verbindlich fest, zur Rangfolge vgl. § 83 NGO.

109 Vgl. § 82 Abs. 2 NGO bzw. Art. 114 Abs. 2 GG.

Vor jeder Übernahme einer neuen Aufgabe oder bei der Erfüllung einer bestehenden Aufgabe muß die Wirtschaftlichkeit ihrer Ausführung geprüft werden. Damit verbunden ist die Aufforderung, durch eine Kosten-Nutzen-Analyse oder durch Vergleichsrechnungen die kostengünstigste Alternative zu ermitteln[110].

Unterstrichen wird die Bedeutung des Wirtschaftlichkeitsgrundsatzes durch erfolgte Gesetzesänderungen[111], die ihn konkretisieren und bspw. wesentliche Auswirkungen auf den Einsatz von Leasingmodellen haben. Am 22.10.1993 erfolgte ein Beschluß des Deutschen Bundestages im Rahmen des ersten Gesetzes zur Umsetzung des Spar-, Konsolidierungs- und Wachstumsprogramms zur Änderung von § 7 Bundeshaushaltsordnung (BHO), mit der die Grundsätze der Wirtschaftlichkeit und Sparsamkeit spezifiziert wurden. Insbesondere wird nun vorgeschrieben, daß im Rahmen der Erfüllung öffentlicher Investitionsvorhaben privatwirtschaftliche Alternativen geprüft werden müssen[112]. Damit werden an das Ausschreibungsmanagement und den Wirtschaftlichkeitsvergleich neue, höhere Anforderungen gestellt[113]. Die geänderte Fassung lautet:

„(1) Bei Aufstellung und Ausführung des Haushaltsplans sind die Grundsätze der Wirtschaftlichkeit und Sparsamkeit zu beachten. Diese Grundsätze verpflichten zur Prüfung, inwieweit staatliche Aufgaben oder öffentlichen Zwecken dienende wirtschaftliche Tätigkeiten durch Ausgliederung und Entstaatlichung oder Privatisierung erfüllt werden können.

(2) Für geeignete Maßnahmen von erheblicher finanzieller Bedeutung sind Kosten-Nutzen-Untersuchungen anzustellen. In geeigneten Fällen ist im Rahmen eines Interessenbekundungsverfahrens festzustellen, inwieweit und unter welchen Bedingungen private Lösungen möglich sind"[114].

Auf dem Haushaltsplan beruht die Haushaltswirtschaft der Kommune[115]. Bei der Gestaltung des Haushaltsplans sind die Gemeinden an die vom Gesetzgeber vorgeschriebene Gliederung gebunden[116], wobei der Haushaltsplan im kommunalen Haushaltsrecht zwar nicht ausdrücklich definiert wird[117]. Es ist jedoch im Haushaltsrecht der Gemeinden vorgeschrieben, die Haushaltspläne in einen Verwaltungs- und einen Vermögenshaushalt aufzugliedern[118]. Diese Zweiteilung dient der Hervorhebung der laufenden (konsumtiven) und der investiven Ausgaben[119]. Somit erklärt sich, weshalb Ausgaben im Verwaltungshaushalt nicht für kommunale Investitionsmaßnahmen zur Verfügung stehen. Für eine klare Trennung des investiven vom verwalten-

110 Zu Methoden des Wirtschaftlichkeitsvergleichs bei öffentlich-wirtschaftlichen Zielsetzungen, vgl. Kl. Lüder u. O. Dubber, [Investitionsrechnungen], 1984, S. 360 ff. bzw. W. Ossadnik, [Kostenwirksamkeitsanalyse], 1992, S 30 ff.

111 Diese sind allerdings bisher nur auf Bundesebene erlassen worden.

112 Vgl. D. Kiefer, [Wirtschaftlichkeit], 1997, S. 203 f.

113 Vgl. M. Kroll u. J. Christen, [Vergleichsrechnung], 1997, S. 585.

114 Es ist zu konstatieren, daß die Neufassung des § 7 BHO keine direkte rechtliche Durchgriffswirkung für die Kommunen besitzt, wobei ihr aber dennoch eine Signalwirkung bis auf die kommunale Ebene beizumessen ist.

115 Vgl. § 85 Abs. 3 NGO.

116 Zur Struktur des kommunalen Haushaltsplans, vgl. G. Schwarting, [Haushalt], 1993, S. 36.

117 Vgl. H. Dettmer, W. Prophete u. Kl. Wegmeyer, [Kassenwesen], 1995, S. 84.

118 Vgl. § 85 Abs. 2 NGO, siehe auch K. Reif, [Haushaltsplan], 1990, S. 97 ff. u. H. Schmid, [Siegeln], 1990, S. 15.

119 Es kann auch vereinfachend gesagt werden, daß im Verwaltungshaushalt die laufenden Einnahmen und Ausgaben und im Vermögenshaushalt die Investitionen und ihre Finanzierungen dargestellt werden.

den Bereich in der kommunalen Haushaltswirtschaft spricht der - bereits erwähnte - hohe Anteil der kommunalen Investitionen an den gesamten getätigten öffentlichen Investitionen.

Im Vermögenshaushalt sind die Investitionsausgaben und ihre Einnahmen zur Deckung enthalten[120]. Zu den Investitionen zählen ausschließlich vermögenswirksame Ausgaben der Gemeinden, die haushaltsrechtlich eine Finanzierung erlauben[121]. Erst mit der Verankerung im Haushaltsplan ist die Realisierbarkeit von Investitionen aus finanzwirtschaftlicher Sicht fest- und sichergestellt[122]. Eine Finanzierungsquelle für kommunale Investitionen sind demnach die Einnahmen des kommunalen Vermögenshaushaltes. Die Einnahmen auf Seiten des Vermögenshaushaltes bestehen im wesentlichen aus Zuführungen von Einnahmeüberschüssen aus dem Verwaltungshaushalt, Entnahmen aus Rücklagen, Investitionszuschüssen, Veräußerungserlösen von Anlagevermögen sowie Krediten. Nach dem kommunalen Haushaltsrecht dürfen die kommunalen Gebietskörperschaften Kredite nur aufnehmen, wenn eine andere Finanzierungsart nicht möglich ist oder wirtschaftlich unzweckmäßig wäre[123]. Durch diese Einschränkung wird erreicht, daß fremde Mittel vermögenswirksam eingesetzt werden und daß einer Verschuldung die Schaffung realer Werte gegenübersteht[124]. Eine Kreditfinanzierung konsumtiver Ausgaben, die z. B. dem Bund zur Abwehr einer Störung des gesamtwirtschaftlichen Gleichgewichts i.S. des § 18 Abs. 1 BHO erlaubt ist, kommt für die Kommunen nicht in Betracht[125]. Hierin zeigt sich u.a. der begrenzte finanzpolitische Handlungsspielraum der Gemeinden.

Der Verwaltungshaushalt gibt Aufschluß über die laufenden (konsumtiven) Verwaltungsausgaben der Gemeinden. Die Deckung erfolgt im wesentlichen durch Steuern, Gebühren und Einnahmen aus der Verwaltung und den Betrieben bzw. allgemeinen Zuweisungen. Sie stellen laufende nicht vermögenswirksame Einnahmen dar.

Der Haushaltsplan, mit seinen Ansätzen und Haushaltsvermerken notwendiger Bestandteil der Haushaltssatzung, ist für die Kommune verbindlich[126]. Die zu veranschlagenden Ausgaben stellen Ausgabeermächtigungen dar. Sie müssen nicht ausgegeben werden und sind vielmehr absolute Obergrenzen, die von der Kommune nicht überschritten werden dürfen[127]. Die im Haushaltsjahr veranschlagten Einnahmen sind vollständig und rechtzeitig einzuziehen. Die veranschlagten Einnahmen sind Mindestbeträge, die Gemeinde darf daher zusätzliche Einnahmen erzielen[128].

Abschließend seien die Grundsätze des Haushaltsrechts[129] wie der Grundsatz der Einzelveranschlagung, der Jährlichkeit und der Gesamtdeckung[130] genannt[131]. Nach dem Prinzip der

---

120 Vgl. H. Dettmer, W. Prophete u. Kl. Wegmeyer, [Kassenwesen], 1995, S. 92 f.

121 Vgl. S. Schwarz, [Immobilien-Leasing], 1985, S. 77. Die im Vermögenshaushalt zu veranschlagenden Einnahmen und Ausgaben sind in § 1 Abs. 1 GemHVO aufgeführt.

122 Vgl. §§ 84-86 NGO.

123 Kredite dürfen gemäß § 82 Abs. 1 NGO nur für Investitionen, Investitionsförderungsmaßnahmen und zur Umschuldung aufgenommen werden

124 Vgl. St. Depiereux, [Gemeinden], 1975, S. 92.

125 Vgl. ebenda S. 92. Im Gegensatz zu den Kommunen kann der Bund eine aus konjunkturpolitischen Gründen eingegangene höhere Verschuldung durch eine zukünftige Erhöhung der Steuereinnahmen ausgleichen, vgl. Th. Bücker, [Finanzinnovationen], 1993, S. 27.

126 Vgl. § 85 Abs. 3 NGO.

127 Vgl. W. Bischof, [Gemeindehaushaltsrecht], 1979, S. 52.

128 Vgl. ebenda S. 52.

129 In diesem Kontext siehe auch die materiellrechtlichen und formellen Voraussetzungen der kommunalen Kreditaufnahme, Th. Bücker, [Finanzinnovationen], 1993, S. 26-35.

130 Vgl. § 16 GemHVO.

Jährlichkeit entfällt mit dem Ende des Haushaltsjahres die Ermächtigung, aus den Ansätzen des Haushaltsplanes noch Ausgaben zu leisten. Die Einnahmen des Verwaltungshaushaltes dienen insgesamt zur Deckung der Ausgaben des Verwaltungshaushaltes, die Einnahmen des Vermögenshaushaltes dienen insgesamt der Deckung der Ausgaben des Vermögenshaushaltes (Grundsatz der Gesamtdeckung gemäß § 16 GemHVO). Die Gesamtsumme aller Einnahmen deckt die Gesamtsumme aller Ausgaben, eine Zweckbindung von Einnahmen zur Deckung bestimmter Ausgaben ist grundsätzlich ausgeschlossen. Sachliche Bindung und Einzelveranschlagung führen dazu, daß Einnahmen nur unter dem sachlich zuständigen Ansatz vereinnahmt und wichtige Ausgaben[132] nur geleistet werden dürfen, wenn eine sachlich zuständige Haushaltsstelle vorhanden ist bzw. beim entsprechenden Haushaltsansatz noch Mittel nur Verfügung stehen. Im übrigen jedoch erlaubt das Gesamtdeckungsprinzip den Kommunen eine zentral koordinierte, kapitalmarktnahe und weitgehend eigenverantwortliche Schuldenpolitik[133]. Jedoch besteht infolge des Gesamtdeckungsprinzips des kommunalen Haushalts keine unmittelbare Zuordnung einzelner Kredite zu den getätigten Investitionsmaßnahmen.

2.2.3. Finanzierungsrelevante Merkmale kommunaler Infrastrukturinvestitionen

Im vorgehenden Abschnitt galt es, kommunale Infrastrukturinvestitionen zu charakterisieren. Daraus ist zu entnehmen, daß der Untersuchungsgegenstand der vorliegenden Untersuchung die zu finanzierende materielle kommunale Infrastruktur ist und nicht die personale und institutionelle Infrastruktur. Daher werden in diesem Abschnitt kurz die Merkmale und Gestaltungsprobleme einer Finanzierung der materiellen kommunalen Infrastruktur erläutert.

Die technischen Merkmale der materiellen Infrastruktur gestalten die Finanzierungsmöglichkeiten in verschiedener Hinsicht. Ein Hauptmerkmal ist ihr langfristiger Wirkungscharakter und die daraus resultierende Zähigkeit nachträglicher Korrekturen[134]. Darüber hinaus gebietet die ökonomische Vernunft, Nachfrage und Marktgegebenheiten für die langlebige kommunale Infrastruktur zur Vermeidung von Fehlinvestitionen stärker zu berücksichtigen. Denn ein typisches Element vieler kommunaler Projekte ist der außerordentlich hohe Kapitaleinsatz[135] aufgrund des hohen technisch-spezifischen Anspruches kommunaler Infrastrukturvorhaben. Zudem sind kommunale Infrastrukturinvestitionen durch einen hohen Irreversibilitätsgrad[136] ge-

---

131 Diese Grundsätze werden von Praktikern oft als hinderlich angesehen.

132 Bagatellgrenzen sind von dieser Regelung ausgeschlossen, Anm. des Verfassers, selbst Beigeordneter im Rat der Gemeinde Steinfeld (Steinfeld/Oldb.).

133 Vgl. H. Jünger, J. Walter u. A. Götz, [Finanzmanagement], 1997, S. 8.

134 Vgl. F.O. Schmidt, [Verkehrsinfrastruktur], 1994, S. 50.

135 So werden bei der Sanierung von Abwasserkanälen Investitionskosten in Höhe von 0,7 bis 3 Mio. DM pro km geschätzt, vgl. H. Brede, [Sanierung], 1995, S. 79; der Aufwand für eine Müllverbrennungsanlage beträgt durchschnittlich 300 Mio. DM, vgl. E. Pappermann, [Abfallentsorgung], 1989, S. 541.
Der in 1998/1999 realisierte Neubau einer Kläranlage in der Gemeinde Steinfeld (Oldb., ca. 9.000 Einwohner) hat etwa 10 Mio. DM Investitionsmittel gebunden, Anm. des Verfassers.

136 Irreversibilität soll hier im Sinne einer Unumkehrbarkeit von Investitionsentscheidungen verstanden werden; eng verbunden ist die beschränkte alternative Verwendungsmöglichkeit dieser Investitionsobjekte, so sind bspw. Feuerwehrgerätehäuser in ihren alternativen Verwendungsmöglichkeiten beschränkt.

kennzeichnet. Investitionen haben in starkem Maße den Charakter von „Sunk Costs"[137]. Fehlentscheidungen erschweren die nachträgliche Korrektur von bereits realisierten Maßnahmen.

Infrastrukturinvestitionen sind in besonderem Maße auf die Verfügbarkeit langfristiger Finanzierungsmittel angewiesen, wenn vorausgesetzt wird, daß die Übereinstimmung von Kapitalbindungs- und Kapitalüberlassungsfristen in der Langfristbetrachtung gewahrt bleiben muß. Das Merkmal der Langlebigkeit beinhaltet, daß Finanzierungskosten und entsprechende Folgelasten[138] auf Generationen von Nutznießern zu verteilen sind. Als Folge eines hohen technischen Anspruchs kommunaler Infrastrukturinvestitionen (bspw. bei kommunalen Abwasserentsorgungsanlagen) und der hohen Kapitalintensität der Investition werden sich kleinere und kurzfristig agierende Investoren bei kommunalen Infrastrukturinvestitionen tendenziell zurückhalten[139].

Zudem prägen die ökonomischen Merkmale der kommunalen Infrastruktur die Finanzierungsmöglichkeiten in mehrfacher Hinsicht. Durch eine für die kommunale Infrastrukturinvestition charakteristische Kostenstruktur mit einem relativ hohen Fixkosten-Sockel und vergleichsweise niedrigeren variablen Kosten dürften die Grenzkosten der Produktion von kommunalen Infrastruktur-Leistungen[140] im relevanten Kapazitätsbereich durch einen hohen Anteil der Stückfixkosten an den gesamten Stückkosten determiniert werden. Damit wird eine Preisstellung unter gewinnmaximierenden Gesichtspunkten entsprechend den Grenzkosten schwierig, falls nicht Produktionsmengen oberhalb eines Durchschnittskostenminimums erreicht werden. In diesen Fällen werden die Grenzen für private Betreiber kommunaler Infrastrukturen unter Konkurrenzbedingungen erkennbar oder aber es treten Tendenzen zu natürlichen Monopolen ein[141].

Des weiteren sind kommunale Infrastrukturinvestitionen unter Ertragsgesichtspunkten ökonomisch zu analysieren, da es sich um rentable Investitionen oder um nicht-rentable Investitionsvorhaben handeln kann. Mit nicht-rentabel werden kommunale Investitionen bezeichnet, deren Umsetzung keine oder nicht kostendeckende Einzahlungsüberschüsse hervorrufen[142]. Bei nicht-rentablen Investitionen decken die Einnahmen, bspw. Benutzungs- bzw. Anschlußgebühren, Beiträge, Eintrittsgelder und Mieten die anfallenden Kosten nicht bzw. nur teilweise[143]. Als rentabel bezeichnet man Investitionsmaßnahmen, wenn die aus der Nutzung des Investitionsgutes hervorgehenden Kosten einschließlich der Kapitalkosten auf die Empfänger der Leistung ganz oder zumindest überwiegend abgewälzt werden können. Bei rentablen Investitionen (bspw. im Versorgungsbereich) fließt das eingesetzte Kapital einschließlich einer marktüblichen Verzinsung innerhalb eines vorgegebenen Zeitraumes an den Betreiber zurück, so daß die Rentabilität kommunaler Investitionen für die Option privat eingesetzten Kapitals besonders

---

137 Eine ausführliche Untersuchung der mit „Sunk Costs" verbundenen Probleme findet sich bei J.P. Krahnen, [Sunk Costs], 1991.

138 Denn mit zunehmendem öffentlichen Infrastrukturkapitalbestand steigen auch die Sach- und Personalausgaben an. Schätzungen haben ergeben, daß im Durchschnitt kommunale Investitionsaufwendungen mit jährlichen Folgelasten von ca. 5 bis 8 % verbunden sind. D.h. eine zusätzlich in die Infrastruktur investierte DM führt zu Mehrbelastungen in den Folgejahren bei Personal- und Sachaufwendungen von ca. 0,05 bis 0,08 DM, vgl. H. Seitz, [Folgelastenproblematik], 1986, S. 203 ff.

139 Vgl. S. Klatt, [Verkehrsinfrastruktur], 1990, S. 209 f.

140 Bspw. bei Leistungen der kommunalen Abwasserversorgung.

141 Vgl. S. Klatt, [Verkehrsinfrastruktur], 1990, S. 210 f.

142 Vgl. S. Reichstein, [Praxis], 1994, S. 116.

143 Vgl. T. Schweisfurth, [Sicht], 1995, S. 231.

interessant ist[144]. Der größere Teil der kommunalen Investitionsaufgaben ist aber in die Klasse der nicht-rentablen Aufgaben einzustufen, bei deren Erfüllung die Kommune größtenteils mit keinen bzw. nur unzureichenden Einnahmen zu kalkulieren hat[145]. Der Deutsche Städtetag dokumentiert im Gemeindefinanzbericht des Jahres 1996, daß im Durchschnitt aller Gemeinden[146] eine Kostendeckung um so eher erreicht wird, je geringer die Preiselastizität der Nachfrage ist. Die folgende Tabelle des durchschnittlichen Kostendeckungsgrades in den Jahren 1994 und 1990 spricht für sich[147]:

Gebührenhaushalt	**Kostendeckung 1994 (1990) in %**
Abwasserbeseitigung	89,0 (87,2)
Abfallbeseitigung	90,0 (89,3)
Friedhöfe	74,7 (66,1)
Straßenreinigung	73,0 (65,9)
Musikschulen	31,8 (29,9)
Volkshochschulen	29,2 (28,8)
Bäder	23,7 (22,5)
Theater	13,3 (12,5)
Kindergärten	11,6 (12,4)
Museen	7,1 (6,9)
Büchereien	4,0 (2,2)

Hinzu kommen externe Effekte bei kommunalen Infrastrukturinvestitionen, die zum Teil schon während der Bauphase das Problem ihrer Anlastung beim Investor bzw. Betreiber oder Nutznießer aufwerfen[148]. Die durch diese externen Effekte verteuerte Nutzung der Infrastruktur (in der Betriebsphase der Infrastruktur) wird demzufolge den potentiellen Nutzern angelastet[149].

Abschließend ist der Hinweis auf ein institutionelles Gestaltungsmerkmal zur kommunalen Finanzierung (und damit auf Verbindungen zur institutionellen Infrastruktur) erforderlich. In diesem Zusammenhang ist die Ausgestaltung der Eigentumsverhältnisse zu nennen[150]. Bspw. sind konzeptionelle komplexe Vertragslösungen gefordert, wenn ein privater Betreiber eine kommunale Kläranlage auf einem sich im Eigentum der Kommune befindlichen Grundstück betreiben möchte. Dieser Fall erfordert eine Planungs- und Entscheidungskoordination, die das

144 Vgl. S. Reichstein, [Praxis], 1994, S. 116.

145 Vgl. R. Dautel, [Sonderfinanzierung], 1997, S. 45.

146 Hier sind nur die alten Bundesländer berücksichtigt.

147 Vgl. H. Mühlenkamp, [Unternehmen], 1994, S. 9 (insb. Fn. 23). Lediglich im Versorgungsbereich dekken die Gebühren- und Beitragseinnahmen sämtliche Aufwendungen, vgl. H. Seitz, [Effekte], 1998, S. 468.

148 Das wachsende Umweltbewußtsein der Bevölkerung und die zunehmende Bedeutung von Bürgerinitiativen mit entsprechenden Klageverfahren haben in Deutschland kommunale Infrastruktur-Projekte verzögert, realisierte um die Anlastung (Internalisierung) der externen Kosten verteuert, allerdings ohne dabei die Verursacher bzw. unberechtigte Kläger i.e.S. deutlich stärker zu belasten.

149 Vgl. S. Klatt, [Verkehrsinfrastruktur], 1990, S. 210 f.

150 Vgl. ebenda S. 211 f.

eigentumsrechtliche Verhältnis der öffentlichen Träger kommunaler Infrastruktur mit privaten Investoren bzw. Betreibern regelt.

2.2.4. Organisationsformen der kommunalen Verwaltung und kommunale Unternehmen in der Rechtsform des privaten Rechts

2.2.4.1. Kommunale Betriebsformen in öffentlich-rechtlicher Form

2.2.4.1.1. Der Regiebetrieb („Bruttobetrieb")[151]

Regiebetriebe sind Bestandteile (Abteilungen) der kommunalen Verwaltung ohne eigene Rechtspersönlichkeit[152]. Sie weisen weder eigene Organe noch ein eigenes Rechnungswesen auf, sondern werden lediglich innerhalb der Verwaltungshierarchie von einem Beamten oder Angestellten geführt[153]. Regiebetriebe bedürfen keiner besonderen Form der Gründung[154]. Damit unterscheidet sich diese Betriebsorganisation formell nicht von anderen Ämtern oder Abteilungen innerhalb der Verwaltung[155]. Eigenständige Handlungen nach außen kann der den Regiebetrieb leitende Beamte nicht durchführen. Diese sind der Verwaltungsspitze vorbehalten. Ebenso unterliegt er den Weisungen seiner Dienstvorgesetzten[156].

Die Haushaltsführung eines Regiebetriebes richtet sich nach den Vorschriften für das kommunale Haushalts-, Kassen- und Rechnungswesen, mithin besteht Etatbindung. Der Gesamthaushaltsplan der Kommune veranschlagt sämtliche Einnahmen und Ausgaben des Regiebetriebs, weshalb sie auch als Bruttobetriebe bezeichnet werden[157]. Auch die Finanzierung der Regiebetriebe erfolgt über den allgemeinen Haushalt (Vermögenshaushalt). Allerdings erlaubt das kameralistische Rechnungswesen den Regiebetrieben in einigen Bundesländern zur Finanzierung von Abschreibungsgegenwerten die Abschreibung von Vermögensgegenständen auf der Basis von Wiederbeschaffungswerten[158]. Der Regiebetrieb kann die Gegenwerte der Abschreibungen jedoch nicht in eine gesonderte Rücklage einstellen, sondern sie gehen in einer allgemeinen Rücklage des Haushalts, für die keine Zweckbindung besteht, „unter"[159].

---

151 Zum Folgenden, vgl. auch H. Mühlenkamp, [Unternehmen], 1994, S. 18-23.

152 Regiebetriebe sind nicht verselbständigte Einheiten. Vgl. W. Hauser, [Einrichtungen], 1987, S. 2. Das Betriebsvermögen des Regiebetriebs bildet keine rechtliche und organisatorische Einheit, der Betrieb ist satzungsmäßig und verwaltungstechnisch lediglich ein Bestandteil der (kommunalen) Trägerverwaltung, vgl. B. Adamschek u. K.H. Adams, [Regiebetriebe], 1989, Sp. 1391.

153 Vgl. G. Püttner, [Grundlagen], 1986, S. 64.

154 Vgl. Abwassertechnische Vereinigung e.V., [Betriebsformen], 1994, S. 6.

155 Vgl. R. Dautel, [Sonderfinanzierung], 1997, S. 54.
Regiebetriebe sind Ämter, vgl. L. Böckels, [Finanzklemme], 1994, S. 91.

156 Vgl. B. Adamschek u. K.H. Adams, [Regiebetriebe], 1989, Sp. 1392.

157 Vgl. R. Dautel, [Kommunale Sonderfinanzierung], 1997, S. 54 f.

158 Bei der in der Regel kaufmännischen Buchhaltung eines Eigenbetriebs ist dieses Vorgehen nicht denkbar, vgl. L. Böckels, [Finanzklemme], 1994, S. 91.

159 Häufig wird freiwillig zur Verbesserung der Kalkulation der abzugebenden Leistungen die in Regiebetrieben übliche Kameralistik als Form der Rechnungslegung um eine innerbetriebliche Kostenrechnung ergänzt, vgl. H. Dettmer, W. Prophete u. Kl. Wegmeyer, [Kassenwesen], 1995, S. 374. In diesen Fällen ist die Betriebsführung eines Regiebetriebs in stärkerem Maße als in der übrigen Verwaltung am Prinzip der Wirtschaftlichkeit i.S. des Erreichens von Kostendeckungsgraden ausgerichtet, vgl. R. Dautel, [Sonderfinanzierung], 1997, S. 55.

Das Streben nach Effizienz tritt bei Regiebetrieben in den Hintergrund[160]. Bei Regiebetrieben steht die verwaltende und weniger die wirtschaftliche Tätigkeit im Vordergrund. Da der Regiebetrieb vielfach auch hoheitliche Aufgaben[161] wahrnimmt, arbeitet er ohne Gewinnerzielungsabsicht[162]. Der Regiebetrieb ist im hoheitlichen Abwasserentsorgungsbereich die vorherrschende Organisationsform[163]. Die Betriebsführung ist mehr auf Recht- und Ordnungsmäßigkeit als an ökonomischen Prinzipien ausgerichtet. Zumindest fehlt der Kontrolldruck, der von einer marktüblichen Konkurrenz ausgehen kann. Wirtschaftliche Ineffizienzen können durch die Möglichkeit des Rückgriffs auf die allgemeinen finanziellen Deckungsmittel des kommunalen Trägers abgedeckt werden.

Weitere Einschränkungen des Handlungsspielraumes bzw. der Motivation für effiziente Lösungen finden sich in den Organisationsmerkmalen des Regiebetriebs: Es existiert weder eine Beschaffungsautonomie noch die Möglichkeit des flexiblen Reagierens auf Planansätze bei eintretenden Preisänderungen oder sonstigen sich verändernden „Rahmenbedingungen"[164]. Wird die Abhängigkeit der Regiebetriebe durch die weitgehenden Einwirkungsrechte der politischen Gremien (Gemeindevorstand, Gemeindevertretung) bezüglich der Sicherstellung der Sachziele der Kommune teilweise positiv hervorgehoben, so bleibt dennoch die Abhängigkeit von dem politischen Einfluß zu kritisieren. Insbesondere die Einbindung in die Kommunalverwaltung kann zu verzögerten Entscheidungsabläufen führen[165].

Als Regiebetriebe werden meist kleine „Kommunalunternehmen" sowie Hilfs- und Nebenbetriebe der Verwaltung (bspw. Fuhrpark und Gebäudereinigung) geführt. Insgesamt ging ihre Bedeutung und Verbreitung auf kommunaler Ebene in den letzten Jahren stark zurück[166].

2.2.4.1.2. Der Eigenbetrieb („Nettobetrieb")[167]

Ebenso wie der Regiebetrieb weist der Eigenbetrieb keine eigene Rechtspersönlichkeit auf (§ 108 Abs. 2 NGO). Der Eigenbetrieb ist innerhalb der Verwaltung wirtschaftlich und verwaltungsmäßig eine verselbständigte Anstalt, aber keine juristische Person des öffentlichen

---

160 Vgl. Abwassertechnische Vereinigung, [Betriebsformen], 1994, S. 7 f.

161 Eine „hoheitliche Tätigkeit" besteht in der Ausübung eines öffentlichen Amtes - unabhängig davon, ob es sich um Eingriffe, um Maßnahmen der Daseinsvorsorge oder um Realakte handelt; hoheitliche Aufgaben sind als Ausfluß des staatlichen Gewaltmonopols ausschließlich dem Staat vorbehalten, vgl. A. Büllesbach u. J. Rieß, [Outsourcing], 1995, S. 445.

162 Vgl. Süddeutsche Treuhand AG, [Abwasserentsorgungsanlagen], 1990, S. 82 f.

163 Vgl. M.J. Matschke u. Th. Hering, [Kommunale Finanzierung], 1998, S. 29; K.-U. Rudolph, [Realisierung], 1993, S. 24. Der Regiebetrieb wird auch als die überkommene Art einer kommunalen Aufgabenerfüllung bezeichnet, vgl. W. Schmeken, [Organisationsformen], 1991, S. 28.

164 Vgl. B. Adamschek u. K.H. Adams, [Regiebetriebe], 1989, Sp. 1393.

165 Vgl. Hessisches Ministerium für Umwelt und Reaktorsicherheit, [Erlaß], 1991.
Um den mit der Organisationsform Regiebetrieb verbundenen Nachteile entgegenzuwirken, hat die Stadt Köln versucht, den Regiebetrieb zu optimieren, z.B. durch eine produktorientierte Kosten- und Leistungsrechnung, vgl. H. Oelmann, [Chance], 1996, S. 18 ff.

166 Vgl. B. Adamschek u. K.-H. Adams, [Regiebetriebe], 1989, Sp. 1394.
Dies gilt insb. für den Regiebetrieb mit einer rein kameralistischen Einnahmen- und Ausgabenrechung. Daneben gibt es Regiebetriebe, für die eine Kosten- und Ertragsrechnung vorgesehen ist, und die eine gewisse Ähnlichkeit zum nachfolgend zu behandelnden Eigenbetrieb aufweisen, vgl. M. Koch, [Betätigung], 1992, S. 82.

167 Vgl. hierzu auch U. Cronauge, [Kommunale Unternehmen], 1997, S. 63 ff.

Rechts[168]. Als wirtschaftliche Betriebe müssen Eigenbetriebe eine wirtschaftliche Zielsetzung haben. Sie sollen grundsätzlich einen Gewinn für den Haushalt abwerfen[169], es sei denn, sie sind als nichtwirtschaftliche Unternehmen (kommunale Hoheitsbetriebe) bspw. in der Abwasserbeseitigung[170] tätig. Eigenbetriebe dienen zugleich einem öffentlichen Zweck, wobei letzterer Vorrang gegenüber Wirtschaftlichkeitsgrundsätzen hat[171].

Im allgemeinen gilt für Eigenbetriebe der Grundsatz der Subsidiarität. Sie dürfen nur dann wirtschaftlich tätig werden, wenn die öffentliche Aufgabe nicht durch einen anderen besser und wirtschaftlicher erfüllt werden kann[172]. Als wirtschaftliche Unternehmen gelten nicht Einrichtungen, die überwiegend folgenden Zwecken dienen: Erziehung, Bildung und Kultur, Sport und Erholung, Sozial- und Jugendhilfe, Gesundheitswesen, Umweltschutz, Wohnungs- und Siedlungswesen sowie Deckung des Eigenbedarfs der Gemeinde[173]. Sofern eine Kommune mehrere Eigenbetriebe betreibt, können diese organisatorisch und steuerrechtlich zu einem kommunalen Querverbund[174] zusammengefaßt werden[175].

Der Eigenbetrieb ist als Rechtsform für die wirtschaftliche Unternehmen der Gemeinden, soweit diese nicht in einer Rechtsform mit eigener Rechtspersönlichkeit geführt werden, gemeinderechtlich bindend vorgeschrieben[176]. Die Vorschriften und Regelungen bezüglich der Eigenbetriebe finden sich in mehreren, je nach Bundesland unterschiedlichen Quellen: Gemeindeordnung[177], Eigenbetriebsgesetz[178], Eigenbetriebsverordnung[179] sowie Satzung des jeweili-

---

168 Vgl. M.J. Matschke u. Th. Hering, [Kommunale Finanzierung], 1998, S. 29 bzw. Kl. Seifert u. M. Metschkoll, [Anmerkungen], 1991, S. 180. In der Verselbständigung liegt der wesentliche Unterschied zwischen dem Eigenbetrieb und dem zuvor behandelten Regiebetrieb, vgl. M. Koch, [Betätigung], 1992, S. 83 f.
Auf Bundesebene werden diese verselbständigten Anstalten mit dem mißverständlichen Begriff „Sondervermögen" versehen, vgl. G. Püttner, [Grundlagen], 1986, S. 64.

169 Vgl. § 114 Abs. 1 u. 2 NGO: Wirtschaftliche Unternehmen sollen einen Überschuß für den Haushalt der Gemeinde abwerfen, „soweit das mit ihrer Aufgabe der Erfüllung öffentlicher Bedürfnisse in Einklang zu bringen ist".

170 Zwar sieht der novellierte § 18a Abs. 2a WHG nunmehr vor, daß die Länder regeln können, ob und unter welchen Voraussetzungen eine Kommune ihre Abwasserbeseitigungspflicht auf einen Dritten ganz oder teilweise befristet bzw. unwiderruflich übertragen kann. Damit wird die Möglichkeit eröffnet, nicht nur die Aufgabenerledigung wie bisher, sondern die Aufgabenverantwortung für die öffentlich-rechtliche Abwasserbeseitigungspflicht (Hoheitsaufgabe) ganz auf einen privaten Dritten zu übertragen. Diese materielle Privatisierung war bisher im Abwasserrecht nicht vorgesehen. Eine solche Übertragung ist jedoch erst dann möglich, wenn die Rechtsgrundlagen dafür in den jeweiligen Landeswassergesetzen geschaffen werden. Da dies bisher noch nicht umgesetzt worden ist, ist die Abwasserbeseitigungspflicht unverändert als Hoheitsaufgabe anzusehen, vgl. R. Gruneberg, [Abwasserbeseitigung], 1998, S. 80.

171 Vgl. U. Cronauge, [Kommunale Unternehmen], 1997, S. 57. Ursprünglich war der Anwendungsbereich des Eigenbetriebsrechts auf wirtschaftliche kommunale Unternehmen beschränkt, vgl. ebenda S. 64.

172 Vgl. § 108 Abs. 1 Nr. 3 NGO.

173 Vgl. § 108 Abs. 3 Nr. 1-3 NGO. Nach § 108 Abs. 1 NGO dürfen Kommunen Unternehmen nur errichten, übernehmen oder wesentlich erweitern, wenn und soweit der öffentliche Zweck das Unternehmen rechtfertigt, die Unternehmen nach Art und Umfang in einem angemessenen Verhältnis zu der Leistungsfähigkeit der Kommune und zum voraussichtlichen Bedarf stehen, der Zweck nicht besser und wirtschaftlicher durch einen anderen erfüllt wird oder erfüllt werden kann.

174 Bspw. können die Bereiche Strom-, Gas-, Fernwärme-, Wasserversorgung und der öffentliche Personennahverkehr zusammengefaßt werden. In der Praxis sind dies die kommunalen Stadtwerke, vgl. H. Dettmer, W. Prophete u. Kl. Wegmeyer, [Kassenwesen], 1995, S. 377.

175 Vgl. R. Dautel, [Sonderfinanzierung], 1998, S. 65.

176 Vgl. § 108 Abs. 2 NGO. Vgl. auch P. Münch, [Probleme], 1989, S. 177.

177 Vgl. § 113 NGO.

gen Eigenbetriebs. Bspw. regelt § 113 Abs. 1 NGO, daß für Eigenbetriebe Betriebssatzungen zu erlassen sind. Weiterhin muß jeder Eigenbetrieb einen Werksausschuß bilden[180]. In dem Vorhandensein eigener Organe wie beispielsweise Werksleitung[181] und Werksausschuß verdeutlicht sich, daß der Eigenbetrieb einen organisatorisch verselbständigten Teil des Vermögens der ihn tragenden Gebietskörperschaft darstellt[182]. Die Werksleitung bleibt aber prinzipiell ein Glied der Gemeindeverwaltung und ist von den Weisungen der Verwaltungsspitze abhängig[183].

Eigenbetriebe verfügen über ein (kaufmännisches) Rechnungswesen (Herauslösung aus der kommunalen Verwaltung als profit center[184]). Sie sind sog. Nettobetriebe[185] und werden als Sondervermögen[186] geführt. Überwiegend wird für die Sondervermögen bzw. Eigenbetriebe ein eigener Wirtschaftsplan[187] aufgestellt, der seiner Struktur nach einem allgemeinen Haushaltsplan gleicht. Der Wirtschaftsplan schließt mit einem Überschuß respektive Verlust ab. Dieses (Netto-)Ergebnis wird in den Haushaltsplan der Gemeinde übernommen und somit wird der Wirtschaftsplan mit dem Haushaltsplan verbunden[188].

Grundsätzlich wird der Eigenbetrieb mit von der Kommune zur Verfügung gestelltem Kapital finanziert. Der Eigenbetrieb kann aber auch selbst Kredite am Kapitalmarkt aufnehmen, für die die kommunale Körperschaft haftet[189]. Die „eigenen" Kreditaufnahmen - ebenso Zahlungsverpflichtungen, die wirtschaftlich einer Kreditverpflichtung gleichkommen - unterliegen den Grundsätzen des kommunalen Haushaltsrechts und durchlaufen im Rahmen der Haushaltssatzung dieselben kommunalen und rechtsaufsichtlichen Gremien wie eine direkte Kreditaufnahme der Gebietskörperschaft. Damit ist die Genehmigung einer Kreditaufnahme eines Eigenbetriebs durch die kommunalen Rechtsaufsichtsbehörden ebenso an die wirtschaftliche Leistungsfähigkeit gebunden wie die der Kommunen selbst, nur wird in diesem Fall auf die Leistungsfähigkeit

---

178 Das Eigenbetriebsrecht ging aus der Eigenbetriebsverordnung vom 21.11.1938 hervor, vgl. P. Münch, [Probleme], 1989, S. 178.

179 Das Rechungswesen der Eigenbetriebe der Gemeinden ist in den einzelnen Eigenbetriebsverordnungen (EigBetrVO) der Länder geregelt, für das Land Niedersachen bspw. in den §§ 6, 16, 18, 22, 25 EigBetrVO des Landes Niedersachsen vom 15.08.1989-GVBl. S. 318.

180 Vgl. § 113 Abs. 3 NGO.

181 Vgl. § 113 Abs. 5 NGO.

182 Vgl. F. Zeiß, [Eigenbetriebe], 1989, Sp. 286.

183 Gemäß § 62 Abs. 2 NGO obliegt die Organisationshoheit im Rahmen der Richtlinien des Rates dem Gemeinde- bzw. Stadtdirektor. Mit § 3 Abs. 2 letzter Satz EigBetrVO des Landes Niedersachsen wird diese Organisationshoheit, soweit sie die innere Organisation des Eigenbetriebs betrifft, innerhalb des Organs „Gemeindedirektor" auf die Werksleitung übertragen.

184 Vgl. K.-U. Rudolph, [Realisierung], 1993, S 27. Der Eigenbetrieb ist ein bilanzierendes Unternehmen, vgl. J. Spreter, [Baukosten], 1992.

185 Vgl. F. Zeiß, [Eigenbetriebe], 1989, Sp. 283.

186 Sondervermögen sind von Gebietskörperschaften Bund, Länder, Kreise, Städte, Gemeinden aus dem allgemeinen Haushalt oder Vermögen abgesonderte Geld- oder Sachwerte, die der Erfüllung eines bestimmten Zwecks dienen und als rechtlich unselbständig verfaßt sind, vgl. D. Schimanke, [Sondervermögen], 1989, Sp. 1450.

187 Vgl. auch § 18 HGrG bzw. § 26 BHO.

188 Vgl. H. Dettmer, W. Prophete u. Kl. Wegmeyer, [Kassenwesen], 1995, S. 375.

189 Aufgrund des Fehlens eigener Rechtsfähigkeit sind Eigenbetriebe nicht in der Lage, in eigenem Namen auf eigene Rechnung Kredite aufzunehmen. Damit führen die Kreditaufnahmen auch zu Verbindlichkeiten der Trägerkörperschaft, vgl. W. Hauser, [Einrichtungen], 1987, S. 162. Die Gemeinde haftet „unmittelbar und unbeschränkt für ihren Eigenbetrieb", W. v. Zwehl u. M. Kaufmann, [Finanzierung], 1995, Sp. 630.

des Eigenbetriebs abgestellt. Dementsprechend stehen Eigenbetrieben Kommunalkreditkonditionen zu, sie besitzen die Bonität einer Kommune[190].

Obwohl die Gemeinde für die Schulden des Eigenbetriebs haftet, werden sie nicht dem Verschuldungsgrad und der Verschuldungsgrenze der Gemeinde hinzugerechnet, denn die Darlehen für Investitionen werden außerhalb des Vermögenshaushalts aufgenommen[191]. Die Verschuldung des Eigenbetriebs ist aber in der dem Haushaltsplan beizufügenden Anlage „Schuldenübersicht" aufzuführen.

Gegenüber dem Regiebetrieb weist der Eigenbetrieb Vorteile auf. So kann die Abwicklung geplanter Maßnahmen von der Werksleitung selbständig gesteuert werden, wobei gleichzeitig aber auf die Mitspracherechte der Gemeindeorgane geachtet werden muß[192]. Es können bei entsprechender Betriebssatzung unternehmensähnliche Entscheidungsstrukturen erreicht werden.

Insgesamt bleibt jedoch die notwendige Flexibilität aufgrund der starken Einbindung in die Verwaltung gering. Ferner könnten Personalentscheidungen nicht in erster Linie nach der Qualifikation der Führungskräfte fallen, sondern nach sachfremden politischen Erwägungen (Parteibuch)[193]. Wegen der fehlenden Rechtspersönlichkeit können Eigenbetriebe nicht über Beteiligungen mit privaten Unternehmen verhandeln oder selbständig Fremdkapital aufnehmen[194].

Aufgrund der Bilanzierungspflicht und des kaufmännischen Rechnungswesens kommt die Gebührenkalkulation auf Wiederanschaffungskostenbasis in der Praxis[195] nicht vor, obwohl diese Kalkulation analog zu der Handhabung bei den Regiebetrieben in vielen Bundesländern erlaubt ist.

Finanzierungstechnisch ist die Herauslösung aus dem Gesamtdeckungsprinzip des kommunalen Haushalts relevant. Dadurch entfallen die beim Regiebetrieb geschilderten Hemmnisse. Da gleichzeitig das kaufmännische Rechnungswesen angewendet werden muß, erhöht sich die Transparenz und es werden Erkenntnisse gewonnen, die für die Investitionstätigkeit von Bedeutung sind (Rentabilität des eingesetzten Kapitals, Ertragskraft, Liquidität). Zudem kann positiv hervorgehoben werden, daß die Abschreibungserlöse - soweit sie nicht zur Tilgung von Krediten benötigt werden - beim Eigenbetrieb verbleiben und somit Rücklagen gebildet werden können. Eine stetige Instandhaltung (Substanzerhaltung) der Anlagen kann auf diesem Weg gewährleistet werden[196]. Die beim Regiebetrieb kritisierte Zweckentfremdung besteht nicht.

---

190 Vgl. Süddeutsche Treuhand AG, [Abwasserentsorgungsanlagen], 1990, S. 94.

191 Vgl. Verband kommunaler Unternehmen, [Versorgungswirtschaft], 1993, S. 79. Anderer Auffassung ist die Süddeutsche Treuhand AG. Danach führt die Verschuldung im Rahmen des Eigenbetriebs zu einem höherem Verschuldungsgrad der Kommune, vgl. Süddeutsche Treuhand AG, [Abwasserentsorgungsanlagen], 1990, S. 40 f. Diese Sichtweise ist unter haftungsrechtlichen Aspekten zu verstehen, denn in die kommunale Verschuldungsgrenze werden die Verbindlichkeiten nicht eingerechnet.

192 Vgl. M.J. Matschke u. Th. Hering, [Kommunale Finanzierung], 1998, S. 30.

193 Aus der ökonomischen Verantwortung muß dieser Vorrang mit dem Hinweis auf die Gefahr der Überschneidung der unternehmerischen Zielsetzungen mit politischen Vorgaben abgelehnt werden, Anm. des Verfassers.

194 Vgl. H. Mühlenkamp, [Unternehmen], 1994, S. 55-58, 90.

195 Basis für die Abschreibungen sind die Anschaffungs- bzw. Herstellungskosten

196 Vgl. Wissenschaftlicher Beirat der Gesellschaft für öffentliche Wirtschaft, [Bundesländern], 1992, S. 66.

2.2.4.2. Kommunale Unternehmen in der Rechtsform des privaten Rechts

Neben den Organisationsformen des öffentlichen Rechts stehen den kommunalen Unternehmensträgern, soweit Gesetze die Rechtsform nicht explizit determinieren[197], prinzipiell auch die Rechtsformen des Privatrechts zur Auswahl. Hierbei wird jedoch für die kommunale Wirtschaft eine Haftungsbeschränkung vorgeschrieben[198]. Praktische Relevanz besitzen die Aktiengesellschaft und die Gesellschaft mit beschränkter Haftung (GmbH)[199]. Die weiteren Ausführungen zu den Rechtsformen des privaten Rechts beschränken sich somit auf diese zwei Rechtsformen der Kapitalgesellschaften. Die gesellschaftsrechtlichen Grundlagen bilden insoweit das Aktiengesetz (AktG) und das Gesetz betreffend die Gesellschaft mit beschränkter Haftung (GmbHG). Die Realisierung dieser Rechtsformen bedeutet, daß die Einheit der Gemeindeverwaltung aufgegeben wird, da die Kapitalgesellschaften eine eigene Rechtspersönlichkeit besitzen und dadurch am Rechtsverkehr selbständig teilnehmen[200].

Aufgrund der gesetzlichen Bestimmungen des Aktienrechts ist der Vorstand einer Aktiengesellschaft relativ unabhängig von den Anteilseignern (§ 76 Abs. 1 AktG). Die Möglichkeiten einer Einflußnahme auf die Geschäftspolitik bei einer GmbH sind hingegen kaum eingeschränkt, weshalb der Rechtsform der Aktiengesellschaft im öffentlichen Bereich derzeit nur eine untergeordnete Relevanz zukommt[201].

Eigengesellschaften[202] in der Rechtsform einer Aktiengesellschaft bzw. GmbH treten primär als Versorgungsunternehmen für Elektrizität, Gas oder Wasser[203] und/oder als Verkehrsunter-

---

197 Nach Auffassung des OVG Lüneburg (Urteil vom 21.02.1984) ist aus dem Fehlen von Vorschriften für den nichtwirtschaftlichen Bereich im Rahmen der Landeskommunalverfassung nicht die Unzulässigkeit einer privaten Rechtsform zu folgern. Vielmehr eröffnet das „Schweigen des Gesetzes" den Kommunen aufgrund ihrer umfassenden Organisationshoheit nach Art. 28 Abs. 2 GG das Wahlrecht, nichtwirtschaftliche Betriebe im Gemeindehaushalt oder in Privatrechtsform zu führen.

198 Vgl. dazu § 109 Abs. 1 Nr. 2 NGO.

199 Vgl. N. Meier u. J. Wieseler, [Problembereiche], 1993, S. 174 bzw. M.J. Matschke u. J. Wegmann, [Eigengesellschaften], 1989, Sp. 295 u. 300.
Als alternative Rechtsform zur Aktiengesellschaft kommt die Kapitalgesellschaft auf Aktien (KGaA) in Betracht. Aber obwohl die KGaA nach der Entscheidung des BGH (Beschluß vom 24.02.1997 - II ZB 11/1996), wonach eine GmbH grundsätzlich persönlich haftende Gesellschafterin einer KGaA sein kann, auch für kommunale Eigengesellschaft in Betracht kommt, spielt sie bisher bei der Rechtsformwahl kommunaler Unternehmen keine Rolle und wird daher im folgenden nicht explizit behandelt. In der Vergangenheit war den kommunalen Unternehmen diese Rechtsform wegen des bis zur Entscheidung des BGH gegebenen Erfordernisses der uneingeschränkten Haftung des Komplementärs verwehrt, da die Gemeindeordnungen (statt vieler § 109 Abs. 1 Nr. 2 NGO) verlangen, daß die Haftung der Kommune begrenzt sein muß, wenn diese ein Unternehmen in der Rechtsform des privaten Rechts errichten oder sich an ihm beteiligen will.

200 Vgl. Bundesministerium für Umwelt, Naturschutz und Reaktorsicherheit, [Rechtliche Grundlagen], 1996, S. 9. So können die als Eigengesellschaften geführten kommunalen Unternehmen - im Gegensatz zu Regie- und Eigenbetrieben - u.a. eigenständig Fremdkapital aufnehmen.

201 Vgl. R. Dautel, [Sonderfinanzierung], 1997, S. 66 bzw. Abwassertechnische Vereinigung e.V., [Betriebsformen], 1994, S. 10.
Bei einem Going Public kommunaler Unternehmen ist allerdings die Rechtsform der Aktiengesellschaft obligatorisch.

202 Die Eigengesellschaft steht als Oberbegriff für die privatrechtliche Organisation kommunaler Unternehmen, an denen eine Kommune sämtliche Kapitalanteile hält, vgl. § 108 Abs. 2 Nr. 2 NGO. Bei einer Eigengesellschaft handelt es sich insofern um eine „Einmann-Gesellschaft".

203 Als Versorgungsunternehmen werden solche Unternehmen bezeichnet, deren Wirtschaftszweck in der Bereitstellung und Verteilung von Energie, Wasser, Fernwärme und Erdgas besteht.

nehmen (bspw. Straßenverkehrsgesellschaften) auf[204]. Dabei zeigt sich, daß die Versorgungs- und Verkehrsunternehmen der Kommunen mit 100.000 und mehr Einwohnern vorwiegend in Form der Eigengesellschaft betrieben werden, während in den Kommunen bis 100.000 Einwohner die Eigenbetriebe vorherrschen[205].

Die Betätigung in einer Rechtsform des privaten Rechts ist bei Tätigkeiten der öffentlichen Verwaltung, die unmittelbar mit hoheitlichen Tätigkeiten im kommunalrechtlichen Sinne in Zusammenhang stehen, in der Regel ausgeschlossen[206]. Die Kommunen sind lediglich in der Wahl der Organisationsform bzw. -struktur bei den pflichtigen und freiwilligen Selbstverwaltungsaufgaben frei[207]. Ferner ist zu berücksichtigen, daß gemäß § 109 Abs. 1 Nr. 1 NGO die Gründung eines Unternehmens des privaten Rechts oder eine Beteiligung daran nur erfolgen darf, wenn u.a. ein wichtiges Interesse der Kommune vorliegt, der von der Gemeinde angestrebte Zweck sich auf andere Weise nicht besser und wirtschaftlicher erreichen läßt[208] und der Kommune ein angemessener Einfluß gesichert ist[209]. Die Beteiligung bzw. Gründung eines Unternehmens in privater Rechtsform muß der kommunalen Rechtsaufsichtsbehörde angezeigt und von ihr genehmigt werden[210].

Die Organisation der kommunalen Betätigung in Form einer Eigengesellschaft stellt keine materielle Privatisierung dar, sondern lediglich die privatrechtliche Organisation der kommunalen Aufgabenerledigung[211]. Bei einer Eigengesellschaft hält die einzelne Kommune unmittelbar sämtliche Anteile an der Kapitalgesellschaft[212]. Die Kapitalgesellschaft ist dann eine sog. Einmann-GmbH bzw. -Aktiengesellschaft. Dies ist zulässig, da eine Person alle Anteile an der Gesellschaft (alle Gesellschaftsanteile bzw. Aktien) erwerben kann. Alleingesellschafter in der Einmann-GmbH bzw. –Aktiengesellschaft kann auch eine juristische Person sein (§ 2 AktG bzw. § 1 GmbHG). Dies macht es den kommunalen Unternehmen möglich, die Rechtsform der Kapitalgesellschaft zu nutzen.

Eng verwandt mit der Eigengesellschaft ist die Beteiligungsgesellschaft, an der neben der Kommune weitere Anteilseigner beteiligt sind. Handelt es sich hierbei um Träger öffentlicher Gewalt, spricht man von einer „gemischt-öffentlichen Unternehmung", befinden sich darunter auch private Kapitaleigner, so liegt eine „gemischt-wirtschaftliche Unternehmung" vor[213].

Die Rechnungslegungs- und Prüfungsvorschriften der Eigengesellschaften ergeben sich aus einschlägigen Bestimmungen im HGB und AktG[214]. Auch für die Personalführung und -entlohung gelten die Bestimmungen, wie sie für andere privatrechtliche Unternehmen üblich

---

204 Vgl. M.J. Matschke u. J. Wegmann, [Eigengesellschaften], 1989, Sp. 296.

205 Vgl. M.J. Matschke u. J. Wegmann, [Versorgungs- und Verkehrssektor], 1985, S. 406 f. bzw. M.J. Matschke u. J. Wegmann, [Eigengesellschaften], 1989, Sp. 298.

206 Ausnahmetatbestände finden sich in § 108 Abs. 4 NGO. Danach kann bspw. die Abwasserbeseitigung als hoheitliche Aufgabe im kommunalrechtlichen Sinne in der Rechtsform des privaten Rechts geführt werden, wenn die Kommune über die Mehrheit der Anteile verfügt.

207 Vgl. R. Haller, [Privatisierung öffentlicher Aufgaben], 1997, S. 104.

208 Vgl. § 109 Abs. 1 Nr. 1 NGO.

209 Vgl. § 109 Abs. 1 Nr. 6 NGO.

210 Vgl. §§ 116 Abs. 1 Nr. 2; 116 Abs. 2 Nr. 1 NGO.

211 Vgl. M.J. Matschke u. Th. Hering, [Kommunale Finanzierung], 1998, S. 35.

212 Vgl. U. Kirchhof u. H. Müller-Godeffroy, [Finanzierungsmodelle], 1996, S. 93.

213 Vgl. M.J. Matschke u. J. Wegmann, [Eigengesellschaften], 1989, Sp. 295.

214 Vgl. M.J. Matschke u. Th. Hering, [Kommunale Finanzierung], 1998, S. 28.

sind[215]. Die rechtliche Selbständigkeit befreit die Eigengesellschaft von haushaltsrechtlichen Restriktionen und erleichtert ihre Finanzierungsmöglichkeiten[216].

Aufgrund der kommunalen Trägerschaft besteht für die formal zwar insolvenzfähigen Eigengesellschaften faktisch kein Insolvenzrisiko, da ihre Kreditfähigkeit von der Bonität ihrer kommunalen Eigentümer abgeleitet wird[217]. Die Gesellschaften genießen aufgrund ihrer Gesellschafterin sowie ihrer öffentlichen Auftragsstellung den Ruf bester Bonität, der ihnen günstige Fremdkapitalkosten sichert[218]. Die Haftung der Kommune wird zwar formell beschränkt, gleichwohl kann faktisch von einer unbeschränkten Haftung ausgegangen werden. Dadurch können die Eigengesellschaften bei der Fremdkapitalaufnahme am Markt annähernd Kommunalkreditkonditionen erzielen[219], wobei in der Regel auf Bürgschaften ihrer Gesellschafterin zurückgegriffen werden wird[220].

Die kommunalen Eigengesellschaften unterliegen den gleichen steuerrechtlichen Vorschriften[221] wie die vergleichbaren Unternehmen der Privatwirtschaft[222]. Diese Besteuerung ist unabhängig davon, ob die kommunale Kapitalgesellschaft hoheitliche Aufgaben im steuerrechtlichen Sinne oder wirtschaftliche Aufgaben wahrnimmt. Kapitalgesellschaften gehören zwar grundsätzlich zu dem Kreis von Körperschaften, denen aufgrund der Verfolgung gemeinnütziger Zwecke Steuervergünstigungen gewährt werden können (§ 51 AO)[223]. Die Finanzverwaltungen sind jedoch der Ansicht, daß Kapitalgesellschaften, die von Hoheitsträgern zur Ausführung hoheitlicher Aufgaben im steuerrechtlichen Sinne wie bspw. der Abwasserbeseitigung eingeschaltet sind, die Voraussetzung der Anerkennung als gemeinnützig nicht erfüllen, da ihnen die Selbstlosigkeit fehlt[224]. Eine Besonderheit der Besteuerung der Eigengesellschaft besteht darin, daß die Kommune als Eigentümer auf Antrag die Hälfte der auf die Ausschüttung entfallenden Kapitalertragsteuer zurückerstattet erhält[225].

2.2.4.2.1. Die Aktiengesellschaft als kommunale Eigengesellschaft

Die Wahl der Aktiengesellschaft als private Rechtsform für ein kommunales Unternehmen bewirkt die weitestgehende Verselbständigung der Unternehmensleitung. Die Aktiengesellschaft ist eine rechtsfähige Gesellschaft mit einem in Aktien zerlegten Grundkapital, die zu jedem

215 Vgl. H. Flieger, [Gemeindeunternehmen], 1989, Sp. 436.

216 Vgl. M.J. Matschke u. J. Wegmann, [Eigengesellschaften], 1989, Sp. 302.

217 Vgl. ebenda S. 302 f.

218 Vgl. H. Albers u. R. Seeger, [Finanzierung], 1990, S. 78.

219 Zu den Kreditkonditionen von Eigengesellschaften, vgl. W. Hauser, [Einrichtungen], 1987, S. 163 ff.

220 Vgl. G. Schwarting, [Kreditwesen], 1994, S. 82.
Werden von der Gemeinde Bürgschaftserklärungen für Kreditaufnahmen kommunaler Eigengesellschaften abgegeben, liegt u.U. ein Anwendungsfall des § 8a KStG vor.

221 Vgl. § 1 Abs. 1 Nr. 4 KStG.

222 Vgl. R. Sperl u. W. Bezold, [Konzern], 1992, S. 179, und Abschn. 5 Abs. 28 KStR sowie Abschn. 23 Abs. 3 UStR. Auch ist die kommunale Entsorgung nicht gemeinnützig - einige Eigengesellschaften versuchen bspw. den ermäßigten Umsatzsteuersatz über § 65 AO (Zweckbetrieb) zu beanspruchen. Der BFH lehnt diese jedoch ab.

223 Vgl. O. Heidemann, [Steuerliche Aspekte] 1989, S. 85.

224 Vgl. ebenda S. 85.

225 Vgl. § 44 c Abs. 2 Nr. 2 EStG.

gesetzlichen Zweck gegründet werden kann (§ 3 AktG)[226]. Organe der Aktiengesellschaft sind der Vorstand (§§ 76 ff. AktG), die Hauptversammlung (§§ 118 ff. AktG) und - im Unterschied zur GmbH gesetzlich zwingend - der Aufsichtsrat[227]. Die Aktiengesellschaft kann im kommunalen Bereich sowohl für wirtschaftliche als auch nichtwirtschaftliche Unternehmen Verwendung finden[228].

Bei der Aktiengesellschaft obliegt die gesamte Geschäftsführung der Gesellschaft ausschließlich dem Vorstand; er hat die Gesellschaft unter eigener Verantwortung zu leiten (§ 76 Abs. 1 AktG). Über Fragen der Geschäftsführung[229] ist die Hauptversammlung nur dann zur Entscheidung befugt, wenn der Vorstand es verlangt (§ 119 Abs. 2 AktG). Der Vorstand kann aus einer oder mehreren Personen bestehen (§ 76 Abs. 2 S. 1 AktG), soweit mitbestimmungsrechtliche Vorschriften keine abweichenden Regelungen enthalten. Besteht der Vorstand aus zwei oder mehr Mitgliedern, ist er ein aus grundsätzlich gleichberechtigten Personen zusammengesetztes „Kollegialorgan" (§§ 77 Abs. 1 S. 1 sowie 78 Abs. 2 S. 1 AktG). Die Mitglieder des Vorstands werden vom Aufsichtsrat bestellt (§ 84 Abs. 1 S. 1 AktG). Dabei kann der Aufsichtsrat ein Vorstandsmitglied zum Vorsitzenden ernennen (§ 84 Abs. 2 AktG). Zur Vertretung der Gesellschaft (auch gegenüber der Kommune) ist ausschließlich der Vorstand befugt (§ 78 Abs. 1 AktG).

Es kann festgehalten werden, daß der Handlungsspielraum des Vorstands einer Aktiengesellschaft durch das Aktiengesetz nicht wirksam eingeschränkt werden kann. Einwirkungsmöglichkeiten der Kommune auf den Vorstand bestehen insoweit, als bspw. Kommunen den Abschluß eines Beherrschungsvertrages oder die Verankerung des öffentlichen Auftrages als Zielsetzung der Gesellschaft in deren Satzung festlegen könnten. Letzteres ist bei Gesellschaftsgründung und besonders dann möglich, wenn eine Kommune Alleingesellschafterin ist.

Der Aufsichtsrat besteht aus mindestens drei Mitgliedern (§ 95 Abs. 1 S. 1 AktG), wobei die Satzung in Abhängigkeit vom Grundkapital eine höhere Anzahl von Aufsichtsratsmitglieder festsetzten kann (§ 95 Abs. 1 S. 2 AktG). Diese Zahl muß durch drei teilbar sein (§ 95 Abs. 1 S. 3 AktG). Hiervon unberührt bleiben abweichende mitbestimmungsrechtliche Vorschriften über die Anzahl der Aufsichtsratsmitglieder (§ 95 Abs. 1 S. 5 AktG). Die Zusammensetzung des Aufsichtsrats hängt davon ab, ob die Gesellschaft aufgrund der Arbeitnehmerzahl unter mitbestimmungsrechtliche Regelungen fällt. Bei Gesellschaften, für das Mitbestimmungsgesetz gilt, besteht der Aufsichtsrat je zur Hälfte aus Aufsichtsratsmitgliedern der Aktionäre und der Arbeitnehmer. Bei Gesellschaften, für die § 76 Abs. 1 des Betriebsverfassungsgesetz 1952 gilt, besteht der Aufsichtsrat zu 2/3 aus Aufsichtsratsmitgliedern der Aktionäre uns zu 1/3 aus Aufsichtsratsmitgliedern der Arbeitnehmer (§ 96 Abs. 1 AktG). Soweit keine mitbestimmungs-

---

226 Aktiengesellschaften können zu jedem gesetzlich erlaubten Zweck gegründet werden. Die Gründer sind daher insb. frei in der Entscheidung, ob der Gesellschaft eine erwerbswirtschaftliche, sozialwirtschaftliche (bspw. eine bedarfsgerechte Versorgung) oder ideelle Zielsetzung zugrunde gelegt werden soll. Fehlt eine präzise Zweckbestimmung in der Satzung, so ist die Gesellschaft nach erwerbswirtschaftlichen Grundsätzen zu führen, vgl. W. Schön, [Statut], 1996, S. 440.

227 Vgl. §§ 95 ff. AktG. Dabei ist im BetrVG 1972 die betriebsverfassungsrechtliche Form der Mitbestimmung der Arbeitnehmer geregelt, während die unternehmerische Mitbestimmung der Arbeitnehmer im MitbestG 1976, im BetrVG 1952 und im MontanMitbestG geregelt ist, vgl. B. Grunewald, [Gesellschaftsrecht], 1996, S. 251 ff.

228 Vgl. U. Cronauge, [Kommunale Unternehmen], 1997, S. 74.

229 Die Geschäftsführung betrifft das Innenverhältnis des Vorstands zu den anderen Organen.

rechtlichen Regelungen greifen, besteht der Aufsichtsrat ausschließlich aus Anteilseignervertretern (§ 96 Abs. 1 AktG).

Der Aufsichtsrat überwacht den Vorstand (§ 111 Abs. 1 AktG) und faßt Beschlüsse über diejenigen Maßnahmen der Geschäftsführung, die kraft Satzung oder aufgrund eigener Entscheidung seiner Zustimmung bedürfen (§ 111 Abs. 4 S. 2 AktG). Hierbei darf jedoch nicht in die eigenverantwortliche Leitung des Vorstands nach § 76 Abs. 1 AktG eingegriffen werden. Mitglieder des Aufsichtsrates können aus der Sicht der Kommune Ratsmitglieder, Vertreter der Verwaltung oder sonstige vom Rat bestellte dritte Vertreter sein. Allerdings haben die Vertreter der Kommune im Aufsichtsrat der Aktiengesellschaft nicht primär die Kommune als Anteilseignerin wahrzunehmen, sondern – unter Berücksichtigung der Sorgfalt eines ordentlichen und gewissenhaften Geschäftsleiters (§§ 93, 116 AktG) – die Belange des kommunalen Unternehmens. Mit dieser besonderen unternehmensrechtlichen Pflichtenstellung der Aufsichtsratsmitglieder sind aber Weisungsrechte der entsendenden Kommune grundsätzlich unvereinbar. Die Kollision zwischen der Stellung als Aufsichtsratsmitglied, also dem Gesellschaftsrecht einerseits, und der Wahrnehmung der kommunalen Weisungsrechte andererseits, ist dahingehend aufzulösen, daß auch insoweit das Gesellschaftsrecht das Kommunalverfassungsrecht überlagert. Der von der Gemeindeordnung geforderte Einfluß der Kommune im Aufsichtsrat einer Gesellschaft findet damit in der (bundesrechtlich) gesellschaftsrechtlichen Verpflichtung der Aufsichtsratsmitglieder, im Interesse der Gesellschaft zu handeln, seine Begrenzung. Sofern bei unterschiedlichen Interessen Konflikte auftreten, besteht im Ergebnis weder für die Kommune noch für die Kommunalaufsichtsbehörden eine rechtliche Möglichkeit, eine Korrektur derartiger Entscheidungen durchzusetzen. Der Kommune verbleibt regelmäßig nur das Recht, jederzeit die Abberufung ihrer Vertreter nach § 103 Abs. 2 S. 1 AktG verlangen zu können, wenn sie ihren Weisungen zuwidergehandelt haben.

Die Hauptversammlung ist das oberste Organ der Aktiengesellschaft. Der Hauptversammlung sind zwingend gemäß § 119 Abs. 1 AktG folgende Entscheidungen vorbehalten:

- Die Bestellung der Mitglieder des Aufsichtsrates, soweit sie nicht in den Aufsichtsrat zu entsenden oder von den Arbeitnehmern nach Mitbestimmungsgrundsätzen zu wählen sind (§ 119 Abs. 1 Nr. 1 AktG)
- die Verwendung des Bilanzgewinns (§ 119 Abs. 1 Nr. 2 AktG)
- die Entlastung der Mitglieder des Vorstands und des Aufsichtsrates (§ 119 Abs. 1 Nr. 3 AktG)
- die Bestellung der Abschlußprüfer (§ 119 Abs. 1 Nr. 4 AktG)
- Satzungsänderungen, wobei grundsätzlich eine Mehrheit von drei Viertel des bei der Beschlußfassung vertretenen Grundkapitals erforderlich ist (§ 119 Abs. 1 Nr. 5 AktG i.V. mit § 179 Abs. 2 S. 1 AktG)
- Maßnahmen der Kapitalbeschaffung und der Kapitalherabsetzung (§ 119 Abs. 1 S. 6 AktG)
- die Bestellung von Prüfern zur Prüfung von Vorgängen bei der Gründung oder der Geschäftsführung (§ 119 Abs. 1 S. 7 AktG)
- die Auflösung der Gesellschaft (§ 119 Abs. 1 S. AktG).

Im Gegensatz zur GmbH kann bei der Aktiengesellschaft der Zuständigkeitsbereich der Hauptversammlung nicht zu Lasten/Gunsten des Aufsichtsrates ausgeweitet/beschränkt werden.

Durch das Gesetz für kleine Aktiengesellschaften und durch die Deregulierung des Aktienrechts vom August 1994 ist diese Rechtsform auch für Aktiengesellschaften mit einem kleinen Aktionärskreis (personalistische Aktiengesellschaft) leichter geworden[230]. Zielsetzung dieses Gesetzes ist die Änderung nachteiliger Regelungen des AktG gegenüber dem GmbHG. Unter kommunalpolitischen Gesichtspunkten wesentlich ist die Aufhebung der Unternehmensmitbestimmung für kleine Aktiengesellschaften mit weniger als 500 Beschäftigten und damit die Beseitigung der diesbezüglichen Ungleichbehandlung zwischen den Rechtsformen der Aktiengesellschaft und der GmbH.

2.2.4.2.2. Die GmbH als kommunale Eigengesellschaft

Die Gesellschaft mit beschränkter Haftung ist nach dem GmbH-Recht eine Handelsgesellschaft mit eigener Rechtspersönlichkeit und körperschaftlicher Organisation. Die Eigengesellschaft in der Rechtsform der GmbH weist einen ähnlichen Aufbau wie die Aktiengesellschaft auf. Sie kann wie die Aktiengesellschaft nach § 1 GmbHG zu jedem gesetzlichem Zweck und damit auch zur Erfüllung öffentlicher Aufgaben durch die Kommune errichtet werden[231]. Maßgeblich ist insoweit der Gesellschaftsvertrag. Die Organe der GmbH sind die Gesellschafterversammlung (§§ 45 ff. GmbHG) und der bzw. die Geschäftsführer (§ 6 GmbHG)[232]. Soweit für die GmbH kein Aufsichtsrat gemäß § 129 Abs. 1 Betriebsverfassungsgesetz 1972 und § 77 Abs. 1 Betriebsverfassungsgesetz 1952 (weniger als 500 Arbeitnehmer) gebildet werden muß, können die Satzungen einen fakultativen Aufsichtsrat vorsehen[233].

Der Gesellschafterversammlung obliegt die Gestaltung der Satzung, vgl. §§ 53 ff. GmbHG. Aufgrund der weitgehenden Freiheiten des GmbH-Rechtes zur Konkretisierung der Satzung kann die Versammlung der Gesellschafter die Organisation der Gesellschaft und dabei insbesondere die Organkompetenzen festlegen[234]. Soweit es die Geschäftsführerbefugnis anbelangt, kann diese innerhalb der durch das GmbHG gesteckten Grenzen der §§ 30, 33 und 64 GmbHG ausgeweitet oder eingeengt werden. Maßgeblich ist insoweit der Gesellschaftsvertrag (§ 45 GmbHG). Auf diese Weise ist es der Kommune möglich, ohne daß die Gesellschaft in die kommunalen Entscheidungsstrukturen unmittelbar eingebunden ist, kommunale Zielsetzungen umzusetzen. Falls die Kommune alleinige Gesellschafterin ist, so dürfte ihr dies nicht schwerer fallen als bei einem Eigenbetrieb. In einer Einmann-GmbH ist keine förmliche Gesellschafterversammlung erforderlich. So ist bei einer Eigengesellschaft mit der Kommune als Alleingesellschafterin keine formelle Gesellschafterversammlung mit einem hierfür bestellten Vertreter notwendig. Für die einzige Gesellschafterin entscheidet die kommunale Vertretung (Stadt- bzw. Gemeinderat). Diese hat materiell die Stellung der Gesellschafterversammlung[235].

---

230 In Anlehnung an B. Grunewald, [Gesellschaftsrecht], 1996, S. 228 f.

231 Vgl. M. Lütter u. P. Hemmelhoff, [GmbH-Gesetz Kommentar], 1995, S. 12 f.

232 Über die Besetzung von Vorstands- und Geschäftsführungspositionen mit ehemaligen kommunalen Spitzenpolitikern und kommunalen Beamten versuchen die Kommunen häufig, die Erfüllung der öffentlichen Aufgaben durch die Eigengesellschaft personell abzusichern, vgl. M.J. Matschke u. J. Wegmann, [Eigengesellschaften], 1989, Sp. 303.

233 Vgl. B. Grunewald, [Gesellschaftsrecht], 1996, S. 341.

234 Vgl. ebenda S. 342 ff.

235 Vgl. W. Hauser, [Einrichtungen], 1987, S. 42.

Die GmbH kann im kommunalen Bereich unter Beachtung des Kommunalverfassungsgesetzes sowohl für wirtschaftliche als auch für nichtwirtschaftliche Betriebe Verwendung finden[236]. Der Grund, daß bei den privatrechtlichen Eigengesellschaften die GmbH als Rechtsform die weiteste Verbreitung gefunden hat, liegt im dispositiven Charakter des GmbH-Rechts. Dieser verankert den kommunalen Einfluß direkter und nachhaltiger, als dies aufgrund der gesetzlich weitgehend abgesicherten eigenverantwortlichen Stellung des Vorstandes gemäß § 76 Abs. 1 AktG in einer Aktiengesellschaft möglich ist[237]. Der Geschäftsführer einer GmbH hat keinen Anspruch auf Eigenverantwortlichkeit in der Geschäftsleitung, so daß ihm durch Gesellschaftsvertrag oder Gesellschafterversammlung weitgehend Beschränkungen auferlegt werden können (§ 37 Abs. 1 GmbHG). Außerdem kann der Kommune im Gesellschaftsvertrag die Bestellung der bzw. des Geschäftsführers eingeräumt werden, wobei diese jederzeit und ohne Angaben von Gründen widerrufen werden kann (§ 38 Abs. 1 i.V. mit § 46 Nr. 5 GmbHG).

Die Gesellschafterversammlung hat im Vergleich zur Hauptversammlung einer Aktiengesellschaft weitergehende Befugnisse. Diese ergeben sich aus dem Gesellschaftsvertrag. Das GmbHG enthält dazu Vorschriften in § 46 GmbHG; zwingend ist die Zuständigkeit der Gesellschafterversammlung für Änderungen des Gesellschaftsvertrages (§ 53 Abs. 1 GmbHG) sowie die Auflösung der Gesellschaft (§ 60 Abs. 1 Nr. 2 GmbHG). Die Bandbreite der im Gesellschaftervertrag auszugestaltenden Zuständigkeiten ist somit groß. Sie reicht von einer weitgehenden Anbindung der Geschäftsführung an Beschlüsse der Gesellschafterversammlung bis zur weitgehenden Entscheidungsfreiheit der Geschäftsführung, ähnlich dem Vorstand einer Aktiengesellschaft.

Insofern ist zu resümieren, daß ein wesentlicher Unterschied zwischen den Rechtsformen der GmbH und der Aktiengesellschaft hinsichtlich der Möglichkeiten zur kommunalen Einflußnahme besteht. Bei der kommunalen Eigengesellschaft in Form der Aktiengesellschaft sind alle Aktien in der Hand der Trägerkommune vereinigt. Hieraus ergeben sich entsprechende faktische Einflußmöglichkeiten der Kommune. Als Alleingesellschafterin bestimmt die Kommune unmittelbar die Beschlußfassung in der Hauptversammlung, die aus Vertretern der Kommune besteht. Über die Hauptversammlung bzw. die Entsendungsrechte gemäß § 101 Abs. 2 AktG hat die Kommune die Möglichkeit, die Zusammensetzung des Aufsichtsrats, soweit es die Anteilseignerseite betrifft, zu bestimmen. Über diese Bestimmungsmöglichkeit verbunden mit Zustimmungsvorbehalten zugunsten des Aufsichtsrates bei bestimmten Arten von Geschäften nach § 111 Abs. 4 S. 2 AktG wird die faktische kommunale Einflußnahme auf das Unternehmen sichergestellt.

Allerdings ist eine unmittelbare rechtliche Einflußmöglichkeit auf die Geschäftsführung durch bindende Gesellschafterweisungen, wie sie bei der GmbH aufgrund der Vorschrift des § 37 GmbHG möglich ist, bei der Aktiengesellschaft gesellschaftsrechtlich ausgeschlossen. So sind Satzungsänderungen, welche die Entscheidung der Unternehmensleitung unmittelbar an Beschlüsse städtischer Organe binden, nicht zulässig. Sie wären mit der aktienrechtlichen Verantwortlichkeit des Vorstands gemäß § 76 Abs. 1 AktG nicht vereinbar. Insofern sind die kommunalen Einflußnahmemöglichkeiten auf die Geschäftsführung einer GmbH noch weitreichender als bei der Aktiengesellschaft.

---

236 Vgl. U. Cronauge, [Kommunale Unternehmen], 1997, S. 73.

237 Vgl. N. Meier u. J. Wieseler, [Problembereiche], 1993, S. 177 bzw. D. Budäus, [Beteiligungsverwaltung], 1989, S. 151 ff.

2.2.4.2.3. Kommunale gemischt-wirtschaftliche Kapitalgesellschaften als teilprivatisierte Aufgabenträger

Bei einem Überblick über die Rechts- und Organisationsformen der kommunalen Betriebe darf auch die Einrichtung der sog. „gemischt-wirtschaftlichen Unternehmen" nicht unerwähnt bleiben. Unter gemischt-wirtschaftlichen Unternehmen werden Unternehmen verstanden, an denen neben öffentlichen auch private Wirtschaftssubjekte (Unternehmen oder Privatpersonen) zur Verfolgung öffentlicher (u.a. kommunaler) Aufgaben Ziele beteiligt sind (bspw. RWE Energie AG)[238].

Das kommunale gemischt-wirtschaftliche Unternehmen hat bis zum heutigen Zeitpunkt keine eindeutige theoretische Definition erfahren[239]. Im Rahmen der vorliegenden Arbeit gehören gemischt-wirtschaftliche Unternehmen zur Gruppe der kommunalen Unternehmen, falls eine Kommune – mittelbar oder unmittelbar – mehr als 50 % des Grundkapitals (einfache Mehrheit) oder die Stimmenmehrheit des Unternehmens hält und insoweit ihre Einflußmöglichkeiten auf die Erfüllung öffentlicher Aufgaben nicht verliert[240]. Für die folgenden Analyse gehören gemischt-wirtschaftliche Kapitalgesellschaften zu den kommunalen Unternehmen, wenn gesichert ist, daß die kommunale Mehrheit erhalten bleibt und die Kommune beherrschende Gesellschafterin ist[241].

In der Literatur zählen diverse Autoren Unternehmen dann zu den gemischt-wirtschaftlichen Unternehmen, wenn die private Beteiligung zumindest die Sperrminorität (25% des Grundkapitals plus eine Aktie) erreicht. Eine Sperrminorität ist von Bedeutung, da mit ihrem Vorhandensein Umwandlungen, Fusionen, Kapitalerhöhungen und Satzungsänderungen etc. verhindert werden können. Insofern gibt die Sperrminorität dem Minderheitsaktionär die Möglichkeit, grundlegende Beschlüsse zu verhindern. Ein konkreter Einfluß auf die Unternehmenspolitik ist allerdings erst möglich, wenn Mehrheitsentscheidungen herbeigeführt werden können.

Typische Rechtsformen von gemischt-wirtschaftlichen Unternehmen sind die Aktiengesellschaft und die GmbH. Unter den gemischt-wirtschaftlichen börsennotierten Aktiengesellschaften dominieren die Versorgungsunternehmen[242]. Die Versorgungsunternehmen können auch aufgrund ihrer Anzahl als typische börsennotierte gemischt-wirtschaftliche Unternehmen angesehen werden[243]. Beispiele auf kommunaler Ebene sind die im März 1999 an der Börse einge-

---

238 Die RWE Energie AG ist in Deutschland das älteste und größte gemischt-wirtschaftliche Unternehmen in der Elektrizitätsversorgung, vgl. H. Ahlbrink, [Rolle], 1985, S. 6.
Der Bekanntheitsgrad des Begriffes „gemischt-wirtschaftliches Unternehmen" ist nur als gering einzuschätzen, vgl. dazu R. Fett, [gemischt-wirtschaftlichen Unternehmen], 1977, S. 10. Dies belegt auch die fehlende Berücksichtigung des Begriffes in der Wirtschaftspresse, denn diese verwendet den Begriff des gemischt-wirtschaftlichen Unternehmens angesichts der nicht unerheblichen Zahl von Unternehmen mit „gemischter" Aktionärsstruktur (Volkswagen AG, Deutsche Telekom AG, Viag AG etc.) relativ selten.

239 Vgl. F. Schneyer, [Besonderheiten], 1997, S. 37 ff.

240 Vgl. M.J. Matschke u. Th. Hering, [Kommunale Finanzierung], 1998, S. 28 bzw. H. Mühlenkamp, [Analyse], 1999, S. 113. Insofern beherrscht die Kommune im ökonomischen Sinne das Unternehmen.

241 Vgl. auch Gesellschaft für öffentliche Wirtschaft, [Privatisierungsdogma], 1994, S. 212.

242 Nach einer zu Beginn der 90er-Jahre durchgeführten Untersuchung waren rund 40 % der seinerzeit börsennotierten gemischt-wirtschaftlichen Aktiengesellschaften im Versorgungsbereich tätig, vgl. F. Schneyer, [Besonderheiten], 1997, S. 71 u. 257. Unter den börsennotierten Versorgungsunternehmen dominieren die Elektrizitäts- bzw. Stromerzeuger, vgl. ebenda S. 105.

243 Vgl. ebenda S. 261.

führte MVV Energie AG[244] (ehemals Mannheimer Stadtwerke AG) und die Hamburgischen Elektricitäts-Werke AG (HEW AG)[245]. Unter den gemischt-wirtschaftlichen Energieversorgungsunternehmen befindet sich auch die VEW AG, Dortmund, an der zahlreiche Gemeinden und Gemeindeverbände mehrheitlich beteiligt sind[246]. Als gemischt-wirtschaftliches Unternehmen auf Bundesebene ist die Deutsche Telekom AG mit dem Bund als Mehrheitsaktionär zu nennen[247]. Die gemischt-wirtschaftlichen Unternehmen unterliegen keinen gesellschaftsrechtlichen Sonderregeln, es gilt das allgemeine Gesellschaftsrecht.

Ein beteiligungsspezifisches Problem hängt bei gemischt-wirtschaftlichen Unternehmen mit der unterschiedlichen Gesellschafterstruktur mit jeweils unterschiedlichen Zielgrößen der jeweiligen Eigentümergruppe zusammen. Im klassischen Fall sucht der öffentliche Partner das Unternehmen zur Erfüllung sozioökonomischer Ziele (u.a. öffentliche Aufgaben) einzusetzen, während sich der private Anteilseigner von der Erzielung einer Rendite leiten läßt. Werden aus kompatiblen Zielen konkurrierende Ziele, bedarf es komplizierter Kompromisse zum Ausgleich der Interessen. Schließen sich beide Ziele gegenseitig aus, weil der Leistungsauftrag entweder keine ausreichende Rendite abwirft oder durch das Gewinnstreben zu kurz kommt, ist die Auseinandersetzung vorprogrammiert. In diesem Zusammenhang spielt es auch eine Rolle, inwieweit der öffentliche Anteilseigner der Bund, ein Land oder eine Gemeinde ist oder mehrere Gebietskörperschaften auf staatlicher oder kommunaler Ebene oder auf allen Ebenen beteiligt sind. Allgemein werden die Divergenzen an Schärfe gewinnen, wenn das Unternehmen lokale öffentliche Aufgaben erfüllt und kommunalpolitische mit gewinnorientierten Vorstellungen konkurrieren. Finden sich dabei in dem betreffenden Unternehmen mehrere einflußreiche öffentliche und private Aktionäre bzw. Gesellschafter mit jeweils abweichenden Interessen zusammen, besteht die Gefahr, daß Einigungen letztlich nur auf dem kleinsten gemeinsamen Nenner zustande kommen[248]. In einem kommunalen gemischt-wirtschaftlichen Unternehmen müssen insofern kommunale und private Partner ihre Ziele und Interessen zum Ausgleich bringen. Darin entwickelt sich die eigentümliche Problematik dieses Unternehmenstyps.

2.2.4.3. Exkurs: Gegenwärtige Besteuerung kommunaler Unternehmen - Abgrenzung Hoheitsbetrieb zum Betrieb gewerblicher Art

Der „Betrieb gewerblicher Art" ist als ausschließlich steuerrechtlicher Tatbestand für eine steuerpflichtige Tätigkeit der Kommune außerhalb der dargestellten Rechtsformen im Rahmen des Kommunalverfassungsrechts angesiedelt. Insoweit kann der „Betrieb gewerblicher Art" sowohl bei der Ausübung kommunaler Aufgaben als unmittelbare Kommunalverwaltung oder in der Wahrnehmung kommunaler Aufgaben durch kommunale Unternehmen praktische Relevanz erlangen. Daher sind die grundlegenden Kriterien zur Abgrenzung des Hoheitsbetriebes i.S. des

244 Ein gemischt-wirtschaftliches Versorgungsunternehmen mit der Stadt Mannheim als mittelbarer Mehrheitsgesellschafterin.

245 An der HEW AG ist die Hansestadt Hamburg zu 50,20 % mittelbar über die Hamburger Gesellschaft für Beteiligungsverwaltung mbH beteiligt, vgl. auch F. Schneyer, [Besonderheiten], 1997, S. 322 f.

246 Vgl. Commerzbank AG, [Beteiligungsverhältnisse], 1997, S. 1062.

247 Die Anteile der Deutschen Telekom AG befinden sich zur Zeit (März 2000) noch im Mehrheitsbesitz der Bundesanstalt für Post und Telekommunikation Deutsche Bundespost.

248 Vgl. dazu die Ausführungen im 6. Kapitel.

§ 4 Abs. 5 KStG[249] zum Betrieb gewerblicher Art als Exkurs darzulegen. Insoweit sind die in dieser Arbeit in den vorhergehenden Abschnitten erörterten ökonomischen Unterscheidungsmerkmale kommunaler Betriebsformen bzw. Unternehmen im folgenden durch eine steuerrechtliche Einordnung zu ergänzen.

Die Besteuerung öffentlicher Betriebe knüpft nicht an deren Rechtsform, sondern an deren unternehmerische Tätigkeit an. Aufgrund der unterschiedlichen Steuerfolgen ist von entscheidender Bedeutung, ob die kommunale Betätigung als Betrieb, der überwiegend der Ausübung der öffentlichen Gewalt dient (Hoheitsbetrieb i.S. des § 4 Abs. 5 KStG) oder aber als Betrieb gewerblicher Art zu besteuern ist. Nach der Legaldefinition des § 4 Abs. 1 Körperschaftsteuergesetzes (KStG) sind „Betriebe gewerblicher Art von juristischen Personen des *öffentlichen Rechts* ... alle Einrichtungen, die einer nachhaltigen wirtschaftlichen Tätigkeit zur Erzielung von Einnahmen außerhalb der Land- und Forstwirtschaft dienen und die sich innerhalb der Gesamtbetätigung der juristischen Person wirtschaftlich herausheben. Die Absicht, Gewinn zu erzielen, und die Beteiligung am wirtschaftlichen Verkehr sind nicht erforderlich". Nach § 4 Abs. 3 KStG gehören zu den Betrieben gewerblicher Art auch kommunale Betriebe, die der Versorgung der Bevölkerung mit Wasser, Gas, Elektrizität oder Wärme, dem öffentlichen Verkehr oder dem Hafenbetrieb dienen.

Die juristische Person des öffentlichen Rechts ist unbeschränkt körperschaftsteuerpflichtig, soweit sie einen Betrieb gewerblicher Art unterhält. Sie ist Steuersubjekt wegen jedes einzelnen Betriebs. Die Legaldefinition des § 4 Abs. 1 KStG ist auch für umsatzsteuerliche Zwecke maßgebend. Die Gesamtheit aller Betriebe gewerblicher Art stellt hier das Unternehmen der juristischen Person des öffentlichen Rechts dar, vgl. § 2 Abs. 3 S. 1, Abs. 1 S. 2 Umsatzsteuergesetz (UStG). Die Betriebe gewerblicher Art unterliegen nicht per se der Gewerbesteuer. Sie müssen i.S. des § 2 Gewerbesteuerdurchführungsverordnung (GewStDV) die Voraussetzungen eines Gewerbebetriebs erfüllen. Hierzu gehören auch die Absicht der Gewinnerzielung und die Beteiligung am wirtschaftlichen Verkehr. Wie bei der Gewerbesteuer bildet jeder Betrieb einen selbständigen Steuergegenstand.

Zu den Betrieben gewerblicher Art gehören nicht die Betriebe, die überwiegend der Ausübung öffentlicher Gewalt dienen (Hoheitsbetriebe i.S. des § 4 Abs. 5 KStG). Für die Annahme eines Hoheitsbetriebes reichen Zwangs- oder Monopolrechte nicht aus (§ 4 Abs. 5 S. 2 KStG). Die Hoheitsbetriebe unterliegen weder der Körperschaftsteuer, der Umsatzsteuer noch der Gewerbesteuer[250] (§ 4 Abs. 5 KStG, Abschnitt 5 Abs. 1 u. 12 KStR, § 2 GewStG, Abschnitt 20 Abs. 3 GewStR, § 2 UStG, Abschnitt 23 Abs. 2 UStR). Voraussetzung einer Steuerbefreiung ist, daß es sich bei der Betriebsform um eine unmittelbare Ämterverwaltung handelt. Zu den Hoheitsbetrieben i.S. des § 4 Abs. 5 KStG gehören kommunale Schlachthöfe, Friedhöfe, Anstalten zu Müllbeseitigung und Müllverbrennung, zur Straßenreinigung und zur Abführung von Abwässern und Abfällen[251].

---

[249] Der Begriff „Hoheitsbetriebe i.S. des § 4 Abs. 5 KStG" beinhaltet im Steuerrecht nicht zwangsläufig die gleiche Terminologie wie im Kommunalrecht, vgl. dazu auch J. Hennerkes, [Städte], 1999, S. 8. Insoweit wird im Rahmen dieser Arbeit die begriffliche Unterscheidung eines Hoheitsbetriebs nach Steuerrecht bzw. nach Kommunalverfassungsrecht vorgenommen.

[250] Das Gewerbekapital wird seit dem 01.01.1998 nicht mehr besteuert, der Abschnitt III (§§ 12, 13) GewStG ist aufgehoben.

[251] Vgl. Abschn. 5 Abs. 14 S. 3 KStR.

Ob eine Einrichtung nun als Hoheitsbetrieb oder als Betrieb gewerblicher Art anzusehen ist, kann nicht in Abhängigkeit von der gewählten kommunalen Organisationsform entschieden werden. Der Betrieb gewerblicher Art ist eine rein steuerrechtliche Konstruktion und damit keine Organisationsform für kommunale Einrichtungen im eigentlichen Sinne[252]. Er ist auch nicht deckungsgleich mit den Begriffen *Regiebetrieb* und *Eigenbetrieb*, da selbst eine Abteilung eines Amtes einen Betrieb gewerblicher Art darstellen kann[253]. Die kommunalrechtlich vertrauteren Begriffe *Regiebetrieb* und *Eigenbetrieb* sind für die steuerrechtliche Beurteilung einer Einrichtung insoweit grundsätzlich unmaßgeblich. Sofern der *Regiebetrieb* oder *Eigenbetrieb* die Voraussetzungen einer Einrichtung als Betrieb gewerblicher Art erfüllt, wird diese Einrichtung mit ihren abgegebenen Leistungen der Besteuerung unterworfen[254].

Kommunale Einrichtungen sollen vielmehr dann als Betrieb gewerblicher Art besteuert werden, wenn sie eben nicht überwiegend der Ausübung öffentlicher Gewalt dienen. Ausübung öffentlicher Gewalt ist nach ständiger Rechtsprechung eine Tätigkeit, die der öffentlich-rechtlichen Körperschaft eigentümlich und vorbehalten ist (Abschnitt 5 Abs. 13 S. 2 KStR). Demgegenüber liegt Ausübung öffentlicher Gewalt nicht vor, „wenn sich die Körperschaft durch ihre Einrichtungen in den wirtschaftlichen Verkehr einschaltet, die sich ihrem Inhalt nach von der Tätigkeit eines privaten Unternehmens nicht wesentlich unterscheidet (Abschnitt 5 Abs. 13 S. 7 KStR). Von besonderer Bedeutung für die Abgrenzung von Hoheitsbetrieb zum Betrieb gewerblicher Art ist danach der Wettbewerbsgedanke. Wenn die öffentlich-rechtliche Körperschaft in größerem Umfang Aufgaben übernimmt, wie sie auch Privatpersonen ausüben, und tritt sie dadurch - auch nur ungewollt - in Wettbewerb zur privaten Wirtschaft, so ist die Tätigkeit sowohl nicht mehr der öffentlichen Körperschaft eigentümlich bzw. vorbehalten, als auch keine hoheitliche Tätigkeit mehr“[255].

Zu den Betrieben gewerblicher Art gehören in Abgrenzung zu den Hoheitsbetrieben und den von § 4 Abs. 3 KStG zwingend als Betriebe gewerblicher Art normierten kommunalen Versorgungs-, Verkehrs- und Hafenbetriebe[256] kommunale Betriebe der Urproduktion und darauf aufgebaute Verarbeitungsbetriebe sowie sonstige Gemeindebetriebe wie Stadthalle, Messe oder Kurbetrieb[257]. Die Abgrenzung von Betrieben gewerblicher Art zu Betrieben mit hoheitlichen Aufgaben wird von der Finanzverwaltung durchgeführt, wobei im Einzelfall durchaus diffizile Unterscheidungen auftreten[258].

Eine Analyse der aufgaben- und organisationsformbedingten Steuerpflicht kommunaler Betriebe führt abschließend zu folgendem Ergebnis: Eine Steuerpflicht liegt nicht vor, soweit es sich bei dem Investitionsobjekt um eine Einrichtung zur Erfüllung einer hoheitlichen Aufgabe

---

252 Vgl. auch U. Cronauge, [Kommunale Unternehmen], 1997, S. 38.

253 Vgl. W. Hauser, [Einrichtungen], 1987, S. 131.

254 Vgl. O. Heidemann, [Steuerliche Aspekte], 1989, S. 57 ff.

255 BFH vom 14.03.1990, I R 156/87. In: BStBl., Teil II 1990, S. 866.

256 Vgl. Abschn. 5 Abs. 16 ff. KStR.

257 Um Mißverständnissen vorzubeugen, sei darauf hingewiesen, daß es sich hierbei nicht um eine abschließende Nennung handelt.

258 Bspw. wird der Betrieb von Parkuhren durch juristische Personen des öffentlichen Rechts als Ausübung öffentlicher Gewalt angesehen, soweit er im Rahmen der Straßenverkehrsordnung durchgeführt wird, während die Unterhaltung von bewachten Parkplätzen und von Parkhäusern steuerlich eine wirtschaftliche Tätigkeit darstellt. Auch handelt die Gemeinde bei der Wasserbeschaffung und *Abwasserbeseitigung* in Ausübung öffentlicher Gewalt, während die Durchführung der *Wasserversorgung* eine wirtschaftliche und damit zu besteuernde Tätigkeit ist, vgl. Abschn. 5 Abs. 21 u. Abs. 26 KStR.

handelt und die Finanzierung über den Haushalt abgewickelt wird. Damit entsteht mit der Investition keine Verpflichtung zur Zahlung von Körperschaft-, Gewerbe- und Umsatzsteuer (§§ 1 Abs. 1 Satz 6 sowie 4 Abs. 5 KStG, § 2 Abs. 3 UStG, § 2 GewStDV). Eine Steuerpflicht des Investitionsobjektes liegt in vollem Umfang vor, soweit es sich im Rahmen der Haushaltsfinanzierung steuerrechtlich um einen Betrieb gewerblicher Art handelt.

Die Abwasserbeseitigung und die Abfallentsorgung durch eine kommunale Einrichtung (bspw. Regie- oder Eigenbetrieb) wird gegenwärtig noch als Hoheitsbetrieb i.S. des § 4 Abs. 5 KStG eingestuft und unterliegt somit nicht der Besteuerung[259]. Auf erwirtschaftete (steuerliche) Gewinne ist keine Körperschaftsteuer oder Gewerbeertragssteuer zu entrichten. Die Abwasser- bzw. Abfallgebühren unterliegen nach bisheriger Rechtsauffassung nicht der Umsatzsteuer[260]. Die Kommune kann dann allerdings auch nicht einen Vorsteuerabzug auf die Eingangsleistungen geltend machen[261]. Der fehlende Vorsteuerabzug kann sich insbesondere bei größeren Investitionen als nachteilig für die Anlagenfinanzierung auswirken. Zu berücksichtigen ist ferner, daß mögliche (steuerliche) Verluste nicht mit anderen gewinnbringenden Betrieben gewerblicher Art verrechnet werden können (Abschnitt 5 Abs. 8 KStR). Darüber hinaus ist zu beachten, daß die kommunale Abwasser- und Abfallentsorgung häufig durch eine kommunale Eigengesellschaft, d.h. als selbständige juristische Person des privaten Rechts (Kapitalgesellschaft), vorgenommen wird. Diese in privatrechtliche Form „gekleideten Betriebe" werden nach den für diese Rechtsform geltenden Vorschriften besteuert (Abschnitt 5 Abs. 28 KStR). Insoweit besteht für die kommunalen Eigengesellschaften (Aktiengesellschaft, GmbH) unbeschränkte Steuerpflicht gemäß § 1 Abs. 1 Nr. 1 KStG[262].

Zusammenfassend ist bei der Abgrenzung Hoheitsbetrieb zum Betrieb gewerblicher Art zu beachten, daß die wirtschaftliche Betätigung der Kommunen bzw. deren Unternehmen im kommunalrechtlichen Sinne streng von der wirtschaftlichen Tätigkeit im steuerrechtlichen Sinne hinsichtlich der Körperschaftsteuer, der Umsatzsteuer und der Gewerbesteuer zu unterscheiden ist.

---

259 Vgl. E. Brod. [Abwasser], 1994, S. 113-138. Zu einer Rechtfertigung, die kommunale Abwasser- und Abfallentsorgung der Körperschaftsteuer zu unterwerfen, vgl. U. Cronauge u. H. Dedy, [Kostenexplosion], 1993, S. 314 ff.

260 Vgl. Ch. Frank, [Fragestellungen], 1996, S. 24.

261 Vgl. Abwassertechnische Vereinigung e.V., [Betriebsformen], 1994, S. 8.

262 Befreiungen von der Körperschaftsteuer gemäß § 5 KStG, insb. § 5 Abs. 1 Nr. 9 KStG greifen nicht. Siehe auch die Ausführungen in Abschnitt 2.2.4.2.

3. Eine Situationsanalyse der Ausgangslage als Herleitung alternativer Finanzierungsinstrumente kommunaler Infrastrukturinvestitionen

Um die Einbeziehung privater Investoren in die Finanzierung kommunaler Infrastrukturinvestitionen zu diskutieren und um die passende Finanzierungsform zu finden, seien zunächst - nach einer Darstellung des kommunalen Investitionsbedarfs und der finanziellen Situation der Kommunen - die bisher vorhandenen Finanzierungsvarianten aufgezeigt.

3.1. Investitionsbedarf im gesamten kommunalen Bereich

Zufolge der Gemeindefinanzberichte der letzten Jahre[263] und der Schätzungen des Deutschen Sparkassen- und Giroverbandes (DSGV)[264] wird der kommunale Investitionsbedarf für die nächsten Jahre in Deutschland auf über eine Billion DM veranschlagt[265]. Allein für den Ausbau von kommunalen Infrastruktureinrichtungen in Ostdeutschland werden nach einer Schätzung des Münchener Wirtschaftsforschungsinstitutes ifo rund 900 Milliarden DM benötigt[266].

Der kommunale Investitionsbedarf wird maßgeblich durch die Altersentwicklung in der Bevölkerung bestimmt. Im Gegensatz zu früheren Prognosen kann angenommen werden, daß die Bevölkerung, zumindest jedoch die jüngeren Altersgruppen, in den ersten Jahren dieses Jahrtausends zunehmen wird[267]. Eine Sättigung des Bedarfs, wie vielfach mit Hinweis auf sinkende Bevölkerungszahlen angenommen, wird in absehbarer Zeit nicht eintreten. Im Gegenteil, es zeigt sich, daß derzeit bei der Versorgung mit sozialer Infrastruktur bereits erhebliche Versorgungsdefizite auftreten können, da der Bestand vielerorts nicht den steigenden Versorgungsnormen und dem Bevölkerungswachstum angepaßt wurde[268].

Die nun folgenden Schätzungen basieren auf umfangreichen Auswertungen verschiedenster Bundes-, Landes- und Kommunalstatistiken sowie der Literatur[269]. Das Schwergewicht der Schätzungen liegt in den Bereichen der Versorgung, des Umweltschutzes, Verkehrs, Woh-

---

263 Vgl. hierzu u.a. H. Karrenberg u. E. Münstermann, [Gemeindefinanzberichte 1995, 1997-1999].

264 Vgl. M. Escriva, [Kommunen], 1996, S. 197 bzw. F. Dünnebacke, [Mobilien-Leasing], 1995, S. 491.

265 Dies wurde durch eine weitere Schätzung aus dem Jahre 1997 bestätigt. Danach werden Kommunen in den nächsten Jahren über 1 Bio. DM für die Modernisierung ihrer Infrastruktur, für eine Bereitstellung von Bauland, für die Abwasserbeseitigung, für den öffentlichen Nah- und Fernverkehr, für Schulen, Kindergärten und Krankenhäuser aufwenden müssen, vgl. B. Hippe, [Modell], 1997, S. 50. Darunter befinden sich Investitionen in Höhe von 350 Mrd. DM für den Verkehrswegebau, 230 Mrd. DM für den Abwasserbereich und 100 Mrd. DM für die Abfallbeseitigung und den Bodenschutz. Weitere Problemfelder sind die Sanierung von Altlasten, die Entsorgung von Abfällen, der Ausbau und die Sanierung der Abwasserbeseitigung, der Bau von Versorgungsleitungen, die Verbesserung des Wohnumfeldes und die Rekultivierung von Industrie- und Gewerbebranchen.

266 Vgl. M. Weber u. H.-J. Massenberg, [Infrastrukturvorhaben], 1994, S. 10.

267 Vgl. U. Kirchhoff u. H. Müller-Godeffroy, [Finanzierungsmodelle], 1996, S. 29.

268 Vgl. M. Reidenbach, [Investitionsbedarf], 1992, S. 193.

269 In Anlehnung an M. Reidenbach, R. Autzen, Cl.-P. Echter, B. Grabow, G. Kühn u. N. Rauch, [Investitionsbedarf], 1992, S. 15 ff., ergänzt um neue Bedarfsschätzungen. Bei der Ermittlung der Schätzungen wurde der Investitionsbedarf der kommunalen Eigenbetriebe und Eigengesellschaften mitberücksichtigt. Um evtl. Mißverständnissen vorzubeugen, sei darauf hingewiesen, daß es sich hierbei nicht um eine abschließende Aufzählung möglicher kommunaler Infrastrukturinvestitionsvorhaben handelt; die Ansammlung kommunaler Investitionsvorhaben ist sehr breit gelagert, vgl. S. Reichstein, [Praxis], 1994, S. 115.

nungsbaus, der Stadterneuerung, der sozialen Infrastruktur, der Kultur und des Denkmalschutzes; die übrigen Bereiche wurden nur pauschal erfaßt.

- **Kommunaler Investitionsbedarf im Bereich der Versorgung**[270]

Gemäß einer Untersuchung summiert sich der gesamte Investitionsbedarf im Bereich der Versorgung (Strom, Gas, Wasser und Fernwärme) für die nächsten Jahre auf rund 140 Milliarden DM[271]. Im Vergleich zum bisherigen Investitionsniveau beinhaltet dies eine leichte Steigerung. Im Bedarf spiegeln sich recht unterschiedliche Entwicklungen wider. So senkt sich der früher hohe Bedarf bei der kommunalen Stromerzeugung durch den Rückgang des Bedarfs an Investitionen für neue Großkraftwerke und Luftreinigungsanlagen. Dahingegen ist ein Ausbaubedarf bei den umweltfreundlichen Bereichen Gas und Fernwärme vorhanden. Der Anteil an Ersatzinvestitionen für den gesamten Bereich wird vor allem durch einen hohen Bedarf an Erneuerungsinvestitionen in den Leitungsnetzen geprägt. Dieser beläuft sich schätzungsweise auf 45 % des gesamten Bedarfs im Bereich der Versorgung.

- **Investitionsbedarf im Bereich des Umweltschutzes (incl. der Abfall- und Abwasserentsorgung)**[272]

Der Bedarf an Umweltschutzmaßnahmen wird insgesamt auf rund 280 Milliarden DM veranschlagt. Erwartungsgemäß liegt das Hauptgewicht des Bedarfs mit rund 210 Milliarden DM im Bereich der Abwasserentsorgung[273]. Insbesondere hinsichtlich der Abwasserentsorgung ist ein erheblicher Teil der Investitionen zur Erneuerung und Modernisierung der städtischen Kanalisationsnetze erforderlich[274]. Zu Buche schlagen weiterhin Ausgaben für eine Altlastensanierung mit 37 Milliarden DM. Für eine Abfallbeseitigung durch die Kommunen wären zur Bedarfsdeckung weitere 20 Milliarden DM aufzubringen. Schließlich besteht für Grünanlagen ein Bedarf von 9 Milliarden DM.

---

270 Vgl. hierzu vor allem M. Reidenbach, R. Autzen, Cl.-P. Echter, B. Grabow, G. Kühn u. N. Rauch, [Investitionsbedarf], 1992, S. 41-62.

271 Diese Schätzung basiert auf einer aktuellen Studie (1998) des Münchener Forschungsinstitutes ifo.

272 Vgl. hierzu vor allem M. Reidenbach, R. Autzen, Cl.-P. Echter, B. Grabow, G. Kühn u. N. Rauch, [Investitionsbedarf], 1992, S. 63-104.

273 Der Bundesverband der Deutschen Entsorgungswirtschaft hat in 1997 auf dem Entsorga-Congress in Köln nach eigener Einschätzung „aussagekräftige Daten über den deutschen Abwassermarkt" vorgelegt. Demnach werden bspw. für den Neubau und die Sanierung des öffentlichen Kanalnetzes bis zum Jahr 2015 - je nach politischen, rechtlichen und institutionellen Rahmenbedingungen - zwischen 66 und 150 Mrd. DM erforderlich. Der Bau öffentlicher Klärwerke wird zudem zwischen 55 und 94 Mrd. DM veranschlagt, Sonderbauwerke für die Regenwasserbehandlung werden rund 20 Mrd. DM kosten, Abwasserbeseitigungsanlagen von Industrie und Gewerbe schlagen mit weiteren sechs Mrd. DM zu Buche, vgl. U. Winkler, [Sanierungsmarkt], 1998, S. 25.
Vom Institut für Siedlungswasserwirtschaft der Technischen Hochschule Aachen bzw. vom Finanzwissenschaftlichen Forschungsinstitut der Universität Köln ermittelte Zahlen addieren sich zu einer Gesamtinvestitionssumme im Abwasserentsorgungsbereich von mindestens 209 bis maximal 409 Mrd. DM; dies sind für den Prognosezeitraum bis 2015 knapp 12 Mrd. DM pro Jahr, vgl. o.V., [Sanierung], 1997, S. 5. Diese Schätzungen werden von der derzeitigen Bundesregierung bestätigt, vgl. H. Griepentrog, [Wirtschaftlicher Druck], 2000, S. B 2.

274 Dieser verteilt sich bei westdeutschen Kommunen ungefähr zur Hälfte auf die Sanierung von Kanalnetzen, zur anderen Hälfte auf den Neu- und Ausbau von großen Rückhaltebecken und Klärstufen, vgl. R. Eichholz u. Th. Lenk, [Abwasserbeseitigung], 1991, S. 7.

- **Investitionsbedarf im Verkehrssektor**[275]

Der Verkehrsbereich stellt traditionell einen sehr großen Investitionsbereich dar. Für die Städte, Gemeinden und kommunalen Verkehrsbetriebe ergibt sich ein investiver Gesamtbedarf von rund 226 Milliarden DM. Mit einem Umfang von mehr als 137 Milliarden DM fallen fast zwei Drittel des Bedarfs im Investitionsbereich „Straßenbau" an. Dieser hohe Bedarf geht nur zu einem sehr kleinen Teil auf den Neubau von Straßen zurück. Im wesentlichen ist dies durch die notwendigen Ersatzinvestitionen in dem Bestand an kommunalen Straßen bedingt.

- **Investitionsbedarf im Wohnungsbausektor**[276]

Der Investitionsbedarf im Wohnungsbau errechnet sich zu einem Teil aus Kosten für die Modernisierung und den Erhalt von Wohnungen im kommunalen Eigentum bzw. im Eigentum kommunaler Wohnungsbaugesellschaften. Hierfür wurde ein Bedarf von rund 10 Milliarden DM berechnet. Darüber hinaus besteht ein hoher Bedarf an Zuschüssen und Darlehen für die Wohnungserneuerung und vor allem für den Wohnungsneubau privater Eigentümer. Von der Finanzierung des hierfür vorhandenen Gesamtbedarfs werden dem kommunalen Bereich rund 98 Milliarden DM zugerechnet.

- **Investitionsbedarf im Bereich der Stadterneuerung**[277]

Stadterneuerung ist eine Querschnittsaufgabe und umfaßt unterschiedliche Bereiche wie Nutzungsänderungen von Gewerbe-, Industrie- oder Verkehrsbrachen, die Sanierung von Altlasten, Nachbesserung von Großsiedlungen und stadtökologische Maßnahmen. An erster Stelle stehen Bausubstanzprobleme, Wohnumfeldmängel und Stadtgestaltungs- bzw. Ortsbildprobleme. Der Bedarf der Querschnittsaufgabe Stadterneuerung, der nicht die Erneuerung der Wohnungsbausubstanz umfaßt, ist mit rund 115 Milliarden DM angesetzt worden. Bei den vielfältigen Anwendungen im Bereich der Städtebauförderung lassen sich Überschneidungen mit anderen Schätzbereichen nicht vermeiden. Daher wurde vorsichtig nur die Hälfte des genannten Betrages in die Gesamtberechnung des kommunalen Investitionsbedarfs einbezogen.

- **Investitionsbedarf im Bereich der sozialen Infrastruktur**[278]

Die Untersuchung bzw. Schätzung der notwendigen Sachinvestitionen in diesem Bereich hat ein Volumen von rund 120 Milliarden DM ergeben. Hinzu kommen die von den Kommunen zur Förderung von Investitionen Dritter notwendigen Finanzinvestitionen von rund 13 Milliarden DM. Gegenüber dem bisherigen Investitionsniveau sind besonders hohe Steigerungen im Bereich der Altenhilfe (rund 13 Milliarden DM) zu erwarten. Dies ist nicht nur auf die veränderte Bevölkerungsstruktur zurückzuführen, sondern im wesentlichen durch den Um- und Ausbau der Altenpflege bedingt. Zum anderen sind im Kindergartenbereich erhebliche Investitionsanstrengungen (rund 14 Milliarden DM) als Folge eines höheren Versorgungsgrades[279] und einer zunehmenden Kinderzahl notwendig. Die Höhe des Investitionsbedarfs im Sportbereich (rund 21 Milliarden DM) kommt überwiegend durch einen hohen Ersatzbedarf zustande; dieser macht über 80 % des notwendigen Investitionsvolumens aus. Mit rund 59 Milliarden DM stellt das Schulwesen den größten investiven Bedarfsblock innerhalb der Einrichtungen der

---

275 Vgl. hierzu vor allem M. Reidenbach, R. Autzen, Cl.-P. Echter, B. Grabow, G. Kühn u. N. Rauch, [Investitionsbedarf], 1992, S. 105-128.

276 Vgl. ebenda S. 129-152.

277 Vgl. ebenda S. 153-164.

278 Vgl. ebenda S. 165-218.

279 Der Rechtsanspruch auf einen Kindergartenplatz ist nur ein Beispiel, vgl. Deutsche Bundesbank, [Finanzierungsaspekte], 1999, S. 34.

sozialen Infrastruktur dar. Rund 70 % des Bedarfs werden durch Ersatzinvestitionen bestimmt. Der Neubaubedarf erklärt sich aus der Steigerung der Schülerzahlen im Primär- und Sekundarbereich I bei einer im Prinzip gleichbleibenden Gesamtschülerzahl.

- **Investitionsbedarf im Kulturbereich**[280]

Der kommunale Investitionsbedarf im Kulturbereich wurde mit rund 24 Milliarden DM veranschlagt. Bisher dominierende Investitionsschwerpunkte wie im Bereich der Museen oder vor allem der Heimatpflege werden besonders in größeren Städten zugunsten anderer Felder, wie z.B. dem Archivwesen, der öffentlichen Kulturarbeit, den Film- und Medieneinrichtungen der Kunstschulen, an Gewicht verlieren.

- **Investitionsbedarf im Bereich der Denkmalpflege**[281]

Der kommunale Investitionsbedarf im Bereich der Denkmalpflege ist mit rund 15 Milliarden DM angesetzt worden. Allerdings sind darin nicht die Mittel enthalten, die im Zuge von Stadterneuerungsmaßnahmen und Wohnungsbaumodernisierung über Ländermittel auch Denkmälern zugute kommen. Teilweise ist die Abgrenzung zu kulturellen Einrichtungen schwierig, weil denkmalgeschützte Bauten oft für kulturelle Zwecke genutzt oder einer neuen Nutzung etwa als Volkshochschule, Bürgerzentrum, Konzertsaal, Museum usw. zugeführt werden.

Aus den Ergebnissen dieser Bedarfsschätzungen können folgende Schlußfolgerungen gezogen werden:

- Das derzeitige Investitionsniveau auf kommunaler Ebene reicht zur Deckung des geschätzten Investitionsbedarfs keineswegs aus.
- Innerhalb und zwischen den einzelnen Sektoren entwickelt sich der Investitionsbedarf unterschiedlich. In vielen Bereichen, in denen vor einigen Jahren Bedarfssättigungen angenommen wurden, zeigt sich heute vermehrt Neubaubedarf. In einigen Bereichen verlieren bisherige Bedarfsträger an Bedeutung.
- Durch einen enormen Ausbau der kommunalen Infrastruktur zwischen den 50er- und 70er-Jahren wurde ein Bestand an Bauwerken geschaffen, die zu einem ständig steigenden Bedarf an Ersatzbauten führen[282]. Ein hoher Bedarf an Ersatzinvestitionen ist ein Ausdruck für eine weiterentwickelte Infrastruktur, die „in die Jahre gekommen ist" und aus diesem Grund ersatz- und anpassungsbedürftig ist. Verstärkt wird der Bedarf durch notwendige Angleichungen des Bestandes - vor allem im Bereich des Umweltschutzes - an neue technische und soziale Anforderungen, durch medizinische Entwicklungen etc. Um eine funktionsfähige kommunale Infrastruktur auf Dauer beizubehalten, muß in den nächsten Jahren weiter in die kommunale Infrastruktur investiert werden.
- Es zeigt sich[283], daß kommunale Infrastrukturvorhaben außerordentlich kapitalintensiv sind. So werden bspw. bei einer Sanierung von Abwasserkanälen Investitionskosten in Höhe von 0,7 bis 3 Millionen DM pro km geschätzt[284]. Auch bei einer aggregiert geringeren Größe, wie dem Investitionsbedarf von 20 Milliarden DM im Bereich der Abfallbeseitigung, ergibt sich bei einer Umsetzung eines konkreten Projekts ein erheblicher

---

280 Vgl. hierzu vor allem M. Reidenbach, R. Autzen, Cl.-P. Echter, B. Grabow, G. Kühn u. N. Rauch, [Investitionsbedarf], 1992, S. 219-254.

281 Vgl. ebenda S. 255-268.

282 Vgl. H.-J. Bungarten, [Finanzierungskonzepte], 1996, S. 666.

283 In Anlehnung an die Ausführungen zum Abschnitt 2.2.2. der vorliegenden Arbeit.

284 Vgl. H. Brede, [Sanierung], 1995, S. 79.

Kapitalbedarf. So betragen die Investitionskosten für eine Müllverbrennungsanlage durchschnittlich rund 300 Millionen DM[285]. Es wird deutlich, daß kommunale Finanzierungsmöglichkeiten auch für Einzelprojekte einem hohen Kapitalbedarf entsprechen müssen. Dies gilt insbesondere für Kommunen in den neuen Bundesländern[286]. Hier müssen bei der Entsorgung häufig komplett neue Anlagen gebaut werden.

3.2. Ein eingeengter finanzpolitischer Aktionsspielraum als Problemfeld der kommunalen Gebietskörperschaften

Ausgelöst durch den hohen Finanzbedarf zukünftiger kommunaler Infrastrukturinvestitionen einerseits und leeren Haushaltskassen bei den kommunalen Gebietskörperschaften andererseits wird seit Jahren eine leidenschaftliche, nicht immer sachbezogene Diskussion um eine Finanzierung kommunaler Investitionsvorhaben geführt[287].

Die Finanzlage der kommunalen Gebietskörperschaften ist in den letzten Jahren zu Recht als angespannt und außerordentlich schwierig beschrieben worden[288]. Das Ziel, den Haushalt auszugleichen, ist für viele Kommunen zu einem großen Finanzierungsproblem geworden, da die Defizite in den Verwaltungshaushalten alarmierende Dimensionen erreicht haben[289]. Die Zahl der Kommunen, die ihren Haushalt nicht mehr ausgleichen können und ein Haushaltssicherungskonzept aufstellen müssen[290], ist in Westdeutschland und in den neuen Bundesländern stark angestiegen. Dabei ist für eine finanzwirtschaftliche Analyse kommunaler Haushalte von Bedeutung, daß sich erhebliche strukturelle Unterschiede zwischen den einzelnen Kommunen verbergen[291]. Die Divergenzen werden besonders deutlich an einigen Problemlagen, die zwi-

---

285 Vgl. E. Pappermann, [Abfallentsorgung], 1989, S. 541.

286 Vgl. A. Dörhöfer, [Immobilien-Leasing], 1993, S. 22.

287 Vgl. u.a. L. Böckels, [Finanzklemme], 1994, S. 89.

288 Zur Finanzlage der niedersächsischen Gemeinden, Städte und Landkreise: In 1996 hat sich die Finanzlage der niedersächsischen Gemeinden, Städte und Landkreise weiter verschlechtert. Die laufenden Einnahmen blieben mit 5,3 % gegenüber 1995 hinter den Ausgaben zurück. Die Kommunen haben in erheblichem Umfang Vermögensgegenstände und Finanzvermögen wie Kapitalbeteiligungen veräußert (insg. für 1,298 Mrd. DM, 272 Mio. DM mehr als in 1995). Nur durch diese Maßnahmen gelang es, das Finanzierungsdefizit bei den Kommunen auf 831 Mio. DM zu drücken. Ohne die genannten einmaligen Maßnahmen wäre das Finanzierungsdefizit auf rd. 1,9 Mrd. DM angewachsen, so ein Sprecher der Arbeitsgemeinschaft der kommunalen Spitzenverbände in Niedersachsen.

289 Wie außerordentlich dramatisch die Lage einzuschätzen ist, ist folgender Aussage zu entnehmen: Kein Landkreis und nur wenige Gemeinden und Städte in Niedersachsen waren 1996 in der Lage, mit den laufenden Einnahmen die laufenden Ausgaben zu finanzieren, vgl. Arbeitsgemeinschaft der kommunalen Spitzenverbände Niedersachsens zur Mittelfristigen Planung Niedersachsens 1996 bis 2000, [Dramatische Finanzlage], 1997, S. 3. In 1995 konnten im Schnitt ca. 40 % der kommunalen Gebietskörperschaften ihren Haushalt nicht mehr ausgleichen. Nimmt man diejenigen Kommunen hinzu, die durch Verkauf von kommunalem Vermögen oder durch Rücklagenentnahmen ihren Haushalt ausgleichen konnten, ist die Zahl der Kommunen mit unausgeglichenem Haushalt deutlich höher, vgl. B.J. Schneider, [Not], 1996, S. 173.
Viele Kommunen sind nicht mehr in der Lage, ihre laufenden Ausgaben in den Bereichen Soziales, Personal- und Sachkosten zu decken, vgl. B. J. Schneider, [Not], 1996, S. 173.

290 Die kommunalen Gebietskörperschaften sind nach der Novellierung der NGO gehalten, ein Haushaltskonsolidierungskonzept aufzustellen, wenn der Haushaltsausgleich nicht erreicht werden kann, vgl. § 84 Abs. 3 NGO. Darin ist der Zeitraum festzulegen, innerhalb dessen der Haushaltsausgleich wieder erreicht werden soll. Außerdem sind Maßnahmen einzuleiten, durch die ein ausgewiesener Fehlbedarf abgebaut und ein Entstehen eines neuen Fehlbedarfs künftiger Jahre vermieden werden soll.

291 In Anlehnung an W. Noll u. W. Ebert, [Kontext], 1997, S. 69-74.

schen den großen Städten[292] und den Umlandgemeinden bestehen. Letztere weisen im Durchschnitt eine vergleichsweise weniger dramatische Haushaltssituation auf. Dabei kann davon ausgegangen werden, daß große bzw. sehr große Kommunen (über 500.000 Einwohner) von der aktuellen Finanznot deutlich stärker betroffen sind als kleine Gemeinden (bis 50.000 Einwohner)[293]. Nicht zuletzt deshalb waren die großen Städte führend bei der Einbeziehung privater Investoren in die Finanzierung kommunaler Investitionsvorhaben[294].

Wie die Gemeindefinanzberichte der letzten Jahre erkennen lassen, verschiebt sich die Finanzstruktur in den kommunalen Haushalten zu Lasten der Vermögenshaushalte und damit zu Lasten der Investitionstätigkeiten[295]. Sinkende Steuereinnahmen und steigende Sozialabgaben haben bei Städten und Gemeinden einen „Investitionsstau im zweistelligen Milliardenbereich und ein Rekordtief von voraussichtlich nur 15 %" bei der Investitionsquote zur Folge[296].

Aus den angegebenen Zahlen und den prognostizierten Bedarfsschätzungen läßt sich auf kommunaler Ebene ableiten, daß die kommunale Finanzkraft nicht annähernd ausreicht, um bspw. die Mindestbedingungen für die im vorhergehenden Abschnitt beschriebene Einhaltung des Umweltschutzes durch Sanierung oder erstmalige Errichtung in einem angemessenen Zeitraum zu erfüllen, da die Dynamik der erwarteten Ausgabensteigerungen bei weitem die zur Verfügung stehende Finanzmasse übersteigt[297].

Hinzu kommt, daß ein sehr großer Teil der gesamten Ausgaben in den kommunalen Haushalten durch gesetzliche, vertragliche und sonstige mittelfristig nicht korrigierbare Bedingungen festgelegt ist[298].

---

292 Die Angaben über die kommunale Gesamtverschuldung dürfen somit nicht darüber hinwegtäuschen, daß es bei der Pro-Kopf-Verschuldung erhebliche Unterschiede zwischen den einzelnen Kommunen gibt, vgl. Deutsche Bundesbank, [Staatsverschuldung], 1997, S 26. So sei nach einer Veröffentlichung des Deutschen Städtetages darauf hingewiesen, daß eine Stadt wie Frankfurt am Main in 1996 rund DM 10.000 Schulden pro Einwohner hatte, obwohl sie die aufkommensteuerstärkste Stadt in Deutschland ist. Düsseldorf lag in 1996 bei etwa DM 6.120, Köln bei DM 5.200, Wiesbaden bei DM 4.150 und Stuttgart bei DM 3.730 Schulden pro Einwohner. Eine Auflistung der Städte mit der höchsten Prof-Kopf-Verschuldung in Deutschland schließt mit Karlsruhe (DM 1.944) und Münster (DM 1.867).

293 Vgl. W. Noll u. W. Ebert, [Kontext], 1997, S. 69 u. 74. Gemessen an der Pro-Kopf-Verschuldung sind primär die größeren Städte ab 200.000 Einwohner verstärkt in ihrem finanziellen Handlungsspielraum eingeschränkt, vgl. ebenda S. 71. Die ländlichen kommunalen Gebietskörperschaften (sowohl Städte und Gemeinden) zählen somit nicht zu den am höchsten verschuldeten Kommunen, vgl. B. Gall, [Kommunale Kompetenz], 1997, S. 25.

294 Vgl. W. Noll u. W. Ebert, [Kontext], 1997, S. 75.

295 Vgl. hierzu u.a. H. Karrenberg u. E. Münstermann, [Gemeindefinanzberichte 1995, 1997-1999].
In den alten Bundesländern lag der Anteil der Ausgaben in 1995 für Sachinvestitionen an den Gesamtausgaben noch bei 16,5 %, nach 17,8 % in 1994. Der Anteil liegt damit noch niedriger als beim Investitionstief Anfang der 80er-Jahre (1984: 21,1 %). Wie kräftig die Kommunen im investiven Bereich mittlerweile die Ausgaben zusammengestrichen haben, ergibt sich aus der Tatsache, daß 1980 der Anteil der Investitionsausgaben an den Gesamtausgaben noch bei 30,4 % lag.
Die Fähigkeit der kommunalen Gebietskörperschaften, als Nachfrager zusätzliche konjunkturelle Impulse zu geben, nimmt damit kontinuierlich ab, vgl. B.J. Schneider, [Not], 1996, S. 174.

296 G. Landsberg, [Rekordtief], 1997, S. 1 bzw. vgl. G. Landsberg, [Schulden], 1998, S. 1 u. 4.
Die Investitionsausgaben sind in 1996 gegenüber dem Vorjahr in Niedersachsen um 20 % zurückgegangen, vgl. Arbeitsgemeinschaft der kommunalen Spitzenverbände Niedersachsens zur Mittelfristigen Planung Niedersachsens von 1996 bis 2000, [Dramatische Finanzlage], 1997, S. 3. Insgesamt haben sich die Investitionsausgaben der Kommunen in den alten und neuen Bundesländern seit 1992 - zuletzt allerdings verlangsamt - kontinuierlich reduziert, vgl. Gemeindefinanzbericht 1999, S. 195 f u. S. 214 f.

297 Vgl. H. Rehm, [Verträglichkeit], 1993, S. 97.

298 Vgl. H. Rehm, [Kommunalfinanzen], 1991, S. 133. Nach Darstellung von U. Kirchhoff u. G. Land sind im Durchschnitt in Westdeutschland bereits mehr als 90 % der gesamten Ausgaben im kommunalen

Die nachfolgende Statistik verdeutlicht die Entwicklung des Schuldenstands der kommunalen Gebietskörperschaften in Deutschland (in Mrd. DM) seit 1950 bis zur Gegenwart[299]:

Jahr	**1950**	**1969**	**1970**	**1980**	**1985**	**1989**	**1990**	**1991**	**1992**	**1993**[300]	**1994**	**1995**	**1996**
Mrd.	0,38	19,6	40,3	95,2	113,7	121,4	125,6	131,8	154,6	172,9	188,1[301]	197,5[302]	200,6[303]

davon Schuldenstand	**1993**	**1994**	**1995**	**1996**
der Gebietskörperschaften in den neuen Bundesländern[304]	14,46	23,64	32,46	35,55

Im Vergleich zum Bund und zu den Ländern sind die kommunalen Gebietskörperschaften einem stärkeren „Verschuldungszwang" ausgesetzt. Dies resultiert zum einen daraus, daß - wie bereits beschrieben - etwa zwei Drittel aller Investitionen der öffentlichen Haushalte auf die Kommunen entfallen[305], gleichzeitig aber die Möglichkeiten der Eigenfinanzierung nur sehr begrenzt von den Kommunen beeinflußt werden können. Somit steht diesem vergleichsweise hohen „Verschuldungszwang" gleichzeitig ein sehr geringer Spielraum für die eigene Schuldenpolitik gegenüber[306].

Zur Finanzierung des beschriebenen Investitionsbedarfs stehen den Kommunen grundsätzlich folgende Einnahmemöglichkeiten zur Verfügung:

- Einnahmen aus Steuern[307]
- Zuweisungen und Zuschüsse[308] anderer öffentlicher Haushalte wie Bund und Länder und der Europäischen Union (EU)

Haushalt durch gesetzliche, vertragliche und sonstige mittelfristig nicht zu ändernde Bedingungen vorgeprägt, vgl. U. Kirchhoff u. G. Land, [Organisation], 1993, S. 247.

299 Für den Zeitraum 1950-1991, vgl. Kapitalmarktstatistik der Deutschen Bundesbank, Dezember 1992, S. 63 bzw. R. Klein, [Schuldenpolitik], 1977, S. 215. Berücksichtigt sind bis zum Jahre 1992 ausschließlich die Kommunen in Westdeutschland.

300 Die Netto-Neuverschuldung von Bund, Länder und Kommunen erreichte im Jahr 1993 mit 120,8 Mrd. DM ein Rekordniveau, vgl. G. Zimmermann, [Finanzierungs- und Organisationsmodelle], 1997, S. 396.

301 Vgl. M.J. Matschke u. Th. Hering, [Kommunale Finanzierung], 1998, S. 42.

302 Vgl. ebenda S. 42.

303 Einschl. Verschuldung der kommunalen Zweckverbände und der kommunalen Krankenhäuser, vgl. Kapitalmarktstatistik der Deutschen Bundesbank, März 1998, S. 58.
Die Stadt Frankfurt am Main zahlte in 1996 jeden Tag auf ihre Gesamtverschuldung einen Betrag von 2 Mio. DM an Zinsen und Tilgung, vgl. M.J. Matschke u. Th. Hering, [Kommunale Finanzierung], 1998, S. 156.

304 Darstellung in Anlehnung an die Kapitalmarktstatistik der Deutschen Bundesbank, März 1994, S. 73; Juni 1995, S. 56 u. Juli 1996, S. 57.

305 Im Jahr 1972 entfielen noch ca. 80 % der öffentlichen Investitionsvorhaben in den kommunalen Bereich, vgl. R. Kurth, [Bedeutung], 1972, S. 662.

306 Vgl. D. Budäus, [Instrumente], 1982, S. 22.

307 Zu den Steuern, die einer Kommune zustehen, gehören die örtlichen Steuern und eine quotenmäßige Beteiligung an der Einkommensteuer. Die örtlichen Steuern setzen sich aus Realsteuern und den örtlichen Verbrauch- und Aufwandsteuern zusammen. Realsteuern sind die Grundsteuer und die Gewerbesteuer. Zu den örtlichen Verbrauch- und Aufwandsteuern gehören die Grunderwerbsteuer, die Getränkesteuer sowie die Hundesteuer, vgl.
H.-J. Stargardt, [Finanzgarantien], 1995, S. 81 ff.

308 Zuweisungen sind wie Steuern, aber in Gegensatz zu den Gebühren- und Beitragserlösen, nicht streng gegenleistungsbezogen, sondern als staatliche finanzielle Mittel für die dem Gemeinwohl verpflichtete kommunale Tätigkeit zu werten, vgl. K. Oettle, [Außenfinanzierung], 1989, Sp. 47.
Da die Gemeinden nicht in der Lage sind, ihre Ausgaben vollständig aus eigener Kraft zu decken, erhalten sie Finanzmittelzuweisungen vom Bund und von den Ländern. Es handelt sich formal entweder

- kommunale Gebühren[309] und Beiträge[310]
- sonstige Einnahmen[311]
- Einnahmedeckung durch kommunale Kreditaufnahmen.

Steuern, Zuweisungen und Zuschüsse, Gebühren, Beiträge und die sonstigen Einnahmen tragen in recht unterschiedlichem Ausmaß zur Finanzierung kommunaler Aufgaben bei. Dabei unterscheiden sich die Einnahmestrukturen in den westdeutschen und ostdeutschen Kommunen fundamental voneinander, sie werden daher im folgenden getrennt betrachtet[312].

Für die *westdeutschen* Kommunen stellen die Steuereinnahmen mit 87,44 Milliarden DM im Jahr 1998 die Haupteinnahmequelle dar[313]. Auch wenn das Steueraufkommen, gemessen am Gesamtaufkommen, leicht rückläufig ist[314], können immer noch mehr als 37 % der Einnahmen in Höhe von 230,87 Milliarden DM mit Steuern gedeckt werden. Die (allgemeinen und investiven) Zuweisungen und Zuschüsse bilden die zweitgrößte Einnahmequelle. Ihr Anteil betrug im Jahr 1998 rund 27 %. Dies unterstreicht, daß die westdeutschen Städte und Gemeinden zur alleinigen Finanzierung ihrer Aufgaben nicht in der Lage sind. Trotz dieser großen Bedeutung der Zuweisungen und Zuschüsse für die kommunale Haushaltswirtschaft besteht für die Kommunen kaum eine Möglichkeit, die Höhe dieser beachtlichen Einnahmeströme zu beeinflussen (außer über die Einwohnerzahl). Die Regelung des kommunalen Finanzausgleichs fällt in den Kompetenzbereich der Landesgesetzgebung[315].

Gebühren und Beiträge sowie die sonstigen Einnahmen (incl. Veräußerungserlöse) haben an den kommunalen Einnahmen einen ansteigenden Anteil[316] und erreichten im Jahre 1998 aggregiert knapp 36 % der Einnahmen der Kommunen in den alten Bundesländern.

Eine deutlich andere Gewichtung der Einnahmen ergibt sich hingegen bei der Betrachtung der Finanzstruktur der Städte und Gemeinden in den *neuen Bundesländern*[317]. Während mit der Wiedervereinigung im Jahr 1990 die staatlichen Zuweisungen die alleinige Einnahmequelle darstellten, treten nunmehr tendenziell verstärkt die Strukturen des Gemeindefinanzsystems in den westlichen Bundesländern mit ihren Steuern, Gebühren und sonstigen Einnahmen hinzu. Nach wie vor aber weisen die Einnahmenstrukturen signifikante Abweichungen zu den westdeutschen Städten und Gemeinden auf[318].

---

um allgemeine oder um zweckgebundene Zuweisungen und Zuschüsse, vgl. M.J. Matschke u. Th. Hering, [Kommunale Finanzierung], 1998, S. 120.

309 Gebühren, z.B. Abwassergebühren, sind öffentlich-rechtliche Geldleistungen, die von der Gemeinde als Gegenleistung für eine besondere Leistung aufgrund einer Satzung erhoben werden, vgl. W. v. Zwehl, [Kalkulation], 1988, S. 156.

310 Beiträge dienen zur Verringerung oder Deckung von Herstellungskosten einer öffentlich-rechtlichen Einrichtung, vgl. U. Friedl, [Finanzierungsmittel], 1992, S. 165.

311 Zu den sonstigen Einnahmen gehören alle Einnahmen, die Kommunen aus der Teilnahme am Marktgeschehen erzielen, z.B. Einnahmen für die Nutzung kommunalen Vermögens, vgl. G. Schwarting, [Verwaltungen], 1989, Sp. 341.

312 In Anlehnung an W. Noll u. W. Ebert, [Kontext], 1997, S. 56 ff.

313 Die Zahlen entstammen dem Gemeindefinanzbericht 1999, S. 154.

314 Vgl. W. Noll u. W. Ebert, [Kontext], 1997, S. 56.

315 Vgl. M.J. Matschke u. Th. Hering, [Kommunale Finanzierung], 1998, S. 120.

316 Vgl. W. Noll u. W. Ebert, [Kontext], 1997, S. 58.

317 Vgl. ebenda S. 59.

318 In Anlehnung an W. Noll u. W. Ebert, [Kontext], 1997, S. 59 f.

Die steuerliche Finanzierung der Kommunen in den *neuen* Bundesländern ist völlig unzureichend[319]. Im Jahr 1998 betrug das Gewerbesteueraufkommen pro Kopf in den ostdeutschen Städten und Gemeinden nur rund 40 % (1996: 37 %) des westdeutschen Niveaus[320]. Wegen der fehlenden Eigenmittel der Kommunen müssen die kommunalen Infrastrukturinvestitionen insbesondere aus staatlichen Zuweisungen finanziert werden[321]. Die Zuweisungen machen nach wie vor mehr als die Hälfte der Einnahmen ostdeutscher Kommunen aus[322], während das Steueraufkommen gerade einmal 15 % der Gesamteinnahmen ergibt[323]. Auch das im Vergleich zu westdeutschen Kommunen relativ geringe Gebühren- und Beitragsaufkommen mit knapp 9 % an den kommunalen Einnahmen ist auf die besondere soziale Situation in den neuen Bundesländern zurückzuführen[324].

Der Rückgang der Steuerkraft ist erstens auf die wirtschaftliche Entwicklung, zweitens jedoch auf massive Steuerrechtsänderungen in den letzten Jahren zurückzuführen, die zu einer systematischen Aushöhlung der Bemessungsgrundlage der Gewerbesteuer und zu einem drastischen Rückgang des Gemeindeanteils an der Einkommensteuer geführt haben[325]. Beides sind Faktoren, die sich weitgehend der Steuerung durch die kommunalen Gebietskörperschaften entziehen[326].

Die Ausgabensteigerungen der Kommunen können kaum durch Erhöhungen der Einnahmepositionen ausgeglichen werden, denn Steuererhebungen behindern u.a. den wirtschaftlichen Aufschwung und sich bietende Möglichkeiten, über Gebühren die Haushaltslage aufzubessern, haben die Kommunen bereits weitgehend ausgeschöpft[327]. Insofern sind die Etats auf der Ausgabenseite zu konsolidieren, um mittel- und langfristig finanzwirtschaftliche „Notlagen" der Kommunen zu vermeiden[328].

Die genannten Haushaltsdaten verdeutlichen, daß viele Kommunen in eine enorme Verschuldungssituation geraten sind[329]. Dahingehend ist auch das Problem der Verschuldungsfähigkeit bzw. der Verschuldungsgrenze kommunaler Haushalte zu diskutieren[330]. Falls die Kommunen ihre Verschuldungsgrenze erreicht haben, hat dies zur Folge, daß das kommunale Kreditfinanzierungspotential mit einem großen Fragezeichen zu versehen ist. Die kommunalen Aufsichtsbehörden sehen sich zunehmend gezwungen, die Netto-Neuverschuldung bei den

---

319 Vgl. U. Kirchhoff, [Aktuelle Modelle], 1992, S. 82.

320 Vgl. Gemeindefinanzbericht 1999, S. 158 f. bzw. H.-H. Kotz u. H.-G. Welkenbach, [Ostdeutschland], 1996, S. 675.

321 Vgl. Gemeindefinanzbericht 1999, S. 158 f. bzw. U. Kirchhoff u. G. Land, [Organisation], 1993, S. 246.

322 Vgl. M.J. Matschke u. Th. Hering, [Kommunale Finanzierung], 1998, S. 124.

323 Vgl. Gemeindefinanzbericht 1999, S. 158.

324 Vgl. ebenda S. 158.

325 Vgl. B.J. Schneider, [Not], 1996, S. 173 ff.

326 Vgl. M.J. Matschke u. Th. Hering, [Kommunale Finanzierung], 1998, S. 50-56.

327 Vgl. G. Zimmermann, [Finanzierungs- und Organisationsmodelle], 1997, S. 395 ff. Dennoch haben viele Städte und Gemeinden in Deutschland auch in 1998 ihre Gebühren erhöht, vgl. o.V. [Gebühren], 1997, S. 11 bzw. o.V., [Gebührenpolitik], 1998, S. 49.

328 „Wenn also einerseits die Bemühungen um eine Haushaltskonsolidierung nicht zu verkennen sind, gibt es andererseits aber auch Hinweise, daß in der öffentlichen Verwaltung noch erhebliche Einsparpotentiale ungenutzt bzw. unentdeckt geblieben sind", E. Meister, [Moderne Finanzinstrumente], 1996.

329 Sinkende Steuereinnahmen bei gleichzeitig weiter ungebremst ansteigenden Ausgabeverpflichtungen stellen die west- und ostdeutschen Kommunen vor kaum lösbare finanzielle Probleme. Dabei stehen die kommunalen Gebietskörperschaften in den neuen Bundesländern vor noch größeren, ohne zusätzliche Hilfen nicht lösbaren Finanzierungsproblemen.

330 Vgl. K. Ade, [Leistungsfähigkeit], 1992, S. 40 ff.

Kommunen entweder stark zu begrenzen oder eine Einleitung eines Entschuldungsprozesses vorzugeben. Nullwachstum der Verschuldung bedeutet für die Kommunen, Kreditaufnahmen nur im Rahmen der planmäßigen Tilgungen vornehmen zu können. Entschuldung bedeutet hingegen, Kreditaufnahmen nur unterhalb der Tilgungsleistungen vornehmen zu können.

Dieser „Schuldendeckel“ gilt jedoch nicht generell für alle Kreditherauslagen. Seit Beginn der 90er-Jahre unterscheiden die kommunalen Aufsichtsbehörden in ihren Kreditgenehmigungen nach Krediten für rentable und für nicht-rentable Investitionsmaßnahmen[331]. Kreditfinanzierte rentable Investitionen belasten demnach die dauernde Leistungsfähigkeit der kommunalen Gebietskörperschaft nicht[332]. Für nicht-rentable kreditfinanzierte Investitionen wird der „Schuldendeckel“ allerdings sehr tief angesetzt, da - wie bereits dargelegt - große Teile der Kommunen in ihren Verwaltungshaushalten den Ausgleich nicht mehr herstellen können.

Die Deutsche Bundesbank hat sich in einem Beitrag speziell mit den Ursachen der Verschlechterung der kommunalen Haushaltslage zu Beginn der 90er-Jahre auseinandergesetzt[333] und ist zu dem Ergebnis gekommen, daß die Ursachen zum Teil extern verursacht ist[334], primär jedoch interne Gründe für die steigende Verschuldung der Kommunen vorliegen. Somit treten zu den genannten externen Gründen insbesondere interne und strukturelle Ursachen für die Verschlechterung der kommunalen Finanzsituation[335]. Der Kritik an Bund und Ländern auf der einer Seite steht die Erledigung der eigenen Hausaufgaben der kommunalen Gebietskörperschaften auf der anderen Seite entgegen[336].

Interne Ursachen betreffen die Handlungsfähigkeit und Durchsetzungskraft der kommunalen Gebietskörperschaften[337]. Sie lassen sich folgendermaßen umschreiben:

- „Anspruchs- und Besitzstandsdenken in der Bürgerschaft, was zu einer Inflexibilität der Ausgabekategorien führt“[338]

---

331 Zur Unterscheidung zwischen rentablen und nicht-rentablen Investitionen, siehe Abschnitt 2.2.3. Zur Unterscheidung, vgl. auch K. Ade, [Leistungsfähigkeit], 1992, S. 42.

332 Vgl. Wissenschaftlicher Beirat der Gesellschaft für öffentliche Wirtschaft, [Bundesländern], 1992, S. 67. Zum Begriff der Leistungsfähigkeit vgl. auch die Ausführungen in Abschnitt 3.3.1. Im Rahmen der ökonomischen Analyse der öffentlichen Verschuldung ist allerdings das Phänomen „crowding out“ zu diskutieren. Eine erhöhte öffentliche Verschuldung kann zu einem Anstieg der Zinsen am Kapitalmarkt führen und dadurch private Investitionen verdrängen (sog. „Zins-crowding out“), u.a. mit seinen Folgewirkungen für die Einnahmesituation der Kommunen, vgl. R. Caesar, [Verschuldung], 1994, S. 6.

333 Vgl. Deutsche Bundesbank, [Finanzentwicklung], 1994, S. 19 ff.

334 Die Beeinflussung der externen Ursachen liegt nicht im Entscheidungsspielraum der kommunalen Gebietskörperschaften, vgl. W. Noll u. W. Ebert, [Kontext], 1997, S. 76.

335 Vgl. G. Zimmermann, [Finanzierungs- und Organisationsmodelle], 1997, S. 397.

336 Das Hauptproblem der „nicht abgestimmten Radien von Aufgaben-, Ausgaben- und Einnahmekompetenzen unter Wahrung der strikten ... Nebenbedingung der gemeindlichen Finanzautonomie bleibt offenbar ein Rätsel, das uns dauerhaft begleiten wird“, E.-O. Sandvoß, [Kommunalverschuldung], 1994, S. 188. Zur Überwindung dieser strukturellen Ursachen wurden verschiedene Reformanläufe aus nicht unmittelbar interessenbeeinflußter Sicht unternommen, insb. in mehreren Jahresgutachten vom Sachverständigenrat zur Begutachtung der gesamtwirtschaftlichen Entwicklung. Zur Reform des Gemeindesteuersystems vgl. u.a. H. Karrenberg, [Reform], 1992, S. 194-199.

337 Vgl. W. Noll u. W. Ebert, [Kontext], 1997, S. 80 f. Dort wird bzgl. der internen Ursachen für die dramatische kommunale Finanzsituation insb. auf den Beitrag v. R. Boehme, [Finanzkrise], 1995, S. 28 ff. verwiesen.

338 W. Noll u. W. Ebert, [Kontext], 1997, S. 81.

Da die verschiedenen Interessengruppen im Zusammenwirken mit den öffentlichen Medien enormen politischen Druck ausüben, ist Sparen durch Einschränkungen von Diensten und Leistungen sehr schwierig geworden. Dies führt zu einer „Inflexibilität der Ausgabenkategorien"[339], da die kommunalen Vertretungen sich nicht mehr in der Lage sehen, sich gegen Stimmungen der einzelnen Interessengruppen zu wehren[340].

- Veränderungsfeindlichkeit unserer Gesellschaft, „die in einer mangelnden Aufgaben- und Ausgabenpolitik resultiert"[341]

Im Hintergrund dieser Entwicklung steht eine zunehmende Individualisierung unserer Gesellschaft mit dem Anspruch auf Selbstverwirklichung als Prinzip privater Lebensführung. Diese individualisierte Gesellschaft hat Auswirkungen auf die politischen Prozesse der kommunalen Gebietskörperschaften, die u.a. erhebliche finanziellen Folgen hat. Zu nennen sind nicht nur Kostensteigerungen durch Verzögerung von Investitionsprojekten[342], sondern auch negative Konsequenzen aufgrund einer mangelnden Ausstattung an notwendiger Infrastruktur, wenn die kommunalen Investitionsprojekte überhaupt nicht mehr realisiert werden[343].

- Fehlende Verwaltungsreform bei den kommunalen Gebietskörperschaften[344].

Ohne strukturelle Eingriffe bei den kommunalen Leistungen werden es die kommunalen Gebietskörperschaften zukünftig sehr schwer haben, gestaltend in die Infrastrukturentwicklung einzugreifen. Hier besteht ein gewaltiger Reformanspruch an die politischen Entscheidungsträger und die Frage ist zu stellen und zu beantworten, ob unsere Gesellschaft die Kraft hat, einer Politik Unterstützung zu gewähren, die eine straffe Verwaltungsreform umzusetzen hat[345].

Zur Verbesserung der kommunalen Verwaltungssituation unter Gewährleistung eines Mindestmaßes an Gemeindeautonomie sind verschiedene Möglichkeiten denkbar, wie etwa eine Verwaltungsreform der kommunalen Steuereinnahmen[346]. Allerdings führt eine Durchsetzung derartiger Maßnahmen bei gegebenen föderalistischen und politischen Kräfteverhältnissen generell zu politischen Konflikten und entsprechend weitreichenden politischen Entscheidungsprozessen. Hieraus ergibt sich insbesondere im Zusammenhang mit der sinkenden Einnahmesituation im kommunalen Bereich schon von vornherein eine starke „Negativ-Hypothek" für die Inangriffnahme derartiger Lösungen.

Insofern sollte das Bemühen um andere Wege und Instrumente zur Lösung der Finanzierungsprobleme kommunaler Gebietskörperschaften ebenso Beachtung finden. Hierbei sollte es sich um Maßnahmen handeln, die weniger direkt in das politische Kräfteverhältnis hineinreichen und allgemein auf den Abbau von Ineffizienzen im öffentlichen Bereich abzielen. Dies bedeutet eine Problemverlagerung aus der politischen Sphäre zugunsten einer wesentlich stärker an ökonomischen Kriterien orientierten Analyse und Steuerung öffentlicher Aufgabenträ-

---

339 Ebenda S. 81.

340 Vgl. R. Boehme, [Finanzkrise], 1995, S. 28.

341 W. Noll u. W. Ebert, [Kontext], 1997, S. 81.

342 Neue Projekte zur Verbesserung der kommunalen Infrastruktur sind häufig nur noch im Konflikt durchzusetzen.

343 Vgl. R. Boehme, [Finanzkrise], 1995, S. 29.

344 Vgl. W. Noll u. W. Ebert, [Kontext], 1997, S. 81.

345 Vgl. R. Boehme, [Finanzkrise], 1995, S. 20.

346 Vgl. G. Landsberg, [Schulden], 1998, S. 4.

ger. Letztlich tragen diese strukturelle Ursachen mit zur dramatischen Finanzsituation der kommunalen Gebietskörperschaften bei[347].

Auf eine Aufbringung zusätzlicher Haushaltsmittel haben die Kommunen keine oder nur begrenzte Einflußmöglichkeiten. Zu dem Instrumentarium, das sie weitgehend selbständig bei der Finanzierung von Infrastrukturinvestitionen anwenden können, gehören insbesondere neben dem rationierten Einsatz der ihnen zur Verfügung stehenden Haushaltsmittel und einer Schaffung optimaler institutioneller Voraussetzungen die Kreditfinanzierung und die Berücksichtigung alternativer Finanzierungsformen durch Einsatz von privatem Kapital.

Dabei wird es darauf ankommen, angesichts der angespannten und sich weiter verschärfenden Finanzlage der kommunalen Haushalte zu einem optimalen Mix unterschiedlicher Finanzierungsformen zu gelangen[348], der sowohl die Mobilisierung finanzieller Mittel potentieller (privater inländischer und ausländischer) Investoren als auch zusätzlicher öffentlicher Haushaltsmittel (u.a. durch Überprüfung der Prioritäten bei den öffentlichen Ausgaben) umfaßt. Denn mit den vorhandenen Finanzierungsmöglichkeiten wird es für Kommunen zunehmend schwieriger[349], den für eine Erfüllung kommunaler Aufgaben erforderlichen Finanzierungsbedarf bereitzustellen.

3.3. Fremdfinanzierung kommunaler Infrastrukturinvestitionen

Da die landesspezifischen Gemeindeordnungen den kommunalen Gebietskörperschaften die Verpflichtung zur wirtschaftlichen und sparsamen Haushaltsführung auferlegen und dabei speziell für die im Rahmen von Kreditaufnahmen eingegangenen Verpflichtungen vergleichsweise strikte Verfahren der kommunalaufsichtsbehördlichen Prüfung und Überwachung vorschreiben, muß im Mittelpunkt der Analysen die Reduzierung der Gesamtkosten und damit auch der Finanzierungskosten stehen.

3.3.1. Fremdfinanzierung als herkömmliche Finanzierungsform

Der gesetzliche Rahmen der kommunalen Schuldenwirtschaft findet sich in den Gemeindeordnungen und den Gemeindehaushaltsverordnungen der Bundesländer. Aufgrund der Auswirkungen der Kreditaufnahmen auf die Haushaltswirtschaft zukünftiger Jahre (u.a. Folgekosten in Form von Zins- und Tilgungszahlungen) hat der Gesetzgeber weitreichende Regelungen getroffen, um die kommunale Verschuldung zu begrenzen. Die wesentlichen Beschränkungen für eine Kreditaufnahme sind in den Gemeindeordnungen enthalten[350]. U.a. bestimmen die Gemeindeordnungen, daß die kommunalen Gebietskörperschaften Kredite nur aufnehmen dürfen, wenn eine andere Finanzierungsform nicht möglich ist oder wirtschaftlich unzweckmäßig wäre (strenge Subsidiarität der Kreditaufnahme gemäß § 83 Abs. 3 NGO). Dazu gehört die Pflicht, einer erforderlichen Kreditaufnahme die Ausnutzung aller potentiellen Bundes- und Landeszu-

347 Vgl. G. Zimmermann, [Finanzierungs- und Organisationsmodelle], 1997, S. 398.
348 Vgl. G. Zimmermann, [Steuerung], 1997, S. 12
349 Vgl. D. Budäus, [Instrumente], 1982, S. 17.
350 Vgl. H. Dettmer, W. Prophete u. Kl. Wegmeyer, [Kassenwesen], 1995, S. 77 f.

schüsse bzw. Beitragsmöglichkeiten voranzustellen[351]. Demzufolge stellt die Kreditaufnahme eine nachrangige Finanzierungsform kommunaler Infrastrukturinvestitionen dar.

Die Ausschöpfung des Kreditspielraumes durch die Kommune impliziert folglich das Erreichen der Grenze der kommunalen Investitionsmöglichkeiten. Der Maßstab für diese Verschuldungsgrenze ist eine notwendige Annahme zur Sicherstellung der kommunalen Aufgabenerfüllung und somit der dauernden finanziellen Leistungsfähigkeit der Kommune[352]. Das Ausmaß der Leistungsfähigkeit wird durch die kommunale Aufsichtsbehörde geprüft, welche das gewünschte Gesamtkreditvolumen zu genehmigen hat. Wann allerdings die dauernde finanzielle Leistungsfähigkeit der Kommune nicht mehr gegeben ist, ist in der kommunalen Literatur nicht exakt definiert[353], vor allem, da diese Grenze abschließend kaum zu operationalisieren ist. Nach Auffassung der Literatur liegt die kommunale Verschuldungsgrenze aufgrund der beschriebenen Konkursunfähigkeit der Kommunalverwaltungen nicht im Verschuldungsgrad, sondern in der Fähigkeit, den Kapitaldienst, somit Zinsen und Tilgung, aufzubringen. Die Einschätzung der Leistungsfähigkeit einer Kommune bedarf der Genehmigung durch die kommunale Aufsichtsbehörde[354]. Dieses Regelwerk verfolgt zugleich den Zweck, eine Kreditfinanzierung laufender Ausgaben über den Verwaltungshaushalt zu verhindern[355]. Falls die Kommune eine Konsumausgabe als laufende Ausgabe mit einer Zuführung aus dem Vermögenshaushalt dekken muß, bedeutet dies zugleich, daß sie nicht mehr in der Lage ist, die Pflichtzuführung vom Verwaltungs- an den Vermögenshaushalt zu erwirtschaften[356]. Somit gefährdet eine Finanzierung laufender Ausgaben mit Krediten unmittelbar die Umsetzung kommunaler Infrastrukturinvestitionen und signalisiert das Ende der finanziellen Leistungsfähigkeit der Kommune.

Abweichend ist eine Kreditaufnahme zulässig, wenn Kredite zu günstigen Bedingungen zu erlangen sind und durch ihre Aufnahme höher verzinslich angelegte Rücklagenmittel zunächst erhalten bleiben und bei zukünftigen Investitionsvorhaben eingesetzt werden können. Des weiteren sind Kreditaufnahmen zur Umschuldung zinsungünstiger Kredite zulässig[357].

Der Kommunalkredit stellt das dominierende Fremdfinanzierungsinstrument der kommunalen Gebietskörperschaften dar. Die gesamten Kommunalkreditverbindlichkeiten erklären insofern ökonomisch den größten Teil der Schulden der kommunalen Gebietskörperschaften[358]. Daher bietet sich der Kommunalkredit als Beurteilungsmaßstab für den Vergleich alternativer

---

351 Vgl. G. Schwarting, [Kreditaufnahmen], 1991, S. 57. Die kommunalrechtlich gebotene Subsidiarität der Kreditaufnahme macht für die Kommunen die abschließende Prüfung erforderlich, ob bei der Haushalts- und Finanzplanung alle Beitragsmöglichkeiten ausgeschöpft und mögliche Zuschüsse beantragt wurden. Darüber hinaus besteht nach wie vor die Verpflichtung, den Verwaltungshaushalt so sparsam zu führen, daß Investitionsmaßnahmen in möglichst hohem Umfang aus der Zuführung an den Vermögenshaushalt finanziert werden können.

352 Vgl. G. Schwarting, [Kreditaufnahmen], 1991, S. 57.

353 Zum unbestimmten Rechtsbegriff der finanziellen Leistungsfähigkeit der Gemeinden, vgl. K. Ade, [Leistungsfähigkeit], 1992, S. 40-44.
Eine schon ältere Beurteilung der finanziellen Leistungsfähigkeit der Kommunen nach haushaltsrechtlichen Vorschriften findet sich bei B. Bastiansen, [Vorschriften], 1978, S. 1 f.

354 Vgl. Th. Rau, [Betriebswirtschaftslehre], 1994, S. 498 f. u. 503.

355 Vgl. H. Dettmer, W. Prophete u. Kl. Wegmeyer, [Kassenwesen], 1995, S. 78 f.

356 Zu den Ausgleichszahlungen (Zuführung) des Verwaltungshaushalts an den Vermögenshaushalt, vgl. H. Dettmer, W. Prophete u. Kl. Wegmeyer, [Kassenwesen], 1995, S. 147 f.

357 Vgl. H. Dettmer, W. Prophete u. Kl. Wegmeyer, [Kassenwesen], 1995, S. 45.

358 Vgl. ebenda S. 76.

Fremdfinanzierungsformen an[359]. „Qualität und Konditionen des Kommunalkredits dienen im Vergleich mit anderen Finanzierungen wie Leasing- oder Fondsmodellen als Beurteilungsmaßstab und Meßlatte“[360].

Die wesentlichen Elemente des Kommunalkredites und seine praktische Bedeutung werden in dem folgenden Unterabschnitt dargestellt.

3.3.1.1. Konstruktionsmerkmale des klassischen Kommunalkredites

Der Kommunalkredit stellt als bewährte konventionelle Form zur kommunalen Fremdfinanzierung[361] „die Finanzierungsform mit Schlüsselcharakter für das gesamte Geschäft mit Kommunen“[362] dar. Dabei handelt es sich um ein langfristiges Darlehen, das eine Kommune bei einer Sparkasse oder bei einem sonstigen Kreditinstitut aufnimmt[363]. Die kreditgebenden Banken refinanzieren sich wiederum durch Begebung von Kommunalobligationen[364] auf dem Kapitalmarkt bzw. durch Begebung anderer kapitalmarktgängiger Titel[365].

Soweit der Kapitalmarkt durch die Einlagenstruktur der betreffenden Kreditinstitute ausreichend Möglichkeiten einer Refinanzierung unter Ausschluß von Liquiditäts- und Zinsänderungsrisiken bietet, läßt sich die Tilgung eines Kommunalkredits aus der Sicht der Kreditwirtschaft individuell und variabel gestalten[366]. Das annuitätisch getilgte Darlehen ist die vorherrschende Tilgungsform des Kommunalkredits[367].

Der Kommunalkredit ist ein „relativ zinsgünstiger“ Kredit[368]. Die Frage, warum der Zinssatz des Kommunalkredites günstiger ist als eine Kreditvergabe an private Kreditnehmer, ist wie

---

359 So auch U. Kirchhoff u. H. Müller-Godeffroy, [Finanzierungsmodelle], 1996, S. 41 f.

360 H. Riener, [Vormarsch], 1997, S. 560.

361 Vgl. u.a. G. Zimmermann, [Finanzierungs- und Organisationsmodelle], 1997, S. 400 bzw. Wissenschaftlicher Beirat der Gesellschaft für öffentliche Wirtschaft, [Bundesländern], 1992, S. 67.

362 J. Walter, [Konsortialgeschäft], 1996, S. 671.
Auch in den neuen Bundesländern dominiert der Kommunalkredit zur Finanzierung kommunaler Investitionsvorhaben, vgl. H.-H. Kotz und H.-G. Welkenbach, [Ostdeutschland], 1996, S. 678.

363 Vgl. M.J. Matschke u. Th. Hering, [Kommunale Finanzierung], 1998, S. 158.
Eine erweiterte Definition des Kommunalkredites findet sich bei H.-R. Förger, [Verbund], 1997, S. 30. Danach zählen zu den Kommunalkrediten i.S.d. Hypothekenbankgesetzes auch solche Darlehen, für deren Verzinsung und Rückzahlung eine Körperschaft des öffentlichen Rechts die volle Gewährleistung (Bürgschaft) übernimmt. Nach dieser Definition hatten allein die 22 deutschen Hypothekenbanken zum 31.12.1996 einen Bestand von insg. 445,5 Mrd. DM an Kommunalkrediten.

364 Kommunalobligationen sind nicht zu verwechseln mit Kommunalanleihen. Große Kommunen können zur Aufnahme von Fremdkapital direkt auf den Kapitalmarkt durch Emissionen von Kommunalanleihen zugreifen, während Kommunalobligationen von Sparkassen und Hypothekenbanken zur Refinanzierung ihrer an Kommunen vergebenen Kommunalkredite emittiert werden, vgl. M.J. Matschke u. Th. Hering, [Kommunale Finanzierung], 1998, S. 157.
Siehe auch zu der Unterscheidung zwischen Kommunalanleihen und Kommunalobligationen, L. Perridon u. M. Steiner, [Finanzwirtschaft], 1999, S. 387 f.

365 Vgl. H. Albers u. R. Seger, [Finanzierung], 1990, S. 57.

366 Vgl. G. Zimmermann, [Finanzierungs- und Organisationsmodelle], 1997, S. 400.

367 Vgl. H. Albers u. R. Seger, [Finanzierung], 1990, S. 57.

368 Vgl. U. Kirchhoff u. H. Müller-Godeffroy, [Finanzierungsmodelle], 1996, S. 43. „Aus einer rein finanzierungstechnischen Perspektive ist der klassische Kommunalkredit nahezu unschlagbar“, E.-O. Sandvoß, [Kommunalverschuldung], 1994, S. 190. Anderer Auffassung, J. Walter, [Konsortialgeschäft], 1996, S. 672: „Doch nicht immer stellt der als reine Budgetfinanzierung an kein konkretes Investitionsobjekt gebundene Kommunalkredit die günstigste Finanzierungsalternative dar“.

folgt zu erklären[369]: Die als zweifelsfrei erklärte Bonität der kommunalen Gebietskörperschaften beruht auf der bereits beschriebenen Finanzhoheit. Aufgrund der in Deutschland gegebenen Konkursunfähigkeit der Kommunen und der Absicherung ihrer Zahlungsfähigkeit innerhalb des Systems der öffentlichen Finanzwirtschaft[370] bestehen aus Sicht des kreditgebenden Institutes keine Ausfallrisiken und keine intensiven Bonitätsprüfungen[371]. Der Bund haftet somit in letzter Konsequenz für die Kreditrückzahlung und subventioniert die Kommune, die dadurch niedrigere Finanzierungskosten für das Investitionsobjekt erzielen kann[372].

Der Bonitätseinschätzung des Gesetzgebers folgt auch das Bundesaufsichtsamt für das Kreditwesen (BAK). Berücksichtigt wird diese Einschätzung in den sog. Grundsätzen des BAK über Eigenkapital und Liquidität i.S. der §§ 10, 11 KWG. Auf der Grundlage des § 10 KWG gibt das BAK Grundsätze für die Eigenkapitalunterlegung von Risikoaktiva, zu denen auch Kredite gehören[373], vor. Demnach darf das als Vomhundertsatz ausgedrückte Verhältnis zwischen dem haftenden Eigenkapital[374] und den gewichteten Risikoaktiva eines Kreditinstitutes 8 % (Solvabilitätskoeffizient) nicht unterschreiten[375]. Kundenforderungen werden, je nach individueller Bonität des Kreditnehmers, mit einem Wert zwischen 0 % und 100 % als Risikoaktiva eingestuft[376]. Die Höhe des mit Eigenkapital zu unterlegenden Betrages ergibt sich dabei durch Multiplikation des dem Kreditnehmer zugeordneten Bonitätsgewichtungsfaktor mit dem Kreditbetrag und dem Solvabilitätskoeffizienten[377]. Aus der Unterlegung von Krediten mit Eigenkapital ergibt sich für Kreditinstitute die Notwendigkeit der Kalkulation von Eigenkapitalkosten bei der Kreditvergabe.

Die vom KWG ausgehenden Regelungen der Kreditvergabe sind für Kredite an Kommunen, kommunale und privatwirtschaftliche Unternehmen unterschiedlich gefaßt. Kredite an privatwirtschaftliche Unternehmen werden im Grundsatz I mit 100 % angerechnet, während Kredite an örtliche Gebietskörperschaften anrechnungsfrei sind[378]. Diese Anrechnungsfreiheit gilt ausdrücklich auch bei Haushaltskrediten für kommunales Sondervermögen und damit für eine Kreditaufnahme von Regie- und Eigenbetrieben[379]. Bei der Analyse der Ausgestaltung der

---

369 Vgl. H.M. Matschke u. Th. Hering, [Kommunale Finanzierung], 1998, S. 158.

370 Vgl. Westdeutsche Landesbank, [Infrastrukturprojekte], 1995, o. Seitenangabe.

371 Die kreditgebenden Institute verlangen keine besonderen Sicherheiten, vgl. G. Zimmermann, [Finanzierungs- und Organisationsmodelle], 1997, S. 401.
Es sei aber an dieser Stelle auf eine sich verschlechternde Zahlungsmoral - insbesondere ostdeutscher Kommunen - hingewiesen. In der Vergangenheit sind bereits Zahlungsverpflichtungen nicht fristgerecht erfüllt werden, vgl. T. Ergenzinger, [Kommunalleasing], 1996, S. 107.

372 Vgl. K.-U. Rudolph, [Zur privaten Finanzierung], 1994, S. 93.

373 Vgl. Grundsatz I Abs. 1 S. 2 Nr. 1 zu §§ 10 f. KWG.

374 Zur Eigenkapitaldefinition des KWG, vgl. P. Burghof u. B. Rudolph, [Bankenaufsicht], 1996, S. 32 ff.

375 Der Solvabilitätskoeffizient wird definiert als der Prozentsatz, mit dem ein Kreditinstitut seine gewichteten anrechnungspflichtigen Geschäfte mit Eigenkapital unterlegen muß, vgl. H. Schulter-Mattler, [Eigenkapitalgrundsatz I], 1994, S. 707.

376 Vgl. Grundsatz I Abs. 1 S. 1 zu §§ 10 f. KWG.

377 Vgl. H. Schulte-Mattler, [Eigenkapitalgrundsatz I], 1994, S. 613.

378 Vgl. Grundsatz I Abs. 12 Nr. 1 a zu §§ 10 f. KWG.
Seit dem 1. Januar 1993 werden kommunalverbürgte Kredite ebenfalls nicht mehr im Grundsatz I angerechnet.
Vor 1993 wurden kommunal verbürgte Kredite mit 50 % im Grundsatz I angerechnet.

379 Vgl. Bundesaufsichtsamt für das Kreditwesen, [Schreiben vom 29. Dezember 1992], 1994, S. 42.
Der Eigenbetrieb ist die gemeindetypische und gemeindespezifische öffentlich-rechtliche Organisationsform für die wirtschaftlichen Unternehmen einer Kommune. Dieser Organisationsform gelingt der „Spagat“ zwischen der Notwendigkeit einer wirtschaftlichen Unternehmensführung unter Berücksichti-

rechtlichen Rahmenbedingungen, unter denen Kreditinstitute das Kreditgeschäft betreiben, wird deutlich, daß es sich bei Kommunen nach Auffassung des Gesetzgebers um Schuldner handelt, deren Bonität außerhalb jeden Zweifels liegt. Die zweifelsfreie Bonität der Kommune ergibt sich – wie vorhergehend beschrieben - formal aus der Unmöglichkeit der Konkurseröffnung gegenüber dem Gemeindevermögen, materiell aus der, wenn auch begrenzten Finanz- bzw. Steuerhoheit und der Verpflichtung des jeweiligen Bundeslandes, für eine aufgabengerechte Finanzausstattung der Kommunen zu sorgen[380].

Die so als zweifelsfrei erklärte Bonität der Kommunen hat zur Folge, daß bei der Kreditvergabe im Rahmen der Haushaltsfinanzierung von Kommunen die §§ 13-18 KWG nicht anzuwenden sind[381]. Insbesondere der Ausschluß von § 18 KWG[382] befreit die kreditgebenden Banken von der Verpflichtung, sich die wirtschaftlichen Verhältnisse in dem tätigen Geschäftsbereich offenlegen zu lassen. Die Geschäftspraxis der Banken folgt den gesetzlichen Regelungen dahingehend, daß sie auf eine Einzelfallprüfung kommunaler Kreditengagements regelmäßig verzichtet und sich statt dessen auf eine Prüfung der rechtlichen und ökonomischen Rahmenbedingungen beschränkt[383].

Für eine Kommune ist das Kriterium für die Vorteilhaftigkeitsentscheidung verschiedener Kommunalkreditangebote, falls absolute Dominanz[384] vorliegt, die Höhe der effektiven Zinsbelastung[385]. Muß bspw. die Kommune ein Investitionsvolumen in Höhe von 10 Millionen DM durch Fremdmittel mit 20-jähriger Laufzeit endfällig finanzieren, ist das Angebot, wenn absolute Dominanz gegeben ist, mit dem niedrigsten Effektivzinssatz zu wählen[386].

Eine Darstellung zur Beurteilung verschiedener Kommunalkreditangebote soll an einem einfachen Zahlenbeispiel illustriert werden:

Zur Wahl stehen drei endfällige Finanzierungsangebote (Kommunalkredite) mit festen Zinssätzen[387] verschiedener Kreditinstitute. Der Finanzierungsbedarf der Kommune beträgt annah-

---

gung kaufmännischer Gesichtspunkte und der damit verbundenen Verselbständigung gegenüber der unmittelbaren Kommunalverwaltung einerseits sowie andererseits der Gewährleistung einer weitgehenden Kontrolle und Einflußnahme durch die Trägerkommune, vgl. U. Cronauge, [Kommunale Unternehmen], 1997, S. 81 f. u. 90 f.

380 Vgl. § 136 Abs. 2 NGO, Art. 104 a GG.

381 Vgl. § 20 Abs. 1 Ziff. 1 KWG.

382 Nach § 18 KWG erwächst den Kreditinstituten die Pflicht, sich die wirtschaftlichen Verhältnisse ihrer Kreditnehmer offenlegen zu lassen. Diese Pflicht umfaßt nicht nur die einmalige Prüfung von Jahresabschlüssen zum Zeitpunkt der Kreditvergabe, sondern verpflichtet auch zur laufenden Überwachung des Engagements, vgl. P. Burghof u. B. Rudolph, [Bankenaufsicht], 1996, S. 99 ff.

383 Vgl. W.-A. Prautzsch, [Geschäft], 1993, S. 798 f.

384 Zum Dominanzprinzip: Von zwei Finanzierungsalternativen ist diejenige vorzuziehen, die für mindestens eine mögliche Zukunftslage die andere Alternative übertrifft, also bei einer Finanzierungsreihe eine geringere Auszahlung zu mindestens einem Zeitpunkt erfordert, und für alle anderen Zukunftslagen sich mindestens genauso verhält, d.h. die gleiche Auszahlung erfordert, vgl. L. Perridon u. M. Steiner, [Finanzwirtschaft], 1999, S. 115.

385 Für die Berechnung des Effektivzinssatzes existieren eine Fülle zum Teil komplizierter Rechenverfahren. Aber auch für die komplizierteren Rechenverfahren zur Berechnung von Effektivverzinsungen haben die Kreditinstitute computergestützte Programme entwickelt, so daß heute ohne großen Bearbeitungsaufwand ein objektiver Vergleichsmaßstab auch bei komplizierteren Verfahren ermittelt werden kann.

386 Vgl. M.J. Matschke u. Th. Hering, [Kommunale Finanzierung], 1998, S. 159.

387 Bei einem Festzinssatz bietet sich für die Kommune eine sichere Kalkulationsgrundlage, vgl. U. Kirchhoff u. H. Müller-Godeffroy, [Finanzierungsmodelle], 1996, S. 43.

megemäß eine Million Geldeinheiten (GE). Die Finanzierung des Projektes soll zu 100 % durch einen Kommunalkredit erfolgen. Folgende Kreditzahlungsreihen (KZR) seien gegeben:

	t_0 in TGE	t_1 in TGE	t_2 in TGE	t_3 in TGE	t_4 in TGE	t_5 in TGE	t_6 in TGE
KZR 1	+1.000	-50	-60	-50	-60	-70	-1.070
KZR 2	+1.000	-50	-60	-50	-50	-60	-1.060
KZR 3	+1.000	-40	-40	-40	-70	-80	-1.080

Muß entschieden werden, welches Finanzierungsangebot für das Investitionsvorhaben gewählt werden soll, wird sofort deutlich, daß die erste Kreditzahlungsreihe aus der Wahl herausfällt, da sie von der zweiten Zahlungsreihe absolut dominiert wird. Das erste Angebot garantiert unabhängig von zeitlichen Präferenzen der Kommune für jede Periode einen gleichen oder ungünstigeren Zahlungsstrom. Anders ausgedrückt: Die Kommune erhält beim ersten Angebot in der Ausgangsperiode t_0 eine gleiche Einzahlung und zahlt in den folgenden Perioden (t_1 bis t_6) höhere, mindestens aber die gleichen Sollzinsen im Vergleich zum zweiten Kredit[388].

Schwieriger wird es, eine Vorteilhaftigkeitsaussage zwischen der zweiten und der dritten Kreditzahlungsreihe zu treffen. Beim dritten Angebot erhält die Kommune in der Ausgangsperiode eine gleiche Einzahlung und zahlt in den ersten drei Perioden (t_1 bis t_3) geringere Sollzinsen, um anschließend in den letzten drei Perioden (t_4 bis t_6) höhere Sollzinsen als beim zweiten Angebot zu zahlen.

Da der Mensch aufgrund seines beschränkten Erfassungsvermögens nicht in der Lage ist, durch „bloßes Anschauen" der zweiten und dritten Kreditzahlungsreihe zu entscheiden, welche Zahlungsreihe für sein gewünschtes Finanzierungsvorhaben am vorteilhaftesten ist, erfordert ein Vergleich dieser beiden Zahlungsströme in der Regel detailliertere Kenntnisse über die im jeweiligen Entscheidungsfeld geltende Zeitpräferenz[389]. Unterstellt man darüber hinaus, daß die Kreditzahlungsreihen unsicher sind, erhöht sich die Komplexität der Entscheidungssituation[390].

Zu Vorteilhaftigkeitsentscheidungen konkurrierender, nicht dominierender Zahlungsströme werden in der Finanzierungsrechnung die Methoden der dynamischen Investitions- und Finanzierungsrechnung herangezogen[391]. Mittels der dynamischen Rechenverfahren wird versucht, die Zeitverschiedenheit von Auszahlungs- und Einzahlungsüberschüssen mehrerer Finanzierungsalternativen zu lösen, indem man sämtliche Kreditzahlungen auf einen bestimmten Zeitpunkt bezieht[392]. Somit wird die negative Zeitpräferenz eines Fremdkapitalnehmers, der später anfallende Auszahlungen (Zinszahlungen) höher bewertet[393], bei seinen Finanzierungsentscheidungen mit einbezogen.

---

388 Solch eindeutige Situationen dürften allerdings nur in Ausnahmefällen vorliegen, vgl. M.J. Matschke u. Th. Hering, [Kommunale Finanzierung], 1998, S. 159.

389 Vgl. ebenda S. 159.

390 Vgl. W. Benner u. J. Holst, [Steuern], 1998, S. 28. In der Entscheidungstheorie wird solch eine Entscheidungssituation „Risikosituation" genannt.

391 In Anlehnung an M.J. Matschke, [Investitionsplanung], 1993, S. 137-250 u. M.J. Matschke, [Finanzwirtschaft], 1997, S. 290-305.

392 Vgl. L. Perridon u. M. Steiner, [Finanzwirtschaft], 1999, S. 58 ff.

393 Vgl. W. Benner u. J. Holst, [Steuern], 1998, S. 37 ff.

Die dynamischen Rechenverfahren erlangen somit in folgender Hinsicht eine bessere Zielerreichung[394]:

- Die Durchschnittsbetrachtung (ausreichend, wenn absolute Dominanz der Zahlungsströme gegeben ist) wird zugunsten einer exakten Erfassung der Ein- und Auszahlungen während des gesamten Finanzierungszeitraumes aufgegeben.
- Der unterschiedlich-zeitliche Anfall der Zahlungsströme während des Finanzierungszeitraumes wird durch die Berücksichtigung von Zinseszinsen (Ausdruck der negativen Zeitpräferenz) explizit einbezogen.

Bei der Kapitalwertmethode[395] als eine Variante der dynamischen Rechenverfahren wird bei Finanzierungseinzelentscheidungen unterstellt, daß der angenommene Zahlungsstrom, welcher eine Kreditzahlungsreihe abbildet, sicher ist, daß der Zahlungsstrom mehrperiodig ist und daß ein vollkommener Geld- und Kapitalmarkt[396] gegeben ist. Unter diesen Prämissen läßt sich die Vorteilhaftigkeitsentscheidung anhand der Kapitalwertmethode treffen. Stehen mehrere verschiedene Kreditzahlungsreihen zur Auswahl[397], ist diejenige mit dem höheren bzw. höchstem Kapitalwert zu wählen (unter Beachtung der jeweiligen Prämissen)[398]. Da auf jeden Fall eine der Kreditzahlungsreihen gewählt werden muß, kommt es nur auf die Differenz der Kapitalwerte an.

Bezogen auf die zweite und dritte Kreditzahlungsreihe des Zahlenbeispiels läßt sich bei unterstellten einheitlichem Kalkulationszinssatz (Annahme: Der Kalkulationszinssatz entspricht während der Laufzeit 6 %) errechnen, daß das dritte Kommunalkreditangebot einen höheren Kapitalwert (KW_3=25,76 TGE) erzielt als das zweite (KW_2=16,49 TGE). Somit ist das dritte Angebot zur Finanzierung des geplanten Investitionsvorhabens zu wählen.

Diese theoretische Betrachtung zeigt die relativ leichte Ermittlung des Kapitalwertes; lediglich die Kenntnis des Kalkulationszinssatzes wird vorausgesetzt. Bei einem vollkommenen Kapitalmarkt entsteht unter der Voraussetzung sicherer Erwartungen diesbezüglich kein Problem, da der Marktzins in diesem System bekannt ist[399] und für gewinnmaximale Finanzierungsvorhaben den einzigen Maßstab darstellt. Aber insbesondere die Prämisse identischer Soll- und Habenzinssätze muß dabei als unrealistisch angesehen werden[400]. Dies gilt vor allem dann, wenn sowohl Fremdmittelaufnahmen als auch Alternativanlagen in dem Planungszeitraum eine Rolle spielen. Wie aber ist bei der Wahl dieses Kalkulationszinssatzes unter den realen Gege-

---

Investoren haben eine positive Zeitpräferenz, vgl. W. Benner u. J. Holst, [Steuern], 1998, S. 37.

394 In Anlehnung an W. Benner u. J. Holst, [Steuern], 1998, S. 37 ff.

395 Zum Kapitalwertverfahren vgl. G. Zimmermann, [Investitionsrechnung], 2000, S. 77-117. Die Kapitalwertmethode bildet die Grundlage der heute etablierten Methoden der Unternehmensbewertung, vgl. ebenda S. 77.

396 In der Realität werden kommunale Finanzierungen allerdings auf einem unvollkommenen Kapitalmarkt vorgenommen, da der Sollzins selbst bei Kommunalkreditkonditionen über dem Habenzinssatz liegt, vgl. M.J. Matschke u. Th. Hering, [Kommunale Finanzierung], 1998, S. 160.

397 Da sich die Kreditzahlungsreihen aus ersichtlichen Gründen ausschließen, liegt finanzierungstheoretisch ein Entscheidungsproblem vor.

398 Vgl. Th. Hering u. M.J. Matschke, [Kommunale Organisations- und Finanzierungsmodelle], 1997, S. 358.

399 Der zu wählende Kalkulationszinssatz entspricht bei sicheren Erwartungen und bei Existenz eines vollkommenen Kapitalmarkt dem Kapitalmarktzins, vgl. L. Perridon u. M. Steiner, [Finanzwirtschaft], 1999, S. 86.

400 Vgl. L. Perridon u. M. Steiner, [Finanzwirtschaft], 1999, S. 84.

benheiten beschränkter Kapitalbeschaffungsmöglichkeiten[401] bei unterschiedlichen, sich ändernden und unsicherer Erwartung unterliegenden Zinsverhältnissen auf unvollkommenen Kapitalmärkten zu verfahren?

Die traditionelle Kapitalwertmethode liefert in diesem Zusammenhang nur einen ersten, von subjektiven Zinserwartungen unabhängigen Anhaltspunkt für eine Alternativenwahl der Finanzierungsangebote. Aus theoretischer Sicht erscheint es notwendig[402], durch Sensitivitäts- und Risikoanalysen[403] der Unsicherheit künftiger Zinsschwankungen Rechnung zu tragen und die Stabilität der aus dem einfachen Modell abgeleiteten Entscheidung für verschiedene als möglich erachtete Zinsentwicklungen zu testen. Für die Realität ist die theoretische Einsicht in die Grundannahmen und Grenzen der Entscheidungsmodelle unter Unsicherheit wichtig, so daß auch zunächst „eindeutige" Resultate mit der erforderlichen Distanz beurteilt werden müssen[404].

Mit einem Marktanteil von gut 60 %[405] verfügen die öffentlich-rechtlichen Sparkassen und Landesbanken[406] über die führende Stellung bei der Kreditgewährung auf städtischer und gemeindlicher Ebene[407]. Ende März 1991 betrug das Kreditvolumen der Sparkassen und Landesbanken[408] an die Städte, Gemeinden und Gemeindeverbände, die kommunalen Zweckverbände sowie Regie- und Eigenbetriebe rund 97 Milliarden DM[409]; im Jahr 1996 betrug das Kreditvolumen der Sparkassen und Landesbanken an die Städte und Gemeinden ca. 120 Milliarden DM[410].

---

401 Kommunalkredite sind nur in begrenztem Umfang verfügbar, weil die kommunalen Aufsichtsbehörden eine Genehmigung nur im Rahmen der finanziellen Leistungsfähigkeit erteilen, vgl. H. Dettmer, W. Prophete u. Kl. Wegmeyer, [Kassenwesen], 1995, S. 78.

402 Vgl. Th. Hering u. M.J. Matschke, [Kommunale Organisations- und Finanzierungsmodelle], 1997, S. 359 u. 361.

403 Zum Verfahren der Sensitivitätsanalyse, vgl. L. Perridon u. M. Steiner, [Finanzwirtschaft], 1999, S. 103 ff.
Zum Verfahren der Risikoanalyse, vgl. L. Perridon u. M. Steiner, [Finanzwirtschaft], 1999, S. 120 ff. Auf diese Verfahren soll an dieser Stelle nicht näher eingegangen werden.

404 In Anlehnung an M.J. Matschke u. Th. Hering, [Kommunale Finanzierung], 1998, S. 162.

405 Vgl. J. Walter, [Konsortialgeschäft], 1996, S. 672, H. Köhler, [Sparkassen], 1995, S. 62 bzw. E.-O. Sandvoß, [Kommunalverschuldung], 1994, S. 186.
In 1972 entfielen noch 70 % des Kommunalkreditvolumens auf die Sparkassen, vgl. R. Kurth, [Bedeutung], 1972, S. 661.

406 Die Landesbanken stellen die Zentralinstitute des Sparkassensektors dar, vgl. H. Schierenbeck u. R. Hölscher, [BankAssurance], 1993, S. 86. Deren Anteilseigner unterscheiden sich je nach Bundesland. Träger der Norddeutschen Landesbank, Girozentrale Hannover, sind z.B. zu 40 % das Land Niedersachsen, zu 26,666 % der Niedersächsische Sparkassen- und Giroverband, zu jeweils 10 % die Länder Mecklenburg-Vorpommern und Sachsen-Anhalt und zu jeweils 6,66 % die Sparkassenbeteiligungsverbände Sachsen-Anhalt und Mecklenburg-Vorpommern, vgl. Commerzbank AG, [Beteiligungsverhältnisse], 1997, S. 739.

407 Zur Rolle der Sparkassenorganisation für die Entwicklung der kommunalen Finanzen, vgl. auch H. Rehm, [Sparkassenorganisation], 1997, S. 365 ff.

408 Zum Leistungsspektrum einer Landesbank, vgl. u.a. Landesbank Hessen-Thüringen Girozentrale; Bereich Spezialfinanzierung, [Kommunale Aufgaben: Organisation und Finanzierung], 1995.

409 Vgl. E.-O. Sandvoß, [Sparkassen], 1992, S. 117.

410 Ermittelt aus dem 62 %-igen Anteil der Sparkassenorganisation an der kommunalen Gesamtverschuldung im Jahre 1996, vgl. auch die Tabelle zur Entwicklung des kommunalen Schuldenstands auf S. 70 der vorliegenden Untersuchung.

Die führende Stellung der Sparkassenorganisation läßt sich nicht mit betriebswirtschaftlichen Gründen erklären[411]. Für den öffentlich-rechtlichen Sparkassenbereich, deren Träger Gemeinden, Ämter, Kreise und Gemeindeverbände sind, ist das Kommunalkreditgeschäft Teil des öffentlichen Auftrages, die Verfolgung des öffentlichen Interesses und der Förderung und Entwicklung des kommunalen Wirtschaftsraumes. Dieser Auftrag stellt eine wesentliche Zieldeterminante der Geschäftspolitik der öffentlich-rechtlichen Sparkassen und Landesbanken dar[412]. Hinzu kommt die besondere Position der Landesbanken am Kapitalmarkt, die es ihnen ermöglicht, die Vorteile einer kostengünstigen Refinanzierung an die jeweilige Kommune weiterzugeben[413].

Jedoch bemühen sich in den letzten Jahren zunehmend mehr Kreditinstitute um das kommunale Kreditgeschäft[414]. U.a. zählt die Deutsche Genossenschafts-Hypothekenbank (DG Hyp) den klassischen Kommunalkredit zu ihren kerngeschäftlichen Tätigkeiten[415]. Auch die mehrheitlich zur französisch-belgischen Bankengruppe Dexia gehörende Dexia Hypothekenbank Berlin AG will sich in Zukunft weitgehend auf das kommunale Kreditgeschäft konzentrieren[416]. Im Zuge einer weitergehenden Europäisierung bzw. Globalisierung wird dieser Trend vermehrt auch durch ausländische Hypothekenbanken und Kapitalsammelstellen als Kreditgeber verstärkt[417].

Kommunalkredite werden nicht ausschließlich von Kommunen, sondern auch von den kommunalen Unternehmen nachgefragt[418]. Bei den nicht rechtsfähigen Regie- und Eigenbetrieben erfolgt die Kreditaufnahme über den kommunalen Haushalt, so daß sich keine Besonderheiten zur Aufnahme des klassischen Kommunalkredites durch die Kommune ergeben. Kommunalkredite an Eigenbetriebe bleiben, auch wenn sie beim Eigenbetrieb bilanziert werden, in kommunalrechtlicher Hinsicht Verbindlichkeiten der Kommune. Die als Haushaltskredite aufgenommenen Fremdmittel des Eigenbetriebes unterliegen somit wie die sonstigen Kreditaufnahmen der kommunalaufsichtsrechtlichen Genehmigung im Rahmen der Gesamtgenehmigung des Haushaltsplans[419].

Ein differenziertes Bild ergibt sich bei der Kreditaufnahme durch eine kommunale Eigengesellschaft[420]. Da aufgrund der gesellschaftsrechtlich gegebenen Haftungsbeschränkung der Kommune als Gesellschafterin keine unbegrenzte Haftung eines konkursunfähigen Gewährträgers wie beim Kommunalkredit für Bruttobetriebe und Sondervermögen der Gemeinde vorliegt, wird eine Kreditvergabe an eine Eigengesellschaft vom Gesetzgeber, wie auch von den Kreditinstituten, einem privatwirtschaftlichen Unternehmenskredit gleichgestellt. Insoweit er-

---

411 Vgl. H. Jünger, J. Walter u. A. Götz, [Finanzmanagement], 1997, S. 89 f.

412 Vgl. ebenda S. 90.

413 Vgl. H.-J. Bungarten, [Finanzierungskonzepte], 1996, S. 666.

414 Vgl. E.-O. Sandvoß, [Kommunalverschuldung], 1994, S. 191.

415 Vgl. E.-A. Rust, [DG Hyp-Kommunalkredit], 1997, S. 28.

416 Im Neugeschäft erreichten die Neuzusagen in 1997 im Kommunalkreditgeschäft ein Volumen von 11,7 (Vorjahr 7,2) Mrd. DM, o.V., [Favorit], 1998, S. 26.

417 Vgl. E.-O. Sandvoß, [Kommunalverschuldung], 1991, S. 191.

418 Vgl. M.J. Matschke u. Th. Hering, [Kommunale Finanzierung], 1998, S. 162.

419 Vgl. ebenda S. 162.

420 In Unterscheidung zum Eigenbetrieb sind Eigengesellschaften kommunale Betriebe in privatrechtlicher Rechtsform. Aufgrund haushalts- und kommunalrechtlicher Bestimmungen kommen von den privatrechtlichen Rechtsformen ausschließlich Kapitalgesellschaften, im wesentlichen die GmbH und die Aktiengesellschaft in Betracht, vgl. R. Dautel, [Sonderfinanzierung], 1997, S. 66 f. Zu den unterschiedlichen Rechtsformen der kommunalen Verwaltung und kommunaler Unternehmen vgl. Abschnitt 2.2.4.

geben sich aus den unterschiedlichen bundesaufsichtsamtrechtlichen Anrechnungsfaktoren unterschiedliche Kostenansätze für die Margenkalkulation[421] und somit für die Höhe der Kreditzinssätze der Banken[422]. Dies zeigt sich nicht zuletzt auch in der unterschiedlichen Konditionengestaltung, die Kreditinstitute gegenüber Eigenbetrieben und kommunale Eigengesellschaften vornehmen[423].

In der Praxis ist für kommunale Eigengesellschaften die Kreditvergabe zusätzlich mit Kreditnebenkosten[424] behaftet, da die gesellschaftsrechtlich eingeschränkte Haftung bei Eigengesellschaften zur Bestellung von Sicherheiten zugunsten des Kreditinstitutes führt. Je nach Art der Sicherstellung fallen unterschiedlich hohe Kreditnebenkosten an. Für kommunale Eigengesellschaften bestehen keine nennenswerten Änderungen im Vergleich zur Fremdfinanzierung privater Aktiengesellschaften und Gesellschaften mit beschränkter Haftung[425].

In Zusammenhang mit § 8a KStG sei hier auf die Problematik der Gesellschafter-Fremdfinanzierung hingewiesen, die auch in der kommunalen Praxis Bedeutung haben kann. Relevant kann diese Problematik bei der Fremdfinanzierung (Kommunaldarlehen) von kommunalen Kapitalgesellschaften durch ihre Trägerkommune bzw. durch die Kommune als Mehrheitsgesellschafterin sein. Die zu entrichtenden Vergütungen für Fremdkapital, das die Gesellschafter der Eigengesellschaft (Kapitalgesellschaft) gewährt haben, können gegebenenfalls unter den Tatbestandsvoraussetzungen des § 8a KStG eine Umqualifizierung in eine verdeckte Gewinnausschüttung erfahren[426].

Nach § 8a Abs. 1 S. 1 KStG sind Vergütungen für Fremdkapital, das eine unbeschränkt steuerpflichtige Kapitalgesellschaft von einem *nicht* zur Anrechnung von Körperschaftsteuer berechtigten Anteilseigner erhalten hat[427], der zu einem Zeitpunkt im Wirtschaftsjahr wesentlich am Grund- oder Stammkapital beteiligt war[428], als verdeckte Gewinnausschüttung[429] zu beurteilen, wenn die weiteren Tatbestandsvoraussetzungen der Nr. 1 und 2 dieser Gesetzesnorm erfüllt sind. Darunter fallen insbesondere die Fälle, daß eine bestimmte Eigen-/Fremdkapitalquote nicht eingehalten wird. Gezahlte Fremdkapitalzinsen an den beherrschen-

---

421 Im Kommunalkreditgeschäft wird es für Kreditinstitute bei der Kreditvergabe zunehmend schwieriger, bei fristengerechter Refinanzierung noch einen Konditionenbeitrag zu erzielen, vgl. E.-O. Sandvoß, [Sparkassen], 1992, S. 121.

422 Vgl. Deutsche Girozentrale, [Finanzierungsaspekte], 1996, S. 5.

423 Vgl. Kreditzinssatzangebote von Kreditinstituten an kommunale Versorgungsunternehmen in der Rechtsform als Eigenbetrieb bzw. Eigengesellschaft, entnommen aus der Zeitung für kommunale Wirtschaft.

424 Unter Kreditnebenkosten werden an dieser Stelle alle Kosten verstanden, die für den Kreditnehmer zusätzlich zu den Zinsforderungen im Rahmen der Kreditfinanzierung anfallen.

425 Vgl. R. Dautel, [Sonderfinanzierung], 1997, S. 74 f.

426 Zu § 8a KStG, N. Herzig, [Standortsicherungsgesetz], 1994, S. 110 ff und W. Meilicke, [Erste Probleme], 1994, S. 117 ff.

427 Gemeinden und sonstige Körperschaften des Öffentlichen Rechts, die der Selbstverwaltung unterliegen und die ihre bisherigen im nicht-steuerbaren Hoheitsbereich liegenden Betriebe (§ 4 Abs. 5 EStG) auf eine Kapitalgesellschaft übertragen haben, gehören zu den nicht zur Anrechnung von Körperschaftsteuer berechtigten Anteilseigner i.S. des § 8a KStG.

428 Eine wesentliche Beteiligung liegt vor, wenn der Anteilseigner am Grund- oder Stammkapital zu mehr als 25 % - unmittelbar oder mittelbar – beteiligt ist (§ 8a Abs. 3 KStG).

429 Eine verdeckte Gewinnausschüttung i.S. des § 8 Abs. 3 S. 2 KStG ist nach Auffassung des BFH bei einer Kapitalgesellschaft eine Vermögensminderung oder eine verhinderte Vermögensmehrung, die durch das Gesellschaftsverhältnis veranlaßt ist, sich auf die Höhe des Einkommens auswirkt und nicht im Zusammenhang mit einer offenen Ausschüttung steht, vgl. BFH-Urteil vom 22.02.1989, 1990, S. 1214.

den Aktionär, die den „Safe haven" übersteigen, gelten als verdeckte Gewinnausschüttungen und können nicht einkommensmindernd für körperschaftsteuerliche Zwecke berücksichtigt werden. Steuerrechtlich erfolgt insofern eine Ergebniskorrektur, da verdeckte Gewinnausschüttungen als Einkommensverwendung und nicht als abzugsfähige Betriebsausgaben zu behandeln sind. Sie wirken sich auf der Ebene der Kapitalgesellschaft in Form einer Einkommenszurechnung (§ 8 Abs. 3 S. 2 KStG) sowie bei der Herstellung der Ausschüttungsbelastung (Körperschaftsteuer-Minderung oder -Erhöhung nach §§ 27 ff. KStG) und auf der Ebene der Gesellschafter durch Qualifizierung der verdeckten Gewinnausschüttung als Einkünfte aus Kapitalvermögen aus (§ 20 Abs. 1 Nr. 1 S. 2 EStG).

Gerade bei der formellen Privatisierung bisheriger Regie- oder Eigenbetriebe im Bereich der Entsorgung (Hoheitsbetriebe im steuerrechtlichen Sinne) kann es zu einer Fremdkapitalausstattung der gegründeten Eigengesellschaft durch die Kommune kommen, die die Tatbestandsvoraussetzungen des § 8a KStG erfüllt. Eine Beispiel hierfür sei die Ausgliederung einer seinerzeit bei Herstellung über den kommunalen Haushalt stark fremdfinanzierten Abwasserentsorgungsanlage aus dem unmittelbaren Eigentum der Kommune in eine neu gegründete Kapitalgesellschaft. Übersteigt dann die Fremdkapitalquote der Gesellschaft die „Safe haven"-Grenzen des § 8a KStG[430], kann es zu einer Umqualifizierung der Fremdkapitalzinsen kommen. Dies kann dazu führen, daß es bei der Eigengesellschaft zu einem zusätzlichem Liquiditätsabfluß kommt, der im extremen Fall einen Liquiditätsengpaß zur Folge haben kann. In solchen Fällen müssen steuerrechtlich neue Finanzierungslösungen gesucht werden. Eine Alternative wäre bspw. die Einbindung finanzstarker privater Investoren in den Finanzierungsprozeß.

Da der Kommunalkredit ausschließlich als langfristige Finanzierungsform seine Bedeutung besitzt, ist hier abschließend eine kurzfristige Finanzierungsmöglichkeit zur Sicherung der laufenden Liquidität der Kommune zu erwähnen, von der die kommunalen Gebietskörperschaften regen Gebrauch machen[431]. Wenn die finanziellen Mittel der internen Rücklagen aus Gebühreneinnahmen usw. nicht mehr ausreichen[432], darf die Kommune einen Kassenkredit aufnehmen, vgl. § 94 Abs. 1 NGO. Ein Kassenkredit dient lediglich zur liquiditätsmäßigen Überbrükkung kurzfristiger Zahlungsschwierigkeiten bzw. Einnahmen- und Ausgabenschwankungen in der Gemeindekasse[433], nicht als mittel- oder langfristiges Finanzierungsmittel[434].

Zu beachten hat die Kommune den in der Haushaltssatzung festgelegten Höchstbetrag[435], der zu keinem Zeitpunkt des Hauhaltsjahres überschritten werden darf[436]. Der Höchstbetrag wird von der kommunalen Vertretung mit der Haushaltssatzung beschlossen[437]. Eine Festsetzung des Höchstbetrages lediglich in der Haushaltssatzung bedeutet gleichzeitig, daß die Kas-

---

430 Der Wortlaut des § 8a Abs. 1 Nr. 2 KStG sagt deutlich, daß das Übersteigen des Dreifachen des Eigenkapitals und das Abweichen vom Drittvergleich kumulativ vorliegen müssen.

431 Am 31.12.1996 hatten die kommunalen Gebietskörperschaften in Niedersachsen einen Kassenkreditbestand von 1,076 Mrd. DM. Dieser Bestand überstieg den langjährigen Durchschnitt um das Zehnfache; gegenüber 1995 hat sich der Kassenkreditbestand verdoppelt, o.V, [Kassenkredite], 1997, S. 5.

432 Die Kommunen sind nicht mehr in der Lage, mit den laufenden Einnahmen ihre laufenden Ausgaben zu finanzieren, vgl. o.V. [Kassenkredite], 1997, S. 5.

433 Vgl. H. Dettmer, W. Prophete u. Kl. Wegmeyer, [Kassenwesen], 1995, S. 77.

434 Vgl. Th. Bücker, [Finanzinnovationen], 1993, S. 25.

435 Vgl. auch § 94 Abs. 1 NGO.

436 Vgl. H. Albers u. R. Seeger, [Finanzierung], 1990, S. 52.

437 Vgl. ebenda S. 52.

senkreditaufnahme im Haushaltsplan nicht veranschlagt wird[438]. Da Kassenkredite dennoch eine Schuld darstellen, und diese im Laufe des Jahres mehrfach aufgenommen werden dürfen, wenn sie zwischenzeitlich getilgt worden sind, hat die kommunale Aufsichtsbehörde bei der Genehmigung der Haushaltssatzung einer Überschuldung vorzubeugen. Darum ist der in der Haushaltssatzung festgelegte Höchstbetrag der Kassenkredite genehmigungspflichtig (vgl. § 94 Abs. 2 NGO). Kassenkredite werden in den meisten Fällen als Überziehung des laufenden Kontos in Form eines Kontokorrentkredites in Anspruch genommen[439]. Der enorme Anstieg der Kassenkreditinanspruchnahmen deckt die „Dramatik" der kommunalen Finanzsituation und Knappheit der kommunalen Finanzmittel auf.

3.3.1.2. Finanzierung der kommunalen Infrastruktur durch Begebung von Anleihen auf dem Kapitalmarkt

Zur Aufnahme langfristigen Fremdkapitals besteht für hinreichend große Gebietskörperschaften die Möglichkeit des direkten Zugriffs auf den organisierten Kapitalmarkt[440]. Durch eine Emission von Anleihen können sich jene unmittelbar auf dem Rentenmarkt Fremdkapital beschaffen[441]. Derzeit sind am deutschen Rentenmarkt nur einige wenige kommunale Anleihen im Umlauf[442], u.a. die Anleihen der drei sächsischen Großstädte Chemnitz, Dresden und Leipzig[443]. Aufgrund dieser geringen praktischen Relevanz am deutschen Kapitalmarkt wird diese Finanzierungsform in der gebotenen Kürze dargestellt.

Die von den Kommunen emittierten Anleihen sind keine Kommunalschuldverschreibungen i.S. des öffentlich-rechtlichen Pfandbriefegesetzes, sondern wertpapiermäßig verbriefte Inhaber-Schuldverschreibungen i.S. der §§ 793 ff. BGB[444]. Die Vertragsbestandteile zwischen Emittenten (Schuldner) und Inhaber der Anleihe (Gläubiger) werden in den Anleihebedingungen festgelegt[445]. Eine kommunale Anleihe sollte im wesentlichen nachfolgende Ausstattungsmerkmale besitzen[446]:

Betrag:	Mindestens 100 Millionen GE
Laufzeit:	In der Regel 5 bis 10 Jahre
Rückzahlung:	In einer Summe zum Fälligkeitstermin

---

438 Lediglich die Zinszahlungen für die Kassenkredite sind zu etatisieren, vgl. o.V., [Kassenkredite], 1997, S. 6.

439 Vgl. H. Dettmer, W. Prophete u. Kl. Wegmeyer, [Kassenwesen], 1995, S. 289.

440 Vgl. Wissenschaftlicher Beirat der Gesellschaft für öffentliche Wirtschaft, [Bundesländern], 1992, S. 67.

441 Vgl. H. Dettmer, W. Prophete u. Kl. Wegmeyer, [Kassenwesen], 1995, S. 77.

442 Vgl. Verband öffentlicher Banken, [Finanz- und Zinsmanagement], 1996, S. 6.
Die Städte müssen berücksichtigen, daß die herausgegebenen Schuldverschreibungen in der Regel nur eine lokale Bedeutung haben und somit an den verschiedenen Börsen nur schwer unterzubringen sind. Kleinere Städte und Gemeinden haben daher nur geringe Möglichkeiten, Kommunalanleihen erfolgreich am Kapitalmarkt zu plazieren, vgl. H. Jünger, J. Walter u. A. Götz, [Finanzmanagement], 1997, S. 50.

443 Die Stadt Leipzig ist dabei als erste deutsche Kommune in den Euro-Kapitalmarkt eingestiegen. Unter Federführung der Landesbank Sachsen und der ABN Amro AG wurde eine Anleihe von 100 Millionen Euro (rund 196 Millionen DM) aufgelegt, vgl. o.V., [Euro-Anleihe], 1999, S. 15 u. o.V., [Euro-Kapital], 1998, S. 21.

444 Vgl. Th. Bücker, [Finanzinnovationen], 1993, S. 38.

445 Vgl. Verband der öffentlichen Banken, [Finanz- und Zinsmanagement], 1996, S. 6.

446 In Anlehnung an die Ausführungen des Verbandes öffentlicher Banken, [Finanz- und Zinsmanagement], 1996, S. 8.

Zinssatz:	In der Regel fester Zinssatz
Zinszahlung:	In der Regel jährlich
Stückelung:	GE 100 bis GE 10.000
Effektive Stücke:	Keine (aus Gründen der Kostenersparnis) Ausnahmen: Dekorative Ausstattung (Sammlereffekt)
Börseneinführung:	Heimatbörse, unter Umständen weitere Börsenplätze, amtlicher Handel oder geregelter Markt

Eine öffentlich begebene Anleihe einer Kommune wird in der Regel von einem Bankenkonsortium (BGB-Gesellschaft i.S. der §§ 705 ff. BGB) zu den ausgehandelten Konditionen als Gesamtbetrag zunächst vertraglich fest übernommen. Anschließend versuchen die Konsortialbanken, die Anleihe bei möglichen Investoren zu plazieren. Durch die Einschaltung eines Emissionskonsortiums ist die Emission von börsennotierten kommunalen Anleihen mit hohen Transaktionskosten verbunden[447]. Teilweise sind - hohe Kosten verursachende - effektive Stücke in ansprechender graphischer Gestaltung ausgegeben worden, um überhaupt eine Aufnahme durch den Kapitalmarkt zu ermöglichen und die Anleihe für den privaten Anlegerkreis attraktiver zu gestalten[448]. Ferner ist eine Anleihefinanzierung unflexibler als eine Darlehensaufnahme bei der als „Hausbank" der Kommune fungierenden Sparkasse[449].

Da eine Kommune aufgrund ihrer gesicherten Bonität auch bei ihren Hausbanken mindestens so günstige Kreditkonditionen erhält wie bei einer eigenen Anleiheemission, besteht aus betriebswirtschaftlichen Gründen[450] kaum ein Anreiz für Kommunen, eigene Anleihen am anonymen Kapitalmarkt zu plazieren[451]. Dies bestätigt die geringe Ausgabe kommunaler Anleihen am deutschen Kapitalmarkt. Im Juni des Jahres 1998 liefen öffentliche Anleihen[452] insgesamt im Nennwert von 350,9 Milliarden DM am deutschen Kapitalmarkt umher, wovon lediglich 1,6 Milliarden DM bzw. 0,456 % auf die kommunalen Gebietskörperschaften entfielen[453].

Insgesamt kann festgestellt werden, daß die Finanzierung durch Begebung einer kommunalen Anleihe auf dem Kapitalmarkt bzw. als Finanzierungsmöglichkeit für die Gebietskörperschaften eine nur sehr geringe praktische Bedeutung hat. Nur ausnahmsweise, und dann von sehr großen Städten wird dieser Finanzierungsweg, bspw. aus Public-Relations-Gründen[454], beschritten.

3.3.1.3. Übernahme von kommunalen Kreditbürgschaften

Zur Reduzierung der Finanzierungskosten vereinzelter der nachfolgenden Finanzierungsmodelle sind kommunale Kreditbürgschaften als möglicher Lösungsansatz für deren praktische Umsetzung vorgesehen. Daher soll dieses begleitende „Finanzierungsinstrument" hier gesondert vorgestellt werden.

---

447 Vgl. Verband öffentlicher Banken, [Finanz- und Zinsmanagement], 1996, S. 7 u. Th. Bücker, [Finanzinnovationen], 1993, S. 38.

448 Vgl. M.J. Matschke u. Th. Hering, [Kommunale Finanzierung], 1998, S. 157.

449 Vgl. H. Dettmer, W. Prophete u. Kl. Wegmeyer, [Kassenwesen], 1995, S. 77.

450 Um einen niedrigeren Kreditzinssatz zu erhalten.

451 Vgl. M.J. Matschke u. Th. Hering, [Kommunale Finanzierung], 1998, S. 157.

452 Inkl. Anleihen und Schuldverschreibungen der Deutschen Bahn, Post, Telekom u. der Treuhandanstalt.

453 Vgl. Kapitalmarktstatistik der Deutschen Bundesbank, August 1998, S. 31.

454 Vgl. Verband öffentlicher Banken, [Finanz- und Zinsmanagement], 1996, S. 8.

Die Bundesländer haben die Möglichkeit zur Übernahme von Bürgschaften in ihre Verfassungen bzw. Gemeindeordnungen aufgenommen. Kommunale Gebietskörperschaften können Kreditbürgschaften aus Gewährverträgen im Rahmen der Erfüllung ihrer kommunalen Aufgaben übernehmen (§ 93 Abs. 2 S. 1 NGO). Derartige Geschäfte unterliegen zur Rechtswirksamkeit einer Genehmigung der kommunalen Aufsichtsbehörde (§ 93 Abs. 2 S. 2 NGO). Begünstigte Unternehmen können bspw. kommunale Eigengesellschaften sein. Der Vorteil für eine städtische Eigengesellschaft besteht darin, daß sie bei Übernahme einer Bürgschaft durch ihre Trägerkommune den benötigten Kredit kostengünstiger erhält als bei Aufnahme eines „normal" abgesichertes Darlehen[455].

Kommunale Bürgschaften kommen in den unterschiedlichsten Formen vor[456]. In der Bankpraxis herrscht die sogenannte modifizierte Ausfallbürgschaft vor[457]. Bei der Übernahme durch eine Kommune wird festgelegt, wann ein Ausfall als eingetreten gelten soll, bspw. nach Einziehung der an den Gläubiger abgetretenen Außenstände des Hauptschuldners[458]. Da die Kommune als Bürgin in diesem Fall ohne Einrede der Vorausklage haftet, ist die modifizierte Ausfallbürgschaft immer eine selbstschuldnerische Bürgschaft. Allerdings mit der Besonderheit, daß sich die Bank oder Sparkasse bei Fälligkeit der Hauptschuld nicht sofort an die Kommune halten kann, sondern zunächst den Hauptschuldner in Anspruch nehmen muß[459].

Denkbar ist ferner, daß eine Stadt oder Gemeinde eine Patronatserklärung abgibt. Hierunter wird eine Verpflichtung verstanden, die kreditsuchende kommunale Eigengesellschaft während der Kreditlaufzeit so zu stellen, daß das Unternehmen Zins- und Tilgungszahlungen erbringen kann. In Kreditinstituten und bei kommunalen Aufsichtsbehörden werden derartige Erklärungen wie Bürgschaften ausgelegt[460].

3.3.2. Zur Berücksichtigung von öffentlichen Finanzierungshilfen

Zur Finanzierung kommunaler Infrastrukturinvestitionen können neben Kapitalmarktmitteln auch öffentliche Finanzierungshilfen in Form von öffentlichen Zuschüssen oder zinssubventionierten Darlehen berücksichtigt werden. Häufig können kommunale Investitionsvorhaben aufgrund des hohen Volumens nur realisiert werden, wenn der Bund oder ein Land, auf kommunaler Ebene aber auch der Landkreis, sich an den Investitionskosten in Form von Zuschüssen finanziell beteiligen[461].

Zudem wachsen den Finanzierungshilfen der Europäischen Union (EU) im Zuge der fortschreitenden europäischen Integration eine zunehmende Bedeutung zu. U.a. bezuschußt die EU mit einer Vielzahl von Förderprogrammen[462] kommunale Investitionsvorhaben bis zu 50 %

---

455 Vgl. L. Ruschmeier, M. Heinz u. M. Kempken, [Wege], 1997, S. 382.

456 Vgl. H. Jünger, J. Walter u. A. Götz, [Finanzmanagement], 1997, S. 86.

457 Vgl. U. Kirchhoff u. H. Müller-Godeffroy, [Finanzierungsmodelle], 1996, S. 46.

458 Vgl. H. Albers u. R. Seeger, [Finanzierung], 1990, S. 78.

459 Vgl. H. Jünger, J. Walter u. A. Götz, [Finanzmanagement], 1997, S. 86 f.

460 Vgl. U. Kirchhoff, [Finanzierungsmodelle], 1996, S. 28.

461 Vgl. M. Gellert u. W. Kolodzey, [Berücksichtigung], 1993, S. 50 f. bzw. R. Jürgenliemk, [Entsorgungswirtschaft], 1990, S. 321 f.
„Die Investitionszuweisungen von Bund und Ländern an die Gemeinden spielen ... eine Schlüsselrolle als Indikator für die kommunale Investitionstätigkeit. ...", W. Noll u. W. Ebert, [Kontext], 1997, S. 58.

462 Vgl. Hessische Landesbank, [Kommunale Aufgaben], 1995, S. 26 ff.

der Investitionskosten durch zinssubventionierte Programmittel der Europäischen Investitionsbank (EIB)[463] oder des Europäischen Regionalfonds[464].

Die Vielfalt der öffentlichen „Fördertöpfe" für zweckgebundene Investitionszuschüsse ist dabei z.T. schwierig zu durchschauen[465]. Unter Berücksichtigung der Fördermöglichkeiten der EU existieren schätzungsweise etwa drei- bis viertausend verschiedene Förderprogramme, aus denen öffentliche Finanzhilfen für kommunale Projekte fließen können[466]. Daher empfiehlt es sich im konkreten Fall, bei entsprechenden Landesförderinstituten nachzufragen[467], ob z.B. Förderprogramme der EU für ein bestimmtes Investitionsvorhaben beantragt werden können. Eine Quelle zur Prüfung, ob eine bestimmte Investitionsmaßnahme durch Landesmittel bezuschußt werden kann, ist der Landeshaushalt. In seinen Anlagen ist regelmäßig eine Aufstellung über Finanzierungshilfen für kommunale Gebietskörperschaften enthalten. Die Finanzierungshilfen können in Investitionszuschüssen oder zinsverbilligten Darlehen bestehen.

Im folgenden sollen einige der vielfältigen Förderprogramme[468] aufgezeigt werden, welche für niedersächsische Kommunen in Frage kommen.

Das niedersächsische Ministerium für Wirtschaft, Technologie und Verkehr gewährt Zuschüsse an Kommunen zur Verbesserung der Verkehrsinfrastruktur. Bspw. werden zur Förderung des öffentlichen Personennahverkehr (ÖPNV) einschließlich des Schienenpersonennahverkehrs (S-Bahnen, Straßenbahnen, Bus und zugehörige Bahnhöfe) bis zu 50 % bzw. bei Schienenfahrzeugen bis zu 65 % der zuwendungsfähigen Kosten an Zuschüssen gewährt.

Die Gewährung von Bundesfinanzhilfen an das Land Niedersachsen zur Verbesserung der Verkehrsverhältnisse der Kommunen stützt sich auf das Gemeindeverkehrsgesetz und Finanzausgleichsgesetz (FAG). Gefördert werden Kommunen im Rahmen spezieller Förderprogramme vor allem Bereich Bau- und Ausbau der Verkehrsinfrastruktur, bspw. für den Straßenbau im Zusammenhang mit der Stillegung von Eisenbahnstrecken[469]. Die Höhe der Förderung bei Maßnahmen des kommunalen Straßenbaus beträgt zwischen 60 und 90 % , bei kommunalen Parkhäusern und Tiefgaragen in der Regel 30 % der zuwendungsfähigen Kosten.

---

463 Die Europäische Investitionsbank wurde 1958 durch den Vertrag zur Gründung der Europäischen Wirtschaftsgemeinschaft errichtet. Sie ist ein öffentlich-rechtliches Kreditinstitut mit Sitz in Luxemburg. Ihre Eigentümer sind die Mitgliedsstaaten der Europäischen Union. Mit ihrer Geschäftspolitik verfolgt die EIB das Ziel, durch die Bereitstellung von Darlehensmitteln (Zuschüsse, zinsgünstige Kredite) zu einer ausgewogenen und reibungslosen Entwicklung in der Europäischen Union beizutragen.

464 Vgl. Deutsche Girozentrale, [Finanzierungsaspekte], 1996, S. 14.

465 Ein diffuses Bild bieten derzeit die landesrechtlichen Regelungen zur Förderfähigkeit von kommunalen Leasingverträgen: In einigen Bundesländern - wie Hessen, Nordrhein-Westfalen oder Niedersachsen - ist die Förderfähigkeit von Leasingverträgen generell ausgeschlossen, in anderen Ländern - wie Bayern, Saarland oder Schleswig-Holstein - ist die Zuwendungsfähigkeit bei Leasingverträgen in Ausnahmefällen und nach Abstimmung mit der kommunalen Aufsichtsbehörde möglich, vgl. M. Kroll, [Handbuch], 1997, S. 230. Auf der anderen Seite können Leasingverträge nach den Leitlinien der EU in vielgestaltiger Form förderfähig sein, vgl. M. Kroll, [Handbuch], 1997, S. 231 f.

466 Vgl. M.J. Matschke u. Th. Hering, [Kommunale Finanzierung], 1998, S. 132.

467 Alternativ dazu bieten sich für einen Kämmerer einer Kommune hierauf spezialisierte private Beratungsunternehmen an, vgl. M.J. Matschke u. Th. Hering, [Kommunale Finanzierung], 1998, S. 132.

468 Exemplarisch ohne einen Anspruch auf Vollständigkeit.

469 Vgl. Niedersächsisches Ministerium für Wirtschaft, Technologie und Verkehr, [Förderung im Verkehrsbereich], 1998. Ein Anspruch des Antragstellers auf Gewährung der Zuwendung besteht jedoch nicht.

Gemäß § 115 Abs. 1 Niedersächsisches Schulgesetz (NdsSchG) kann das Land Niedersachsen Schulträgern nach Maßgabe des Landeshaushalts[470] Zuwendungen zu Neu-, Um- und Erweiterungsbauten, zum Erwerb von Gebäuden für schulische Zwecke sowie zur Erstausstattung von Schulen gewähren, um eine gleichmäßige Ausgestaltung der Schulanlagen zu sichern. Weiterhin kann gemäß § 115 Abs. 2 NdsSchG eine Zuwendung für die Modernisierung von Schulanlagen gewährt werden. Gemäß § 115 Abs. 3 NdsSchG sind Zuwendungen für Ausstattungen in Schulen mit besonderen Einrichtungen möglich.

Zuschüsse aus der Gemeinschaftsaufgabe „Verbesserung der regionalen Wirtschaftsstruktur"[471] (Artikel 91a Abs. 1 Nr. 2 GG) für regionale Entwicklungsmaßnahmen fließen an niedersächsische Gemeinden, deren Wirtschaftskraft erheblich unter dem Bundesdurchschnitt liegt oder in denen gravierende sektorale Strukturprobleme bestehen. Zentrales Ziel der regionalen Strukturpolitik ist die Herstellung gleichwertiger Arbeits- und Lebensverhältnisse in allen Teilen Deutschlands. Die Förderung besteht aus einem Investitionszuschuß oder zinsverbilligten Regionaldarlehen nach Maßgabe der verfügbaren Haushaltsmittel. U.a. fließen Zuschüsse an Kommunen, welche für den Fremdenverkehr Gelände erschließen oder Einrichtungen schaffen (Wanderwege, Radwanderwege, Kurhäuser usw.). Nicht gefördert werden ausdrücklich zoologische Gärten, eine Sanierung von Burgen und Schlössern sowie Golfplätze[472]. Zuschüsse gibt es auch für wirtschaftsnahe Infrastrukturmaßnahmen wie die Erschließung oder Wiederherrichtung von Industrie- und Gewerbeflächen. Die Förderhöchstsätze belaufen sich auf 40 bis 80 % der zuwendungsfähigen Investitionskosten je nach Standort, Art der Investition und Finanzkraft der Kommune[473]. Neben einem Gemeinschaftsaufgabe-Investitionszuschuß bzw. zinsverbilligten Regionaldarlehen können für dasselbe Investitionsvorhaben zusätzliche Beihilfen aus anderen Förderprogrammen gewährt werden.

Das Landesprogramm zur Förderung der Trinkwasserversorgung und Abwasserentsorgung im Rahmen der Gemeinschaftsaufgabe „Verbesserung der Agrarstruktur und des Küstenschutzes" (Art. 91a Abs. 1 Nr. 3 GG) unterstützt - besonders in ländlichen niedersächsischen Gemeinden - wasserwirtschaftliche Infrastrukturmaßnahmen mit finanziellen Zuwendungen von bis zu 60 % der anfallenden Investitionsausgaben bzw. mit Zinsvergünstigungen. Zusätzlich werden Zuschüsse gewährt zur Förderung von Abwasserbeseitigungsanlagen (Abwasserbehandlungsanlagen, Anlagen zur Behandlung und Beseitigung von Klär- und Fäkalschlamm, Kanalisationsanlagen, Pumpwerke und Regenbecken und Kanalisierungen).

Das Land Niedersachsen partizipiert auch an Mitteln der Strukturfonds der Europäischen Union. Insgesamt hat die EU Strukturfonds eingerichtet, u.a. den Europäischen Fonds für regionale Entwicklung. Diese Mittel können für Infrastrukturinvestitionen (z.B. Erschließung

---

470 Aufgrund der angespannten Haushaltslage des Landes Niedersachsen wird jedoch von der Zuwendungsmöglichkeit nach § 115 NdsSchG seit Jahren kein Gebrauch gemacht; in Anlehnung an ein Gespräch vom 14.10.1998 mit Herrn Thöle, Sachbearbeiter beim Schul- und Kulturamt des Landkreises Vechtas.

471 Die regionale Strukturverbesserung stellt eine von Bund und Land gemeinsam getragene Aufgabe dar. Sie hat ihre rechtliche Grundlage in Artikel 91a GG sowie im Gesetz über die Gemeinschaftsaufgabe „Verbesserung der regionalen Wirtschaftsstruktur".
Für die Zuschüsse aus der Gemeinschaftsaufgabe besteht allerdings kein Rechtsanspruch, vgl. P. Dillenberger, [Chancen], 1992, S. 93.

472 Vgl. Ministerium für Wirtschaft, Verkehr, Landwirtschaft und Weinbau, [Wirtschafts- und Agrarförderung 1998], 1998, S. 7 ff.

473 Vgl. ebenda S. 10 f.

von Industrie- und Gewerbeflächen) und für Umweltschutzinvestitionen eingesetzt werden. Die EU-Zuschüsse betragen bei Infrastrukturinvestitionen bis zu 45 % der öffentlichen Ausgaben. Die EU-Zuschüsse können mit Landeszuschüssen aufgestockt werden, soweit entsprechende Haushaltsmittel verfügbar sind und die sonstigen Fördervoraussetzungen für die vergleichbaren Landesprogramme eingehalten werden[474].

Zur Städtebauförderung existiert sowohl ein allgemeines Programm von Bund und Ländern als auch ein Landesprogramm. Damit sollen das kulturelle Erbe der Städte und Dörfer bewahrt (z.B. eine Erhaltung historischer Ortskerne) und generell städtebauliche Mißstände beseitigt werden. Die Kommunen erhalten auf Antrag Zuschüsse aus den jährlich neu zu verteilenden Finanzhilfen. Außerdem fließen den Gemeinden Bundes- und Landesmittel aus dem Denkmalschutzprogramm zu. In der Verwaltung des Landesförderinstitutes existieren ferner weitere Programme zur Förderung städtebaulicher Modellvorhaben, Entwicklungsmaßnahmen und Planungsleistungen, zur Förderung des Wohnumfeldes und der Erschließung von Wohngebieten.

Die spezifische Bundesförderung konzentriert sich weitgehend auf Investoren aus der gewerblichen Wirtschaft[475]. Zu den ERP[476]-Programmen haben ausschließlich gewerbliche Unternehmen Zugang, so daß diese öffentlichen Finanzierungshilfen des Bundes den Kommunen nur indirekt durch Zwischenschaltung privater Investoren offenstehen[477].

Ein weiteres Kernstück zur Förderung kommunaler Investitionen in den alten und neuen Bundesländern ist das im Jahr 1994 eröffnete KfW-Infrastrukturprogramm[478], bereitgestellt von der Kreditanstalt für Wiederaufbau. Der zinssubventionierte Finanzierungsanteil beträgt bis zu 50 % des Fremdfinanzierungsbedarfs von Infrastrukturprojekten und kann neben anderen öffentlichen Fördermitteln gewährt werden[479]. Mit Kreditzusagen in Höhe von 6,8 Milliarden DM konnten im Jahr 1997 rund 2.900 Projekte im Umfang von 18,7 Milliarden DM unterstützt werden. In den neuen Bundesländern wurden zum überwiegenden Teil Investitionen zur Abwasserentsorgung, zum Ausbau der Verkehrsinfrastruktur und im Städtebau finanziert. In den alten Bundesländern stellten neben der Abwasserentsorgung die Errichtung von Kindergärten und Schulen einen wichtigen Investitionsbereich dar[480]. Um ein privatwirtschaftliches Engagement zu fördern, hat die Kreditanstalt für Wiederaufbau das Programm auch für private Investoren und Betreiber geöffnet[481].

Für kommunale Wirtschaftsunternehmen, Kommunen und Gemeindeverbände gewährt die Deutsche Ausgleichsbank (DtA) zinsgünstige Darlehen aus Mitteln des DtA-Umweltprogrammes für Investitionen in den Bereichen Abfallwirtschaft, Abwasserreinigung,

474 Vgl. Europäische Union, [Niedersachsen], 1995, S. 13 ff.

475 Vgl. M. Gellert u. W. Kolodzey, [Berücksichtigung], 1993, S. 50.

476 ERP steht für „European Recovery Program".

477 Vgl. M. Gellert u. W. Kolodzey, [Berücksichtigung], 1993, S. 50.

478 KfW-Kredit zur zinsgünstigen, langfristigen Finanzierung von kommunalen Infrastrukturmaßnahmen, die der Aufgabenerfüllung von Gebietskörperschaften dienen, vgl. Kreditanstalt für Wiederaufbau, [Förderkreditprogramme], 1997, S. 30.

479 Vgl. ebenda S. 30.

480 Vgl. Kreditanstalt für Wiederaufbau, [Geschäftsbericht 1997], 1998, S. 39.

481 Vgl. Kreditanstalt für Wiederaufbau, [Förderkreditprogramme], 1997, S. 30. Von dieser Möglichkeit wurde bisher in einigen Fällen Gebrauch gemacht, vgl. Kreditanstalt für Wiederaufbau, [Geschäftsbericht 1997], 1998, S. 39.

Energieeinsparung und erneuerbarer Energien[482], z.B. für die Errichtung von Windkraftanlagen[483]. Bis zu 75 % der Investitionssumme können aus Mitteln des DtA-Umweltprogramms beantragt werden, höchstens pro Vorhaben jedoch 10 Millionen DM[484].

Wenn Kommunen zur Erfüllung der ihnen obliegenden öffentlich-rechtlichen Verpflichtungen im Rahmen von Betreiber- oder Kooperationsmodellen bestimmte Aufgaben privaten Dritten übertragen, können in diesem Zusammenhang die notwendigen Investitionen in den Bereichen Abfallwirtschaft, Abwasserreinigung und Energieeinsparung gefördert werden. Im Rahmen von Kooperationsmodellen, an denen private gewerbliche Unternehmen eine Minderheitsbeteiligung halten, kann der Anteil der privaten gewerblichen Unternehmen mit ERP-Umwelt- und Energiesparprogramm-[485] und DtA-Mitteln gefördert werden. Eine Finanzierung des kommunalen Anteils mit ERP-Mitteln ist jedoch nicht möglich. Allerdings kann der öffentliche Anteil bis zu 75 % mit Mitteln aus dem DtA-Umweltprogramm finanziert werden. Im Ergebnis können damit in der Kombination ERP-Umwelt- und Energiesparprogramm- bzw. DtA-Umwelt-Programm 75 % der zuwendungsfähigen Investitionsausgaben zinssubventioniert gefördert werden.

Die Konditionen der von der Kreditanstalt für Wiederaufbau und der Deutschen Ausgleichsbank vergebenen eigenen Kredite und der ERP-Kredite orientieren sich an den Bedingungen des Kapitalmarktes[486]. Für eine Beantragung, Gewährung und Abwicklung von öffentlichen Finanzierungshilfen sind umfangreiche Rechts- und Verwaltungsvorschriften zu beachten[487].

Bei der beschriebenen Vielfalt von Fördermöglichkeiten für kommunale Infrastrukturinvestitionen wird die Tragweite der Finanzierungshilfen seitens der EU bzw. vom Bund und von den Ländern als ein wichtiger Baustein der kommunalen Infrastrukturfinanzierung besonders erkennbar.

Die bisherige Analyse hat gezeigt, daß der kommunale Investitionsbedarf mit Maßnahmen auf dem derzeitigen Investitionsniveau nicht befriedigt werden kann. Eine für erforderlich erachtete erhebliche Ausweitung der Investitionen scheint aber vor dem Hintergrund der ange-

---

482 Gemäß der Richtlinie der Deutschen Ausgleichsbank für das DtA-Umweltprogramm vom 15.09.1998. In 1997 wurden aus dem DtA-Umweltprogramm ein Kreditvolumen von rund zwei Mrd. DM zugesagt, vgl. Deutsche Ausgleichsbank, [Geschäftsbericht 1997], 1998, S. 15.

483 Windkraftanlagen wurden in 1997 mit rund einer Mrd. DM gefördert, vgl. Deutsche Ausgleichsbank, [Geschäftsbericht 1997], 1998, S. 15.

484 Gemäß der Richtlinie der Deutschen Ausgleichsbank (DtA) für das DtA-Umweltprogramm vom 15.09.1998.

485 Der Finanzierungsanteil beträgt bis zu 50 % der förderfähigen Bemessungsgrundlage, höchstens aber 1 Mio. DM in den alten und 2 Mio. DM in den neuen Bundesländern pro Vorhaben. Dieser Höchstbetrag kann überschritten werden, sofern das Vorhaben besondere umweltpolitische Förderungswürdigkeit besitzt, vgl. Richtlinie für ERP-Darlehen zur Förderung zum Zwecke des Umweltschutzes und der Energieeinsparung (ERP-Umwelt- und Energiesparprogramm) vom 14.08.1998. Die Zusagen im ERP-Umwelt- und Energiesparprogramm betrugen in 1997 rund 3,3 Mrd. DM, vgl. Deutsche Ausgleichsbank, [Geschäftsbericht 1997], 1998, S. 15.

486 Dabei sind die jeweils aktuellen Konditionen bei der Kreditanstalt für Wiederaufbau, Palmengartenstr. 5-9, 60325 Frankfurt am Main, bzw. bei der Deutschen Ausgleichsbank, Anstalt des öffentlichen Rechts, Wielandstr. 4, 53170 Bonn, oder bei Kreditinstituten zu erfragen.

487 Vgl. H. Albers u. R. Seeger, [Finanzierung], 1990, S. 39. Auf die verschiedenen Rechts- und Verwaltungsvorschriften des Bundes und der Länder, nach denen Finanzhilfen für kommunale Investitionen gewährt werden können, bzw. deren nähere Voraussetzungen und auf das Verfahren für deren Gewährung und Prüfung kann in diesem Beitrag nicht eingegangen werden.

spannten Situation der kommunalen Haushalte via Kreditaufnahme weder wirtschaftlich geboten noch rechtlich möglich. Bei der Lösung der aufgezeigten Konfliktsituation zwischen Investitionsdruck und begrenzten Haushaltskapazitäten muß die Mobilisierung privaten Kapitals in die Überlegungen mit einbezogen werden. In den folgenden Abschnitten werden kommunale Finanzierungsinstrumente unter der Beteiligung privater Finanziers diskutiert.

3.4. Alternative Finanzierungsformen kommunaler Infrastrukturinvestitionen: Eine Analyse der Erscheinungsformen

Den Kommunen stehen zur Bewältigung ihres Investitionsbedarfes eine Reihe von Finanzierungsalternativen zur Kreditfinanzierung zur Verfügung[488]. Wie im vorhergehenden Kapitel ausführlich dargestellt, stoßen bisherige, traditionelle Lösungen wie kommunale Steuer- und Abgabenerhöhungen sowie klassische Finanzierungsformen an wirtschaftliche und rechtliche Grenzen[489]. Begründet die vorgenommene Situationsanalyse den Weg zu einem verstärkten Einsatz alternativer Finanzierungsinstrumente für kommunale Investitionsvorhaben?

Zumindest gewinnen die Möglichkeiten des Einsatzes privaten Kapitals zur Finanzierung kommunaler Infrastruktur zunehmend an Bedeutung. Im folgenden sollen Finanzierungsmodelle vorgestellt werden, bei denen private Investoren an kommunalen Investitionsprojekten wie kommunalen Verwaltungsimmobilien oder an einer strategischen Ausrichtung in Richtung neuer Wettbewerbsmärkte wie z.B. im liberalisierten Strommarkt beteiligt werden können. Doch was beinhaltet in diesem Zusammenhang eine private Finanzierung kommunaler Infrastrukturinvestitionen?

Im engeren Sinne wird darunter ein Finanzierungsgeschäft verstanden, an dem die öffentliche Hand nicht beteiligt ist. Hier ist bspw. an eine gewerbliche Finanzierung einer Fabrikanlage durch private Investoren ohne Rückgriff auf öffentliche Mittel zu denken. Es muß darüber muß diskutiert werden, wann aus einer privaten Finanzierung eine gemischte oder kommunale Finanzierung wird. Diese Diskussion kann bereits bei der Inanspruchnahme öffentlicher Kreditmittel beginnen (bspw. ERP-Darlehen für neue Technologien), wenn eine öffentliche Bank als Kreditgeber fungiert, oder wenn der Staat als Konzessionsgeber mittelbar in die Besicherungspflicht genommen wird (in Form von Ausfallbürgschaften). Der Übergang von „privat" zu „öffentlich" ist in der Praxis fließend. Im folgenden werden unter dem Stichwort „private Finanzierung" Alternativen zur klassischen Kommunalkreditfinanzierung unter Beteiligung privaten Kapitalvermögens verstanden. Dabei wird nicht der Versuch unternommen, zweckmäßige Organisationsmodelle[490] mit dazu passenden Finanzierungsformen zu finden. Es werden ausschließlich alternative Finanzierungsformen kommunaler Infrastrukturinvestitionen diskutiert.

488 Vgl. M. Gellert u. W. Kolodzey, [Berücksichtigung], 1993, S. 43.

489 Vgl. zudem M. Weber u. H.-J. Massenberg, [Infrastrukturvorhaben], 1994, S. 10.

490 Hier ist bspw. das Betreibermodell zu nennen. Das Betreibermodell – erstmals entwickelt für Kläranlagen in Niedersachsen – kann mit verschiedenen Finanzierungsmodellen (u.a. Leasing-Factoring-Finanzierung, Projektfinanzierung) kombiniert werden, vgl. G. Zimmermann, [Finanzierungs- und Organisationsmodelle], 1997, S. 411.

Angesichts des Investitions- und Finanzierungsbedarfes stellt sich die Frage, ob anlagesuchendes privates Kapital zu Investitionszwecken zur Verfügung steht, bzw. unter welchen Voraussetzungen privates Kapital für kommunale Investitionen mobilisiert werden kann.

Aufgrund der auch im internationalen Vergleich dauerhaft hohen Sparquote[491] hatten die privaten Haushalte mit ständigem Sitz in Deutschland im Jahr 1995 ein Geldvermögensbestand[492] von rund 5 Billionen DM angesammelt[493]. Davon befanden sich Aktienbestände im Kurswert von rund 250 Milliarden DM in den Portefeuilles privater Haushalte[494].

Die öffentliche Gesamtverschuldung betrug zum Ende der 80er-Jahre rund 1,4 Billionen DM. Sie ist, u.a. bedingt durch die hohen öffentlichen Transferzahlungen im Zuge der Wiedervereinigung nach Ostdeutschland, bis zum Ende des Jahres 1998 auf rund 2,5 Billionen DM angestiegen. Gleichzeitig wuchs aber auch das private Geldvermögen; im Jahr 1997 betrug alleine die Geldvermögensbildung (u.a. Zins- und Dividendenerträge) bei den privaten Haushalten 243 Milliarden DM[495].

Das Problem ist, wie aus dem vorhandenen privaten Geldvermögen bzw. den daraus erzielten Zins- und Dividendenerträgen kommunale Infrastrukturinvestitionen mitfinanziert werden können. Zur Problemlösung müssen die jeweiligen Finanzierungsformen zumindest anlagesuchend konzipiert werden, denn ohne eine lukrative Investitionsrendite wird eine Plazierung bei privaten Investoren nicht erfolgreich sein[496].

3.4.1. Kommunal-Leasing[497]

Als Alternative zur Kreditfinanzierung bieten sich verschiedene Finanzkonstruktionen an. An erster Stelle steht in diesem Zusammenhang das sog. „Leasing"[498]. Leasing hat in seiner Funktion als Finanzierungsinstrument seit der Gründung der ersten Leasinggesellschaften im Jahr 1962[499] für die gewerbliche private Wirtschaft in Deutschland eine wesentliche Bedeutung erlangt. Das gesamte Leasing-Volumen für bewegliche und unbewegliche Wirtschaftsgüter betrug nach Angaben des Münchener Wirtschaftsforschungsinstitutes ifo im Jahr 1996 61,4 Milli-

---

491 Allerdings ist die Sparquote in Deutschland von rund 14 % nach der deutschen Wiedervereinigung auf 10,9 % im Jahr 1997 gesunken. Die Sparquote mißt die Netto-Ersparnis der privaten Haushalte als Anteil des verfügbaren Einkommens, vgl. Deutsche Bundesbank, [Finanzierungsrechnung], 1998, S. 15.

492 Der Begriff „Geldvermögen" ist in der Finanzierungsrechnung der Deutschen Bundesbank – wie international üblich – recht weit gefaßt. Außer Gläubiger-Schuldnerverhältnissen werden hierzu auch Finanzanlagen in Form von Aktien und sonstigen Beteiligungen, ferner Ansprüche gegen Versicherungen sowie die als Forderung an die übrige Welt ausgewiesenen Bestände an finanziellem Gold gerechnet. Hingegen werden alle anderen zu Geldanlage dienenden Sachgüter (Sammlungen, Kunstgegenstände) nicht berücksichtigt, vgl. Deutsche Bundesbank, [Finanzierungsrechnung], 1998, S. 18.

493 Vgl. Deutsche Bundesbank, [Finanzierungs- und Anlageinstrument], 1997, S. 35.

494 Vgl. ebenda S. 35.

495 Vgl. Deutsche Bundesbank, [Finanzierungsrechnung], 1998, S. 18.

496 Vgl. G. Merl, [Finanz- und Schuldenmanagement], 1994, S. 491.

497 Zum Kommunalleasing, vgl. M. Kroll, [Leasing-Handbuch], 1998.

498 Dem Leasing verwandt ist der Mietkauf, der daher nicht gesondert behandelt werden soll, vgl. T. Ergenzinger, [Kommunalleasing], 1996, S. 16.

499 Dies waren die Deutsche Anlagen Leasing GmbH und die Deutsche Leasing AG. Ihr folgten die Gründung weiterer Leasinggesellschaften, die vornehmlich von Kreditinstituten getragen wurden, die an der Refinanzierung interessiert sind, vgl. B. Fahrholz, [Unternehmensfinanzierung], 1998, S. 142.

arden DM[500]. Der Anteil des Leasing an den gesamtwirtschaftlichen Anlageinvestitionen[501], die sog. Leasingquote, beträgt rund 12 %[502]. Während für gewerbliche Unternehmen selbstverständlich ist, bei Investitionsüberlegungen das gesamte Finanzierungsspektrum, also auch Leasing in Anspruch zu nehmen, ist Leasing im kommunalen Bereich unterrepräsentiert[503]. Das Leasingvolumen im kommunalen Bereich beträgt seit den Jahren 1993/1994 - mit allerdings leicht ansteigender Tendenz - jährlich rund eine Milliarde DM[504]. Die seltene Nutzung des kommunalen Leasing wirft die Frage auf, inwiefern kommunalrechtliche Hindernisse einer weiteren Verbreitung im Wege stehen bzw. an welche Grenzen das Leasing im kommunalen Bereich stößt.

Für den Begriff „Leasing“ existiert keine Legaldefinition. Eine rechtliche Normierung des Leasingbegriffs wurde erst durch (höchst-)richterliche Rechtsprechung und diverse Erlasse entwickelt, die sich nunmehr zu einer konkreten Begriffsbestimmung verwenden lassen[505]. Leasing kann allgemein als eine zeitweise, vertragsmäßig geregelte Nutzungsüberlassung von Wirtschaftsgütern gegen Entgelt, wobei zwischen dem Hersteller des Wirtschaftsguts und dessen Verwender eine Leasinggesellschaft (Leasinggeber) als Käufer und Vermieter eingeschaltet wird, definiert werden[506]. Leasinggesellschaften sind Finanzierungsinstitute und häufig konzernrechtlich „Töchter“ von Kreditinstituten bzw. Institute, an denen Kreditinstitute beteiligt sind. Sie erwerben das Wirtschaftsgut und überlassen es als Leasinggeber Wirtschaftssubjekten als Leasingnehmer zur Nutzung gegen Zahlung von Leasingraten während der Nutzungsdauer.

Als Kommunal-Leasing wird das Verleasen von Wirtschaftsgütern an eine Kommune[507] auf der Grundlage eines Leasing-Vertrages bezeichnet[508]. Verleast werden im kommunalen Bereich bewegliche Wirtschaftsgüter wie EDV-Anlagen, Fahrzeuge etc. (Mobilien-Leasing)[509]. Werden demgegenüber unbewegliche, an einen festen Standort gebundene Wirtschaftsgüter wie bspw. schlüsselfertige Verwaltungsgebäude, Feuerwehrgerätehäuser, Sporthallen etc. an eine Kommune verleast, bezeichnet man dies als kommunales Immobilien-Leasing[510]. Der Leasingvertrag wird auf einen bestimmten Zeitraum abgeschlossen. Für diesen Zeitraum stellt der Leasingge-

---

500 Von dieser Summe entfielen DM 24,8 Mrd. DM auf Mobilien-Leasing, DM 10,6 Mrd. DM auf Immobilien-Leasing und rund DM 26 Mrd. DM auf herstellerabhängiges Leasing; vgl. H. Riener, [Vormarsch], 1997, S. 20.

501 Davon ausgenommen ist der Wohnungsbau.

502 Vgl. B. Fahrholz, [Unternehmensfinanzierung], 1998, S. 143.

503 Vgl. G. Schwarting, [Kommunales Kreditwesen], 1994, S. 128 bzw. T. Ergenzinger, [Kommunalleasing], 1996, S. 1.

504 Vgl. A. Städtler, [Leasing], 1994, S. 12 u. A. Städtler, [Deutschland], 1995, S. 1. Die Geschäftsleitung der Deutschen Anlagen Leasing GmbH, Mainz, beobachtete in der ersten Hälfte der 90er Jahre jedoch eine gestiegene Nachfrage im kommunalen Leasinggeschäft, vgl. o.V., [Kommunal-Leasing], 1995, S. 15. Alleine die Stadt München hat im Zeitraum von 1979/1980 bis 1996/1997 Investitionsvorhaben in Höhe von etwa 3,2 Mrd. DM geleast. Angesichts eines jährlichen Investitionsvolumens von rund 1,5 bis zwei Mrd. DM ist dieser Leasingbeitrag nicht unbedeutend, vgl. R.E. Sperl, [München], 1997, S. B 6.

505 Vgl. T. Ergenzinger, [Kommunalleasing], 1996, S 5-34.

506 Vgl. J. Drukarczyk, [Finanzierung], 1993, S. 463 bzw. H.E. Büschgen, [Bankbetriebslehre], 1993, S. 365.

507 Als Leasingnehmer können neben der Kommune auch die Regiebetriebe und die Eigenbetriebe in Betracht kommen, vgl. Kl. Feinen, [Finanzierungsvariante], 1994, S. 90.

508 Vgl. T. Schweisfurth, [Sicht], 1995, S. 232.

509 Vgl. G. Schwarting, [Kreditwesen], 1994, S. 130.

510 Vgl. Kl. Spremann, [Wirtschaft], 1996, S. 347 bzw. A. Dörhöfer, [Kommunales Immobilien-Leasing], 1992, S. 14.

ber der Kommune die Immobilie gegen Zahlung von Leasingraten zur Verfügung. Im Gegensatz zum Mobilien-Leasing, das oft standardisiert ist, werden beim Immobilien-Leasing spezielle Einzelverträge ausgehandelt. Die Finanzierungsvarianten des kommunalen Mobilien-Leasing werden im Fortgang der Untersuchung nicht problematisiert, da im kommunalen Bereich aufgrund der Objektstruktur Vertragsformen des Immobilien-Leasing dominieren[511].

3.4.1.1. Kommunales Finanzierungsleasing

Beim Kommunal-Leasing wird das vorgesehene Investitionsobjekt langfristig mit der Möglichkeit eines späteren Ankaufs an die Kommune vermietet[512]. Gemeinsames Merkmal der Leasingverträge ist, daß der Leasinggeber zivilrechtlich Eigentümer der Immobilie ist, daß aber der Leasingnehmer die Stellung eines wirtschaftlichen Eigentümers einnehmen kann[513]. Wirtschaftlicher Eigentümer i.S. des § 39 Abs. 2 Nr. 1 S. 1 AO ist, wer die tatsächliche Herrschaft über ein Wirtschaftsgut in der Weise ausübt, daß er den rechtlichen Eigentümer im Regelfall für den Zeitraum der gewöhnlichen Nutzungsdauer von der Einwirkung auf das Wirtschaftsgut rechtlich oder wirtschaftlich ausschließen kann. Insofern wäre die Kommune als Leasingnehmerin während der Leasingdauer als wirtschaftliche Eigentümerin anzusehen. Damit die Immobilie jedoch dem Leasinggeber wirtschaftlich (und damit steuerrechtlich) zugerechnet werden kann, muß der Zeitraum (sog. Grundmietzeit, in der eine Kündigung ausgeschlossen ist[514]) bestimmte Bedingungen erfüllen: Die Grundmietzeit darf nicht weniger als 40 %, aber auch nicht mehr als 90 % der betriebsgewöhnlichen Nutzungsdauer des Leasingobjektes betragen. Als betriebsgewöhnliche Nutzungsdauer sind nach § 7 Abs. 4 S. 1 Nr. 1 EStG - für Bauanträge nach dem 31.03.1985 - 25 Jahre anzusetzen, so daß die im Leasingvertrag zugrunde gelegte unkündbare Grundmietzeit bei Immobilien üblicherweise zwischen 15 und 22,5 Jahren beträgt. Somit wird explizit durch den Leasingvertrag die steuerrechtliche Zuordnung des Leasingobjektes zum Leasinggeber geregelt, so daß Betriebsausgaben in Form von gewinnmindernden Absetzungen für Abnutzung (AfA) auf das Wirtschaftsgut beim Leasinggeber entstehen.

Eine Zurechnung der Immobilie erfolgt nicht beim Leasinggeber, wenn es sich um ein sog. Spezialleasing handelt[515]. Dies ist der Fall, wenn es sich beim Leasingobjekt um ein spezielles, für die individuellen Verhältnisse des Leasingnehmers ausgewähltes Objekt handelt und nach Ablauf der Leasingdauer nur von diesem wirtschaftlich sinnvoll genutzt werden kann[516]. Spezialleasingobjekte, wie z.B. Abwasserbeseitigungsanlagen samt Gebäuden, werden beim Leasingnehmer bilanziert[517].

---

511 Vgl. T. Ergenzinger, [Kommunalleasing], 1996, S. 152 bzw. R. Sperl, [Sonderfinanzierung], 1992, S. 180. Zum Moblien-Leasing als Finanzierungsalternative für Kommunen, vgl. W. Hufnagel, [Verwaltung], 1998, S. 199.

512 Vgl. H. Jünger, J. Walter u. A. Götz, [Finanzmanagement], 1997, S. 100 ff.

513 Vgl. M.J. Matschke u. Th. Hering, [Kommunale Finanzierung], 1998, S. 164.

514 Vgl. ebenda S. 166.

515 Zum Spezialleasing vgl. T. Ergenzinger, [Kommunalleasing], 1996, S. 41 ff.

516 Bei Immobilien wird das Spezialleasing entweder aus der besonderen Lage des Leasingobjektes (bspw. liegt der Standort mitten auf dem Fabrikgelände des Leasingnehmers) oder durch seine spezielle Beschaffenheit und fehlende Fungibilität (fehlende dingliche Verwertungsmöglichkeit) begründet.

517 Vgl. G. Zimmermann, [Finanzierungs- und Organisationsmodelle], 1997, S. 406. Zur Problematik des Spezialleasing, vgl. H. Rehm, [Neue Wege], 1994, S. 40-42.

Spezialleasing spielt im kommunalen Bereich eine wichtige Rolle, da kommunale Investitionsprojekte häufig besonders auf spezielle öffentliche Anforderungen zugeschnitten sind. Wenn mit dem Leasing-Objekt hoheitliche Aufgaben wahrgenommen werden, die nicht privatisierbar sind, liegen nach Ansicht der Finanzverwaltung die Voraussetzungen des Spezialleasing vor. Insofern liegt ein wichtiges Entscheidungskriterium darin, welche kommunale Aufgabe mit der geleasten Einrichtung erfüllt wird[518]. Durch entsprechende Formulierungen im Leasingvertrag kann jedoch das materielle Investitionsrisiko auf den Leasingnehmer übertragen werden[519], primär durch eine Freistellung des Leasinggebers von der Haftung, Beschädigung und Instandhaltung des Leasingobjektes[520]. Der Leasingnehmer übernimmt dann praktisch alle Risiken, die auch ein Käufer eines Wirtschaftsgutes zu tragen hätte[521]. Durch diese Regelung stellt diese spezielle Finanzierungsform eine Alternative zur kommunalen Investitionsfinanzierung dar[522]. Daher spricht man bei Leasingverträgen, bei denen sich der Leasinggeber gegenüber der Kommune auf die reine Finanzierungsfunktion beschränkt, vom Finanzierungsleasing[523]. Wesentlicher Vertragsbestandteil des Leasingvertrages ist die Vereinbarung der Grundmietzeit, während der Leasingvertrag nicht gekündigt werden kann[524]. Ein wichtiger Aspekt bei der Entscheidung, ob eine geplante kommunale Investition geleast oder durch einen Kommunalkredit finanziert werden soll, ist die Analyse ökonomischer Vorteile aufgrund der Leasingkonstruktion (vgl. auch § 82 Abs. 2 NGO). Bei Leasingnehmern in der juristischen Person des Privatrechts sind primär steuerrechtliche Vorteile zu beachten, die mit einer Leasingfinanzierung verbunden sind. Zum einen handelt es sich um Kürzungen der Gewerbesteuer, da im Falle einer Kreditfinanzierung i.S. des § 8 Nr. 1 GewStG die entfallenden Zinszahlungen auf die Dauerschulden zu 50 % in die Bemessungsgrundlage der Gewerbeertragsteuer einbezogen werden. Zum anderen besteht ein Anreiz zur Leasingfinanzierung darin, daß die Leasingraten i.S. der §§ 7 Abs. 1 u. 2 KStG i.V. mit 8 Abs. 1 KStG und § 4 Abs. 4 EStG[525] steuerlich als Betriebsausgaben abzugsfähig sind. Dieser Steuerstundungseffekt ist um so größer, je kürzer die Grundmietzeit im Vergleich zur betriebsgewöhnlichen Nutzungsdauer ist, da dann die auf die Grundmietzeit verrechneten Leasingraten in der Regel über denen bei einem Kauf mit normaler Fremdfinanzierung (AfA und Zinszahlungen) liegen. Dabei ist zu berücksichtigen, daß es sich beim Leasing nicht um eine andere Verteilung eines insgesamt gleichen Aufwands, sondern

518 Vgl. B. Fahrholz, [Unternehmensfinanzierung], 1998, S. 155.

519 Vgl. H. Rehm, [Neue Wege], 1994, S. 23 u. 29 bzw. U. Kirchhoff u. H. Müller-Godeffroy, [Finanzierungsmodelle], 1996, S. 50.

520 Vgl. H.E. Büschgen, [Leasing], 1989, S. 470 ff.

521 Vgl. U. Kirchhoff u. Müller-Godeffroy, [Finanzierungsmodelle], 1996, S. 50.

522 Vgl. H. Rehm, [Neue Wege], 1994, S. 23. Anderer Auffassung ist E. Heuer: Leasing oder ähnliche Mietvertragsgestaltungen fallen bereits verfassungsrechtlich (Artikel 110, 115 und 109 GG) nicht unter den Begriff der Investition. Als öffentliche Investition kommt in verfassungsrechtlich einwandfreier Weise nur die Veranschlagung als Kauf oder Baumaßnahme in Betracht. Beim Leasing handelt es sich aber – auch bewußt aus steuerrechtlichen Gründen – um eine Investition des privaten Leasinggebers. Somit ist eine Veranschlagung von Leasingraten unter dem Begriff der öffentlichen Investition nicht verfassungsgemäß und Leasing kann daher nicht als alternative öffentliche Investitionsfinanzierung angesehen werden, vgl. E. Heuer, [Finanzmanagements], 1995, S. 206 ff.

523 Vgl. G. Schwarting, [Kommunales Kreditwesen], 1994, S. 128 bzw. M.J. Matschke u. Th. Hering, [Kommunale Finanzierung], 1998, S. 166.

524 Vgl. R. Dautel, [Kommunale Sonderfinanzierung], 1997, S. 89.

525 Exemplarisch seien hier die Normen für Kapitalgesellschaften genannt.

zumeist um eine andere Verteilung eines insgesamt höheren Aufwands[526] als bei einem fremdfinanzierten Kauf handelt. Des weiteren wird als Vorteil des Leasing bei juristischen Person des Privatrechts gesehen, daß beim Leasingnehmer im Vergleich zum Kauf und 100 %-iger Fremdfinanzierung eine Bilanzverlängerung mit entsprechender Verschlechterung der Eigenkapitalquote vermieden wird[527].

Da die Kommunen[528] bei der Erfüllung öffentlicher Aufgaben im Hoheitsbereich im Rahmen einer Haushaltsfinanzierung keiner Steuerpflicht unterliegt und nicht bilanzierungspflichtig sind[529], fallen für Kommunen sowohl steuerrechtliche als auch bilanzierungstechnische Gesichtspunkte für die Abwägung der Alternativen Kredit- versus Leasingfinanzierung nicht ins Gewicht[530]. Insofern sind die Möglichkeiten zur Steuereinsparung in Leasingverträgen mit der Kommune als Leasingnehmer nicht existent. Der Kostenvergleich der Finanzierungsalternativen muß sich ausschließlich an den Finanzierungskosten orientieren. Bezogen auf die Finanzierungskosten kann Leasing aus Sicht der Kommune keine Vorteile bieten. Die Leasinggesellschaften refinanzieren sich über Banken bzw. den Kapitalmarkt. Dies wird aufgrund ihrer vergleichsweise höheren Refinanzierungskosten im Regelfall ungünstiger sein als eine Kommunalkreditfinanzierung[531]. Der Vorteil der Kommunalkreditfinanzierung kommt allerdings nur dann zum Tragen, wenn als Prämisse zugrunde gelegt wird, daß die Gesamtkosten eines Investitionsprojekts unabhängig von der Investitionsentscheidung kommunalkreditfinanzierter Kauf bzw. Leasing in gleicher Höhe anfallen[532].

3.4.1.2. Kommunales Full-Service-Leasing

Bei gleicher Grundkonzeption und gleichen kommunalen Einsatzmöglichkeiten unterscheidet sich Full-Service-Leasing vom Finanzierungsleasing durch ein erweitertes Leistungsangebot des Leasinggebers. Zusätzlich zur Finanzierung umfaßt Full-Service-Leasing die gesamte Pro-

---

526 Insbesondere durch zu berücksichtigende Verwaltungskosten und Gewinnaufschläge des Leasinggebers.

527 Im Falle des Abschlusses eines Leasingvertrages wäre dies nicht der Fall, wenn das Leasingobjekt beim Leasingnehmer nicht aktiviert und die Leasingverbindlichkeiten nicht passiviert würden. Die Leasingraten würden in der Gewinn- und Verlustrechnung unter den sonstigen Aufwendungen ausgewiesen. Zu beachten ist hier allerdings, daß ein Leasingvertrag in Verbindung mit festen, vertraglich vereinbarten, während der Grundmietzeit nicht zu ändernden Ratenzahlungen die weiteren Verschuldungsmöglichkeiten des Leasingnehmers nur dann nicht berührt, wenn potentiellen Kreditgebern diese Zahlungsverpflichtungen verschwiegen würden.

528 Bzw. die kommunalen Hoheitsbetriebe.

529 Ein differenziertes Bild ergibt sich bei Finanzierungsentscheidungen kommunaler Eigengesellschaften. Da Eigengesellschaften steuerrechtlich einer privatwirtschaftlichen Kapitalgesellschaft gleichgestellt sind, sind steuerrechtliche Aspekte in die Leasingentscheidung miteinzubeziehen. Des weiteren finden die Bestimmungen des Kommunalrechts bei Leasingentscheidungen kommunaler Eigengesellschaften durch den fehlenden Genehmigungsprozeß keine Anwendung. Leasingentscheidungen von kommunalen Eigengesellschaften werden daher nicht unter der Finanzierungsform des Kommunalleasing subsumiert, vgl. D. Grashoff, [Bereich], 1990, o. Seitenangabe.

530 Bei der Kommune fallen allerdings haushaltstechnische Unterschiede an. Während die Anschaffung des Investitionsobjektes und die Kreditfinanzierung im Vermögenshaushalt veranschlagt werden, wird die Leasingrate als laufende Auszahlung im Verwaltungshaushalt berücksichtigt. Zu dem Argument aus praxisorientierter Sicht, daß Leasing den Verschuldungsspielraum der Kommune und insofern die Leistungsfähigkeit nicht einschränkt, gilt das bereits Ausgeführte.

531 Vgl. G. Schwarting, [Kommunales Kreditwesen], 1994, S. 133.

532 Vgl. D. Budäus, [Instrumente], 1982, S. 187.

jektabwicklung für das Investitionsvorhaben einschließlich Planung, Bauleitung und Kostenkontrolle[533].

Nachdem Leasing in der Regel aus rein finanzierungstechnischen Gründen im kommunalen Bereich keine Vorteile bieten kann, ist zu prüfen, ob durch eine Auslagerung von Servicefunktionen auf den Leasinggeber eine Überkompensierung der Finanzierungkostennachteile beim Leasing möglich ist. Vorteile für die Kommune als Leasingnehmerin werden darin gesehen, daß diese eigenen Verwaltungsaufwand spart, und daß die Leasinggesellschaft auf Grund ihrer Marktübersicht und Spezialisierung mit festen Standards und Planungsvorgaben das Investitionsprojekt kostengünstiger - einhergehend mit einer kürzeren Bauzeit - durchführen kann als die Kommune[534]. Das Full-Service-Leasing könnte dann trotz der höheren Finanzierungskosten kostengünstiger sein als die herkömmliche kommunale Projektabwicklung, wenn die leistungswirtschaftlichen Vorteile die finanzwirtschaftlichen Nachteile überkompensieren[535]. Diese leistungswirtschaftlichen Vorteile sind dann das entscheidende Argument für kommunales Full-Service-Leasing. Gerade kleinere Kommunen verfügen nicht über die professionellen Kenntnisse und Marktübersichten, um bspw. Größenvorteile in Form von Rabatten realisieren oder die Preiswürdigkeit von Investitions- und Finanzierungsangeboten beurteilen zu können[536].
Kommunale Full-Service-Angebote von Leasinggesellschaften sind jedoch kritisch zu betrachten. In der Literatur wird vorgeschlagen, daß die Kommunen selbst durch Kombination einer Beauftragung eines Generalunternehmers mit der vorteilhaften eigenen Kommunalkreditfinanzierung das Full-Service-Leasing unter Kostengesichtspunkten unterbieten können[537]. Die kostenverursachende Zwischenschaltung einer gewinnorientierten Leasinggesellschaft könnte umgangen werden. Beispiele aus den alten Bundesländern belegen, daß Kommunen diesen Weg in der Vergangenheit eingeschlagen haben[538].

Dieser Betrachtung muß zumindest entgegengesetzt werden, daß bspw. das Nachverhandlungsverbot für die Kommunen mit den Generalunternehmern einen erheblichen Kostennachteil darstellt[539], so daß anzunehmen ist, daß Leasinggesellschaften bessere Konditionen in ihren Verhandlungen durchsetzen können, nicht zuletzt aufgrund professioneller Marktkenntnisse und einer starken Marktstellung. Des weiteren wird die Leasinggesellschaft im Gegensatz zu einem direkt von der Kommune, per Ausschreibungsverfahren beauftragten Generalunternehmer, in der Regel ein größeres Interesse an der Bauqualität des Investitionsobjektes haben: Ein Generalunternehmer ist dem Investitionsobjekt nach Ablauf der Gewährleistungsfrist nicht gesondert verpflichtet[540]. Zudem kann die Interessenlage der Leasinggesellschaft als Eigentüme-

---

533 Eine Quantifizierung dieser Kosten ist sehr schwierig, vgl. ebenda S. 188. Vgl. auch H. Jünger, J. Walter u. A. Götz, [Finanzmanagement], 1997, S. 104.

534 Vgl. G. Schwarting, [Kommunales Kreditwesen], 1994, S. 134.

535 Vgl. U. Kirchhoff u. H. Müller-Godeffroy, [Finanzierungsmodelle], 1996, S. 54.

536 Vgl. H. Rehm, [Neue Wege], 1994, S. 28.

537 In Anlehnung an G. Schwarting, [Kommunales Kreditwesen], 1994, S. 135 f. bzw. M.J. Matschke u. Th. Hering, [Kommunale Finanzierung], 1998, S. 170.

538 Vgl. Kl. Uhlig, [Private Public Partnership], 1990, S. 114 f.

539 Kommunen ist es gemäß § 24 Nr. 3 VOB/A verboten, mit dem Anbieter, der den Zuschlag erhält, in Nachverhandlungen zu treten. Dieses Nachverhandlungsverbot wird als die Bauerstellungskosten erhöhend erachtet. Private Bauherren, bspw. Leasingesellschaften, können dagegen mit dem günstigsten oder den günstigsten Bietern in Nachverhandlungen treten.

540 Erhält die Kommune gemäß § 13 Nr. 4 VOB/B nur ein- bis zweijährige Gewährleistungsgarantien auf die Bauausführung, so können Leasinggesellschaften eine gesetzlich bis zu fünfjährige Gewährleistungsfrist am Markt durchsetzen, vgl. J.-K. Fromme, [Praxis], 1994, S. 136.

rin der Immobilie Vorteile für die Kommune beinhalten, u.a. dadurch, daß eine erhöhte Bauqualität der Immobilie bei einer Leasingfinanzierung aufgrund evtl. Instandhaltungspflichten der Leasinggesellschaft gegeben sein kann[541].

Eine Trennung von Finanzierung und Erstellung könnte zur Folge haben, daß erzielbare Synergien aus Bauen und Finanzieren beim Full-Service-Leasing verloren gehen würden. Insofern bleibt es der Kommune (und der kommunalen Aufsichtsbehörde) nicht erspart, für jedes Investitionsvorhaben eine einzelfallbezogene Wirtschaftlichkeitsanalyse durchzuführen, um jeweils die kostengünstigste Finanzierungsentscheidung zu treffen.

3.4.1.3. Kombinationen von Kommunal-Leasing und Factoring

Kommunal-Leasing steht ohne die Möglichkeit der Ausschöpfung von Optimierungsmöglichkeiten im leistungswirtschaftlichen Bereich unter einem enormen Kostendruck, da die Leasinggesellschaft als Finanzintermediär aufgrund der Bonitätsstruktur der Kommune nicht die gleichen Refinanzierungskondititionen wie ihre Leasingnehmerin erzielen kann. Mit der folgenden Konstruktion könnte dies im Einzelfall umgangen werden:

Mit dem Leasingvertrag erwirbt der Leasinggeber eine Forderung gegen die Kommune auf Zahlung der vereinbarten Leasingraten, die wegen der Bonität der Kommune als sicher anzusehen sind[542]. Zur Finanzierung der Anschaffung bzw. Herstellung des Investitionsobjektes verkauft der Leasinggeber diese Forderungen gegen die Kommune vor Baubeginn an ein Finanzierungsinstitut (Factoring[543]), das wiederum die notwendigen Finanzierungsmittel in Höhe des Forderungskaufpreises (finanzmathematisch ermittelter Barwert der Forderungen) bereitstellt[544]. Das Kreditinstitut erhält somit Ansprüche gegen die Kommune, die den an den Factoringkunden ausgezahlten Kaufpreis während der Leasingdauer amortisieren. Der Verkauf stellt eine Abtretung i.S. des § 398 BGB dar, durch den der Factor bzw. die Bank die Stellung der Forderungsgläuberin einnimmt.

Bei der banktechnischen Kalkulation wird von der zu finanzierenden Baukostensumme ausgegangen, die insgesamt durch den Kaufpreis zu decken ist. Aus diesem Kaufpreis werden durch Anlegung des von dem Kreditinstitut für Finanzierungsgeschäfte dieser Art gewählten Kalkulationszinssatzes die (Teil-)Leasingraten bestimmt, die zur Verzinsung und Tilgung des Forderungskaufpreises erforderlich sind[545]. Aufgrund der Bonität der Kommune kann der Kalkulationszinssatz in etwa dem Zinssatz für Kommunalkredite entsprechen. Die Konditionen sind bei einem kommunalen Factoring günstiger als die Sätze für „erste Bonitätsadressen" am Kreditmarkt, wie sie den kommunalen Eigengesellschaften in Form der Stadtwerke GmbH oder bonitätsmäßig einwandfreien privatwirtschaftlichen Unternehmen regelmäßig zugänglich sind[546].

---

541 Vgl. T. Ergenzinger, [Kommunalleasing], 1996, S. 299 f.

542 Vgl. die Ausführungen in Abschnitt 3.3.1.1. der vorliegenden Arbeit.

543 Kommunales Factoring ist für Kreditinstitute keine neue Finanzierungstechnik; sie wird als Finanzierungstechnik zur Refinanzierung von Leasinggesellschaften in den letzten Jahren verstärkt angewandt, vgl. U. Schneider, [Kommunales Factoring], 1994, S. 241.

544 Vgl. U. Cronauge, [Kommunale Unternehmen], 1997, S. 232

545 Vgl. U. Schneider, [Kommunales Factoring], 1994, S. 241.

546 Vgl. auch R. Dautel, [Kommunale Sonderfinanzierung], 1997, S. 119 f.

Im Ergebnis könnten somit annähernd Kommunalkreditkonditionen erreicht werden[547]. Da die leasingspezifischen Kosten wie Verwaltungs-, Steuerkosten und Gewinnzuschläge des Leasinggebers und die Schwierigkeiten der Ermittlung des Übernahmepreises nach Ablauf der Grundmietzeit unverändert bleiben, kann diese Modellvariante unter finanzierungstechnischen Gesichtspunkten nur bedingt überzeugen[548]. Mit erheblichem zusätzlichem Verwaltungsaufwand für Kommune, Leasinggesellschaft und Kreditinstitut[549] – für Vorplanung, Vertragsausarbeitung, Verhandlungen ggf. Notariatskosten etc. – wird letztlich annähernd das erreicht, was zwischen Kommune und Kreditinstitut sowieso Geschäftsgrundlage ist: Der Zinssatz des Kommunalkredites. In der Literatur werden beim kommunalen Factoring Forderungskaufpreise, bedingt durch die sehr intensive, fachkundige Prüfung der basierenden Vertragswerke des kommunalen Factoring durch die Kreditinstitute, Größenordnungen von mindestens fünf Millionen DM genannt[550].

3.4.1.4. Kommunales Fonds-Leasing

Die Finanzierung durch einen Fonds unterscheidet sich hinsichtlich der Kapitalbeschaffung von anderen Formen des Leasing[551]. Ausgangsbasis der Fondsfinanzierung einer kommunalen Immobilie ist ein Finanzierungsleasing-Vertrag[552] zwischen einer Fondsgesellschaft als Leasinggeber und einem kommunalen Leasingnehmer[553]. Während sich Leasinggesellschaften nahezu ausschließlich über Fremdkapital finanzieren, stellen Fonds Kapitalsammelstellen für privates Anlagekapital dar[554], die als Sondervermögen durch den Verkauf von Anteilscheinen als Ei-

---

547 Vgl. U. Cronauge, [Kommunale Unternehmen], 1997, S. 232.

548 Vgl. A. Holtmann, [kommunaler], 1989, S. 218.

549 Anderer Auffassung sind U. Kirchhoff u. H. Müller-Godeffroy, [Finanzierungsmodelle], 1996, S. 73. Die Autoren beurteilen das kommunale Factoring als eine organisatorisch und verwaltungstechnisch vergleichbare einfache Lösung.

550 Vgl. U. Schneider, [Kommunales Factoring], 1994, S. 242. Eine erweiterte Finanzierungsvariante des Kommunal-Leasings stellt das Cross-Border-Leasing dar: Hier besteht ebenfalls die Möglichkeit, Finanzierungskonditionen zu erreichen, die unter denen einer national tätigen und sich refinanzierenden Leasinggesellschaft liegen, vgl. H. v. Stein u. Th. Schubert, [Cross Border Leasing], 1990, S. 679. Die Besonderheit dieses grenzüberschreitenden Leasings besteht darin, daß der Leasingvertrag sowohl steuer- als auch zivilrechtlich mindestens zwei Länder berührt. Durch Kombination unterschiedlicher nationaler leasingspezifischer Vorschriften gelingt es, Steuervorteile anzusammeln, die an den Leasingnehmer in Form günstiger Leasingraten weitergegeben werden können. Bspw. hat die Stadt Leipzig zur Finanzierung ihrer Straßenbahnen, ihrer Oper, ihres Gewandhauses, ihres Schauspielhauses und des Alten und Neuen Rathauses das Verfahren des Cross-Border-Leasing angewandt, vgl. o.V., [Leipziger Gewandhaus], 1998, S. 18. Aufgrund der erheblichen Komplexität und der damit verbundenen Kosten der Vertragskonzeption (u.a. Rechts- und Steuerberatungskosten über 1 Mio. DM) werden in der Literatur als kritische Investitionsgröße ca. 150 Mio. DM genannt, vgl. H. Goergen, [Cross-border Leasing], 1987, S. 17. u. A. Adam, [Stadtbahn], 1995, S. 11.

551 Vgl. G. Zimmermann, [Finanzierungs- und Organisationsmodelle], 1997, S. 406 u. H. Rehm, [Neue Wege], 1994, S. 30.

552 Der Vertrag beinhaltet ein Ankaufsrecht für die Kommune nach Ablauf der Grundmietzeit, vgl. J. Wahl, [Alternativen], 1992, S. 109.

553 Vgl. P. Friedrich u. J. Reich, [Aspekte], 1987, S. 12 f.

554 Leasingfonds lassen sich hinsichtlich ihrer Abhängigkeit von der Anlegerstruktur grundsätzlich in zwei Kategorien einteilen: Publikumsleasingfonds (Public Private Partnerships) oder institutionelle Leasingfonds (Private Placement); vgl. H.G. Utech u. Kl. Weinand-Härer, [Leasingfonds], 1998, S. 296 ff. Publikumsleasingfonds sind dadurch gekennzeichnet, daß die Fondsbeteiligung der Anleger im Privatvermögen gehalten wird. Üblicherweise handelt es sich um Anleger mit zu versteuerndem Einkommen im

genkapital und die Aufnahme von Fremdkapital Immobilien und kapitalintensive Mobilien finanzieren. Das Prinzip der kommunalen Fondsfinanzierung basiert auf der Beteiligung privater Kapitalanleger an der Finanzierung kommunaler Investitionsprojekte, bisher fast ausschließlich Immobilien[555]. Die Käufer der Fondszertifikate werden zu Miteigentümern und können steuerlich wie „Mitunternehmer" der Fondsgesellschaft behandelt werden[556]. Die hieraus resultierenden Steuervorteile sind für die Rentabilität der Kapitaleinlage von maßgeblicher Bedeutung[557].

Leasingfonds zur Finanzierung kommunaler Immobilieninvestitionen werden als „geschlossene Immobilienfonds" konzipiert[558]. Der geschlossene Immobilienfonds investiert das von ihm aufgebrachte Kapital ausschließlich in ein ganz bestimmtes, streng abgegrenztes kommunales Investitionsprojekt. Mit dem Fondsobjekt, d.h. mit der Höhe der für den Erwerb bzw. die Herstellung einer Immobilie notwendigen Gesamtinvestitionssumme, ergibt sich das vom Fonds aufzubringende Gesamtkapital. Dieses notwendige Kapital wird je nach Investitionsobjekt zu 30 bis 60 % durch den Verkauf von sog. Fondszertifikaten an Anleger aufgebracht[559], der Rest als Fremdkapital bei Kreditinstituten aufgenommen, wobei dies im Fall einer kommunalen Bürgschaft zu Kommunalkreditkonditionen erfolgen kann. Durch das risikotragende Fonds Kapital der Anleger wird die Finanzierungslücke ausgefüllt, die sich daraus ergibt, daß die auf das Leasingobjekt abstellende tradierte Beleihungswertprüfung der Kreditgeber vielfach bei 60 % der Gesamtinvestitionssumme ausläuft.

Mit der Plazierung aller aufgelegten Fondszertifikate und damit dem Erreichen der vorgesehenen Eigenkapitalhöhe[560] wird der Immobilienfonds „geschlossen"[561]. Die Fondszertifikate

---

oberen Steuerprogressionsbereich. Bei institutionellen Leasingfonds treten als Eigenkapitalgeber finanzkräftige und liquide Großunternehmen aus den Bereichen Banken, Versicherungen und Industrie auf. Im Unterschied zu den Publikumsleasingfonds wird die Beteiligung im Betriebsvermögen gehalten, vgl. Kl. Fohlmeister, [Alternative], 1994, S. 8. Für die folgenden Analysen wird die Struktur der Publikumsleasingfonds unterstellt.

555 In 1995 wurde erstmals in Deutschland (Stadt Bremen) ein kommunaler Mobilienfonds zur Finanzierung von 42 Straßenbahnwagen mit einem Investitionsvolumen von 142 Mio. DM aufgelegt, vgl. Fondsverwaltungsgesellschaft Allgemeine Leasing mbH, debis Fondsmanagement, [Bremer Straßenbahn AG], 1995.

556 Vgl. H. Rehm, [Finanzierung], 1996, S. 45.

557 Kommunen können die hohen Abschreibungsmöglichkeiten für Immobilien nicht nutzen, dagegen können private Unternehmen als Leasinggeber hier Vorteile erzielen, die sie teilweise an die Kommunen weitergeben können.

558 Eine andere Ausgestaltungsform für Publikumsfonds ist der „Offene Immobilienfonds". Bei derartigen Fonds ist weder der Kreis der Anteilseigner noch die Zahl und der Umfang der zum Fonds gehörenden Investitionsprojekte begrenzt. Das Fondsvermögen kann sich - analog zu Wertpapierfonds - mit dem fortlaufenden Absatz von Anteilscheinen laufend erhöhen. Zu weiteren Unterscheidungsmerkmalen von geschlossenen und offenen Immobilienfonds vgl. O. Borgmann, [Handels- und steuerrechtliche Probleme], 1987, S. 50 u.
P. Friedrich u. J. Reich, [Aspekte], 1987, S. 12 f. Die Ausgestaltungsform eines „Offenen Immobilienfonds" zur Finanzierung kommunaler Immobilien ist bisher im Rahmen des kommunalen Fonds-Leasing nicht üblich.

559 Vgl. U. Kirchhoff u. H. Müller-Godeffroy, [Finanzierungsmodelle], 1996, S. 60. Zur Erzielung eines entsprechenden Leverage-Effektes werden aber auch Fonds mit einem Fremdkapitalanteil von bis zu 80 % aufgelegt, vgl. H. Gründling, [Trend], 1994, S. 39. Ein derart hoher Fremdkapitalanteil ist möglich, wenn aufgrund des Standings und der langfristig einschätzbaren Bonität des Leasingnehmers davon ausgegangen werden kann, daß der Leasingnehmer seine Verpflichtungen aus dem Leasingvertrag erfüllen wird. Diese Voraussetzungen werden im Kommunal-Leasing gegeben sein.

560 Um derartige bis zu mehreren hundert Millionen DM umfassenden kommunalen Investitionen im Fonds-Leasing-Verfahren finanzieren zu können, ist es von großem Vorteil, wenn eine Leasinggesellschaft – wie z.B. die Deutsche Immobilien Leasing GmbH (DIL), Düsseldorf, als 100%-ige Tochter der

lauten in der Regel auf den Namen des Zeichners und können während der Vertragslaufzeit nicht an die Fondsverwaltung zurückgegeben werden.

Zentraler Aspekt der kommunalen Fonds ist die gesellschaftsrechtliche Konzeption, die zusammen mit dem Tätigkeitsfeld der Gesellschaft die steuerrechtlichen Konsequenzen determiniert. Aus der Perspektive der Fondszeichner ist zu differenzieren, welche Einkunftsart mit der Beteiligung am Fonds erzielt wird bzw. erzielt werden soll. Nach der zu erzielenden Einkunftsart muß auf der einen Seite der vermögensverwaltende Immobilienfonds in der Rechtsform einer Kommanditgesellschaft (KG, V&V Fonds; Einkünfte aus Vermietung und Verpachtung i.S. des § 21 Abs. 1 S. 1 Nr. 1 EStG[562]) und auf der anderen Seite der gewerbliche Immobilienfonds in der Rechtsform einer GmbH & Co.KG (Einkünfte aus Gewerbebetrieb i.S. des § 15 Abs. 3 Nr. 2 EStG[563]) unterschieden werden.

Der geschlossene Immobilienfonds zur Erzielung von Einkünften aus Vermietung und Verpachtung sollte aus steuerrechtlichen Gründen[564] in der Rechtsform einer KG betrieben werden[565], bei der die Komplementäre für die Verbindlichkeiten der Gesellschaft unbeschränkt haften, die Kommanditisten gemäß §§ 161 ff. HGB nur beschränkt mit der Höhe ihrer Kapitaleinlage. Bei der KG-Konstruktion ist die Kommanditgesellschaft gemäß §§ 161 Abs. 2 HGB i.V. mit 124 Abs. 1 HGB juristisch Eigentümerin der zum Fonds gehörenden Immobilien. Die Anteilscheininhaber sind ihrerseits Unterkommanditisten eines zwischengeschalteten Treuhandkommanditisten, häufig einer Bank. Die Anleger werden bei dieser Konstruktion nicht unmittelbar Eigentümer der Fondsimmobilien, sondern Gesellschafter der Kommanditgesellschaft[566].

Die nachfolgende Abbildung stellt das gesellschafts- und schuldrechtliche Grundmodell einer kommunalen Fondsfinanzierung auf der Basis einer Kommanditgesellschaft dar:

Deutschen Bank AG – die Möglichkeit hat, auf die Plazierungskraft eines Bankhauses mit flächendeckendem Filialnetz zurückzugreifen zu können.

561 Vgl. H. Rehm, [Neue Wege], 1994, S 30.

562 Nach dieser Rechtsvorschrift können (steuerrechtliche) Vermietungs- und Verpachtungsverträge unbewegliches Vermögen, insb. Grundstücke, Gebäude, Gebäudeteile sowie Erbbaurechte zum Gegenstand haben.

563 In § 15 Abs. 3 Nr. 2 EStG sind die Geprägegrundsätze verankert. Eine GmbH & Co.KG gilt als gewerblich geprägt, sofern der persönlich haftende Gesellschafter eine Kapitalgesellschaft ist – hier die GmbH – und nur diese oder Personen, die nicht Gesellschafter sind, zur Geschäftsführung befugt sind; § 15 Abs. 3 Nr. 2 EStG. Insofern muß i.S. des § 15 Abs. 3 Nr. 1 EStG im Umkehrschluß bei der GmbH & Co.KG einer der Kommanditisten explizit zur Geschäftsführung bestellt sein, um eine durch die Rechtsform geprägte Gewerblichkeit der Gesellschaft zu vermeiden. Aus Gründen der Rechtssicherheit sollte allerdings nach Möglichkeit auf diese Konstruktion verzichtet werden; im folgenden wird die Rechtsform der GmbH & Co.KG nicht weiter behandelt. Ebenso finden die Rechtsformen der Kapitalgesellschaft (AG, GmbH) bei der Konstruktion von Leasingfonds i.d.R. keine Anwendung, da die Möglichkeit der direkten Verlustzuweisung an die Gesellschafter bei diesen Rechtsformen nicht besteht und die Gewerbesteuerpflicht der Gewinne sich zudem nachteilig auswirken kann, vgl. St. Loipfinger, L. jr. Nickel u. U. Richter, [Geschlossene Immobilienfonds], 1994, S. 30.

564 Der Vorteil liegt darin, daß bei dieser Konstruktion keine Gewerbesteuer zu zahlen ist.

565 Vgl. H. Rehm, [Finanzierung], 1996, S. 45. Die Fonds können aber auch als Bruchteilsgemeinschaften gemäß § 741 BGB konstruiert werden. Die Rechtsform der BGB-Gesellschaft ist jedoch im Rahmen von Leasingfonds untypisch, vgl. H.E. Büschgen, [Flugzeug-Leasingfonds], 1995, S. 36.

566 Vgl. H.G. Utech u. Kl. Weinand-Härer, [Leasingfonds], 1998, S. 311 ff.

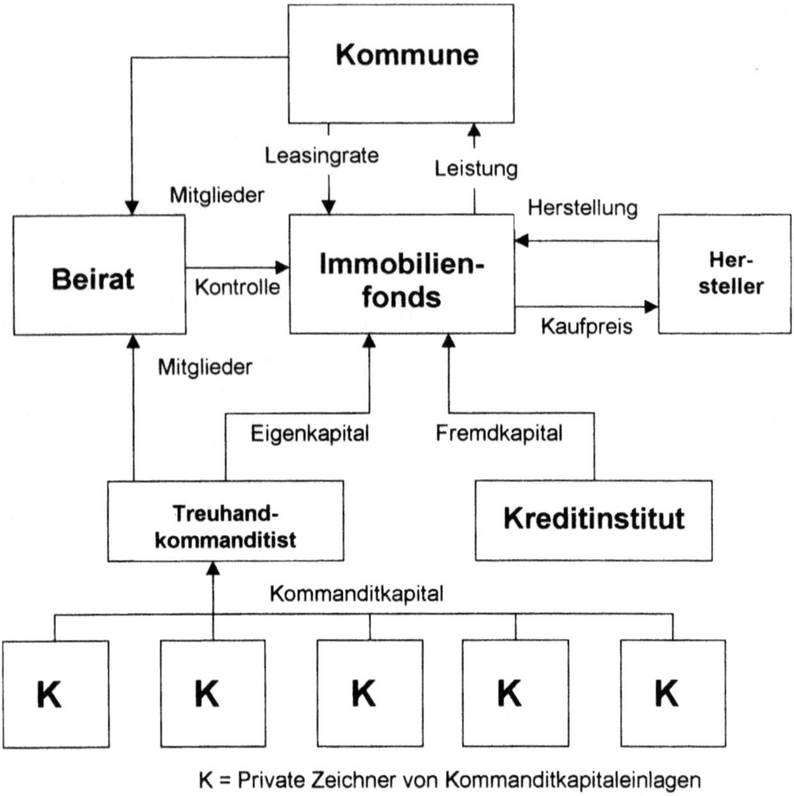

Abbildung 2: Immobilienfonds[567]

Die Kommanditgesellschaft ist wirtschaftlicher Eigentümer der Immobilien[568] und selbst als Personenhandelsgesellschaft weder einkommensteuer- noch körperschaftsteuerpflichtig[569]. Die zunächst auf der Ebene der Gesellschaft i.S. der §§ 179, 180 AO einheitlich und gesondert

567 Darstellung in Anlehnung an H. Rehm, [Modelle], 1994, S. 104.

568 Vgl. Kl. Feinen, [Finanzierungsvariante], 1994, S. 91.

569 Vgl. H.G. Utech u. Kl. Weinand-Härer, [Leasingfonds], 1998, S. 322 ff. u. V. Bengsch, [Steuerliche Konsequenzen], 1993, S. 252.

festgestellten Einkünfte werden in einem zweiten Schritt auf die Gesellschafter verteilt. Der einzelne Anleger erhält anteilig Verlustzuweisungen aus der Fondsgesellschaft zugewiesen, die seine Einkommensteuerbelastung vermindern und Steuerstundungseffekte hervorrufen[570]. Diese Verlustzuweisungen resultieren primär aus hohen nicht liquiditätswirksamen Sonderabschreibungen und degressiver Abschreibungsmethode, aus der sofortigen Abzugsfähigkeit von Bauzinsen und ggfs. eines Disagios sowie Einmalaufwendungen für Beratungsleistungen („soft costs"). So lassen sich Steuereffekte in Form von Verlustzuweisungen vor allem in den ersten Beteiligungsjahren realisieren[571].

Die Investoren bzw. Fondszeichner erzielen Einkünfte aus Vermietung und Verpachtung i.S. des § 21 Abs. 1 Nr. EStG, da sich die Geschäftstätigkeit der Kommanditgesellschaft auf die Vermietung von Immobilien beschränkt. Eine Gewerbesteuerpflicht besteht nicht[572]. Die ermittelten Verlustzuweisungen sind steuerlich wirksam, d.h. sie können horizontal gegen sonstige positive Einkünfte der Kapitalgeber verrechnet werden. Dadurch kann die Grundverzinsung des eingezahlten Kapitals (Barausschüttung) unter dem allgemeinen Kapitalmarktniveau liegen. Folglich werden die Kapitalkosten der Gesellschaft gesenkt. So werden die gesamten Finanzierungskosten gesenkt, denn für die Objektgesellschaft ergeben sich Eigenkapitalkosten, die unter den Fremdkapitalkosten liegen. Diese günstigeren Finanzierungsbedingungen der Fonds-Vermietungsgesellschaft können an die Kommune als Leasingnehmerin über entsprechend niedrige Leasingraten weitergegeben werden[573].

Die Eigenkapitalrendite des Investors setzt sich aus der Barausschüttung und den steuerlichen Vorteilen zusammen. Der steuerliche Vorteil stellt sich im wesentlichen als Steuerstundungseffekt für den Investor dar, da auch die späteren Überschüsse (in Form von Ausschüttungen) ebenso wie die anfänglichen Verlustzuweisungen dem Investor zugewiesen werden[574].

Gegen derartige Fondskonstruktionen, die primär auf Steuereffekte abzielen, werden häufig fiskalische sowie makroökonomische Argumente ins Feld geführt, daß auf diesem Wege Investitionen einzelner Kommunen durch die Steuerersparnisse der Fondszeichner zu Lasten anderer öffentlichen Institutionen subventioniert werden[575]. Hierbei kann jedoch kann die Trennung

---

570 Vgl. K. Dorenberg u. M. Taft, [Kapitalanlegerfonds], 1996, S. 28.

571 Die Quelle für die primär in den ersten Beteiligungsjahren anfallenden Steuereffekte erschließt sich, wenn man die steuerliche Gewinn- und Verlustrechnung der Kommanditgesellschaft genauer aufschlüsselt. Dem Zinsaufwand für Fremdkapital wird i.d.R eine entsprechende Ertragsposition (Mieteinnahmen) gegenüberstehen. Den sonstigen Ertragspositionen steht die AfA der Gesellschaft gegenüber. Diese dürften, sofern man die Sonderabschreibungen und die degressive AfA nach § 7 Abs. 5 EStG in Anspruch nimmt, die sonstigen Erträge übersteigen und Anfangsverluste der Gesellschaft auslösen. Diese Anfangsverluste führen bei den Fondsgesellschaftern zur einer geringeren Steuerbemessungsgrundlage und insofern zu Steuereinsparungen.

572 Da die Objektgesellschaft eine vermögensverwaltende Tätigkeit ausübt, besteht keine Gewerbesteuerpflicht.

573 Vgl. Kl. Feinen, [Finanzierungsvariante], 1994, S. 91.

574 Allerdings sind die Möglichkeiten der Verlustzuweisung begrenzt. Gemäß § 15a Abs. 1 EStG können Verluste nur insoweit mit anderen positiven Einkünften verrechnet werden, wie nicht durch diese Verluste ein negatives Kapitalkonto des Kommanditisten entsteht oder sich erhöht.

575 Vgl. M.J. Matschke u. Th. Hering, [Kommunale Finanzierung], 1998, S. 169 f. E. Heuer sieht in einer derartigen Entscheidungspraxis, bei der „ein Glied des föderalen Staates bewußt seinen Vorteil zu Lasten anderer Glieder sucht und damit auch die verfassungsrechtlich austarierte Verteilung der Einnahmen und Lasten innerhalb des föderalen Bundesstaates verändert und sachliche Gegebenheiten gleicher Art in subjektivem Belieben abweichend von verfassungsmäßig tradierten und vorausgesetzten Spielregeln behandelt", eine Gefährdung der Funktionsfähigkeit des föderalen Staates und einen Verstoß gegen

zwischen investierender Kommune und Gesamtstaat nicht immer eindeutig vorgenommen werden.

Andererseits treten kommunale Immobilienfonds in Konkurrenz zu Fondsangeboten entsprechender privater Gesellschaften. Für ihre Beurteilung aus gesamtstaatlicher Sicht müßte bekannt sein, inwiefern Anleger durch Beteiligungsangebote an kommunalen Projekten von solchen an privaten Abschreibungs- und Verlustzuweisungsgesellschaften und sonstigen geschlossenen Immobilienfonds abgehalten würden, inwieweit also eine Substitution zugunsten kommunaler Projekte gelingt. Für eine Gesamtrechnung ist weiterhin von Bedeutung, daß Fondskonstruktionen zur Realisierung einer größeren Anzahl von Infrastrukturinvestitionen mit entsprechenden Beschäftigungseffekten und somit auch zu einem zusätzlichen Steueraufkommen beitragen können[576].

Aus der subjektiv individuellen Sicht einer Kommune ist eine Fonds-Finanzierung dann günstiger als eine konventionelle Finanzierung, wenn die zusätzlich anfallenden spezifischen Verwaltungskosten (u.a. Planungs- und Gründungskosten der Fondsgesellschaft), Steuerkosten und Gewinnaufschläge der Leasinggesellschaften durch die Zinsersparnis aufgrund einer vergleichsweise niedrigen Eigenkapitalverzinsung überkompensiert werden und dieser finanzwirtschaftliche Vorteil durch Abschläge in den Leasingraten an die Kommune weitergegeben wird[577]. Je geringer die Differenz zwischen dem Kommunalkreditzins und der notwendigen Bruttorendite für die Fondszeichner und je geringer die Eigenkapitalquote des gesamten Fondskapitals, desto gewichtiger ist eine Analyse dieser zusätzlich anfallenden Kosten für eine Finanzierungsentscheidung.

Letztlich entscheidend ist somit die Frage, ob mit einer Fondsfinanzierung Kostenersparnisse gegenüber einer konventionellen Kommunalkreditfinanzierung erzielt werden. Diese Kostenvorteile dürften sich nur unter Berücksichtigung des Einzelfalls und mit Hilfe konkreter Miet- und Finanzierungsverträge errechnen lassen. Vergleichsrechnungen sollten die Kosten nach der Kapitalwertmethode durch Abzinsung auf den Zeitpunkt der Investition darstellen.

Als Zwischenergebnis ist somit festzustellen, daß es zur Beurteilung der vorgestellten Leasingkonstruktionen kein standardisiertes Raster gibt. Dies kann es wegen der Vielfalt der Modelle und der Besonderheiten des Einzelfalls und der unterschiedlich ausgestatteten Miet- und Finanzierungsverträge auch nicht geben. Generelle Aussagen zur komparativen Vorteilhaftigkeit von Leasing- und Fondsfinanzierungsmodellen gegenüber der Kommunalkreditfinanzierung sind mit erheblicher Vorsicht zu betrachten.

Nicht zuletzt gilt es für die Kommune darauf zu achten, daß öffentliche Zuschüsse nicht durch die private Fondslösung verloren gehen. Die Voraussetzung, solche Zuschüsse in vollem Umfang zu erhalten, laufen dem Versuch, Steuerersparnisse für die Kommanditisten zu realisieren, zuwider[578].

---

den Grundsatz der Bundestreue, E. Heuer, [Finanzmanagements], 1995, S. 209. Zu möglichen Steuerausfällen der Öffentlichen Hand, vgl. auch T. Ergenzinger, [Kommunalleasing], 1996, S. 266-273.

576 Vgl. H. Rehm, [Alternativen], 1991, S. 105. Vgl. auch die Diskussion „Leasingvorteile und Steuerausfälle – ein Nullsummen-Spiel?" bei D. Kiefer, [Wirtschaftlichkeit], 1997, S. 201 f.

577 Vgl. R. Weber, [Kommunale Investitionen], 1997, S. 54.

578 Vgl. D. Budäus, [Instrumente], 1982, S. 207 ff.

Der Kommune (und den kommunalen Aufsichtsbehörden) bleibt in jedem Einzelfall eine Wirtschaftlichkeitsanalyse mit dem Instrumentarium der Investitionstheorie nicht erspart[579]. Zudem ist der Nachweis der wirtschaftlichen Vorteilhaftigkeit der kommunalen Leasing-Finanzierung Voraussetzung für deren wirtschaftliche Genehmigung[580]. Unbeschadet einer zunächst günstig erscheinenden Leasing-Finanzierung dürfen die kommunalen Aufsichtsbehörden nur derartige Konstruktionen genehmigen, bei denen durch konkrete, detaillierte Vergleichsrechnungen der Vorzug gegenüber anderen Finanzierungsangeboten dargelegt werden kann.

3.4.2. Finanzierung von Haftungskapital für kommunale Eigengesellschaften in Form einer Stillen Beteiligung

Bei der Stillen Gesellschaft gemäß §§ 230-237 HGB handelt es sich um eine reine Innengesellschaft[581], die grundsätzlich keine gesellschaftsrechtlichen Einwirkungsmöglichkeiten des Beteiligungsgebers auf die Unternehmenspolitik vorsieht. Eine Eintragung des stillen Gesellschafters in das Handelsregister findet nicht statt. Der stille Gesellschafter tritt nach außen nicht in Erscheinung[582]. Die Einlage des stillen Gesellschafters geht in das Vermögen der Unternehmergesellschaft über. Der stille Gesellschafter ist zwingend gemäß § 231 Abs. 2 HGB am Gewinn der Unternehmergesellschaft zu beteiligen. Sofern der Gesellschaftsvertrag den Gewinnanteil des stillen Gesellschafters nicht bestimmt, gilt nach § 231 Abs. 1 HGB ein „angemessener Anteil" als bedungen[583]. Die Gewinnbeteiligung ist unabhängig vom wirtschaftlichen Erfolg des Unternehmens zu leisten[584]. Die Verlustbeteiligung kann gemäß § 231 Abs. 2 HGB ausgeschlossen werden, so daß sich die Haftung des stillen Gesellschafters gegenüber Dritten auf seine Einlage begrenzt.

Nach der Art des Vermögensanspruches, den der stille Gesellschafter beim Ausscheiden aus der Gesellschaft besitzt, kann in eine typische und in eine atypische Stille Gesellschaft unterschieden werden. Der typisch stille Gesellschafter wird beim Ausscheiden aus der Gesellschaft mit seiner nominellen Einlage abgefunden, während der atypisch stille Gesellschafter am Ver-

---

579 Siehe auch die Beispielanalysen bei Kl. Lüder, [Wirtschaftlichkeitsanalyse], 1995, S. 95-100 bzw. D. Kiefer u. M. Groh, [Wirtschaftlichkeitsanalyse], 1993, S. 238-244. Dabei wird deutlich, daß bereits geringfügige Änderungen des Dateninputs in die Analysen das Vergleichsergebnis ändern können.

580 Vgl. Kl. Feinen, [Finanzierungsvariante], 1994, S. 90. Erschwerend kommt hinzu, daß die Kommunalaufsicht bspw. eine klare Regelung bezüglich der Eigentumsübertragung fordert, was sich an dem Versuch stößt, die Finanzierung so darzustellen, daß das zuständige Finanzamt die Steuersparmöglichkeiten anerkennt. Wenn das wirtschaftliche Eigentum i.S. des § 39 AO der Kommune zugewiesen wird (zugewiesen werden muß, um die Genehmigung von der Kommunalaufsicht zu erhalten), können die rechtlichen Eigentümer keine AfA mehr geltend machen, d.h. keine Steuerersparnisse aus Verlustzuweisungen realisieren. U.a. aus dieser rechtlichen Zuordnungsproblematik scheitern in der Praxis Finanzierungen über geschlossene Immobilienfonds, vgl. A. Holtmann, [Kommunale Sonderfinanzierungen], 1988, S. 261.

581 In Anlehnung an die Ausführungen zur Stillen Gesellschaft bei B. Grunewald, [Gesellschaftsrecht], 1996, S. 154-167.

582 Vgl. B. Grunewald, [Gesellschaftsrecht], 1996, S. 161.

583 Da die Gewinnbeteiligung üblicherweise ausführlich im Gesellschaftsvertrag geregelt ist, kommt diese unpräzise gesetzliche Regelung nur selten zur Anwendung, vgl. B. Grunewald, [Gesellschaftsrecht], 1996, S. 163.

584 Vgl. R. Dautel, [Kommunale Sonderfinanzierung], 1997, S. 80. Die Höhe der Gewinnbeteiligung orientiert sich an den Konditionen für langfristige Kapitalmarktkredite.

mögenszuwachs der Gesellschaft (u.a. stille Reserven) beteiligt ist und nicht unerhebliche Einflußmöglichkeiten auf die Geschicke des Unternehmens hat[585].

Hintergrund für die Finanzierungsform der Stillen Beteiligung in der Privatwirtschaft bilden Finanzierungsprobleme mittelständischer Unternehmen[586], die rechtsformbedingt Schwierigkeiten bei der Beschaffung von Eigenkapital[587] und damit Wettbewerbsnachteile im Hinblick auf ihre Investitions- und Innovationskraft aufweisen[588]. Wenn die Eigenkapitalausstattung aus Sicht von Banken und Finanzierungsinstituten als nicht mehr angemessen zur Aufnahme von weiterem Fremdkapital angesehen wird und zusätzliches Eigenkapital von bisherigen Gesellschaftern nicht zur Verfügung steht, kann eine zu geringe Eigenkapitalausstattung bei Expansionsplänen eines Unternehmens zu Finanzierungsengpässen führen. Das Wesen der Stillen Beteiligung besteht dann darin, die Eigenkapitalbasis eines Unternehmens zur Verbesserung der Investitionskraft durch eine Bereitstellung von nicht mitbestimmungsberechtigtem Haftkapital zu stärken[589].

Die Aufnahme von Haftkapital in Form einer *kommunalen* Stillen Beteiligung ist ein Finanzierungsinstrument, das auf kommunale Versorgungsunternehmen mit eigener Rechtspersönlichkeit zugeschnitten ist[590], z.B. Stadtwerke in privatrechtlicher Rechtsform einer GmbH oder Aktiengesellschaft[591]. Ihre Versorgungsaufgaben erstrecken sich auf die Bereiche Strom Gas, Fernwärme, Wasser und Telekommunikation, aber auch auf den Verkehrsbereich. Für diese Art der Spezialfinanzierung haben Kreditinstitute inzwischen eigene Kapitalbeteiligungsgesellschaften gegründet[592], die solche Einlagen im Rahmen einer typischen Stillen Gesellschaft leisten[593].

Die nachfolgende Abbildung stellt die gesellschaftsrechtlichen und finanzwirtschaftlichen Verflechtungen zwischen der Eigengesellschaft als Beteiligungsnehmer und privatwirtschaftlichem Beteiligungsgeber im Modell der typischen Stillen Gesellschaft dar:

585 Vgl. J. Alpmann, J.A. Alpmann u. F. Mohr, [Gesellschaftsrecht], 1994, S. 225.

586 Vor allem kleinere und mittlere Betriebe des gewerblichen Bereichs, vgl. Kl.-O. Jacobi, [Unternehmensbeteiligungsgesellschaft], 1985, S. 275.

587 Vgl. G. Wöhe u. J. Bilstein, [Unternehmensfinanzierung], 1998, S. 141 ff. Das korrigierte Eigenkapital betrug 1992 bei Einzelkaufleuten 8,7 %, bei Personengesellschaften 10 % und bei mittelständischen, nicht börsennotierten Kapitalgesellschaften 15,5 %, vgl. Deutsche Bundesbank, [Monatsbericht Oktober 1993], 1993, S. 34.

588 Vgl. Kl.-O. Jacobi, [Unternehmensbeteiligungsgesellschaft], 1985, S. 275. Vgl. auch W. Neus, [Unternehmensgröße], 1991, S. 131 ff.

589 Vgl. J. Wahl, [Alternativen], 1992, S. 113 bzw. M.J. Matschke u. Th. Hering, [Kommunale Finanzierung], 1998, S. 153.

590 Im Versorgungsbereich hat die Zuordnung kommunaler Aufgaben auf Unternehmen, die in privatrechtlicher Rechtsform geführt werden, bereits eine lange Tradition, vgl. A. Holtmann, [Sonderfinanzierungsmodelle], 1989, S. 155.

591 Vgl. Deutscher Städte- und Gemeindebund, [Städten und Gemeinden], 1994, S. 53.

592 Kapitalbeteiligungsgesellschaften sind bankähnliche Institute, die jedoch keine Kredite, sondern Eigenkapital zur Verfügung stellen, vgl. A. Sattler, [Kapitalbeteiligungsgesellschaften], 1995, Sp. 1092.

593 Vgl. T. Schweisfurth, [Privatwirtschaftliche Formen], 1991, S. 29.

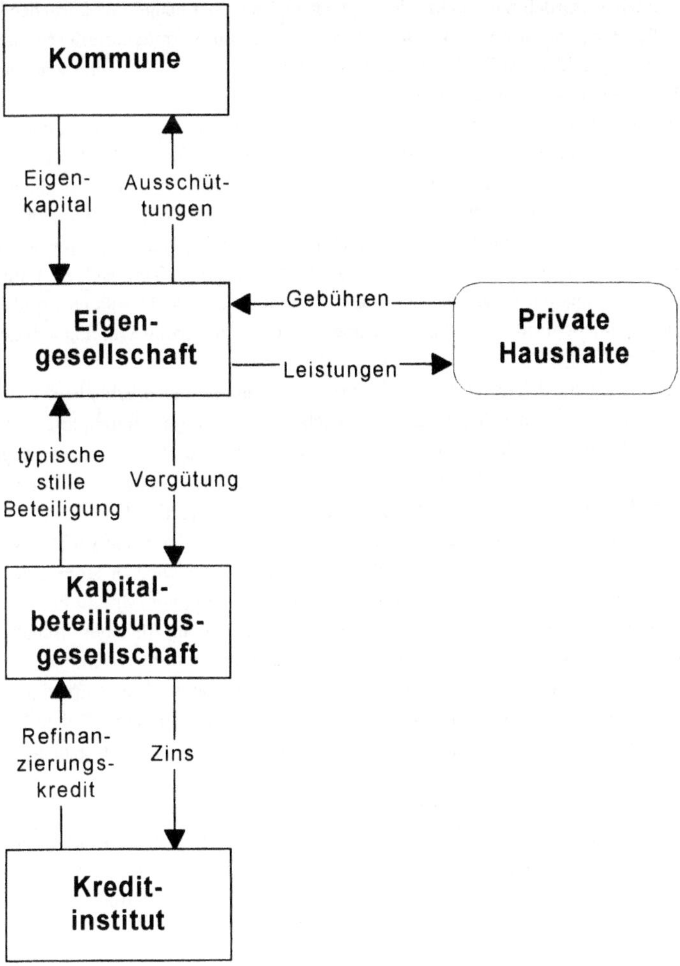

Abbildung 3: Kommunale Stille Beteiligung[594]

Die in einer Stillen Beteiligung liegende Finanzierungsfunktion kommt darin zum Ausdruck, daß die kommunale Eigengesellschaft mit dem Beteiligungsgeber eine Partnerschaft auf Zeit

[594] Darstellung in Anlehnung an U. Kirchhoff u. H. Müller-Godeffroy, [Finanzierungsmodelle], 1996, S. 75.

eingeht[595]. Am Ende der vertraglich fixierten Beteiligungsdauer hat der typisch stille Gesellschafter lediglich einen Anspruch auf Rückzahlung seiner geleisteten Einlage. Weitergehende Ansprüche des stillen Gesellschafters, z.B. auf eine Beteiligung am Vermögenszuwachs des Unternehmens in Form gebildeter stiller Reserven, bestehen nicht, so daß eine Unternehmensbewertung zum Rückzahlungszeitpunkt nicht notwendig ist[596].

Die Aufnahme eines stillen Gesellschafters dient bei kommunalen Eigengesellschaften im Vergleich zur Privatwirtschaft nicht primär dem Ausgleich von Rechtsformnachteilen bei der Beschaffung von Eigenkapital[597]. Zwar zeigt sich bei kommunalen Eigengesellschaften die aus der stark angespannten Haushaltssituation resultierende geringe Möglichkeit der Trägerhaushalte[598], Zuführungen zum Eigenkapital zu leisten, doch ist die Eigenkapitalquote bspw. kommunaler Versorgungsbetriebe in der Rechtsform der Kapitalgesellschaft im Vergleich zu mittelständischen Kapitalgesellschaften vergleichsweise hoch[599]. Trotz dieser recht soliden Kapitalverhältnisse können sich jedoch im Einzelfall Probleme bei der Finanzierung von sog. Sprunginvestitionen ergeben[600].

Bei Sprunginvestitionen handelt es sich um Investitionsmaßnahmen mit erheblichem Kapitalbedarf, in deren Folge es zu einer deutlichen Verschlechterung der Eigenkapitalquote kommen kann[601]. Dabei handelt es sich um Maßnahmen wie z.B. Stromnetzerweiterungen im Zuge der Erschließung neuer Ortsteile oder den Ankauf kompletter Netze nach Auslauf von Konzessionsverträgen[602]. Insbesondere bei kleineren Stadtwerken kann eine derartige Sprunginvestition eine sprunghafte Erhöhung des Anlagevermögens - mit entsprechender negativer Auswirkung auf die bilanzielle Eigenkapitalquote, falls nicht gleichzeitig in ausreichender Höhe eigene Mittel zugeführt werden – zur Folge haben. Kann eine Kapitalerhöhung aus Mitteln des Vermögenshaushaltes aufgrund von Haushaltsengpässen bei der Kommune als Alleingesellschafterin nicht vorgenommen werden und werden Fremdfinanzierungsmittel in der notwendigen Höhe von Kreditinstituten nur unter der Voraussetzung einer angemessenen Eigenkapitalquote zur Verfügung gestellt, ist die Bereitstellung von Beteiligungskapital in Form einer Stillen Einlage eine Möglichkeit zur Wiederherstellung einer für riskoadäquat gehaltenen Eigenkapitalquote.

Für einen Kostenvergleich mit anderen Formen der Beteiligungsfinanzierung ist die steuerliche Behandlung der Stillen Einlage von erheblicher Bedeutung. Steuerersparnisse gegenüber einer konventionellen Eigenkapitalerhöhung ergeben sich daraus, daß der stille Gewinnanteil (Ausschüttung an den stillen Gesellschafter) i.S. des § 4 Abs. 4 EStG als Betriebsausgabe steu-

---

595 Vgl. U. Kirchhoff u. H. Müller-Godeffroy, [Finanzierungsmodelle], 1996, S. 75. Im Rahmen des WestLB-Modells ist eine 10-15jährige Beteiligungsdauer vorgesehen. Während dieser Zeit verzichtet der stille Gesellschafter i.d.R. auf die Ausübung seines Kündigungsrechtes, vgl. J. Walter, [Kooperation], 1998. Die Westfinanz Westdeutsche Finanzierungsgesellschaft mbH, eine 100 %-ige Tochter der WestLB, entwickelt und betreut Sonderfinanzierungslösungen für kommunale Kunden (u.a. Stadtwerke).

596 Vgl. H. Rehm, [Neue Wege], 1994, S. 55. Für den atypischen stillen Gesellschafter ist u.a. bei seinem Ausscheiden eine Beteiligung an den stillen Reserven vorgesehen.

597 Vgl. Kl. Jacobi, [Unternehmensbeteiligungsgesellschaft], 1985, S. 275.

598 Vgl. die Ausführungen in Abschnitt 3.2. der vorliegenden Arbeit.

599 Vgl. R. Dautel, [Kommunale Sonderfinanzierung], 1997, S. 71 f.

600 Vgl. M.J. Matschke u. Th. Hering, [Kommunale Finanzierung], 1998, S. 152.

601 Vgl. H. Jünger u. J. Walter, [Eigengesellschaften], 1988, S. 5.

602 Vgl. ebenda S. 5.

erlich den Gewinn der Eigengesellschaft mindert[603] und damit die Bemessungsgrundlage für die Ermittlung der Körperschaftsteuer. Des weiteren ist steuerrechtlich zu berücksichtigen, daß der stille Gewinnanteil aufgrund seiner Abzugsfähigkeit als Betriebsausgabe die Ausgangsgröße zur Ermittlung des Gewerbeertrags i.S. des § 7 GewStG i.V. mit § 5 Abs. 1 EStG mindert[604].

Hinsichtlich der Steuervorteile dieses Finanzierungsmodells sollten die Kommunen bedenken, inwiefern es ökonomisch sinnvoll ist, Modelle bei ihren Eigengesellschaften anzuwenden, die im Kern auf Steuerersparnissen oder –stundungen beruhen. Die Rückwirkungen über sinkende Gewerbesteuereinnahmen und geringere Anteile an der Einkommensteuer aufgrund eines niedrigeren gesamten Einkommensteueraufkommen für den öffentlichen Sektor bzw. die komplizierten Finanzierungsströme innerhalb des kommunalen Finanzausgleiches erschweren jedoch eine detaillierte Berücksichtigung auf kommunaler Ebene[605].

In der kommunalen Verwaltung bzw. in den Entscheidungsorganen der kommunalen Unternehmen wird trotz der nicht abschließend geklärten ökonomischen Vorteilhaftigkeit alternativer kommunaler Finanzierungsformen die Ansicht vertreten, daß der kommunale Finanzierungsbedarf zur Bewältigung des anstehenden Infrastrukturinvestitionsvolumens nicht ohne einen zusätzlichen Einsatz privaten Kapitals befriedigt werden kann[606]. Im fünften Kapitel wird ein komplexes Finanzierungsmodell für kommunale Unternehmen in der Rechtsform der Aktiengesellschaft vorgestellt, das eine stärkere Einbeziehung von privatem Kapital ermöglicht.

---

603 Steuerlich wird die Stille Einlage als Darlehen angesehen, vgl. M.J. Matschke u. Th. Hering, [Kommunale Finanzierung], 1998, S. 153.

604 Nach § 8 Nr. 3 GewStG erfolgt jedoch eine volle Hinzurechnung eines stillen Gewinnanteils zum Gewerbeertrag, sofern dieser nicht bereits beim stillen Gesellschafter der Gewerbeertragsteuer unterliegt, d.h. nicht in einem Betriebsvermögen gehalten wird. An einer Beispielrechnung werden in der Literatur die steuerlichen Vorteile einer Stillen Einlage als Finanzierungsinstrument im Vergleich zu konventionellen Finanzierungsformen für kommunale Eigengesellschaften erläutert, vgl. A. Holtmann, [Sonderfinanzierungen], 1988,
S. 260.

605 Vgl. auch die Diskussion bei M.J. Matschke u. Th. Hering, [Kommunale Finanzierung], 1998, S. 153.

606 Vgl. P. Kothe, [Recht und Risiko], 1996, S. 14.

4. Finanzierungstheoretische Analyse alternativer Finanzierungsformen kommunaler Infrastrukturinvestitionen

4.1. Zur Notwendigkeit einer theoretischen Analyse

Die in der Einleitung erhobene Forderung zur Fundierung eines theoretischen Ansatzes dient der "Objektivierung" einer Vorteilhaftigkeitsanalyse alternativer Finanzierungsformen kommunaler Infrastrukturinvestitionen. Mit der Wahl einer Theorie legt der Ökonom offen, welche konsistente Sichtweise er sowohl bei der Konstruktion von Modellen als auch bei deren gedanklichen Analyse zugrunde legt[607]. Ein (kommunaler) Praktiker, der bei der Handhabung eines Entscheidungsproblems ökonomisches Wissen anzuwenden pflegt, kann anschließend entscheiden, ob die dargelegten Prämissen und Sichtweisen des Problems seiner realen Situation entsprechen und die in der Theorie aufgezeigten Gestaltungsvorschläge ihm auch in der Praxis umsetzbar erscheinen. Die häufig in der Literatur auch in kommunalwirtschaftlichen Fragestellungen aufgeführten Gründe für das Treffen von Entscheidungen lassen sich häufig als bloße Plausibilitätsargumente beobachten, da sie in kein theoretisches Gedankengebäude eingeordnet sind[608]. Überwiegend stammen solche Argumente dann von kommunalen Verwaltungsbeamten bzw. (Kommunal-)Politikern.

Die ökonomische Vorteilhaftigkeitsanalyse alternativer kommunaler Finanzierungsformen soll nun unter Zuhilfenahme des Gestaltungsansatzes der Neuen Institutionenökonomik als theoretischer Bezugsrahmen erfolgen.

4.2. Der Neoinstitutionalismus als theoretischer Bezugsrahmen

Die Institutionenökonomik hat sich in den letzten drei Jahrzehnten als Forschungsrichtung stark entwickelt. Obwohl Institutionen[609] im wirtschaftlichen Leben eine wichtige Rolle spielen, sind sie in der weitgehend „institutionslosen" Welt der *neoklassischen Mikroökonomie* nicht weiter diskutiert worden[610]. Wenn Institutionen vorhanden sind, werden sie als gegeben hingenommen[611]. In der neoklassischen Mikroökonomie wird davon ausgegangen, daß das Zustandekommen von Marktbeziehungen und der Austausch von Gütern und Dienstleistungen kostenlos abgewickelt werden können[612]. Grundlage dieser Annahme ist das Modell eines vollkommenen Marktes, auf dem unter vollständigem Wettbewerb homogene Güter unter gleich gut informierten Marktteilnehmern und vollständiger Voraussicht auf einem anonymen Markt gehandelt werden[613]. Finanzierungsprobleme gibt es in einer solchen Modellwelt

607 Vgl. R. Schmidt u. E. Terberger, [Finanzierungstheorie], 1997, S. 5 ff.

608 Vgl. auch die Ausführungen bei R. Elschen, [Anwendungsmöglichkeiten], 1991, S. 1002 f.

609 Der Institutionenbegriff umfaßt neben der Unternehmung und ihren organisatorischen Regelungen bspw. auch den Markt sowie soziale Normen und rechtliche Einrichtungen wie etwa Verfassungen, Vertragsformen und das Eigentum. Die Unternehmung gehört dabei zu den komplexesten Institutionen einer Erledigung ökonomischer Aufgaben, vgl. Kl. Spremann, [Wirtschaft], 1996, S. 680.

610 Vgl. R.H. Schmidt, [Finanzierungstheorie], 1985, S. 422.

611 Vgl. R. Richter u. U. Bindseil, [Institutionenökonomik], 1995, S. 132.

612 Vgl. ebenda S. 132.

613 Diese Beschreibung entspricht im Rahmen der Principal-Agent-Theorie einem Principal, der alle Handlungen des Agent (kostenlos) beobachten kann und über Anweisungen steuern kann.

nicht[614]. Reale Austauschprozesse am Markt vollziehen sich jedoch selten unter diesen idealen Bedingungen, vielmehr bewirken Abweichungen von der Idealwelt eines vollkommenen Marktes, daß das Zustandekommen von Verträgen und die Abwicklung von Austauschvorgängen mit Kosten verbunden sind. Diese können u.U. so hoch sein, daß Vertragsbeziehungen, die für die Beteiligten im Grunde genommen vorteilhaft wären, bereits aufgrund von Vorverhandlungen nicht zustande kommen[615]. Institutionen haben in der Realität erwartungsbildenden und konfliktmindernden Charakter, erfüllen zudem häufig Informations- und Überwachungsfunktionen und sollen insgesamt kostensenkend wirken.

Der Ausdruck „Neue Institutionenökonomik" stammt von *Oliver E. Williamson*, der den Terminus allerdings noch für die von ihm vertretene Transaktionskosten-Ökonomik verwendete. Heute existieren unterschiedliche Forschungsrichtungen in der Institutionenökonomik[616]. Der Neoinstitutionalismus geht von folgenden Prämissen aus[617]: Ausgangspunkt ist der methodologische Individualismus, demzufolge Institutionen und Interaktionsmuster aus dem Blickwinkel individueller Motive natürlicher Personen zu erklären sind. Zudem besitzen alle Wirtschaftssubjekte widerspruchsfreie und voneinander unabhängige stabile individuelle Präferenzen (Nutzenfunktionen). Weiterhin wird das Rationalitätspostulat i.S. einer Nutzenmaximierung der handelnden Individuen unterstellt. Der Neoinstitutionalismus hat es sich zum Schwerpunkt gemacht, das ökonomische Geschehen unter der Beobachtung von Vertragsbeziehungen, einem effizienten Einsatz des institutionellen Rahmens sowie von existierenden Anreizbedingungen und Transaktionskosten zu analysieren und zu gestalten. Transaktionskosten finden ihre Begründung in der Erkenntnis, daß ökonomische Leistungsbeziehungen bzw. der Austausch von Gütern[618] über den Markt nicht reibungs- und kostenlos erfolgen, sondern von Nachfragern und Anbietern koordiniert werden müssen und somit Kosten verursachen[619].

---

614 Vgl. R.H. Schmidt, [Finanzierungstheorie], 1985, S. 423.

615 Vgl. O.E. Williamson, [Economic Institutions], 1985, S. 18 ff.

616 Zu den Spezialgebieten der Institutionenökonomik, vgl. R. Richter u. U. Bindseil, [Institutionenökonomik], 1995, S. 134 ff. Teilerklärungsansätze der Institutionenökonomik, die in den Mittelpunkt des Forschungsinteresse der Finanzierungstheorie gerückt sind, sind neben dem Transaktionskostenansatz in erster Linie der Property-Rights-Ansatz, die Informationsökonomie und die Principal-Agent-Theorie (Vertretungstheorie), auf die im folgenden Abschnitt dieser Arbeit eingegangen wird. Der Property-Rights-Ansatz wird als finanzierungstheoretischer Ansatz im 6. Kapital zur Erklärung bestehender Verhaltensrisiken und Anreizstrukturen in kommunal beherrschten börsennotierten Versorgungsunternehmen hinzugezogen.
Dabei ist allen Strömungen gemeinsam, daß in den Mittelpunkt Transaktionssituationen gestellt werden, bei denen die Ausgestaltung der Transaktionsbedingungen zum Problem wird, da Informationsunterschiede zwischen den Beteiligten und anfallende Transaktionskosten eine reibungslose Koordination über Märkte verhindern, vgl. R.H. Schmidt u. E. Terberger, [Finanzierungstheorie], 1997, S. 399. Vgl. dazu auch die Beiträge in D. Budäus, E. Gerum u. G. Zimmermann (Hrsg.), [Betriebswirtschaftslehre], 1988.

617 Vgl. R. Richter u. U. Bindseil, [Institutionenökonomik], 1995, S. 132.

618 Der Prozeß der Klärung, Vereinbarung und Abwicklung eines Leistungstausches wird als Transaktion bezeichnet, vgl. A. Picot, [Transaktionskostenansatz], 1982, S. 269 bzw.
H. Klaus, [Gesellschafterfremdfinanzierung], 1994, S. 45. Transaktionen bilden den Ausgangspunkt für transaktionskostentheoretische Überlegungen. Der Begriff der Transaktionskosten wurde erstmals im Jahre 1937 von Ronald H. Coase in die ökonomische Diskussion eingeführt, blieb jedoch bis zur Wiederaufaufnahme von Oliver E. Williamson in den 70er-Jahren weitgehend unbeachtet, vgl. A. Picot u. H. Dietl, [Transaktionskosten-Theorie], 1990, S. 178. Dies ist um so unverständlicher, da Transaktionskosten einen großen Teil aller wirtschaftlichen Aktivität ausmachen. Es wird geschätzt, daß etwa 50 % des Bruttosozialproduktes westlicher Industrieländer auf Transaktionskosten entfallen, vgl. A. Picot, [Ronald H. Coase], 1992, S. 80 sowie A. Picot u. D. Schneider, [Innovationsverhalten], 1988, S. 107.

619 Vgl. E. Bössmann, [Volkswirtschaftliche Probleme], 1982, S. 664 f. u. A. Picot u. H. Dietl, [Transaktionskosten-Theorie], 1990, S. 178.

Obwohl kein geschlossenes System kostenrelevanter Merkmale von Transaktionen existiert, wird von einer ähnlichen Grundstruktur, welche die reale Komplexitäts- und Ungewißheitssituation, das Informationsgewinnungs- und -verarbeitungsproblem und das nutzenmaximierende Verhalten von Individuen einbezieht, ausgegangen. Nach Picot sind für das Vorhandensein von Transaktionskosten solche Merkmale bestimmend, die ursächlich für bestehende Informationsunvollkommenheiten und Koordinationsschwierigkeiten auf unvollkommenen Märkten sind, wie die Mehrdeutigkeit der Transaktionssituation, die Ungewißheit über die ökonomische Umweltentwicklung, die Wiederholungshäufigkeit der Transaktion und die rechtlichen Rahmenbedingungen für Transaktionen[620].

Die Höhe der Transaktionskosten wird insbesondere durch die Unvollständigkeit und Unbestimmtheit der Informationen und die Ungewißheit über zukünftige ökonomische Umweltentwicklungen bestimmt. Transaktionskosten werden um so höher sein, je unpräziser die Vorstellungen über die Handlungsalternativen im Entscheidungszeitpunkt und je ungewisser die zukünftigen ökonomischen Umweltzustände sind. Denn einerseits steigen durch die Unvollständigkeit der Informationen und durch die Ungewißheit die Informationskosten. Andererseits wird hierdurch die Struktur der Vertragsformen beeinflußt. Eine zunehmende Komplexität der Vertragsform und zusätzliche Sicherungsmaßnahmen haben zur Folge, daß die Vereinbarungs- und Kontrollkosten steigen[621].

4.3. Agency-Kosten als Grundlage einer finanzierungstheoretischen Vorteilhaftigkeitsanalyse

Die Principal-Agent-Theorie, die in den letzten Jahren an Popularität gewinnen konnte[622], gehört zu den Teilgebieten der Ökonomie, die vor allem zum Ende der 80er-Jahre und zu Beginn der 90er-Jahre reges Interesse unter den Wirtschaftswissenschaftlern fanden. Der Ansatz hat das institutionenökonomische Denken auch im Rahmen der Finanzierungstheorie wesentlich bereichert. Die Principal-Agent-Theorie liefert dabei wichtige Einsichten in die Struktur eines Anreizproblems. Dies rührt nicht zuletzt aus der Beachtung auf die vorhandene ökonomische Umweltunsicherheit. Principal-Agent-Beziehungen sind für die Finanzierungstheorie von großer Bedeutung[623].

4.3.1. Das Grundmodell der Agency-Theorie

Überblickartige Darstellungen zur Principal-Agent-Theorie[624] existieren in der Zwischenzeit in hinreichender Zahl[625], so daß hier nur die zentralen Aspekte verdeutlicht werden sollen.

Die Principal-Agent-Theorie befaßt sich mit der Gestaltung von Steuerungssystemen in Situationen, in denen ein Auftraggeber (Principal) eine Aufgabe an einen Auftragnehmer

---

620 Vgl. A. Picot, [Transaktionskostenansatz], 1982, S. 271 u. A. Picot, [Transaktionskosten], 1985, S. 224.

621 Vgl. G. Zimmermann, [Verfügungsrechte], 1988, S. 201 f.

622 Vgl. K. Gedenk, [Steuerung], 1998, S. 22.

623 Vgl. G. Franke u. H. Hax, [Finanzwirtschaft], 1999, S. 418 ff.

624 In der Literatur wird auch häufig von der Vertretungstheorie gesprochen, vgl. u.a. R. Richter u. U. Bindseil, [Institutionenökonomik], 1995, S. 134.

625 Vgl. u.a. D. Pfaff u. P. Zweifel, [Principal-Agent Theorie], 1998 u. M. Fischer, [Agency-Theorie], 1995, S. 320 ff.

(Agent) delegiert. Dabei wird davon ausgegangen, daß das erzielte Ergebnis der Handlungen des Agent von seinem Arbeitsverhalten zwar beeinflußt werden kann, wegen der Unsicherheit über ökonomische Umwelteinflüsse jedoch nicht allein und unmittelbar davon abhängt. Des weiteren sind solche Situationen dadurch gekennzeichnet, daß der Agent Entscheidungen treffen kann, die nicht nur sein eigenes, sondern auch das Nutzenniveau des Principal beeinflussen (Abhängigkeitsverhältnis)[626]. Beide Vertragsparteien sind von den Entscheidungen des Agent abhängig. Die Principal-Agent-Theorie[627] knüpft dabei an die Annahme asymmetrischer Informationsverteilung zwischen aufeinander in Beziehung stehenden Wirtschaftssubjekten an[628].

Transaktionskosten sind immer dann eine nicht zu vernachlässigende Größe, wenn im Rahmen einer (langfristigen) Vertragsbeziehung Informationen zwischen den beteiligten Vertragspartnern ungleich verteilt sind. Treten zudem Interessenkonflikte zwischen den Vertragsparteien auf, so muß der schlechter informierte Partner befürchten, daß sein Vertragspartner den besseren Informationsstand dazu nutzt, sich Vorteile zu Lasten des anderen zu verschaffen. Eine ungleiche Informationsverteilung sowie die Existenz von Interessenkonflikten sind kennzeichnend für eine Principal-Agent-Beziehung. Die Neue Institutionenökonomik erweitert das Anwendungsfeld des analytischen Rahmens der neoklassischen Mikroökonomie, wenn die Vertragsbeziehung als Principal-Agent-Beziehung gedeutet wird[629].

Insofern bestehen Zielkonflikte zwischen den Parteien, die annahmegemäß nach individueller Nutzenmaximierung streben[630], und der ausführende Agent verfügt über mehr Informationen als der delegierende Principal. Schwierigkeiten ergeben sich daraus, daß der schlechter informierte Principal mit opportunistischem Verhalten des anderen rechnen muß[631]. Der Agent kann sogar durch sein opportunistisches Verhalten die potentiell möglichen Erträge einer Kooperationsbeziehung wieder relativieren oder ins Gegenteil verkehren.

So hat die Principal-Agent-Beziehung zwischen Kapitalgeber und Investor Auswirkungen auf die Wahl der Finanzierungsweise[632]. Je nach Ausrichtung der vertraglichen Vereinbarung hängt es von den Dispositionen des Investors ab, welchen Gewinnanteil der Kapitalgeber erhält. Der Kapitalgeber kann aber das Handeln des Investors weder kostenlos noch vollständig überwachen und muß daher damit rechnen, daß dieser sich opportunistisch verhält[633].

---

626 Vgl. E. Wenger u. E. Terberger, [Baustein], 1988, S. 506.

627 Innerhalb der Principal-Agent-Theorie werden zwei Ausrichtungen unterschieden, die als positivistische Agency-Theorie und als normative Agency-Theorie bezeichnet werden, vgl. R. Elschen, [Anwendungsmöglichkeiten], 1991, S. 1006. Die normative Agency-Theorie befaßt sich hauptsächlich mit formalen Modellen, um für „vergleichsweise einfache Probleme effiziente Lösungen zu entwickeln", E. Wenger u. E. Terberger, [Baustein], 1988, S. 506. Die positivistische Ausrichtung, die in der vorliegenden Arbeit herangezogen wird, hat im Gegensatz zur normativen Theorie nicht eine mathematische Durchdringung formaler Vertragsgestaltungen zum Ziel, sondern ist deskriptiv und erklärend orientiert.

628 Vgl. A. Picot, [Theorieansätze], 1989, S. 370 und die dort angegebene Literatur. Ein Informationsvorsprung des Principal soll im folgenden ausgeschlossen sein. Neben der Informationsasymmetrie wird auch der Risikoneigung der Beteiligten Rechnung getragen, wobei im Regelfall ein neutraler Principal und ein risikoscheuer Agent unterstellt werden, vgl. M. Fischer, [Agency-Theorie], 1995, S. 320.

629 Vgl. R. Elschen, [Agency-Theorie], 1988, S. 250.

630 Die Nutzenfunktion des Agent enthält annahmegemäß neben der positiv wirkenden Belohnung (Nutzen aus Einkommen) nur noch das Anstrengungsniveau als negatives Element („Arbeitsleid"), vgl. R. Elschen, [Kontrollsysteme], 1991, S. 210.

631 Vgl. E. Wenger u. E. Terberger, [Baustein], 1988, S. 507.

632 Vgl. G. Franke u. H. Hax, [Finanzwirtschaft], 1999, S. 431.

633 Vgl. ebenda S. 421 f.

Um dieses Risiko zu vermindern, kann der Principal versuchen, den Agent zu kontrollieren oder ihm durch geeignete Systeme Anreize zu geben, Entscheidungen in seinem Interessen zu treffen. Kontroll- bzw. Anreizsysteme[634] werden insbesondere notwendig, wenn die beteiligten Vertragspartner abweichende Interessen haben und diese auch verfolgen. Insofern lautet die *zentrale* Frage der Principal-Agent-Theorie, welche adäquate Institutionenstruktur oder - anders ausgedrückt - welche Gestaltungen im Sinne von Anreizmechanismen, Informations- und Kontrollsystemen getroffen werden müssen, um die Informationsasymmetrie und die vorhandene Interessendivergenz der Beteiligten reduzieren zu können[635]. Die bestehenden Reibungsverluste werden auch als Agency-Kosten bezeichnet[636]. Unter diesen versteht man die Summe aus den Überwachungs- und Kontrollkosten des Principal („monitoring costs"), den Vertragskosten des Agent („bonding bzw. signaling costs") sowie dem verbleibenden Verlust („residual loss")[637]. D.h. den in Geld ausgedrückten Nutzeneinbußen des Principal, der daraus resultiert, daß der Agent nicht diejenige Aktion wählt, die mit dem Nutzenmaximum des Principal verbunden ist[638]. Die drei Komponenten stehen in einer „trade-off-Beziehung"[639]. Bspw. führt eine Erhöhung der Vertragskosten zu einer Verringerung der Überwachungs- und Kontrollkosten[640]. Die Summe dieser Kosten ist von beiden Vertragspartnern zu tragen. Insofern besteht für beide ein Anreiz, Vertragsbeziehungen so zu gestalten, daß die Transaktionskosten reduziert werden[641]. Die Agency-Theorie hat in Folge sog. Kooperationsdesigns entwickelt, die auf die oben dargestellten spezifischen Situationen von Verhaltensrisiken zu Lasten des Principal ausgerichtet sind. So läßt sich die Entwicklung von vertraglichen Gestaltungsempfehlungen auf der Grundlage des Effizienzmaßes Agency-Kosten darstellen[642]. Zu diesem Zweck werden Principal-Agent-Beziehungen als Vertragsbeziehungen aufgefaßt und unter Berücksichtigung der Informationsasymmetrien untersucht[643].

4.3.2. Arten asymmetrischer Informationsverteilung

Die asymmetrische Informationsverteilung[644] bezieht sich auf zwei unterschiedliche Fälle. Hinsichtlich der Art des Informationsvorsprungs wird in der Literatur zwischen den vom

634 In der Betriebswirtschaftslehre versteht man unter einem Anreizsystem die Gesamtheit von der betrieblichen Organisation gewährten Zahlungen, die Mitarbeiter, also dem Mitglied der Organisation, Nutzen stiften. Anreizsysteme haben die Aufgabe, den Agent zu Maßnahmen zu motivieren, die dazu beitragen, die Unternehmensziele zu verwirklichen, vgl. Th. Petersen, [Anreizsysteme], 1988, S. 4 ff.

635 Vgl. A. Picot, [Theorieansätze], 1989, S. 370.

636 Vgl. H. Laux, [Risiko], 1990, S. 120. Diese Kosten fallen zusätzlich zu den eigentlichen Produktionskosten an.

637 Diesen Kosten kommt eher die Funktion von Opportunitätskosten zu, vgl. St. Kiener, [Principal-Agent-Theorie], 1990, S. 117.

638 Vgl. A. Picot, [Ökonomische Theorien], 1991, S. 150 sowie St. Kiener, [Principal-Agent-Theorie], 1990, S. 116.

639 A. Picot, [Ökonomische Theorien], 1991, S. 150.

640 Vgl. H. Klaus, [Gesellschafterfremdfinanzierung], 1994, S. 58.

641 Die aus der Principal-Agent-Beziehung begründbaren Agency-Kosten stellen Transaktionskosten dar.

642 Vgl. M. Fischer, [Agency-Theorie], 1995, S. 322. Verhandlungen zur Erzielung eines für beide Seiten agency-kosten-minimierenden Zustandes werden im Rahmen der Principal-Agent-Theorie aber nicht explizit untersucht.

643 Vgl. A. Picot, [Ökonomische Theorien], 1991, S. 151.

644 Mit asymmetrisch verteilter Information sei hier eine Situation bezeichnet, in der verschiedene Personen verschiedene Informationen und Erwartungen haben und in der einige Personen wissen, daß andere Personen bessere Informationen oder treffendere Erwartungen haben, bzw. daß sie die Erwartungen der an-

Agent durchgeführten Handlungen („hidden action") und den Agent zugänglichen Informationen („hidden information") unterschieden[645]. Zum einen kann unterstellt werden, daß Aktionen und Entscheidungen des Agent für den Principal nicht explizit beobachtbar oder aufgrund von Kostengründen nicht kontrollierbar sind. Dieser Fall wird als "*hidden action*" bezeichnet. Hidden action ist insofern dadurch charakterisiert, daß der Principal die Handlungen des Agent nicht ausreichend beobachten oder beurteilen kann. Zwar registriert der Principal sehr wohl das Ergebnis als solches, welcher Anteil davon allerdings auf den Arbeitseinsatz des Agent oder auf exogene Umwelteinflüsse zurückgeht, bleibt ihm verborgen. Da das Ergebnis nicht nur von der Anstrengung des Agent, sondern auch von Umwelteinflüssen abhängt, wird der Agent ein negatives Ergebnis immer diesen Umwelteinflüssen, ein positives Ergebnis aber sich selbst zuschreiben. In diesem Fall geht es um Informationsasymmetrie nach Vertragsabschluß. Der Principal muß opportunistischen Verhaltensweisen des Agent mit Hilfe von Anreiz- oder Informationssystemen vorbeugen.

Hidden action-Probleme sind für die Finanzierungstheorie in folgendem Zusammenhang von Bedeutung: Die Wahrscheinlichkeitsverteilung der künftigen Unternehmenserträge und damit der Marktwert der von einer Unternehmung ausgegebenen Finanzierungstitel hängt mitunter von den Handlungen der Unternehmensleitung, insbesondere von der gewählten Investitionspolitik, ab. In der Annahme, daß die Unternehmensleitung stets im Interesse der Anteilseigner handelt, besteht für das leitende Organ ein Anreiz, eine riskantere Investitionspolitik durchzuführen, wenn hierdurch den Fremdkapitalgebern ein zusätzliches Ausfallrisiko aufgebürdet werden kann. Dieses Risiko, das im Verhalten der Unternehmensleitung begründet wird, wird als *moral hazard*[646] bezeichnet. Dabei kann der Principal letztlich aber nicht entscheiden, inwieweit das erzielte Ergebnis auf den Einsatz des Agent zurückzuführen ist. Hat ein angestrebtes Ergebnis keinen Nutzen für den Agent, so kann er versucht sein, ein sehr niedriges Anstrengungsniveau zu wählen. Gegenüber dem Principal wird er aber anschließend ein möglicherweise schlechtes Unternehmensergebnis auf ungünstige Umwelteinflüsse zurückführen[647]. Bestehende Informationsdefizite machen es dem Principal unmöglich, zu unterscheiden, ob ein schlechtes Handlungsergebnis durch Eintritt ungünstiger Zukunftslagen im Entscheidungsfeld des Agent oder ob es auf den mangelhaften Arbeitseinsatz des Agent für die Ziele der Anteilseigner zurückgeführt werden kann. Eine Informationsbeschaffung ist häufig nur begrenzt möglich, da der Principal nicht in der Lage ist, das Verhalten und die Handlungen des Agent richtig einzuschätzen. Die Kenntnisse des Principal beschränken sich daher oft nur auf das Handlungsergebnis.

Die zweite Art von Informationsasymmetrie, die vor Vertragsabschluß bzw. im Zeitpunkt des Vertragsabschlusses besteht, wird mit "*hidden information*" bezeichnet. Hier geht es nicht um Handlungen der Unternehmensleitung, sondern um die Kenntnis eines Qualitätsmerkmals, das selbst aber nicht immer beeinflußbar ist: Der Agent ist besser über seine Nutzenfunktion

deren Personen übernehmen würden, wenn sie sie nur erfahren könnten, vgl. ähnlich R. Schmidt, [neoinstitutionalistischer Ansatz], 1981, S. 139.

645 Vgl. bspw. H. Laux, [Risiko], 1990, S. 15 f. oder P. Swoboda, [Finanzierung], 1994, S. 163.

646 Unter moral hazard versteht man eine Risikoerhöhung, die aus der Anreizwirkung abgeschlossener Verträge resultiert, wenn nach Vertragsabschluß ein Vertragspartner eine dann für ihn günstige Handlungsmöglichkeit wählt, wenn diese Wahl die Position des anderen Vertragspartners verschlechtert und wenn es nicht möglich ist, die Verhaltensweise des ersten zu überwachen, vgl. R. Schmidt, P. Swoboda, [Finanzierung], 1994, S. 164.

647 Vgl. H. Laux, [Steuerung], 1989, S. 34.

und/oder die Aktionsmöglichkeiten sowie deren Konsequenzen in seinem Tätigkeitsfeld informiert, da er unmittelbar am „Ort des Geschehens" ist. Der Agent berücksichtigt diese Informationen bei seinen Entscheidungen. Dabei kann der Principal nicht sicher sein, daß der Agent sie in seinem Interesse nutzt. So kann angenommen werden, daß bei gegebener Investitionspolitik das Management einer Unternehmung die künftige Ertragslage besser einschätzen kann als unternehmensexterne Beobachter. Im Falle von hidden information beeinflußt die Unternehmensleitung nicht die Wahrscheinlichkeitsverteilung der Unternehmenserträge (wie z.B. durch eine riskantere Investitionspolitik), sondern es sind nun die Ertragsaussichten, die Einfluß auf das beobachtbare Verhalten der Unternehmensleitung haben. Der Agent hat die Möglichkeit, diesen Informationsvorsprung und den Umfang evtl. notwendiger Handlungsmöglichkeiten mit den damit verbundenen Risiken gegenüber dem Principal zu verbergen.

So kann bspw. die Entscheidung über die Annahme oder Ablehnung eines Kreditangebots von der Bonität, d.h. von der Streuung der zukünftigen Zahlungsüberschüsse abhängen. Kann der Kreditgeber (Principal) nicht zwischen Kreditnehmern (Agents) unterschiedlicher Bonität unterscheiden, so kann es zu einem Phänomen kommen, das mit *adverse selection* bezeichnet wird. Jeder angebotene Kreditvertrag, dessen Konditionen an der durchschnittlichen Bonität aller Kreditnehmer ausgerichtet sind, wird nur von solchen Kreditnehmern angenommen, die durch ein überdurchschnittlich hohes Ausfallrisiko gekennzeichnet sind. Denn insbesondere Kreditnehmer mit überdurchschnittlich hohem Risiko werden den Kreditvertrag in Anspruch nehmen, da sie, gemessen an ihrer Risikoposition einen zu niedrigen Zinssatz zahlen. Hebt der Kreditgeber aufgrund der erhöhten Risikostruktur den Zinssatz an, führt dies dazu, daß er nur noch mit Kreditnehmern Verträge abschließt, denen ein überdurchschnittlich hohes Risiko anhaftet. Der Kreditgeber kumuliert insofern hohe Risiken im Sinne von „schlechten" Kreditnehmern (adverse selection). Für den Kreditgeber entfällt die Möglichkeit, durch die Mischung zahlreicher Kreditengagements das Risiko der Fehlinformation zu reduzieren.

Ein anderes Beispiel für adverse selection bezieht sich auf die Emission junger Aktien. Hier konnte in der Vergangenheit gezeigt werden, daß für börsennotierte Unternehmen, deren Aktien am Sekundärmarkt (Börse) überbewertet sind, ein Anreiz besteht, verstärkt durch Kapitalerhöhungen auf die externe Eigenfinanzierung zurückzugreifen, während Unternehmen, deren Anteile unterbewertet sind, die Alternative der Gewinnthesaurierung präferiert hatten. Auch hier gilt wiederum, daß eine Diversifikationsstrategie von Investoren nicht dazu führt, daß sich im Durchschnitt der Erwerb unter- und überbewerteter Aktien ausgleicht. Insofern besteht für den potentiellen Anleger das Risiko, daß bei Kapitalerhöhungsmaßnahmen vorwiegend am Markt solche Titel angeboten werden, die überbewertet sind.

Die Agency-Theorie stellt den grundlegenden finanzierungstheoretischen Ansatz für die nun folgenden Ausführungen dar. Dabei werden zur agency-theoretischen Bewertung Kooperationsdesigns einer herkömmlichen Kommunalkreditfinanzierung mit Kooperationsdesigns alternativer kommunaler Finanzierungsformen verglichen. Da sich in der agency-theoretischen Analyse Kostenvergleiche nicht exakt messen lassen, kann es hier nicht Zielsetzung sein, Kostenunterschiede pauschalierend zu quantifizieren. Daher können lediglich - auf der Basis gleicher Qualität der Leistungserstellung - komparative Aussagen über die Anreiz- und Kostenwirkungen der verschiedenen kommunalen Finanzierungsformen getroffen werden[648]. Insofern ist diese Vorgehensweise konform mit der Zielsetzung des Gedankengebäudes der Neuen Institutionenökonomik.

4.4. Finanzierungstheoretische Vertragsgestaltung bei der herkömmlichen Kommunalkreditfinanzierung

Aus agency-theoretischer Sicht ist der Kapitalnehmer der Agent, der die ihm überlassenen Finanzmittel im Auftrag des Kapitalgebers und damit des Principal absprachegemäß zu investieren und ordnungsgemäß zurückzuzahlen hat. Aus dem Kreditvertrag ergibt sich eine erhebliche Informationsasymmetrie zugunsten des Agent, da der potentielle Kreditnehmer in der Regel seine eigenen wirtschaftlichen Aussichten und seine derzeitige persönliche Situation besser einschätzen kann als außenstehende potentielle Gläubiger[649]. Diese bestehende Informationsasymmetrie spiegelt sich auch in den Vertragsbestimmungen von Standardkreditverträgen wider. Danach können Kapitalgeber weder konkrete Kalkulationsunterlagen des beabsichtigten Investitionsvorhabens einsehen noch erhalten sie Mitspracherechte, welche einen direkten Einfluß auf die Unternehmensführung bzw. auf das zu realisierende Investitionsprojekt ermöglichen.

Insoweit besteht bei Kreditverträgen sowohl das Problem des hidden information als auch das Problem des hidden action. Opportunistisches Verhalten vor Vertragsabschluß ist für den Kreditnehmer möglich, indem er die ihm zur Verfügung stehenden Informationen zu Rendite und Risiko des Investitionsvorhabens nicht vollständig offenlegt bzw. sogar bewußt manipuliert oder zudem falsche Angaben über seine eigene ökonomische Situation macht. Zu Fällen des hidden action kommt es, wenn der Kreditnehmer die Finanzmittel nach der erhaltenen Kreditzusage absprachewidrig für ein Investitionsprojekt mit geringerer Erfolgswahrscheinlichkeit einsetzt oder das Investitionsprojekt riskanter gestaltet. Des weiteren bestehen zu Lasten des Principal Verhaltensrisiken, wenn der Kreditnehmer während der Kreditlaufzeit unzureichende Anstrengungen zur Rückführung der Zins- und Tilgungszahlungen unternimmt oder durch getätigte Kapitalentnahmen eine Kreditrückzahlung nach Ablauf der Vertragslaufzeit unmöglich macht respektive sogar einen Kreditausfall vorsätzlich herbeiführt[650].

Da der Agent als Kreditnehmer durch seine Handlungen und Verhaltensweisen eine Erhöhung des Kreditausfallrisikos herbeiführen kann, muß der Kreditgeber als Principal das Verhalten des Agent im eigenen Interesse steuern. Da eine permanente Überwachung und Kontrolle des Verhaltens des Kreditnehmers schon aus Kosten- und Zeitgründen unmöglich ist, wird von Kreditgebern bei der Darlehensherausgabe die Bereitstellung von werthaltigen Kreditsicherheiten verlangt[651]. In der Praxis sind Vereinbarungen über die Stellung von Kreditsicherheiten speziell ein Merkmal von langfristigen Kreditverträgen. Langfristige Finanzierungen werden in der Regel durch Pfandrechte, insbesondere Grundpfandrechte, gesichert. Wird

648 Die Vorteilhaftigkeitsanalyse bezieht sich auf einen reinen Finanzierungskostenvergleich. Eine agencytheoretische Analyse der Kosten der Realisation des Investitionsobjektes (bspw. leistungswirtschaftliche Aspekte beim kommunalen Full-Service-Leasing) wird im Rahmen dieser Untersuchung nicht vorgenommen.

649 Vgl. G. Franke, [Finanzmarkttheorie], 1993, S. 391.

650 Vgl. Kl. Spremann, [Asymmetrische Information], 1990, S. 583.

651 Vgl. B. Rudolph, [Kreditsicherheiten], 1984, S. 18 ff.

langfristiges Fremdkapital nur so weit vergeben, daß sich selbst im ungünstigsten Fall[652] Verluste durch das Pfandrecht weitgehend vermeiden lassen, reduziert sich die vorhandene Informationsasymmetrie und damit der mit Kosten verbundene Informationsbedarf des Kapitalgebers beträchtlich. Denn nachdem der Kapitalgeber den Wert des Pfandes festgestellt hat, muß er nunmehr nicht mehr präzise wissen, welche möglichen Erträge die finanzierte Investition erbringt[653]. Zudem ist es für den Principal kostengünstiger, die Existenz und den Wert des Pfandrechtes zu beobachten, als umfassend die gesamte Unternehmenstätigkeit einschließlich der Investitions- und Finanzierungspolitik des Agent zu überwachen[654]. Des weiteren würde eine Illiquidität des Agent nicht zu unmittelbaren Kreditausfällen beim Principal führen. Für den Kreditnehmer sind Kreditsicherheiten insoweit von Vorteil, als daß sie Mißtrauen und Skepsis gegenüber einem opportunistischen Verhalten des Kreditnehmers reduzieren und insofern die vom Kreditgeber geforderten Risikoprämien geringer ausfallen.

Allerdings haben Kreditsicherheiten als Mittel zur Verringerung der Informationsasymmetrie in Kreditverträgen auch Nachteile für den Agent. Denn durch Unterwerfung unter die Bindung des Pfandrechtes gibt der Agent bestimmte Handlungsspielräume auf, die später nicht einmal opportunistisch gegenüber dem Principal ausgenutzt worden wären[655].

Mit Kenntnis der beschriebenen agency-theoretischen opportunistischen Handlungsspielräume des Agent hat der Principal alle relevanten Informationen, um Verträge gestalten zu können. Denn obwohl der Principal das tatsächliche Anstrengungsniveau des Agent nicht direkt beobachten und deshalb nicht als Schlüsselgröße in den Vertrag einbeziehen kann, kennt er die Verhaltenscharakteristika des Agent und kann abschätzen, wie der Agent auf einen bestimmten Vertrag reagieren wird. Insofern hat der Principal die Vertragsgewalt und damit das Recht, die Kreditkonditionen festzuschreiben[656]. Dadurch kann der Principal seine Agency-Kosten auf den Agent überwälzen.

Die Agency-Kosten des Principal setzen sich zum einen aus den Kosten zusammen, die ihm bei der Bonitätsprüfung, bei der Vertragsverhandlung, beim Vertragsabschluß und bei der Überwachung des Kreditengagements entstehen. Zum anderen fallen für den Principal Kosten an, die in Verbindung mit der Kreditaufnahme stehen. Diese betreffen den Kreditgeber nach dem Grundsatz des BAK über Eigenkapital und Liquidität vor allem in Form von Kosten der Eigenkapitalanrechnung für ausgegebene Kredite. Ein Residualverlust besteht für den Principal, da dem Kreditnehmer nach wie vor Möglichkeiten verbleiben, einen Kreditausfall herbeizuführen. Somit wird der Kreditgeber versuchen, das verbleibende Kreditausfallrisiko in die Zinssatzforderungen einzukalkulieren.

Bei der kommunalen Haushaltsfinanzierung stellt die Kommune als Kreditnehmerin den Agent dar. Bei der Herausgabe des Kommunalkredits bewegt sich der Bearbeitungsaufwand für den Kreditgeber in einer relativ geringen Größenordnung. Von Bedeutung ist aufgrund der positiven Kreditwürdigkeit von Kommunen dabei der Ausschluß der Vorgaben des § 18 KWG für die seitens der Kreditinstitute bestehenden Kreditengagements gegenüber Kommunen. In der Geschäftspraxis wird die Bonitätsprüfung bei der Kommunalkreditvergabe, die

652 Der ungünstigste Fall ist für den Kapitalgeber der, daß das Pfandrecht verwertet werden muß.

653 Vgl. R. Schmidt, [Grundformen], 1981, S. 211.

654 Vgl. ebenda S. 211-213.

655 Vgl. ebenda S. 213.

656 Vgl. Kl. Spremann, [Agency-Kosten], 1987, S. 343.

Kreditbewilligung und -überwachung lediglich anhand von rechtlichen und ökonomischen Haushaltsrahmendaten vorgenommen[657]. Die Strukturierung des Vertragswerkes ist unkompliziert und bedarf keines intensiven Gestaltungsaufwandes. Der Vertragsabschluß kann zügig und problemlos abgewickelt werden[658]. Der Kreditvertrag selbst verursacht kaum Kosten[659], da er häufig telefonisch abgeschlossen und anschließend per Schriftwechsel und Schuldschein bestätigt wird[660]. Es erfolgt keine Anrechnung des Kommunalkredits im Eigenkapitalgrundsatz der Grundsätze über das Eigenkapital und die Liquidität der Kreditinstitute des BAK, so daß Eigenkapitalkosten des finanzierenden Kreditinstitutes im Zinssatz keine Berücksichtigung finden[661]. Zudem besteht durch den hohen Sicherheitsgrad von Kreditgewährungen an Kommunen keine Notwendigkeit zur Kalkulation einer Risikoprämie auf den Zinssatz[662]. Insgesamt sind damit aufgrund der unzweifelhaften Bonität von Kommunen die Agency-Kosten des Principal als sehr gering einzustufen[663].

Die aus der Agency-Theorie abgeleiteten Ergebnisse werden durch die Feststellung bestätigt, daß Kommunalkreditkonditionen in der Geschäftspraxis den Konditionen für Kommunalschuldverschreibungen und Pfandbriefe[664] relativ nahe kommen[665]. Damit sind die Ertragspotentiale im Kommunalkreditgeschäft bezogen auf den Deckungsbeitrag von Kreditinstituten vergleichsweise gering.

Agency-theoretisch ergibt sich ein anderes Bild bei der Kreditvergabe an kommunale Eigengesellschaften. Bei der Kreditherausgabe im Rahmen der Finanzierung kommunaler Investitionen an kommunale Eigengesellschaften gelten die §§ 10, 11 und 18 KWG uneingeschränkt, woraus sich eine streng einzelfallbezogene Kreditbonitätsprüfung und –überwachung sowie Kosten der Anrechnung im Eigenkapitalgrundsatz der Grundsätze über das Eigenkapital und die Liquidität der Kreditinstitute des BAK ergeben. Dies hat zur Folge, daß der Zinssatz für Kredite an kommunale Eigengesellschaften über dem Kommunalkreditzins liegt. In der kommunalen Praxis nimmt dieser Zinsaufschlag einen Wert von 0,2 bis 0,3 %-Punkten an[666].

Mit der Höhe der Kreditzinskondition als Ergebnis der vorgenommenen Agency-Analyse besteht ein Vergleichsmaßstab für die finanzierungstheoretische Analyse alternativer Finanzierungsformen kommunaler Infrastrukturinvestitionen. Finanzierungstheoretisch untersucht

---

657 Vgl. W.-A. Prautzsch, [Geschäft], 1993, S. 798 f.

658 Vgl. J. Wahl, [Alternativen], 1992, S. 109.

659 Wird anstelle des Kommunalkredites eine öffentliche Anleihe emittiert, so müssen Emissionskosten berücksichtigt werden, vgl. dazu die Ausführungen in Abschnitt 3.3.1.2.

660 Vgl. T. Ergenzinger, [Kommunalleasing], 1996, S. 264.

661 Vgl. W.-A. Prautzsch, [Geschäft], 1993, S. 798 f.

662 Vgl. hierzu auch die Ausführungen zum Kommunalkredit in Abschnitt 3.3.1.1.

663 Die Agency-Kosten der Kommune als Kreditnehmerin sind ebenfalls als gering einzustufen (keine Pflicht zur Stellung von Sicherheiten, geringe Vertragsgestaltungskosten etc.).

664 Die Refinanzierung von Kommunalkrediten erfolgt bei Hypothekenbanken, Landesbanken etc. über die Emission von Kommunalschuldverschreibungen und Pfandbriefen (siehe auch das Gesetz über die Pfandbriefe und verwandte Schuldverschreibungen öffentlich-rechtlicher Kreditanstalten). Darin ist festgelegt, daß der Gesamtbetrag der in Umlauf befindlichen Kommunalschuldverschreibungen in Höhe des Nennwertes jederzeit durch Kommunaldarlehen von mindestens gleichem Zinsertrag gedeckt sein muß, vgl. W.-A. Prautzsch, [Geschäft], 1993, S. 799.

665 Vgl. H. Wriedt, [Kommunalkreditgeschäft], 1989, S. 555. Allerdings sind die von den einzelnen Kommunen zu erzielenden Konditionen nicht absolut identisch, vgl. T. Ergenzinger, [Kommunalleasing], 1996, S. 256.

666 Vgl. Kreditzinssatzangebote von Kreditinstituten an kommunale Versorgungsunternehmen in der Rechtsform der Eigengesellschaft, entnommen aus der Zeitung für kommunale Wirtschaft.

werden im folgenden das kommunale Finanzierungsleasing und die Stille Beteiligung an kommunalen Eigengesellschaften.

4.5. Finanzierungstheoretische Vertragsgestaltung bei ausgewählten alternativen Finanzierungsformen kommunaler Infrastrukturinvestitionen

4.5.1. Kommunales Finanzierungsleasing

Mit Abschluß eines Leasingvertrages erwirbt der Leasingnehmer im Unterschied zu einem kombinierten Darlehens- und Kaufvertrag kein zivilrechtliches Eigentum an dem Investitionsobjekt[667], sondern nur ein Nutzungsrecht an dem Gegenstand[668]. Zivilrechtlicher Eigentümer des Leasingobjektes bleibt der Leasinggeber[669]. Der Leasinggeber ist zugleich Principal der zwischen Leasingnehmer und -geber basierenden Vertragsbeziehung. Da Leasinggeber aufgrund ihrer Spezialisierung und Übersicht auf Beschaffungs- und Wiederverkaufsmärkten gegenüber dem Leasingnehmer als Agent in der Regel über einen Informationsvorsprung bei der Verwertung des Leasingobjektes verfügen, verzichten sie im Gegensatz zu „normalen" Kreditgebern auf die Stellung von Sicherheiten[670].

Auch bei Leasingverträgen muß der Leasinggeber mit opportunistischem Verhalten des Agent rechnen. Opportunismusspielräume nach Vertragsabschluß liegen zum einen im Wartungs- und Instandhaltungsrisiko von Leasingverträgen begründet[671]. Wartungs- und Instandhaltungsaktivitäten des Agent sind kaum beobachtbar oder für Außenstehende zu bewerten. Vertragsklauseln, die sich unmittelbar auf die Wartung und Instandhaltung beziehen, können deshalb kaum durchgesetzt werden[672]. Daher muß der Leasinggeber als zivilrechtlicher Eigentümer damit rechnen, daß der Leasingnehmer die notwendigen vertraglich vereinbarten Wartungs- und Instandhaltungsleistungen nicht oder nicht im erforderlichen Umfang erbringt. Denn im Vergleich zum Kauf ist der Leasingnehmer nicht am Zustand des Leasingobjektes interessiert, wenn er den Leasinggegenstand am Ende der Grundmietzeit zurückgeben muß[673]. Als Käufer würde er unabhängig von der realisierten Verwertungsalternative die Wartungs- und Instandhaltungsaktivitäten solange ausdehnen, bis sie nicht mehr durch Wertsteigerungen des Leasingobjektes gedeckt sind, da der Käufer im Gegensatz zum Leasingnehmer den gesamten Ertrag der Wartungs- und Instandhaltungsaktivitäten erhält[674]. Dieses agencytheoretische Anreizproblem muß vertraglich institutionalisiert werden. Dadurch erhöht sich

---

667 Im Vergleich zu einem Kauf auf Kredit wird von einer identischen Qualität und Beschaffenheit des Investitionsgutes ausgegangen.

668 Zu den Grundlagen des kommunalen Finanzierungsleasing vgl. Abschnitt 3.4.1.1.

669 Von den Besonderheiten des Spezialleasing wird abgesehen, vgl. dazu die Ausführungen zum Spezialleasing in Abschnitt 3.4.1.1.

670 Als zivilrechtlicher Eigentümer verfügt der Leasinggeber bei einer Insolvenz des Leasingnehmers über ein Aussonderungsrecht an dem Leasinggegenstand.

671 Vgl. W. Neus, [Finanzierungsleasing], 1991, S. 1434 f.

672 Dennoch soll nicht bestritten werden, daß es auch für den Leasingvertrag Vertragsklauseln gibt, die zumindest eine Mindestwartung sicherstellen, bspw. Kautionszahlungen, die bei einem schlechten Zustand des Leasingobjektes verfallen, vgl. W. Neus, [Finanzierungsleasing], 1991, S. 1435.

673 Fällt das Leasinggut gemäß Leasingvertrag nach Beendigung der Grundmietzeit mit Sicherheit an den Leasinggeber zurück, dann ist dieser Vertrag in Bezug auf die Wartung und Instandhaltung eine sehr schlechte Lösung, da der Leasingnehmer keinerlei Interesse am Wert des Leasingobjektes nach der Grundmietzeit hat.

674 Vgl. W. Neus, [Finanzierungsleasing], 1991, S. 1434 f.

die inhaltliche Komplexität des Leasingvertrages mit positiven Auswirkungen auf die Höhe der Vertragskonzipierungs- und -abschlußkosten des Leasingvertrages.

Des weiteren können Opportunismusspielräume des Leasingnehmers zu einem Ausfall der vereinbarten Leasingraten führen, da der Leasingnehmer durch den bewußten Abzug von unternehmensnotwendigem Kapital oder aufgrund realisierter Verluste aus dem operativem Geschäft weitere Zahlungen von Leasingraten unmöglich machen kann. Leasinggesellschaften haben zwar bei einer Insolvenz des Leasingnehmers eine gute Zugriffsmöglichkeit auf den Leasinggegenstand[675]. Dennoch besteht ein Risiko, den Leasinggegenstand weiter zu vermieten, da einer schnellen und gleichwertigen Weitervermietung des Leasingobjektes entsprechende nachfrageschwache Gütermarkte entgegenstehen können. Zur Begrenzung derartiger Opportunismusspielräume bei Leasingverträgen ist eine Bonitätsprüfung und -überwachung des Leasingnehmers erforderlich. Dies führt während der Laufzeit des Leasingvertrages einerseits zu (hohen) Überwachungskosten des Principal, andererseits erhöhen sich dadurch die Transaktionskosten in Form von Vertragskonzipierungs-[676], -verhandlungs- und -abschlußkosten[677].

Die in der Leasingrate einzukalkulierenden Kosten der Kapitalüberlassung des Principal setzen sich beim Finanzierungsleasing aus dem Refinanzierungszinssatz der Leasinggesellschaft und den von ihr zu tragenden Agency-Kosten zusammen. Die Konditionen der Refinanzierung der Leasinggesellschaft dürften, auch wenn es sich häufig bei Leasinggesellschaften um Bankentöchter handelt[678] und insofern keine Agency-Probleme zwischen diesen Beteiligten auftauchen, mindestens denen einer „ersten Bonitätsadresse“ am Kreditmarkt entsprechen[679]. Positiv wirkt sich zudem aus, daß die Leasingverträge mit der Kommune eine „hochwertige“ Sicherheit darstellen. Damit liegen die Konditionen auf einer Höhe mit den Kreditkonditionen von kommunalen Eigengesellschaften, damit aber höher als vergleichbare Kommunalkreditzinssätze[680]. Der auch für Kreditvergaben an Leasinggesellschaften geltende Grundsatz des BAK über Eigenkapital und Liquidität zwingt die die Leasinggesellschaften refinanzierenden Kreditinstitute zu Zinssatzkonditionen, die oberhalb der gewährten Konditionen eines Kommunalkredites anzusetzen sind.

Zur Kalkulation der Leasingrate schlägt der Principal auf seinen Refinanzierungszinssatz noch seine Agency-Kosten auf[681]. Aufgrund der unzweifelhaften Bonität der Kommune lassen

---

675 Vgl. Fußnote 670.

676 Sofern sich die Verträge standardisieren lassen, bspw. Musterverträge genutzt werden können, können diese Kosten nachhaltig gesenkt werden.

677 Bspw. seien Kosten für eine notarielle Beurkundung der Verträge (Erbbaurechtsvertrag etc.) genannt.

678 Vgl. T. Ergenzinger, [Kommunalleasing], 1996, S. 262.

679 Vgl. auch R. Dautel, [Kommunale Sonderfinanzierung], 1997, S. 119 f. Im Gegensatz zu den Kommunen kann bei größeren Leasinggesellschaften davon ausgegangen werden, daß sie mit dem Einsatz derivativer Finanzinstrumente vertraut sind und ihre Marktkenntnisse für ein aktives Zinsmanagement nutzen können. Inwieweit jedoch einzelobjektbezogen eine Verbesserung der Konditionen erreicht werden kann, muß hier offen bleiben.

680 Vgl. die Ausführungen in Abschnitt 4.4. Eine exakte Quantifizierung würde eine Genauigkeit vorgeben, die aus verschiedenen Gründen nicht realisierbar ist. Einerseits ergeben sich Marktzinssätze aufgrund von Verhandlungen der beteiligten Vertragspartner, andererseits werden Finanzierungskosten auch von der jeweiligen individuellen Projektkonstellation beeinflußt.

681 Je nach Vetragsgestaltung kann eine explizite Analyse der aufgezeigten Transaktionskostenkomponenten problematisch sein, da der Ausweis dieser Kosten im Vertragswerk nicht einheitlich ist. Bspw. können diese Kosten als Nebenkosten der Kommune in Rechnung gestellt werden, des weiteren ist die Kalkulati-

sich beim kommunalen Finanzierungsleasing zwar die Bonitäts- und Überwachungskosten des Principal deutlich reduzieren, die vergleichsweise höheren Vertragskonzipierungs-, -verhandlungs- und Vertragsabschlußkosten gegenüber der standardisierten Kreditfinanzierung bleiben aber aufgrund der notwendigen vertraglichen Regelung der Wartungs- und Instandhaltungspflichten[682] etc. bestehen. Insofern sind beim kommunalen Finanzierungsleasing sowohl die Kosten der Kapitalüberlassung als auch die Agency-Kosten aufgrund der größeren Komplexität höher als bei einer vergleichbaren kommunalen Kreditfinanzierung.

Die agency-theoretisch ermittelten Ergebnisse ergeben, daß das kommunale Finanzierungsleasing die teurere Alternative im Vergleich zur Kommunalkreditfinanzierung ist. Denn die Leasingraten müssen aus Sicht des Principal nicht nur seine vergleichsweise höheren Refinanzierungskosten enthalten, sondern auch die zusätzlich anfallenden Agency-Kosten des Leasinggebers als Finanzintermediär. Diese finanzierungstheoretischen Überlegungen werden durch empirische Auswertungen von abgeschlossenen kommunalen Leasingverträgen bestätigt. Von 71 aus den Jahren 1986 bis 1994 abschließend in Niedersachsen ausgewerteten Leasingverträgen im Mobilienbereich waren 69 für die Kommunen ungünstiger als ein kreditfinanzierter Kauf[683].

4.5.2. Finanzierung von Haftungskapital für kommunale Eigengesellschaften in Form einer Stillen Beteiligung

Nach der Rechtsstellung des Kapitalgebers führt der Charakter der typischen Stillen Gesellschaft[684] dazu, daß sich diese Art der Beteiligungsfinanzierung wirtschaftlich der Kreditfinanzierung annähert. Der stille Gesellschafter ist zwar zwingend gemäß § 231 Abs. 2 HGB am Gewinn der Unternehmergesellschaft zu beteiligen, er hat wie ein Darlehensgeber kein Recht zur Vertretung und Geschäftsführung[685]. Da die Haftung gegenüber Gesellschaftsgläubigern bei der Stillen Gesellschaft aufgrund fehlender Außenbeziehungen entfällt, steht die Inanspruchnahme der Einlagenverpflichtung ausschließlich dem Beteiligungs- bzw. Kapitalnehmer zu. Im Gegensatz zu Kreditverträgen besitzt der Kapitalgeber einer Stillen Gesellschaft allerdings gesetzlich verankerte Kontroll- und Informationsrechte. Nach § 338 Abs. 1 HGB ist der stille Gesellschafter berechtigt, eine Abschrift der jährlichen Bilanz zu verlangen und ihre Richtigkeit unter Einsicht der Bücher und entsprechender Unterlagen zu prüfen. Da in der Geschäftspraxis die Kreditherausgabe von der Vorlegung unternehmens- bzw. investitionsobjektbezogener Unterlagen (Unternehmensbilanzen, Kalkulationen etc.) abhängig gemacht wird, ist dieser Unterschied nur von theoretischer und nicht von großer praktischer

---

on in dem der Leasingrate zugrundeliegenden Zinssatz denkbar, vgl. T. Ergenzinger, [Kommunalleasing], 1996, S. 263.

682 Das Wartungs- und Instandhaltungsrisiko läßt sich durch eine Vereinbarung einer Optionskomponente im Leasingvertrag verringern. Falls die Optionskomponente so ausgestaltet ist, daß nach Beendigung der Grundmietzeit das Leasingobjekt mit Sicherheit in das zivilrechtliche Eigentum des Leasingnehmers übergeht, läßt sich das Wartungs- und Instandhaltungsrisiko beseitigen.

683 Der Verlust gegenüber dem Kreditkauf betrug dabei 22.6 % des Kaufpreises, vgl. P. Dörsam, [Theorie und Praxis], 1995, S. 67.

684 Die folgenden Ausführungen beschränken sich auf die typische Stille Gesellschaft, die den Regelfall der Stillen Gesellschaft darstellt. Auf die atypische Stille Gesellschaft, in der der stille Gesellschafter maßgeblichen Einfluß auf die Geschicke des Unternehmens hat, wird nicht näher eingegangen.

685 Zudem tritt der stille Gesellschafter ebenso wie der Darlehensgeber nach außen nicht in Erscheinung, vgl. auch die Ausführungen zur Stillen Gesellschaft in Abschnitt 3.4.2.

ökonomischer Bedeutung. Entscheidend ist vielmehr, daß der typische stille Gesellschafter wie auch der Kreditgeber sowohl von einer Einflußnahme auf die Geschäftsführung als auch von einer laufenden Überwachung der Geschäftstätigkeiten ausgeschlossen bleibt (§§ 335 Abs. 2, 338 Abs. 2 HGB). Damit trifft die in Abschnitt 4.4. beschriebene Informationsasymmetrie zwischen Kreditgeber und –nehmer auch auf die Beziehung zwischen Beteiligungsgeber und -nehmer bei der stillen Beteiligungsfinanzierung zu[686].

Im Vergleich zur Kreditfinanzierung wird bei der Stillen Gesellschaft sowohl das Problem des hidden information als auch des hidden action durch die nach § 231 Abs. 2 HGB gesetzlich zwingend vorgeschriebene Gewinnbeteiligung des stillen Gesellschafters noch vergrößert. Opportunismus vor Vertragsabschluß ist durch eine verstärkte Auflösung stiller Reserven in den Jahren vor der beabsichtigten Beteiligungsaufnahme möglich. Daraufhin kommt es in diesen Jahren zu hohen Gewinnausweisen, die allerdings nicht aus dem ordentlichen operativen Geschäftsverlauf resultieren und sich deshalb in gleicher Höhe nach der Beteiligung des stillen Gesellschafters kaum wiederholen lassen[687]. Der Beteiligungsnehmer kann aber im Zeitpunkt der Beteiligungsaufnahme mit dem Hinweis auf die absolute Höhe der Gewinne der letzten Jahre mit dem stillen Gesellschafter eine prozentuale Gewinnbeteiligung vereinbaren[688]. Opportunismus nach Vertragsabschluß ergibt sich bei einer Stillen Gesellschaft aus der Tatsache, daß der typische stille Gesellschafter beim Ausscheiden aus der Gesellschaft nur einen Anspruch auf die Rückzahlung seiner nominellen Einlage hat und damit nicht an den gebildeten stillen Reserven respektive an einem gestiegenen Geschäfts- oder Firmenwert partizipiert. Insofern wird der Beteiligungsnehmer während der Vertragslaufzeit einerseits versucht sein, den Unternehmenswert langfristig zu steigern, andererseits aber durch die Bildung stiller Reserven und die Durchführung nicht aktivierungsfähiger Investitionen[689] den laufenden Gewinnausweis gering zu halten. Des weiteren wird der Beteiligungsnehmer in seiner Investitionspolitik tendenziell so verfahren, daß er chancenreiche Investitionsprojekte meidet, wenn sie mit einem Verlust verbunden sein könnten. Denn einen Verlust muß der Beteiligungsnehmer nach § 231 Abs. 2 HGB in der Regel selber tragen, während der erzielte Gewinn mit dem stillen Gesellschafter zu teilen ist.

Bei der Stillen Beteiligung übernimmt der stille Gesellschafter[690] die Rolle des Principal, der das Verhalten des Beteiligungsnehmers im eigenen Interesse steuern muß. Möglichkeiten zur Reduzierung der Opportunismusspielräume durch die Stellung von Sicherheiten zugunsten des Kapitalgebers sind bei einer stillen Beteiligungsfinanzierung nicht vorgesehen[691]. In Beteiligungsverhältnissen kommt daher der Prüfung und Überwachung des Verhaltens des Agent eine große Bedeutung zu. Im Gesellschaftsvertrag könnte geregelt werden[692], daß sich der stille Gesellschafter über die gesetzlichen Bestimmungen hinausgehende Einfluß- und

---

686 Neben den gesetzlich verankerten Kontroll- und Informationsrechten behalten sich Beteiligungsgesellschaften zur Verringerung der Informationsasymmetrie gewisse Mitbestimmungsrechte vor (bspw. bei Satzungsänderungen). Dadurch erhöhen sich aber (zunächst) die Agency-Kosten des Principal.

687 Zudem hat der Beteiligungsnehmer in den Folgejahren keinerlei Interesse mehr, entsprechend hohe Gewinne auszuweisen.

688 Vgl. P. Swoboda, [Finanzierung], 1994, S. 167.

689 Hier sind bspw. Investitionen in Know-how des Personals zu nennen.

690 Häufig stellt der kommunale stille Gesellschafter eine Kapitalbeteiligungsgesellschaft dar.

691 Vgl. A. Lotze, [Kapitalbeteiligungsgesellschaften], 1993, S. 27.

692 Das Gesellschaftsrecht erlaubt es, Rechte und Pflichten der Beteiligten in Gesellschaftsverträgen weitgehend dispositiv zu gestalten.

Kontrollrechte auf die Unternehmenspolitik des Beteiligungsnehmers sichert. Zur Minderung bestehender Opportunismusspielräume bei der Gewinnbeteiligung können gesellschaftsrechtlich Vereinbarungen über die Art der Gewinnermittlung getroffen werden, damit der stille Gesellschafter nicht durch eine übermäßige Bildung stiller Reserven, bspw. durch die Bildung steuerrechtlicher Sonderabschreibungen, benachteiligt wird. Auch kann der stille Gesellschafter durch die Forderung einer Mindestvergütung auf seine Stille Einlage sicherstellen, daß seine Renditeforderungen unabhängig von der Ergebnissituation der Unternehmergesellschaft erfüllt werden. Dadurch ist einem auf den Gewinnausweis bezogenen opportunistischem Verhaltensspielraum des Agent bereits bei Vertragsabschluß die Grundlage entzogen.

Die kommunale Stille Beteiligungsgesellschaft als Principal der Finanzierungsbeziehung wird ihre Agency-Kosten im Rahmen der Beteiligungsvergütung auf die haftungsbeschränkte kommunale Eigengesellschaft als Beteiligungsnehmerin übertragen. Die Agency-Kosten des Principal setzen sich bei der kommunalen stillen Beteiligungsfinanzierung wie folgt zusammen: Die Stellung von Beteiligungskapital mit Haftungsfunktion erfordert vor der Beteiligungsaufnahme trotz bestehender Kreditwürdigkeit kommunaler Eigengesellschaften[693] eine kostenverursachende Bonitätsprüfung. Auch nach der Beteiligungsaufnahme ist aufgrund fehlender Sicherheiten zumindest eine routinemäßige Überwachung des Engagements notwendig[694].

Des weiteren ist Grundlage der kommunalen Stillen Beteiligung nicht ein kostengünstiger standardisierter Darlehensvertrag, sondern ein einzelfallbezogener Gesellschaftsvertrag mit erweiterten dispositiven Regelungsbefugnissen. Zudem ist das verbleibende Verlustrisiko einer kommunalen Stillen Einlage trotz unbegrenzter faktischer Haftung des kommunalen Gewährträgers vergleichsweise höher als bei einer Kreditfinanzierung kommunaler Eigengesellschaften, da aus der Stillen Einlage aufgrund der Rechtsstellung kein Anspruch auf Rückzahlung der Einlage begründet werden kann, der vor den Ansprüchen der Kommune als Gesellschafterin befriedigt wird.

Die Höhe der kommunalen Beteiligungsvergütung[695] orientiert sich an dem Zinssatz der Beteiligungsgesellschaft für den von ihr aufgenommenen Refinanzierungskredit. Dieser Zinssatz dürfte, da es sich bei der kommunalen Beteiligungsgesellschaft häufig um eine Tochter eines Kreditinstitutes handelt[696], dem Satz einer „ersten Bonitätsadresse" am Kreditmarkt entsprechen. Damit ist er aber nicht niedriger als der Zinssatz, zu dem sich kommunale Eigengesellschaften in der Regel direkt bei Kreditinstituten finanzieren. Die kommunale Beteiligungsgesellschaft schlägt auf ihren Refinanzierungszinssatz noch ihre Agency-Kosten auf, um die Kosten der Beteiligungsüberlassung zu ermitteln. Die Agency-Kosten des Principal drücken sich in der Praxis bei Beteiligungsgesellschaften in einem (Transaktions-)Kostenaufschlag[697] aus, für den rund 1,5 bis 2 %-Punkte angesetzt werden können[698].

---

693 Insbesondere die kommunale Energieversorgungsunternehmen verfügten in der Vergangenheit über eine starke Ertragskraft, vgl. dazu auch die Ausführungen im 6. Kapitel.

694 Allerdings wird in der Praxis bei einer Beteiligung von Beteiligungsgesellschaften an einer kommunalen Eigengesellschaft in Form der Stillen Einlage auf die Berücksichtigung eines Risikoaufschlages verzichtet.

695 Hier ist an eine Mindestvergütung auf das Stille Beteiligungskapital zu denken.

696 Hier ist u.a. die Westfinanz Westdeutsche Finanzierungsgesellschaft mbH, eine 100%-ige Tochter der WestLB, zu nennen.

697 Die Beteiligungsgesellschaften sprechen anstelle von (Transaktions-)Kosten von Verwaltungskosten, vgl. J. Beyel, [Kapitalbeteiligungsgesellschaften], 1990, S. 219 f.

Insgesamt stellt sich die kommunale stille Beteiligungsfinanzierung im Vergleich zur Kreditfinanzierung kommunaler Eigengesellschaften als eine kostspielige Finanzierungsform dar[699]. Denn die Vergütung auf die Stille Einlage muß im Vergleich zur Kreditfinanzierung kommunaler Eigengesellschaften neben den vergleichbaren Refinanzierungskosten des stillen Gesellschafters noch die höheren Agency-Kosten in Form der (Transaktions-)Kosten des Principal enthalten.

---

698 Die Beteiligungsgesellschaften kalkulieren in etwa wie folgt: Kapitalkosten: Aktueller Marktzinssatz in % + *Verwaltungskosten 1,5-2 %* + Risikoprämie (rund 5 %; diese spielt - wie bereits erwähnt - bei der kommunalen Stillen Einlage keine Rolle), vgl. u.a. S. Fiederer, [Chancen], 1991, S. 60; Ch. Demmer, [Lockruf], 1985, S. 176, J. Beyel, [Kapitalbeteiligungsgesellschaften], 1990, S. 219 bzw. die Übersichten bei o.V., [Eigenkapital], 1985, S. 294 u. o.V., [Konditionen], 1989, S. 36.

699 In der Literatur wird zur Verringerung der Konditionenunterschiede eine kommunale Bürgschaft für den Refinanzierungskredit der kommunalen Beteiligungsgesellschaft vorgeschlagen, vgl. H. Rehm, [Neue Wege], 1994, S. 56 bzw. U. Kirchhoff u. H. Müller-Godeffroy, [Finanzierungsmodelle], 1996, S. 77. Die Kosten der Beteiligungsfinanzierung ließen sich zwar dadurch um 0,2 bis 0,3 %-Punkte senken, aufgrund des Verwaltungskostenzuschlages bleibt die Stille Beteiligungsfinanzierung im Vergleich zur Kreditfinanzierung kommunaler Eigengesellschaften aber teuerer. Auch evtl. steuerliche Vorteile der stillen Beteiligungsfinanzierung im Vergleich zur Kreditfinanzierung können die Kostennachteile aufgrund des Verwaltungskostenzuschlags nicht überkompensieren, vgl. auch J. Wahl, [Alternativen], 1992, S. 114.

5. Finanzierungsmöglichkeiten kommunaler Unternehmen durch Teilprivatisierung – insbesondere die Heranführung von kommunalen Unternehmen an die Börse

5.1. Finanzierungsbedarf kommunaler Energieversorgungsunternehmen zur strategischen Wettbewerbsanpassung aufgrund veränderter Rahmenbedingungen

Am 29.04.1998 - im Zuge der europaweiten Öffnung der Elektrizitätswirtschaft[700] - ist in Deutschland das „Gesetz zur Neuregelung des Energiewirtschaftsrechts (EnWG)" in Kraft getreten[701], mit dem das seit 1935 geltende EnWG abgelöst wurde[702]. Ziel dieses Gesetzes ist es, durch Schaffung von Wettbewerb, Strom und Gas günstiger anzubieten[703]. Um dieses Ziel zu erreichen, sind die Betreiber von Elektrizitätswerken (u.a. kommunale Stadtwerke) verpflichtet, ihre Versorgungsnetze für andere Anbieter zu öffnen (§§ 6 Abs. 1, 7 Abs. 1 EnWG). In diesem Wirtschaftsbereich sind hiernach sowohl Demarkationsverträge als auch Konzessionsverträge mit Ausschließlichkeitsbindung für Versorgungsgebiete nicht mehr zulässig. Vor Einführung des EnWG waren in Deutschland die Versorgungsgebiete der Energieversorgungsunternehmen durch Konzessions- und Demarkationsverträge, die mit den Städten und Gemeinden abgeschlossen wurden, rechtlich abgesichert[704]. Konzessionsverträge sicherten den einzelnen (lokalen) Energieversorgungsunternehmen die alleinigen Lieferrechte an Endabnehmer im jeweiligen Konzessionsgebiet einer Gebietskörperschaft zu. Zudem gestattete die Kommune dem jeweiligen Energieversorgungsunternehmen die Benutzung aller in ihrem Eigentum oder ihrer Verfügungsmacht stehenden öffentlichen Wege zum Zwecke der Verlegung von Leitungsnetzen. Für diese Nutzungsrechte mußte das Energieversorgungsunternehmen i.d.R. der Gebietskörperschaft eine sog. Konzessionsabgabe zahlen. Des weiteren wurde in Ausschließlichkeitsklauseln festgelegt, daß die Kommune keine entsprechenden Nutzungsrechte ohne Zustimmung des Kommunalversorgers an andere Energieversorgungsunternehmen vergeben durfte[705]. In Demarkationsverträgen verpflichteten sich die kommunalen Versorgungsunternehmen untereinander, keine Versorgungstätigkeiten auf dem Gebiet des anderen durchzuführen[706]. Insofern erhielten die Energieversorgungsunternehmen rechtlich geschützte und geschlossene Versorgungsgebiete (Gebietsmonopol). In diesen Versorgungsgebieten war das betreffende Versorgungsunternehmen alleiniger Anbieter und im Bereich der Sondervertragskunden und der Tarifkunden keinem oder nur geringem Wettbewerb ausgesetzt. Die Sicherung

---

700 In 1997 trat nach mehrjähriger Debatte die EU-Stromrichtlinie in Kraft. Die Richtlinie definiert - dem Subsidiaritätsprinzip zufolge - lediglich einen Rahmen, der den Mitgliedsstaaten bei der Ausgestaltung des Wettbewerbs Spielräume läßt. Zu den Inhalten und Wahlmöglichkeiten der EU-Stromrichtlinie, vgl. M. Meyer-Renschhausen u. M. Sieling, [Liberalisierung], 1999, S. 118.

701 Siehe hierzu M. Moraing, [Gemeindewirtschaftsrecht], 1998, S. 223. Das neue EnWG beinhaltet eine generelle Marktöffnung, vgl. M. Meyer-Renschhausen u. M. Sieling, [Liberalisierung], 1999, S. 122.

702 Der bundesdeutsche Gesetzgeber hat dabei die EU-Richtlinie für den Elektrizitätsbinnenmarkt in das deutsche Recht umgesetzt; dabei ist er sogar über die darin enthaltenen Mindestanforderungen hinausgegangen, vgl. W. Möschel, [Strompreis], 1999, S. 5.

703 Dies gilt vor allem für den Strommarkt, der bis Mitte der 80er-Jahre in allen EU-Mitgliedsstaaten durch geschlossene Versorgungsgebiete gekennzeichnet war.

704 Vgl. G. Zimmermann, [Preisaufsicht], 1989, S. 499.

705 In Anlehnung an P. Münch, [Versorgungsunternehmen], 1986, S. 109 ff.

706 Vgl. ebenda S. 110.

einer flächendeckenden, sicheren, preisgünstigen und umweltschonenden Versorgung (öffentlicher Auftrag der Energieversorgungsunternehmen) erfolgte insofern durch gesetzliche Regulierung. Die Gebietsmonopole im Versorgungsbereich wurden fast ausschließlich von Unternehmen bewirtschaftet, die im Eigentum der Kommunen standen oder an denen die Kommunen beteiligt waren (bspw. Stadtwerke GmbH). Durch die Beteiligung an den Unternehmen hatten die Kommunen die Möglichkeit, Einfluß auf die Unternehmensführung zu nehmen und die Erfüllung des öffentlichen Auftrags zu kontrollieren.

Seit Inkrafttreten des EnWG im Jahr 1998 kann jedoch nunmehr theoretisch jeder Kunde seinen Energielieferanten frei wählen. U.a. aufgrund dieser gesetzlichen Entwicklung wird es in den nächsten Jahren zu einer weitreichenden Umstrukturierung in der kommunalen Energiewirtschaft kommen[707]. Zudem unterliegt die gesamte Energieversorgungsbranche einem tiefgreifenden Wandel. Die Auslöser dieser Veränderungen sind insbesondere die rasante Globalisierung der Märkte, stagnierende Energiemärkte in West- und Osteuropa und die angesprochene Verabschiedung der EU-Binnenmarktrichtlinie Elektrizität zum 19.02.1997.

Vor dem Hintergrund dieser Entwicklungen[708] wird der deutsche Energiesektor - insbesondere im kommunalen Bereich - in den kommenden Jahren durch eine Vielzahl von Fusionen und Unternehmensakquisitionen gekennzeichnet sein[709]. Um im Wettbewerb mit „Energieriesen" wie den Bayernwerken, der RWE Energie AG, HEW AG bzw. VEBA AG nicht an Boden zu verlieren, müssen die kommunalen Stadtwerke Strategien entwickeln, um in diesem veränderten Wettbewerbsumfeld bestehen zu können[710]. Vereinzelt erwarten Experten für die nächsten Jahre eine andauernde Konsolidierungswelle, bei der die Anzahl der kommunalen Energieversorgungsunternehmen von derzeit rund 1000 auf bis zu 100 Versorgungsunternehmen fallen wird[711].

Auf der anderen Seite ist für kommunale Unternehmen - aufgrund der dramatischen Finanznot der Kommunen als Unternehmensträger - die Frage nach externer Eigenkapitalbeschaffung zur Finanzierung notwendiger Investitionen im veränderten Energiesektor verstärkt in den Mittelpunkt der Diskussion gerückt[712]. Die kommunalen Unternehmen verfügen nicht über die finanziellen Ressourcen, über die häufig Unternehmen in der Privatwirtschaft verfügen[713].

Ein Weg für Aktiengesellschaften, sich eine ausreichende Eigenkapitalbasis zu schaffen und zu sichern, ist der Gang an die Börse[714]. Diesen Weg schlugen die Mannheimer Stadtwerke in

707 Vgl. F. Zimmermann, [Energierechtsreform], 1999, S. 49 f.

708 Hier sind die Aufhebung des Gebietsschutzes und der Monopolversorgung zu nennen.

709 Bspw. ist hier die beabsichtigte Fusion von Veba AG und Viag AG zum größten nationalen Energieversorger zu nennen, vgl. E. Schneider u. H.-J. Schürmann, [Veba und Viag], 1999, S. 25.

710 Bspw. hat die Einführung des Wettbewerbs in Skandinavien zu einer viel dynamischeren Entwicklung geführt als ursprünglich erwartet, vgl. o.V. [Schweden-Rat], 1998, S. 10.

711 Vgl. W. v. Petersdorff, [Westentaschenformat], 1999, S. 20. Der Vorstandsvorsitzende der Stadtwerke Hannover prognostiziert sogar, daß am Ende des Liberalisierungsprozesses nur 10 bis 50 kommunale Unternehmen übrigbleiben. In der Zwischenzeit haben sich diese Prognosen allerdings stark relativiert. Vertreter von 60 norddeutschen Stadtwerken zeigten sich auf einer Tagung in Bremen (Sept. 1999) überzeugt, daß zumindest die kommunalen Stadtwerke ohne nennenswerte Eigenerzeugung (Verteilerunternehmen) keine negativen Auswirkungen durch das geänderte Wettbewerbsumfeld (Preiswettbewerb etc.) zu fürchten hätten, vgl. o.V., [Situation], 1999, S. 23 bzw. auch H.J. Ahrens, [Gewinner], 1999, S. 29. Ähnlicher Auffassung H.J. Schürmann, [Verdrängungswettbewerb], 1999, S. B 13.

712 Vgl. H. Brocke, [Stadtwerke], 1998, S. 22.

713 Vgl. auch F. Zimmermann, [Energierechtsreform], 1999, S. 51.

714 Vgl. K. Bösl, [Hohe Börsenreife], 1996, S. 183.

Gestalt der MVV Energie AG[715] (Vorgänger: Stadtwerke Mannheim AG), im März 1999 ein. Die MVV Energie AG ging damit als erstes deutsches *rein-kommunales* Unternehmen - in Europa hatte nur Mailand diesen Weg früher eingeschlagen - im Zuge einer Teilprivatisierung durch Kapitalerhöhung um 25,1 % - an die Börse[716]. Die Mannheimer Pläne werden begründet durch den Liberalisierungsprozeß in der Energiewirtschaft und durch den massiven Wettbewerb, den dieser zur Folge hat[717].

Der Börsengang eines kommunalen Versorgungsunternehmens in der Rechtsform der Aktiengesellschaft stellt jedoch nur eine Möglichkeit zur Verbesserung der Eigenkapitalbasis eines kommunalen Unternehmens dar. Ggfs. sind alternative Finanzierungsoptionen und strategische Anpassungsmaßnahmen zum Börsengang eines kommunalen Unternehmens in der Rechtsform der Aktiengesellschaft zu prüfen. Folgende Optionen neben einem Going Public müssen in einer Analyse berücksichtigt werden:

- Kooperation[718] bzw. Fusion mit räumlich angrenzenden (kommunalen) Energieversorgungsunternehmen[719]
- Verkauf von Anteilen an einen strategischen Investor (strategische Beteiligung)
- Beteiligungen von Finanzinvestoren.

Bei einer Kooperation bzw. Fusion eines kommunalen Versorgungsunternehmens mit anderen räumlich zusammenliegenden kommunalen Stadtwerken könnten sich Synergiepotentiale ergeben. Dazu zählen die Zusammenlegung von Zentralfunktionen, die Bündelung des Einkaufs (auch aufgrund der gewachsenen Verhandlungsmacht) sowie ggfs. eine höhere Auslastung bei der Energieeigenerzeugung[720]. Ein Nachteil besteht darin, daß bei dieser Option dem kommunalen Versorgungsunternehmen keine finanziellen Mittel zufließen. Allenfalls wird aufgrund einer Kooperation bzw. Fusion eine Eigenkapitalverstärkung durch den bzw. die Beteiligungspartner erreicht, die die Fremdkapitalaufnahmefähigkeit erhöht.

Vor dem Hintergrund des begrenzten Finanzierungsspielraumes der Kommunen als Träger der Unternehmen gibt diese Variante keine Antwort auf die Frage, wie der Finanzierungsbedarf für notwendige Investitionen in dem veränderten Marktumfeld durch frisches Haftkapital gedeckt werden kann. Des weiteren ist zu berücksichtigen, daß insbesondere der Fusionsprozeß hohe Anforderungen an sämtliche kommunalpolitischen Entscheidungsträger stellt. Insoweit ist eine Fusion auf kommunaler Ebene voraussichtlich schwieriger umzusetzen als bspw. ein Verkauf an einen strategischen Investor bzw. eine Beteiligung von Finanzinvestoren. Zudem ist zu

---

715 Nach der Börseneinführung ist an der gemischt-wirtschaftlichen MVV Energie AG die MVV-Holding GmbH zu 72,82 % (der Rest im Streubesitz) beteiligt. Alleinige Gesellschafterin der MVV-Holding GmbH ist die Stadt Mannheim. Insofern handelt es sich um eine mittelbare Mehrheitsbeteiligung der Stadt Mannheim. Unabhängig davon, ob in unmittelbarer oder mittelbarer gesellschaftsrechtlicher Mehrheitsbeteiligung, wird bei den hier zu behandelnden gemischt-wirtschaftlichen Unternehmen mit der Kommune als Gesellschafterin von der kommunalen Mehrheitsgesellschafterin gesprochen.

716 Vgl. o.V., [kommunale Stromverteiler], 1999, S. 18 bzw. o.V., [Erfolgskurs], 1999, S. 23.

717 Vgl. o.V., [Stadtwerke Mannheim], 1998, S. 24.

718 Vgl. H. Klinger, [Kooperationen], 2000, S. B 1 bzw. E. Schneider u. H.J. Schürmann, [Stadtwerke], 2000, S. 16. Ein Vorstandsmitglied der Stadtwerke Düsseldorf AG, Dieter Oesterwind, sieht nur in der Gründung eines Gemeinschaftsunternehmens (bestehend aus sämtlichen Stadtwerken Deutschlands) eine Möglichkeit, um sich im Wettbewerb mit den großen Energieversorgungsunternehmen behaupten zu können, vgl. D. Oesterwind, [Stadtwerke], 2000, S. B 6.

719 U.a. haben in Schleswig-Holstein 17 Stadt- und Gemeindewerke die Schleswig-Holsteinische Energieeinkaufsgesellschaft mbH gegründet, vgl. B. Steinhauer, [Norden], 1998, S. 13.

720 Vgl. dazu M. Meyer-Renschhausen u. M. Sieling, [Liberalisierung], 1999, S. 128 f.

befürchten, daß die neue Gesellschaft mit mehreren Kommunen als Gesellschafter hinsichtlich der Entscheidungsstrukturen schwerfälliger wird und dadurch einen Wettbewerbsnachteil in dem sich verändernden Markt hinnehmen müßte.

Der Verkauf von Anteilen an einen strategischen Investor (offene oder stille Beteiligung) ist ein möglicher Weg zur (Teil-)Privatisierung des kommunalen Versorgungsunternehmens. Eine Untersuchung hat ergeben, daß im Vergleich zu anderen Formen der (Teil-)Privatisierung bei einem Verkauf an einen strategischen Investor voraussichtlich der höchste Privatisierungserlös zu erzielen ist[721]. Begründet wird ein höherer Erlös damit, daß ein strategischer Investor das zukünftige Geschäftspotential sehr stark in die Bewertung einbezieht. Zudem ist er wahrscheinlich bereit, für den Markteintritt oder für zukünftige Synergieeffekte eine strategische Prämie zu zahlen. Eine wesentliche Bedingung für die Erzielung einer strategischen Prämie wäre wahrscheinlich, daß dem potentiellen Investor entsprechende (vertragliche) Mitwirkungsmöglichkeiten bei der operativen Geschäftsführung gegeben werden müssen. Schließlich wird ein strategischer Investor versuchen, die von ihm verfolgte Strategie auch umzusetzen. Daher spricht aus Sicht des strategischen Investors bei dieser Option einiges dafür, einen möglichst hohen Anteil zu erwerben, um entsprechend Einfluß nehmen zu können. Ob die diversen Einflußnahmemöglichkeiten des Investors jedoch im Interesse der kommunalen Trägerin (als Altgesellschafterin) liegen, muß bezweifelt werden.

Des weiteren ist die Beteiligung eines Finanzinvestors an einem kommunalen Unternehmen denkbar. Als Finanzinvestoren kommen am Kapitalmarkt sog. Kapitalbeteiligungsgesellschaften in Betracht[722], die eine Vielzahl von Unternehmensbeteiligungen in einer Hand bündeln. Die Mehrzahl dieser Gesellschaften versteht sich ausschließlich als Finanzinvestor. Sie greifen nicht in das operative Geschäft des Unternehmens ein, an dem sie sich beteiligen[723].

Die Veräußerung von Anteilen an einen Finanzinvestor (Kreditinstitut etc.) stellt zumindest eine mögliche Zwischenlösung dar, um auf Seiten des Finanzinvestors weitere potentielle Investoren zu akquirieren. Ein Finanzinvestor wird voraussichtlich einen niedrigen Preis als ein strategischer Investor für die Übernahme der Anteile zahlen, da eine Rendite nur durch die (kurzfristige) Beteiligung selbst und nicht durch Synergien im operativen Geschäft erzielt werden kann. Zudem lassen sich Beschränkungen für eine Weiterveräußerung der Anteile nur in begrenztem Maß von dem kommunalen Träger (Altgesellschafterin) beeinflussen. Die Option

---

721 Die Investmentbank Dresdner Kleinwort Benson (Konsortialführerin beim Going Public der MVV Energie AG, Mannheim) hatte auf der Basis von strategischen Beteiligungstransaktionen in der jüngeren Vergangenheit eine Wertspanne von 1,4 bis 1,9 Mrd. DM für 100 % der Anteile an der MVV Energie AG ermittelt, vgl. Auszug aus gutachterlicher Stellungnahme zu den Grundlagen für eine Entscheidung über eine mögliche (Teil-)Privatisierung der Ver- und Entsorgungssparte der MVV Energie AG, Mannheim, 1998, S. 9. Im Vergleich dazu nahm die MVV Energie AG rund 400 Mio. DM aus der ca. 27 %-igen Teilprivatisierung der Anteile (dies entspricht einem Gesamtwert von rund 1,4 Mrd. DM für 100 % der Anteile) durch Kapitalerhöhung aus dem Börsengang ein, vgl. o.V. [Plazierungspreis], 1999, S. 26.

722 Bedeutsame Erscheinungsformen von Kapitalbeteiligungsgesellschaften sind: a) Kapitalanlagegesellschaften i.S. des § 1 Abs. 1 des Gesetzes über Kapitalanlagegesellschaften in der Fassung v. 09.09.1998 (KAGG); b) Investmentaktiengesellschaften nach § 51 Abs. 1 KAGG; c) Unternehmensbeteiligungsgesellschaften nach dem Gesetz über Unternehmensbeteiligungsgesellschaften in der Fassung v. 09.09.1998 (UBGG).

723 Die Möglichkeit der Eigenkapitalbeschaffung über Beteiligungsgesellschaften waren in der Vergangenheit für Unternehmen, die sich nicht in Wachstumsbranchen befanden, jedoch begrenzt, vgl. T. Baums, [Aktienmarkt], 1997, S. 1943.

eines Finanzinvestors kann dann vorteilhaft sein, wenn kommunale Unternehmen mit Kapitalbedarf keine alternativen Finanzierungsquellen wie bspw. das Going Public haben. Allerdings kann durch Beteiligung eines Finanzinvestors, bspw. im Vorfeld eines Going Public, ein kurzfristiger Kapitalbedarf überbrückt werden.

Der Börsengang eines kommunalen Versorgungsunternehmens stellt eine weitere Möglichkeit zur Verbesserung der Eigenkapitalbasis dar. Vor dem Going Public der MVV Energie AG (Mannheim) im März 1999 hat in Deutschland kein kommunales Energieversorgungsunternehmen einen Börsengang als Reaktion auf die veränderten Marktbedingungen vollzogen. Dies liegt auch an den anspruchsvollen Voraussetzungen für ein kommunales Going Public[724].

Unter dem Aspekt des Zuflusses finanzieller Mittel war der Börsengang der MVV Energie AG (Mannheim) weniger lukrativ als der Verkauf an einen strategischen Investor: Die konsortialführende Investmentbank Dresdner Kleinwort Benson schätzte den voraussichtlichen Börsenwert für 100 % der Aktien der MVV Energie AG in einer Spanne von 900 Millionen DM bis 1,1 Milliarden DM[725] (Die ermittelte Wertspanne bei einem alternativen Verkauf der Anteile an einen strategischen Investor betrug zwischen 1,4 Milliarden DM und 1,9 Milliarden DM[726]).

Mit einem kommunalen Going Public verbinden sich allerdings nicht zu vernachlässigende Vorteile wie z.B. den Erhalt von Freiheitsgraden sowohl für die Gesellschaft hinsichtlich der Geschäftsentwicklung als auch für die Gesellschafter hinsichtlich der Veräußerung weiterer Anteile. Die Analyse der wichtigsten Aspekte eines kommunalen Going Public stellt den Schwerpunkt der nachfolgenden Ausführungen dar.

Die folgenden Ausführungen stellen in ihren wesentlichen Grundzügen die rechtlichen und ökonomischen Voraussetzungen eines kommunalen Going Public[727] dar. Zudem werden wichtige Fragestellungen beleuchtet, die bei einem solchen Börsengang zu berücksichtigen sind[728]. Anschließend wird die Durchführung eines Going Public kurz skizziert. Dabei wird insbesondere auf die Aufgabe der emissionsbegleitenden Konsortialbank hingewiesen. Bei einem kommunalen Going Public ist die Begleitung bei der Börseneinführung aufgrund fehlender Markterfahrungen derartiger Emissionen in Deutschland schwieriger als in einem „Normalfall".

5.2. Grundlegende Voraussetzungen für den Gang an die Börse

Der Börsengang ist rechtlich möglich, wenn das Unternehmen in der Rechtsform der Aktiengesellschaft[729] (oder der KGaA[730]) geführt wird. Die weit überwiegende Anzahl der börsenno-

---

724 Vgl. dazu die folgenden Ausführungen.

725 Vgl. Auszug aus gutachterlicher Stellungnahme zu den Grundlagen für eine Entscheidung über eine mögliche (Teil-)Privatisierung der Ver- und Entsorgungssparte der MVV Energie AG, Mannheim, 1998, S. 10. Bei der Börsenplazierung wurden aus der 27,2 %-igen Teilprivatisierung der Anteile durch Kapitalerhöhung rund 400 Mio. DM eingenommen.

726 Vgl. Fn 725.

727 Die Termini „Going Public", „Gang an die Börse", „Börsengang", „Emission" und „Neuemission" werden im folgenden synonym verwendet und sind mit der erstmaligen Unterbringung von Aktien beim Anlegerpublikum in Verbindung mit der Börseneinführung gleichzusetzen.

728 Dabei wird an geeigneten Stellen Bezug zum Börsengang der MVV Energie AG (Mannheim) genommen.

729 Von den 3000 in Deutschland existierenden Aktiengesellschaften sind bisher rund 670 an der Börse eingeführt worden, vgl. W. Gerke, [Going Public], 1996, S. 213.

730 Nach § 278 AktG ist die KGaA eine Gesellschaft mit eigener Rechtspersönlichkeit, bei der mindestens ein Gesellschafter den Gläubigern unbeschränkt haftet (der persönlich haftende Gesellschafter) und die

tierten Unternehmen wird in der Rechtsform der Aktiengesellschaft geführt. Die praktische Bedeutung der KGaA (auch hinsichtlich eines Going Public) ist gering[731] und kann im folgenden vernachlässigt werden.

5.2.1. Zur Notwendigkeit eines Hauptversammlungsbeschlusses

Für den Vorstand einer kommunalen Aktiengesellschaft, der die Börseneinführung mit einer Kapitalerhöhung des kommunalen Unternehmens plant, ergibt sich die Notwendigkeit eines Hauptversammlungsbeschlusses aus § 182 Abs. 1 S. 1 AktG. Nach dieser Bestimmung ist eine Mehrheit von ¾ des bei der Beschlußfassung vertretenen Grundkapitals erforderlich, soweit nicht aufgrund einer besonderen Regelung in der Satzung die einfache Mehrheit ausreicht (§ 182 Abs. 1 S. 2 AktG)[732].

Falls die Börseneinführung *nicht* mit einer Kapitalerhöhung verbunden ist, stellt sich für den Vorstand die Frage, ob evtl. Maßnahmen zum Going Public der Zustimmung der Hauptversammlung bedürfen. Die vom Vorstand im Zuge des Börsengangs abzuschließenden Verträge - insbesondere der Übernahmevertrag („Underwriting Agreement“) mit dem Konsortialführer - und der Antrag auf Zulassung zum Handel an der Börse sind Geschäftsführungsmaßnahmen, für die keine gesetzliche Hauptversammlungszuständigkeit vorgesehen ist.

Falls zum Börsengang jedoch *wesentliche Strukturmaßnahmen* erforderlich sind, kann ein zustimmender Hauptversammlungsbeschluß notwendig sein[733]. Die Geschäftsführungsmaßnahmen zur Börseneinführung verändern zwar nicht den satzungsmäßigen Unternehmensgegenstand i.S. des § 179 Abs. 1 AktG[734], faktisch führt ein Going Public jedoch zu einer erheblichen Strukturveränderung der Gesellschaft. So ändert sich der Charakter einer Gesellschaft von einer geschlossenen in eine offene Publikumsgesellschaft; zudem muß sich die Gesellschaft mit Publizitätsvorschriften auseinandersetzen (u.a. § 15 WpHG; § 44 BörsG). Es empfiehlt sich daher für den Vorstand, einen zustimmenden Hauptversammlungsbeschluß auch für den Fall einzuholen, wenn das Going Public ausnahmsweise *nicht* mit einer Kapitalerhöhung verbunden ist. Zudem ist im Hinblick auf § 179 AktG wegen des satzungsändernden Charakters des

---

anderen Gesellschafter an dem in Aktien zerlegten Grundkapital beteiligt sind, ohne für die Verbindlichkeiten der Gesellschaft zu haften (Kommanditaktionäre). Diese Rechtsform ist u.a. unter erbschaftsteuerrechtlichen Gesichtspunkten interessant, da sie hierbei die Vorteile einer Personengesellschaft genießt.

731 Vgl. G. Picot u. V. Land, [Rechtsfragen], 1999, S. 575.

732 Dem Börsengang der MVV Energie AG ging eine Kapitalerhöhung voraus, so daß ein Hauptversammlungsbeschluß (Mannheimer Gemeinderat) erforderlich war. Zudem wurde die Zustimmung zum Going Public von folgenden Gremien eingeholt: Börsenbegleitender Ausschuß des Aufsichtsrats der MVV GmbH, Aufsichtsrat der MVV GmbH, Aufsichtsrat der MVV Energie AG, Hauptausschuß des Gemeinderats der Stadt Mannheim und Gemeinderat der Stadt Mannheim, vgl. R. Hartung, Vorstandssprecher der MVV Energie AG, Mannheim, [Chance], 1999, S. 114 u. 116 bzw. o.V., [Erfolgskurs], 1999, S. 23.

733 Nach den Grundsätzen der Holzmüller-Rechtsprechung ist ein Hauptversammlungsbeschluß erforderlich, wenn der Börsengang wesentliche Strukturmaßnahmen beinhaltet, vgl. statt vieler B. Grunewald, [Gesellschaftsrecht], 1996, S. 268 f.

734 Gemäß § 179 Abs. 2 AktG bedarf jede Satzungsänderung einer Mehrheit, die mindestens ¾ des bei der Beschlußfassung vertretenen Grundkapitals umfaßt.

Going Public anzuraten, diesen Hauptversammlungsbeschluß mit einer Mehrheit von mindestens ¾ des bei der Beschlußfassung vertretenen Grundkapitals einzuholen[735].

5.2.2. Rechtliche Zulassungsvoraussetzungen zum Börsenhandel im Amtlichen Handel sowie im Geregelten Markt

Der Börsenhandel (Kassamarkt)[736] umfaßt mit abgestuften Zulassungsanforderungen den amtlichen Handel, den Geregelten Markt, den Freiverkehr[737] und seit dem März 1997 auch das Handelssegment „Neuer Markt"[738]. Das Börsengesetz (BörsG)[739], die Börsenzulassungs-Verordnung (BörsZulV)[740] und die Börsenordnungen der einzelnen Regionalbörsen enthalten grundlegende Regelungen für die jeweiligen Marktsegmente.

(Kommunale) Unternehmen, die den Entschluß für ein Going Public gefaßt haben, müssen entsprechend dem gewählten Marktsegment unterschiedlich strenge Anforderungskriterien erfüllen. Nachfolgend wird für den Fall der Börseneinführung eines kommunalen Unternehmens das Zulassungsverfahren für die Börsensegment „Amtlicher Handel"[741] und „Geregelte Markt" vorgestellt[742]. Der Amtliche Handel beinhaltet in der Regel bekanntere und größere inländische Unternehmen und weist strengere Börsenzulassungsvoraussetzungen auf als der Geregelte Markt. Zudem ist eine amtliche Notierung von Bedeutung, wenn verstärkt ausländische Investoren angesprochen werden sollen[743].

---

735 Vgl. G Picot u. V. Land, [Rechtsfragen], 1999, S. 571.

736 Innerhalb des Börsenhandels sind die Kassa- und die Terminmärkte zu unterscheiden. Während Kassageschäfte sofort nach Geschäftsabschluß erfüllt werden müssen, erfolgt die Erfüllung von Termingeschäften erst zu einem späteren Zeitpunkt, vgl. H. Schierenbeck u. R. Hölscher, [BankAssurance], 1993, S. 405.

737 Vgl. L. Perridon u. M. Steiner, [Finanzwirtschaft], 1999, S. 166.
Als Freiverkehr wird der nicht-amtliche Börsenhandel bezeichnet, der während der Börsenzeit zwischen Händlern und freien Maklern stattfindet, vgl. H. Schierenbeck u. R. Hölscher, [BankAssurance], 1993, S. 408. Da im Freiverkehr Wertpapiere gehandelt werden, die nur eine geringe Marktkapitalisierung, ein relativ hohes Unternehmensrisiko bzw. eine geringe Bedeutung besitzen und daher die Voraussetzungen zum Amtlichen Handel oder zum Geregelten Markt (noch) nicht erfüllen, kommt das Segment des Freiverkehrs für kommunale Unternehmen nicht in Frage und wird daher im folgenden nicht behandelt. Zudem werden im Marktsegment Freiverkehr vor allem Wertpapiere ausländischer Emittenten gehandelt.

738 Vgl. W. Koch u. J. Wegmann, [Mittelstand], 1998, S. 290.

739 BörsG in der Fassung der Bekanntmachung vom 17.07.1996 (BGBl. I S. 1030. Geändert durch Gesetz vom 22.10.1997 (BGBl. I S. 2567), vom 24.03.1998 (BGBl. I S. 529), vom 09.06.1998 (BGBl. I S. 1242) und vom 22.6.1998 (BGBl. I S. 1474).

740 Verordnung über die Zulassung von Wertpapieren zur Amtlichen Notierung an einer Wertpapierbörse (Börsenzulassungs-Verordnung (BörsZulV)) in der Fassung der Bekanntmachung vom 17.07.1996 (BGBl. I S. 1052). Geändert durch Gesetz vom 22.10.1997 (BGBl. I S. 2567), vom 24.03.1998 (BGBl. I S. 529), vom 25.03.1998 (BGBl. I S. 590) und vom 27.04.1998 (BGBl. I S. 786).

741 Die jungen Aktien der MVV Energie AG (Mannheim) wurden im Amtlichen Handel an den Börsen Frankfurt und Stuttgart eingeführt, vgl. Beschlußvorlage der Stadt Mannheim vom 21.07.1998 zur Teilprivatisierung und Börseneinführung der Stadtwerke Mannheim AG (Nachfolger: MVV Energie AG, Mannheim).

742 Das Marktsegment „Neuer Markt" kommt angesichts des besonderen Anforderungsprofils für kommunale Unternehmen nicht in Frage. Der „Neue Markt" stellt ein Börsensegment für jüngere, innovative und wachstumsstarke mittelständische Unternehmen dar, vgl. R.M. Betz, [Wachstumsunternehmen], 1998, S. 34 bzw. W. Blättchen, [Antriebsfedern], 1998, S. 38.

743 Vgl. D. Jeschke, [Familienunternehmens], 1998, S. 487.

Nach § 36 Abs. 1 BörsG bedürfen Wertpapiere, die mit amtlicher Feststellung des Börsenpreises (amtliche Notierung) an der Börse gehandelt werden sollen, grundsätzlich der Zulassung. Für eine Zulassung zum Amtlichen Handel müssen folgende Voraussetzungen erfüllt sein: Das (kommunale) Unternehmen muß mindestens drei Jahre bestehen und muß die Jahresabschlüsse der dem Börsenzulassungsantrag vorausgehenden drei Jahre offenlegen (§ 3 Abs. 1 BörsZulV). Die zum Handel eingeführten Aktien müssen zudem frei handelbar sein.

Weiterhin muß sich der voraussichtliche *Kurswert* der zuzulassenden Aktien auf wenigstens 2,5 Mio. DM belaufen, wenn es sich um die Erstzulassung handelt (§ 2 Abs. 1 BörsZulV). Dies gilt nicht, wenn Aktien derselben Gattung an dieser an dieser Börse bereits amtlich notiert sind. Im Falle der Zulassung von Stückaktien sind mindestens 10.000 Stück zuzulassen (§ 2 Abs. 3 BörsZulV). Darüber hinaus müssen mindestens 25 % der eingeführten Aktien breit gestreut werden (§ 9 Abs. 1 BörsZulV). Auf die Erfüllung der letztgenannten Anforderung kann ausnahmsweise verzichtet werden, sofern sich auch bei einem Anteil unterhalb von 25 % mit einer hohen Wahrscheinlichkeit ein Markt bildet (§ 9 Abs. 2 Nr. 1 BörsZulV). Im Amtlichen Markt muß ein Kreditinstitut, ein Finanzdienstleistungsinstitut oder ein nach § 53 Abs. 1 S. 1 bzw. § 53 b Abs. 1 S. 1 KWG tätiges Unternehmen bei der Börseneinführung Mitantragsteller sein (§ 36 Abs. 2 S.1 BörsG).

Des weiteren ist für die Zulassung in den Amtlichen Handel ein umfangreicher Börsenzulassungsprospekt[744] zu erstellen (§ 36 Abs. 3 Nr. 2 BörsG, § 13 BörsZulV), an den die Prospekthaftung (§§ 45-48 BörsG) für unrichtige und unvollständige Angaben geknüpft ist[745].

Nach einer Zulassung zum Amtlichen Handel bestehen Folgepflichten. Das Unternehmen muß einen Zwischenbericht über die ersten sechs Monate des Geschäftsjahres erstellen, ebenso einen Jahresabschluß[746]. Zudem besteht eine Pflicht zur ad hoc Publizität nach § 15 WpHG[747] sowie eine Verpflichtung zur Beantragung einer Zulassung für später (nach dem erfolgten Börsengang) auszugebene Aktien.

Der Geregelte Markt (§§ 71-77 BörsG), das zweite Börsensegment des Kassamarktes, wurde am 4. Mai 1987 eröffnet. Wertpapiere können zum Börsenhandel mit nicht-amtlicher Notierung (Geregelter Markt) zugelassen werden, wenn sie an dieser Börse nicht zur amtlichen Notierung zugelassen sind (§ 71 Abs. 1 BörsG). Bei einer Zulassung zum Geregelten Markt stellt die Deutsche Börse AG nicht so hohe Eintrittsbarrieren[748]. Hier werden keinerlei Anforderungen an die Existenzdauer der betreffenden Unternehmung gestellt[749]. Im Unterschied zum Amtlichen Handel besteht die Möglichkeit, den Zulassungsantrag auf einen Teil der Aktiengattung zu beschränken. Die zum Handel eingeführten Titel müssen einen Gesamtnennbetrag

---

744 Dieser soll über die tatsächlichen und rechtlichen Verhältnisse, die für eine Beurteilung der zuzulassenden Aktien wesentlich sind, umfassend und richtig Auskunft erteilen.

745 Zur börsengesetzlichen Prospekthaftung, vgl. W. Groß, [Prospekthaftung], 1999, S. 199 ff.

746 Vgl. H. Harrer u. D. Heidemann, [Going Public], 1999, S. 256. Die Vorschriften für den Jahresabschluß kommunaler Unternehmen in privater Rechtsform entsprechen wegen der Geltung des HGB denen privater Kapitalgesellschaften.

747 Gemäß § 15 WpHG muß der Emittent von Wertpapieren, die zum Handel an einer inländischen Börse zugelassen sind, unverzüglich eine neue Tatsache veröffentlichen, die in seinem Tätigkeitsbereich eingetreten und nicht öffentlich bekannt ist, wenn sie wegen der Auswirkungen auf die Vermögens- und Finanzlage oder auf den allgemeinen Geschäftsverlauf des Emittenten geeignet ist, den Börsenpreis der zugelassenen Wertpapiere erheblich zu beeinflussen.

748 Vgl. D. Mülhausen, [Geregelter Markt], 1988, S. 343.

749 Vgl. D. Jeschke, [Familienunternehmens], 1998, S. 478.

von mindestens 500.000 DM aufweisen[750] oder im Falle von Stückaktien die Zulassung von mindestens 10.000 Stück.

Aktien, die sich weiterhin in den Händen der Altgesellschafterin (Kommune) befinden, können nicht als dem Markt zur Verfügung stehend angesehen werden[751]. Im Geregelten Markt gibt es nicht die Auflage, daß die emittierten Aktien ausreichend gestreut sein müssen (§ 9 Abs. 1 BörsZulV). Im Vergleich zur Zulassung zum Amtlichen Handel verlangt die Zulassungsverordnung bei der Einführung in den Geregelten Markt keinen Börsenzulassungsprospekt (§§ 13 ff. BörsZulV), dem Zulassungsantrag ist lediglich ein verkürzter, vom Emittenten unterzeichneter Unternehmensbericht beizufügen (§ 73 Abs. 1 Nr. 2 BörsG)[752]. Für diesen Bericht besteht auch im Geregelten Markt die Prospekthaftung, vgl. §§ 77 i.V. mit 45-49 BörsG. Wie im Amtlichen Markt muß ein Kreditinstitut, ein Finanzdienstleistungsinstitut oder ein nach § 53 Abs. 1 S. 1 bzw. § 53 b Abs. 1 S. 1 KWG tätiges Unternehmen bei der Börseneinführung Mitantragsteller sein (§ 36 Abs. 2 S.1 BörsG).

Nach erfolgter Zulassung zum Geregelten Markt bestehen ebenfalls einige Folgepflichten. So muß das emittierte Unternehmen u.a. den Jahresabschluß und den Lagebericht veröffentlichen. Darüber hinaus besteht auch eine Pflicht zur Ad hoc Publizität nach § 15 WpHG.

An den deutschen Börsen wurden am Ende des Jahres 1996 rund 20 % der insgesamt rund 3.900 vorhandenen deutschen Aktiengesellschaften notiert[753]. Davon wurden 163 inländische und 28 ausländische Aktien im Geregelten Markt notiert[754]. Die Liquidität des Geregelten Marktes ist wesentlich geringer als die des Amtlichen Handels. Das Umsatzvolumen betrug im Mitte der 90er-Jahre etwa 100 bis 110 % der Marktkapitalisierung, im Geregelten Markt lediglich 18- 22 %[755].

Die dargestellten Bestimmungen zeigen, daß die gesetzlichen Mindestvoraussetzungen einer Börsenzulassung in der Regel keine gravierende Hürde darstellen, da ihre Erfüllung bei börsenreifen Unternehmen gewährleistet sein sollte. So ist es kaum vorstellbar, daß ein kommunales Unternehmen, das noch keine drei Jahre besteht, bereits an der Börse eingeführt werden soll. Auch die jeweiligen Mindestkapitalvolumina sollten für emittierende kommunale Unternehmen kein ernsthaftes Problem darstellen[756].

Problematisch ist lediglich die Mindestanforderung des § 2 Abs. 1 S. 1 BörsZulV, da sie sich nicht auf das dem Markt zur Verfügung zu stellende *Kursvolumen* bezieht, sondern lediglich auf die zum Börsenhandel zuzulassenden Aktien. Gemäß § 7 Abs. 1 BörsZulV wird zur Zulassung im Grundsatz die Einbeziehung aller Aktien einer Gattung gefordert. Eine Aktiengesellschaft, die bisher nur Stammaktien ausgegeben hat und im Zuge des Börsengangs wiederum Stammaktien emittiert, hat demnach ihr gesamtes Grundkapital zuzulassen, welches dann Bezugsgröße für den geforderten *Kurswert* von 2,5 Mio. DM im Amtlichen Markt ist. Für die Intention des Gesetzgebers spricht die Ausnahmeregelung des § 2 Abs. 1 S. 1 BörsZulV, der-

---

750 Vgl. H. Brocke, [Stadtwerke], 1998, S. 22.

751 Vgl. M. v. Oettingen, [Planung], 1990, S. 253.

752 Vgl. o.V., [Der geregelte Markt], 1988, S. 330.

753 Vgl. Deutsche Bundesbank, [Finanzierungs- und Anlageinstrument], 1997, S. 28 f.

754 Vgl. H.E. Büschgen, [Bankbetriebslehre], 1993, S. 214.

755 Vgl. W. Gerke, [Finanzplatz Deutschland], 1995, S. 20.

756 Die Mannheimer MVV Energie AG haben 12,68 Millionen Stück 5-DM Aktien (Emissionsvolumen: 63,4 Mio. DM) an den Börsen Frankfurt und Stuttgart plaziert, vgl. o.V., [kommunale Stromverteiler], 1999, S. 18.

zufolge ersatzweise das nach handelsrechtlichen Grundsätzen i.S. des § 266 Abs. 3 Buchst. A HGB – zu bestimmende Eigenkapital der Gesellschaft mindestens 2,5 Mio. DM betragen muß, wenn der voraussichtliche *Kurswert* der zuzulassenden Aktien nicht zu schätzen ist. Da hier nicht auf das Emissionsvolumen, sondern auf das Grundkapital (Gezeichnetes Kapital) abgestellt wird, wird ein ausreichendes Handelsvolumen also nicht in jedem Fall sichergestellt. Fraglich ist, ob die Einbeziehung der Ausnahmeregelung des § 7 Abs. 1 BörsZulV diese Bewertung ändert. Nach § 7 Abs. 1 BörsZulV können Aktien von einer Zulassung ausgenommen werden, wenn sie zu einer der Aufrechterhaltung eines beherrschenden Einflusses auf den Emittenten dienenden Beteiligung gehören oder für eine bestimmte Zeit nicht gehandelt werden dürfen. Demzufolge kann die Zulassung auf das Emissionsvolumen beschränkt werden, wenn die Altgesellschafter (z.B. Kommune) ihren beherrschenden Einfluß auf das Unternehmen weiterhin sichern möchten. Dann würde sich die Forderung nach mindestens 2,5 Mio. DM *voraussichtlichem Kurswert* auch auf das Emissionsvolumen beziehen. Die Intention des § 2 Abs. 1 S. 1 BörsZulV wird jedoch in Frage gestellt, daß nach § 2 Abs. 4 BörsZulV die Zulassungsstelle in eigenem Ermessen Ausnahmen von der 2,5 Mio. DM-Regel zulassen kann. Auch die Streuungsvorschrift des § 9 Abs. 1 BörsZulV, die eine breite Streuung von mindestens 25 % des *Gesamtnennkapitals* der zuzulassenden Aktien im Publikum festsetzt, wirkt durch ihre Bezugnahme auf das Zulassungsvolumen statt des Emissionsvolumens der Gefahr einer Marktenge kaum entgegen. Sichergestellt wäre lediglich die breite Streuung von 25 % der zuzulassenden 2,5 Mio. DM Kurswert, wenn es nicht wiederum eine Ausnahmevorschrift für die 25 %-Regel gäbe: § 9 Abs. 2 BörsZulV stellt mögliche Ausnahmen auch hier in das Ermessen der Zulassungsstelle.

5.2.3. Ökonomische Voraussetzungen

Von den rechtlichen Voraussetzungen zu unterscheiden sind die aus der Sicht des Marktes und der Emissionsbanken erforderlichen ökonomischen Voraussetzungen für eine erfolgreiche Neuemission[757]. Die wirtschaftliche Börsenreife ist ein zentraler Erfolgsfaktor für ein Going Public. Mit Ausnahme der quantitativ verbindlichen rechtlichen Voraussetzungen für die Börsenzulassung gibt es weder Gesetze noch Verordnungen, die die ökonomischen Kriterien der Börsenreife eines Unternehmens definieren[758]. Zudem gibt es hinsichtlich der ökonomischen Börsenreife eines Unternehmens unter den Emissionsabteilungen der begleitenden Kreditinstitute unterschiedliche Auffassungen. Diese Unterschiede begründen sich insbesondere in der Wertigkeit, die einzelnen wirtschaftlichen Kriterien zugeordnet werden. Des weiteren haben sich die Mindestvoraussetzungen im Laufe der Zeit durchaus gewandelt und lassen sich nur sehr bedingt verallgemeinern. Insofern unterliegen die Kriterien für die Börsenreife einer dynamischen Entwicklung[759]. Inwiefern ein Unternehmen „börsenfähig" ist, wird somit im Einzelfall zu beurteilen sein.

Das kommunale Unternehmen, das an der Börse eingeführt werden soll, muß im rentablen Versorgungssektor (Elektrizität, Gas, Wasser und Fernwärme) tätig sein. Defizitäre Sparten wie bspw. den Verkehrsbereich in Deutschland sollte der Unternehmensgegenstand nicht ent-

---

757 Vgl. R. Beike u. O. Weddrien, [Mittelstand], 1998, S. 43.
758 Vgl. auch H. Maute, [Börsenfähigkeit], 1999, S. 687.
759 Vgl. A. Titzrath, [Bedeutung], 1995, S. 139 u. A. Baumann, [Mittelständler], 1998, S. 410 ff.

halten, da dies eine erfolgreiche Börseneinführung als kommunales gemischt-wirtschaftliches Unternehmen erschweren würde[760]. Auch kommunale Entsorgungsunternehmen kommen für einen Börsengang (noch) nicht in Betracht. Überwiegend werden kommunale Entsorgungsunternehmen derzeit aus steuerrechtlichen Gründen in der Organisationsform des Eigenbetriebs bzw. einer eigenbetriebsähnlichen Einrichtung geführt. Nach der jüngsten Rechtsprechung des BFH sind die Abwasserbeseitigung sowie die Abfallbeseitigung weiterhin als hoheitliche Tätigkeiten einzustufen und damit nicht steuerpflichtig[761]. Zeitweilige Bestrebungen, die Entsorgungstätigkeit durch eine Änderung der Steuergesetze steuerpflichtig zu machen, sind nicht umgesetzt worden. Solange die Steuerrechtslage sich nicht ändert, werden Entsorgungsunternehmen voraussichtlich weiterhin in öffentlich-rechtlichen Organisationsformen geführt werden. Da die Börseneinführung eine gesellschaftliche Umstrukturierung in eine steuerpflichtige Aktiengesellschaft voraussetzt, kommt für sie zunächst ein Börsengang nicht in Frage. Auch bei kommunalen Wohnungsgesellschaften bestehen Besonderheiten, die einen Börsengang erschweren. Die westdeutschen Unternehmen waren bis zum Jahr 1990 an die Bestimmungen des Wohnungsgemeinnützigkeitsgesetzes gebunden. Die ostdeutschen Unternehmen sind nach der Wende aus den volkseigenen Wohnungswirtschaftsbetrieben hervorgegangen. Die kommunalen Wohnungsgesellschaften werden daher auch noch in den nächsten Jahren Probleme haben, da die Anpassung an die marktwirtschaftliche Ordnung noch nicht abgeschlossen ist. Ein Börsengang wird für die kommunalen Wohnungsunternehmen jedoch nur in Betracht kommen, wenn eine angemessene Rendite nachhaltig erwirtschaftet werden kann. Ein Börsengang wird deshalb bei kommunalen Wohnungsunternehmen in Einzelfällen ausschließlich zum Zwecke der Haushaltskonsolidierung der Kommune oder als Maßnahme zur Eigenkapitalverstärkung in Betracht kommen. Der Börsengang kommt daher primär für Kommunalversorger als Maßnahme zur Eigenkapitalverstärkung in Frage.

Die Bandbreiten für die ökonomischen Voraussetzungen des Börsengangs sind im wesentlichen vom Kapitalmarkt vorgegeben. Obwohl bisherige Erfahrungen aus Börseneinführungen zeigen, daß sich quantitative Größenkriterien für Umsatz- und Ertrag ständig wandeln, hat sich ein Festhalten an bestimmten Größenvorstellungen bewährt[762].

Ein einfaches und insoweit in der Praxis herangezogenes Kriterium zur Börsenfähigkeit ist der Unternehmensumsatz[763], wofür regelmäßig vom Kapitalmarkt Richtwerte formuliert werden. Während noch in den 80er-Jahren als Maßstab ein Mindestjahresumsatz von 50 Mio. DM herangezogen wurde, hat sich dieser Wert zu Beginn der 90er-Jahre auf 80 bis 100 Mio. DM erhöht. Nunmehr stellen - mit der Einführung des Börsensegmentes „Neuer Markt" am 10. März 1997 - Börseneinführungen von Unternehmen mit Umsatzerlösen unter 20 Mio. DM kein Hindernisgrund mehr dar[764]. Die ursprünglich festgelegten Wertgrößen gelten zumindest für eine Börseneinführung am Neuen Markt in Frankfurt nicht mehr.

---

760 Vgl. H. Brede u. G. Püttner, [Privatisierungsformen], 1988, S. 279.

761 Der BFH hat mit Gerichtsbescheid vom 08.01.1998 (V R 32/97) entschieden, daß der klagende brandenburgische Zweckverband auf dem Gebiet der Abwasserbeseitigung nicht als Unternehmer auf dem Gebiet des Umsatzsteuerrechts tätig war. Vgl. auch H. Dedy, [Abwasserbeseitigung], 1998, S. 265 f.

762 Vgl. W. Koch u. J. Wegmann, [Mittelstand], 1998, S. 292.

763 Vgl. H. Maute, [Börsenfähigkeit], 1999, S. 687 f.

764 Vgl. o.V., [Akzente], 1998, S. 38. Hier zeigt sich besonders die dynamische Entwicklung der ökonomischen Kriterien.

Entscheidend für die ökonomische Beurteilung ist weniger eine rückwirkende Betrachtung für die Vergangenheit, sondern im Mittelpunkt stehen die prognostizierten Umsatz- und Ertragswerte des börsenwilligen Unternehmens, also erwartete Renditen und ein mögliches Umsatz- und Ertragspotential[765], deren Erreichung erst durch eine Börseneinführung realistisch werden soll. Die Prognose der Zukunftswartungen des Unternehmens zählt zu den maßgeblichen ökonomischen Anforderungskriterien[766]. Diese lassen sich anhand quantitativer (z.B. Umsatz- und Ertragsprognosen in den unterschiedlichen Geschäftsfeldern) und qualitativer Merkmalen einschätzen. Die Prognose der künftigen Gewinnentwicklung basiert auf den Ergebnissen der beschriebenen Gegenwarts- und Vergangenheitsanalyse und der strategischen Unternehmensplanung. Dabei hat die bewertende Analyse der qualitativen Merkmale entscheidenden Einfluß auf die Prognose der Umsatz- und Ertragserwartungen[767].

Das unternehmensspezifische Umsatzwachstum und die Ertragsaussichten spielen zur Einschätzung der Expansionskraft des Unternehmens eine besondere Rolle. Umsatzrenditen (vor Steuern) von mindestens 3 %[768] bzw. von mindestens der durchschnittlichen Branchenrendite[769] mit positiven prognostizierten Ertragssteigerungen sind für eine erfolgreiche Börseneinführung anzustreben[770]. Wichtig sind dabei höhere Wachstumsraten gegenüber vergleichbaren Unternehmen der gleichen Branche. Zudem sollte ein börsenfähiges Unternehmen ausschüttungsfähige Erträge respektive einen positiven Cash flow zur Deckung des Kapitaldienstes erwirtschaften. Ein Überschuß an liquiden Mitteln garantiert die Ausschüttungsfähigkeit, so daß auch in Jahren mit unterdurchschnittlichen Jahresüberschüssen eine Dividendenkontinuität sichergestellt ist[771].

Die Unternehmenssubstanz ist hingegen für die Börsenfähigkeit von untergeordneter Bedeutung. Das im Unternehmen gebundene Anlagevermögen, das Abschreibungsvolumen und vorhandene stille Reserven sind nur insofern von Interesse, als sie als Anhaltspunkte für das zukünftige Ertragspotential der Gesellschaft angesehen werden können[772]. Der Substanzwert kann an der Börse in den Vordergrund rücken, wenn er den Ertragswert übersteigt und das Unternehmen zum Objekt von Übernahme- mit anschließenden Zerschlagungsabsichten wird. Diese Gefahr ist jedoch bei Börsenneulingen aufgrund der prognostizierten Ertragskraft nicht existent. Zudem wird bei kommunalen Unternehmen eine beabsichtigte Übernahme bzw. der Erwerb eines Mehrheitsaktienpaketes wegen der auch nach der Börseneinführung bestehenden Mehrheitsbeteiligung der Kommune als Hauptaktionärin unmöglich sein.

Die MVV Energie AG (Mannheim) erzielte im Geschäftsjahr 1997/1998 (30. September) in gesamten Konzern einen Umsatz von 1,139 Mrd. DM, vgl. o.V., [kommunale Stromverteiler], 1999, S. 18.

765 Vgl. R. Beike u. O. Weddrien, [Mittelstand], 1998, S. 43.

766 In Abhängigkeit an die rechtlichen Voraussetzungen im jeweiligen Marktsegment, vgl. Abschnitt 5.2.2. Vgl. auch H. Maute, [Börsenfähigkeit], 1999, S. 689.

767 Vgl. R. Beike u. O. Weddrien, [Mittelstand], 1998, S. 43.

768 Vgl. ebenda S. 43.

769 K. Bösl, [Hohe Börsenreife], 1996, S. 197.

770 Neben der Umsatzrendite (vor Steuern) hat sich das Ergebnis nach DVFA/SG als Ertragskennzahl und das daraus abgeleitete Ergebnis pro Aktie erwiesen. Die von der Deutschen Vereinigung für Finanzanalyse und Anlageberatung (DVFA) in Zusammenarbeit mit der Schmalenbach-Gesellschaft (SG) entwickelte Kennzahl soll von Sonderfaktoren unbeeinflußt die Ertragskraft eines Unternehmens abbilden, vgl. auch die Ausführungen zur Durchführung eines Going Public in Abschnitt 5.5.2.2.

771 Vgl. H. Maute, [Börsenfähigkeit], 1999, S. 690 f.

772 Vgl. H. Haase, [Analysten], 1988, S. 45.

Der Ausgestaltung des Zielsystems, die die Basis für die strategische Unternehmensplanung bildet, hat eine große Bedeutung, da vorhandene Mängel häufig dazu führen, daß eine effiziente Steuerung des Unternehmens beeinträchtigt wird. Zudem erfordern technologische, ökologische und ökonomische Umweltveränderungen[773] eine Strategieveränderung bzw. –anpassung.

Neben der strategischen Ausgestaltung der Unternehmensplanung hat eine qualitative Analyse der persönlichen und fachlichen Kompetenz des Managements eine herausragende Bedeutung[774]. Die Qualität der Unternehmensführung und die Glaubwürdigkeit der geplanten Unternehmensentwicklung ist ein zentraler Aspekt bei der Beurteilung der Börsenreife[775]. Technologischer, ökologischer sowie ökonomischer Wandel erfordert exzellente Managementqualifikationen, um das Unternehmen erfolgreich in den Geschäftsfeldsegmenten positionieren zu können. Zudem ist die Kompetenz des Managements, sich den Erfordernissen eines börsennotierten Unternehmens anzupassen, mit ausschlaggebend für eine erfolgreiche Börseneinführung.

Kompetente Managementqualifikationen reichen allerdings für eine erfolgreiche Unternehmensplanung nicht aus. Entscheidend für den strategischen Unternehmenserfolg ist die Marktposition im Vergleich zu den Wettbewerbern. Die Marktstellung im jeweiligen Geschäftsfeld spiegelt sich vor allem im Bekanntheitsgrad und Image der angebotenen Produkte und Dienstleistungen wider. Zudem ist das Marktvolumen und das voraussichtliche Marktwachstum wichtig. Dabei ist die Stellung des emittierenden Unternehmens im Vergleich zu den potentiellen Wettbewerbern zu berücksichtigen[776].

Das Marktpotential im jeweiligen Geschäftsfeld erfüllt in diesem Kontext eine wichtige Funktion. Darüber hinaus liefert die unternehmerische Fähigkeit, sich flexibel auf Umweltveränderungen - wie bspw. Veränderungen der Kundenbedürfnisse - einstellen zu können, einen wichtigen Beitrag zum Unternehmenserfolg. Außerdem wird das Marktpotential von der Unternehmensflexibilität und –kreativität determiniert. Diese machen sich insbesondere im Kerngeschäft, in der Innovationskraft sowie in den Unternehmenstechnologien bemerkbar.

Neben diesen marktrelevanten Anforderungskriterien ist auf die Installation eines effizienten Rechnungswesens zu achten und es sind steuerungsrelevante Informationen zu generieren bzw. zeitnahe Daten zu gewinnen. Kurzfristige Erfolgsrechnungen sind ebenso notwendig wie Kostenvor– und -nachkalkulationen. Um die Bereitschaft der Investoren zu erhöhen, in Aktien des emittierenden Unternehmens zu investieren, muß eine positive Einstellung zur Publizität von Unternehmensdaten vorhanden sein. Hier zu nennen sind zumindest vierteljährliche Berichterstattungen bzw. Veranstaltungen von Analysten- und Investor Relations-Konferenzen[777] in regelmäßigen Zeitabständen.

---

[773] Wie bspw. durch die Neuregelung des Energiewirtschaftsgesetzes vom 29.04.1998 und die damit einhergehenden Auswirkungen auf den Wettbewerb zwischen den Energieversorgungsunternehmen.

[774] Vgl. A. Baumann, [Mittelständler], 1998, S. 412.

[775] Vgl. K. Bösl, [Hohe Börsenreife], 1996, S. 200.

[776] Vgl. W. Koch u. J. Wegmann, [Mittelstand], 1998, S. 290.

[777] „Unter Investor Relations werden grundsätzlich strategisch angelegte, kommunikative, vertrauensschaffende Maßnahmen mit dem Ziel der Aktienkurssteigerung verstanden. Sie werden eingesetzt, um der Unternehmung die Möglichkeit langfristig günstiger Eigenkapitalbeschaffung zu gewährleisten". U. Krystek u. M. Müller, [Investor Relations], 1993,
S. 1785.

Des weiteren ist das Börsen- bzw. Kapitalmarktklima für eine erfolgreiche Aktienemission von großer Bedeutung. In Niedrigzinsphasen gewinnt aufgrund geringerer Fremdkapitalkosten und in einem insgesamt freundlichen Börsenumfeld die Plazierung von Eigenkapitalmarkttiteln an Bedeutung. Diese Tendenz wurde durch die positive Entwicklung von Neuemissionen an den Finanzmärkten in letzten Jahren bestätigt[778]. Damit erscheinen am Aktienmarkt die Bedingungen dafür, daß dieser Markt wieder ins stärkerem Maße eine bedeutsame Rolle als Eigenkapitalquelle übernehmen könnte, erheblich günstiger geworden zu sein. Auch die öffentliche Diskussion hat sich dieses Themas durch Aufsätze und Berichte in den Fachzeitschriften bzw. -zeitungen seit längerem angenommen.

Eine weitere Voraussetzung für eine erfolgreiche Börseneinführung ist, daß die Vorstellungen des Unternehmensmanagements mit den Gesellschafterinteressen abgestimmt worden sind. Daß Aktionäre anderen Interessen (renditestarke Anlageformen) nachgehen als das Unternehmensmanagement (kostengünstige Finanzierungsform, hoher Emissionserlös), ist bekannt. Um die hier bestehenden Divergenzen in Einklang zu bringen, muß die emissionsbegleitende Konsortialbank Hilfestellung leisten[779].

5.3. Betriebswirtschaftliche Entscheidungsgründe für ein Going Public kommunaler Unternehmen

Die Ausgabe von Aktien in Form der Teilprivatisierung durch eine Kapitalerhöhung[780] stellt für kommunale Aktiengesellschaften neben Bankkrediten, Gesellschaftereinlagen der Kommune oder einer Gewinnthesaurierung eine weitere Finanzierungsquelle dar. Die Finanzierung eines Unternehmens durch Börseneinführung mit gleichzeitiger Kapitalerhöhung wird in Deutschland jedoch im internationalen Vergleich relativ selten genutzt[781].

Der Gang an die Börse ermöglicht es dem Unternehmen, seine Eigenkapitalbasis langfristig durch eine unbefristete Kapitalüberlassung zur Finanzierung von Wachstum zu stärken[782]. Die

---

778 Vgl. H. Brocke, [Stadtwerke], 1998, S. 22.

779 Zu Funktion bzw. Aufgaben der Konsortialbank vgl. Abschnitt 5.5.1.

780 „Die (teilprivatisierte) Aktiengesellschaft ist eine vor allem auf erwerbswirtschaftliche Zwecke optimal zugeschnittene Organisationsform", H. Cox, [juristische Person], 1992, S. 17 u. 29.

781 Vgl. M. Behr u. A. Laschke, [Erfahrungsbericht], 1998, S. 561. Die Zahl von 20 Going Publics in Deutschland im Jahr 1995 fällt gegenüber 572 Aktienerstemissionen in den USA relativ bescheiden aus, vgl. H. Trobitz u. St. Wilhelm, [Going Public], 1996, S. 165. Betrachtet man statt der Zahl der Neuemissionen das hierbei aufgebrachte Kapital, wird der Nachholbedarf in Deutschland noch deutlicher. Die US-Nasdaq-Neuemissionen betrugen von 1991 bis 1993 über 33 Mrd. US-Dollar, und an der NYSE wurden nicht weniger als 115 Mrd. US-Dollar eingesammelt. In London kommt man auf einen Betrag von über
23 Mrd. US-Dollar, vgl. F.I.B.V. Statistics; eigene Berechnungen.
Der deutsche Markt ist in dem gleichen Zeitraum mit einem zugelassenen Kapital von umgerechnet 8,4 Mrd. US-Dollar und einem tatsächlich plazierten Kapital von 3,2 Mrd. US-Dollar weit abgeschlagen, vgl. Mitteilungen der Deutschen Börse AG; eigene Berechnungen.
Allerdings ist in den letzten Jahren in Deutschland das Emissionsvolumen ansteigend. Im Jahr 1995 konnten Anteile von 19 Unternehmen mit einem Volumen von insgesamt rund 5 Mrd. US-Dollar plaziert werden, vgl. W. Koch, [Grundsätze], 1996, S. 137. Diese Tendenz war in den vergangenen Jahren stark ansteigend.

782 Bei einer Analyse aller Neuemissionen der Jahre 1985 bis 1997 erhöhte sich die Eigenkapitalquote von etwa 26 % vor dem Börsengang auf rund 42 % nach der Emission, vgl. W. Blättchen, [Antriebsfedern], 1998, S. 38.

erhöhte Eigenkapitalquote kann zu einer Verbesserung der Wachstumsmöglichkeiten[783] (Erschließung neuer Geschäftsfelder) und einer Senkung der Kapitalkosten beitragen. Nach der Börseneinführung haben die Gesellschaften den Vorteil, daß sie mit Hilfe des Kapitalmarktes neue Eigenmittel durch Kapitalerhöhungen erwerben können. Mit Hilfe dieser Eigenkapitalzuführungen kann es gelingen, eine respektable Eigenkapitalquote aufrechtzuerhalten, um Wachstumspotentiale zu erschließen[784]. Zudem erhöht eine solide Eigenkapitalbasis die Widerstandsfähigkeit des Unternehmens im Verlauf von konjunkturellen Zyklen.

Der Gang an die Börse führt neben der unmittelbaren Eigenkapitalzufuhr zu verbesserten Finanzierungsmöglichkeiten des kommunalen Unternehmens. Eine ausreichende Eigenkapitalbasis macht das Management des kommunalen Unternehmens vom Träger, insbesondere von dessen Haushaltslage, innerhalb der vom Versorgungsauftrag gezogenen Grenzen in bestimmtem Maße unabhängig[785]. Damit vergrößert sich die Flexibilität hinsichtlich der Aufnahme zusätzlichen Kapitals (sowohl Fremd- als auch Eigenkapital) und somit der finanzielle Spielraum für Investitionen. Die verbesserten Finanzierungsmöglichkeiten führen in der Regel im Finanzgeschäft mit den Kreditinstituten zu größeren Kreditspielräumen.

Neben diesen Vorteilen existieren weitere Gründe[786], die den Börsengang für ein kommunales Unternehmen lukrativ machen können. Der Börsengang führt aufgrund der Notierung auf dem Kurszettel und der gestiegenen Publizitätsvorschriften zu einer entsprechenden Erhöhung des Bekanntheitsgrades[787] und zu einem Attraktivitätsgewinn des kommunalen gemischtwirtschaftlichen Unternehmens. Hiervon profitieren zwar in erster Linie Markenartikelunternehmen, aber auch für kommunale „Nicht-Markenartikelunternehmen" wie die Mannheimer MVV Energie AG kann die Erhöhung des Bekanntheitsgrades zu Vorteilen am Markt führen. Vor allem im Rechtsverkehr wird einem börsennotierten Unternehmen ein deutlich höheres Standing zuerkannt, wodurch sich die Chancen zur Gewinnung größerer Aufträge bzw. Kunden bemerkbar erhöhen[788]. Zudem führt der erhöhte Bekanntheitsgrad bzw. Prestigegewinn des Unternehmens zu Vorteilen bei der Suche nach qualifizierten Führungskräften und Nachwuchspersonal. Gerade qualifizierte Manager schätzen das gestiegene Image mit der Börseneinführung, da es ihnen die Grundlage bietet, ihre Leistungen und unternehmerischen Erfolge einer breiteren Öffentlichkeit präsentieren zu können[789]. Außerdem bietet ihnen die Rechtsform der Aktiengesellschaft mit einer Personalkompetenz des Aufsichtsrates und einer Kontrolle durch die Öffentlichkeit eine erhöhte Gewähr, daß künftige Personalentscheidungen (Vertragsverlängerung etc.) nicht nur aus politisch motivierten Gesichtspunkten, sondern auch aus sachlichen Gründen im Unternehmensinteresse getroffen werden. Bei Unternehmen mit der Kommune als Allein- bzw. Mehrheitsgesellschafterin besteht für Fremdmanager das Problem, die Unternehmensinteressen den Zielvorstellungen der Kommune unterordnen zu müssen. Dieser Gesichtspunkt könnte insbesondere qualifizierte Führungskräfte veranlassen, eine Tätigkeit in rein-privaten Unternehmen einer Tätigkeit in Unternehmen mit starker kommunaler Träge-

783 Hauptmotiv für einen Börsengang ist die Finanzierung von Wachstum, vgl. W. Blättchen, [Antriebsfedern], 1998, S. 38.

784 Vgl. W. Blättchen, [Antriebsfedern], 1998, S. 38.

785 Vgl. statt vieler H. Harrer u. D. Heidemann, [Going Public], 1999, S. 254.

786 Vgl. R. Beike u. O. Weddrien, [Mittelstand], 1998, S. 42.

787 Vgl. G. Volk, [Börsengang], 1999, S. 58.

788 Vgl. H. Wielens, [Publikums-Aktiengesellschaft], 1978, S. 94 ff.

789 Vgl. W. Blättchen, [Antriebsfedern], 1998, S. 40.

reinwirkung vorzuziehen. Dies hat zur Folge, daß sich Unternehmen mit starker kommunaler Einflußnahme bei der Gewinnung von Spitzenmanagern schwer tun dürften.

Des weiteren ermöglicht ein Going Public Formen der Mitarbeiterbeteiligung (u.a. Stock Options für Führungskräfte[790] oder Belegschaftsaktien für sonstige Mitarbeiter). Mitarbeiterbeteiligungen haben zum Ziel, die Beschäftigten durch eine Beteiligung am positiven Unternehmensergebnis stärker zu motivieren und damit den wirtschaftlichen Erfolg des Unternehmens zu sichern bzw. zu steigern. Managementoptionsprogramme sind bei vielen Neuemissionen inzwischen üblich[791].

Den Vorteilen[792], die aus einer Erhöhung der Eigenkapitalbasis resultieren, stehen allerdings erhebliche Kosten für einen Börsengang gegenüber[793]. Die einmaligen Kosten bestehen primär aus Provisionszahlungen an die Konsortialbanken, einem erhöhten Werbeaufwand zur Vermarktung der Emission, der Börsenzulassungsgebühr und den Gebühren für juristische Beratung im Vorfeld des Börsengangs, z.B. für Umstrukturierungsmaßnahmen bzw. Maßnahmen zur rechtlichen Umwandlung eines kommunalen Eigenbetriebs in eine Kapitalgesellschaft. Diese Kostenbelastungen dürfen keineswegs unterschätzt werden, zumal sie je nach Größe der Emission auf ca. 5 bis 10 % des Plazierungsvolumens belaufen, so daß dem Emittent lediglich 90 bis 95 % des Emissionserlöses zufließen, wobei die Rolle des Marktsegmentes ebenso wie spätere Ausgaben für die Investor Relations-Arbeit (Pressekonferenzen, Berichterstattungen, Road Shows, Analystentreffen etc.) eine Rolle spielen[794]. Die Kosten der Umwandlung in eine börsenfähige Aktiengesellschaft variieren dabei je nach Rechtsform[795]. Die Hauptkostenbelastung resultiert aus der Börseneinführungsprovision der Konsortialbanken. In diesem Zusammenhang sollte jedoch berücksichtigt werden, daß die Emissionskosten steuerrechtlich Betriebsausgaben sind und daß die Kosten für den Börsengang in Relation zu einem Eigenkapitalzufluß zu setzen sind, der in dieser Größenordnung anderweitig kaum erreicht werden kann.

---

790 Unter Aktien-Optionsplänen (Stock Options) versteht man ein Verfahren, durch das die Mitarbeiter in den Stand gesetzt werden, innerhalb einer bestimmten Zeit zu einem vorher festgesetzten Kurs (meist zu dem im Zeitpunkt des Vertragsabschlusses geltenden Börsenkurs) eine bestimmte Anzahl von Aktien kaufen zu können. Der Vorteil für das Management besteht nun darin, daß sich je nach Entwicklung des Börsenkurses der Gesellschaft ein erheblicher zusätzlicher Gewinn für den Einzelnen aus der Differenz zwischen aktuellem Börsenkurs und dem Optionskurs ergeben kann. Zu ausgewählten Gestaltungsmöglichkeiten bei Aktienoptionsplänen vgl. Ch. Aha, [Gestaltungsmöglichkeiten], 1997, S. 2226 ff bzw. B. Pellens u. N. Crasselt, [Stock Options], 1998, S. 217 f.

791 Vgl. W. Blättchen, [Antriebsfedern], 1998, S. 40.

792 Die MVV Energie AG sieht vor allem in dem Börsengang eine Stärkung der finanziellen Basis für den Ausbau und die langfristige Sicherung der Wettbewerbsposition, eine Erhöhung des Bekanntheitsgrades des Unternehmens und eine Förderung der Mitarbeiteridentifikation durch die Möglichkeit der Ausgabe von börsennotierten Belegschaftsaktien, vgl. Ergänzung der Beschlußvorlage der Stadt Mannheim zur Teilprivatisierung vom 06.07.1998.

793 Bei einer Befragung von Vorstandsmitgliedern börsenemittierter Unternehmen überwogen aber eindeutig die positiven Aspekte die negativen Nebeneffekte des Börsengangs, vgl. M. Behr u. A. Laschke, [Erfahrungsbericht], 1998, S. 561 f.
Im Frühjahr 1998 ergab eine Umfrage des Deutschen Aktieninstitutes e.V., Frankfurt, daß von den knapp 100 Börsenneulingen der letzten Jahre 98 % ihren Börsengang für erfolgreich hielten, vgl. Deutsches Aktieninstitut e.V., [Chancen], 1998, S. 5.

794 Vgl. H. Harrer u. D. Heidemann, [Going Public], 1999, S. 254.

795 Vgl. W. Blättchen, [Sicht], 1996, S. 22 f.

Neben den Kosten einer - für kommunale Unternehmen - grundsätzlich erforderlichen Erweiterung des Controllings[796] und des Berichtswesens aufgrund der Publizitätsvorschriften können weitere Kosten bedingt durch die Beachtung internationaler Rechnungslegungsvorschriften (Berichterstattung nach International Accounting Standards bzw. US-GAAP) entstehen[797]. Kommunale, nicht börsennotierte Unternehmen unterliegen nach dem kommunalen Haushaltsrecht lediglich den Rechnungsprüfungskompetenzen des zuständigen kommunalen Prüfungsverbandes[798]. Des weiteren entstehen mit einem Börsengang Aufwendungen (Opportunitätskosten) durch die enorme zeitliche Beanspruchung des Managements. Diese sind dadurch zu begründen, daß das Management während der Phasen der Börseneinführung nicht dem eigentlichen operativen Geschäft zur Verfügung steht und somit das emittierende Unternehmen zumindest vorübergehend belastet.

Zu diesen einmaligen Emissionskosten eines Going Public kommen laufende Kosten nach der Börseneinführung hinzu: Zu nennen sind Aufwendungen für Public- und Investor Relations-Maßnahmen, Kosten eines externen Berichtswesens (u.a. quartalsweise Zwischenberichterstattungen) und Aufwendungen zur Durchführung der jährlichen Hauptversammlung (Raummiete, Einladungen, Notargebühren etc.).

Nach der Börseneinführung des kommunalen Unternehmens ergeben sich aus betriebswirtschaftlicher Sicht besondere Verhaltensrisiken und Anreizstrukturen für die nicht-kommunalen Anteilseigner, wenn die Kommune als Mehrheitsgesellschafterin weiterhin über einen beherrschenden Einfluß verfügt. Spezielle Anreizstrukturen existieren, da in kommunalen gemischtwirtschaftlichen Aktiengesellschaften ein Spannungsfeld zwischen der kommunalen Anteilseignerin und den nicht-kommunalen Anteilseignern vorherrscht[799]. Während der kommunale Partner in gemischt-wirtschaftlichen Unternehmen seine Beteiligung zur Erfüllung sozioökonomischer Ziele (Berücksichtigung der öffentlicher Zwecksetzung, Beschäftigungspolitik, kommunalpolitische Ziele etc.) einzusetzen versucht, besteht das Interesse der nicht-kommunalen Anteilseigner an einer Steigerung des Shareholder Value. Aufgrund dieser unterschiedlichen Zielorientierung entstehen signifikante Interessenkonflikte zwischen diesen beiden Anteilseignergruppen[800].

Falls die kommunale Anteilseignerin - wie im Fall der Mannheimer MVV Energie AG - auch nach der Börseneinführung noch über einen beherrschenden Einfluß verfügt, stellt sich die Frage, warum eigentlich nicht-kommunale Anteilseigner sich an einer kommunalen gemischtwirtschaftlichen Aktiengesellschaft beteiligen, da sie doch keinerlei Einfluß auf Unternehmensentscheidungen haben und insofern den Entscheidungen des Managements, das unter faktischer Einflußnahme der kommunalen Anteilseignerin steht, ausgeliefert sind. Diese kritische Anmerkung wird durch folgende Aussage unterstützt. Es ist „unwahrscheinlich, daß die

---

796 Der defizitäre Informationsstand zu Effizienzdaten in der öffentlichen Verwaltung aufgrund des überholten öffentlichen Rechnungswesens ist kaum in der Lage, aussagefähige Daten bspw. zur Kostensituation zu generieren, vgl. Ch. Reichard, [Wahlmöglichkeiten], 1997, S. 148.

797 Im Hinblick auf den Börsengang erstellen auch die MVV Energie AG ihre Bilanz nach den internationalen Rechnungslegungsvorschriften, vgl. o.V., [Stadtwerke Mannheim], 1998, S. 24.

798 Vgl. B. Janson, [Rechtsform], 1987, S. 123.

799 Auf die Anreizstrukturen zwischen den nicht-kommunalen Anteilseignern und dem Management ist nicht explizit einzugehen, da das Management Ausführungsorgan der Vorstellungen der kommunalen Anteilseignerin ist.

800 Auf Probleme der internen Meinungsbildung innerhalb einer Gruppe von Anteilseignern wird nicht näher eingegangen.

Rechtsform des gemischt-wirtschaftlichen Unternehmens das beste aus den beiden Welten der Gewinnmaximierung und der Verfolgung sozioökonomischer Ziele in sich vereinigen könne"[801]. Dies bestätigt, daß in gemischt-wirtschaftlichen Unternehmen spezielle Anreizstrukturen aufgrund der unterschiedlichen Zielfunktionen der jeweiligen Anteilseignergruppe vorherrschen. Diese besonderen Anreizstrukturen werden aber nicht nachfolgend, sondern aufgrund ihrer Besonderheit und Einzigartigkeit in börsennotierten Aktiengesellschaften im sechsten Kapitel einer detaillierten Analyse unterzogen.

5.4. Sonstige Aspekte bei einem Going Public kommunaler Unternehmen

5.4.1. Kommunalverfassungsrechtliche Restriktionen

Bei einem kommunalen Going Public sind als Besonderheit kommunalverfassungsrechtliche Restriktionen bei der Teilnahme am Wettbewerb zu beachten[802]. Damit aufgeworfen ist die Frage nach rechtlichen Hemmnissen von kommunalen Unternehmen in privatrechtlicher Rechtsform im Wettbewerb, da in den Kommunalverfassungen der kommunalwirtschaftlichen Betätigung Grenzen gezogen werden, denen die Privatwirtschaft in Deutschland nicht unterliegt[803].

Den Rechtsproblemen der Kommunalwirtschaft kann hier nicht abschließend nachgegangen werden[804]. Vielmehr muß es mit gezielten Hinweisen sein Bewenden haben.

Aus der Selbstverwaltungsgarantie i.S. des Art. 28 Abs. 2 S. 1 GG folgt grundsätzlich die freie Wahlmöglichkeit der Kommunen, ihre kommunalen Unternehmen in öffentlicher oder privatrechtlicher Rechtsform zu führen[805]. Gemäß Art. 28 Abs. 2 S. 1 GG besteht die Selbstverwaltungsgarantie jedoch nur *im Rahmen der Gesetze*. Somit erfordert die Einrichtung von Unternehmen in privater Rechtsform und deren Übernahme von Verwaltungsaufgaben (Hoheitsbefugnisse) eine gesetzliche Grundlage. Verfassungsrechtliche Einschränkungen der Organisationsfreiheit für eine Kommune können aus dem Demokratieprinzip[806] folgen, denn der kommunalen Gesellschaft als selbständige juristische Person des Privatrechts mangelt es aufgrund fehlender gewählter Verantwortungsübertragung durch den Bürger bzw. durch eine gewählte Volksvertretung an der demokratischen Legitimation. Dieses Legitimationsdefizit macht es erforderlich, daß die legitimierten Gemeindeorgane die Möglichkeit haben, auf die Entscheidungen des kommunalen Wirtschaftsunternehmens einzuwirken. Diese verfassungsrechtlichen Anforderungen haben einige Bundesländer in ihrer Gemeindeordnung berücksichtigt, indem sie die Kommune verpflichten, daß ihnen ein angemessener Einfluß durch den Gesellschaftsvertrag oder die Satzung in den Organen des Unternehmens gesichert ist[807]. Offen bleibt, was unter

801 Siehe hierzu A.E. Boardman und A.R. Vining, [Behavior], 1991.

802 Vgl. H. Brocke, [Stadtwerke], 1998, S. 23. Zu den rechtlichen Grenzen der Privatisierung auf kommunaler Ebene im weiteren, vgl. M. Ronellenfitsch, [Rechtliche Grenzen], 1999, S. 37 ff., insb. S. 42.

803 Vgl. M. Moraing, [Gemeindewirtschaftsrecht], 1998, S. 223.

804 Auch die europarechtliche Problematik wird ausgeklammert.

805 Vgl. P.J. Glauben, [Privatrechtsform], 1997, S. 149. Darin liegt die Garantie kommunaler Selbstverwaltung, die auch die wirtschaftliche Betätigung der Kommunen umfaßt.

806 Das Demokratieprinzip nach Art. 20 Abs. 1 GG besagt, daß jede Staatsgewalt sich in ihrem Ursprung auf das Volk zurückführen lassen muß. Nach Art. 28 Abs. 1 S. 2 GG gilt dies auch für die Gemeinden.

807 Vgl. Art. 91 Abs. 1 Nr. 3 GO Bay., § 122 Abs. 1 S. 1 Nr. 3 GO Hess., § 108 Abs. 1 S. 1 Nr. 6 GO NRW.

einem angemessenen Einfluß verstanden ist und wie dieser erreicht werden soll. Ein angemessener Einfluß liegt jedenfalls dann vor, wenn die Kommune allein Trägerin des Unternehmens ist (Eigengesellschaft). Dies gilt auch bei gemischt-wirtschaftlichen Unternehmen, zumindest wenn die Kommune über eine beherrschende Stellung verfügt und damit entsprechende Einwirkungsmöglichkeiten hat. Fraglich ist, ob der angemessene Einfluß dann gesichert ist, wenn der kommunale Kapitalanteil mehr als 25 % des Grundkapitals beträgt und somit die Kommune zumindest die Sperrminorität in der Hauptversammlung besitzt.

Eine unmittelbare rechtliche Einflußmöglichkeit auf die Geschäftsführung durch bindende Gesellschafterweisungen, wie sie bei der GmbH aufgrund der Vorschrift des § 37 GmbHG möglich ist, ist bei der Aktiengesellschaft aus gesellschaftsrechtlichen Gründen ausgeschlossen. Bei einer kommunalen Aktiengesellschaft beschränkt sich die Einflußnahme auf die Hauptversammlung, da Satzungsregelungen, welche die Entscheidung des Vorstands unmittelbar an Beschlüsse städtischer Organe binden, aufgrund des (Bundes-)Gesellschaftsrechtes[808] nicht zulässig sind[809]. Sie sind mit der aktienrechtlichen Verantwortlichkeit des Vorstands gemäß § 76 Abs. 1 AktG nicht vereinbar[810]. Somit sind kommunale Aktiengesellschaften unter der Geltung des Gesellschaftsrechts wesentlich schwerer instrumentierbar[811]. Die Durchsetzung von Aufgabenstellung und Einwirkungsrechten ist nur informell möglich.

Des weiteren kommt es darauf an, daß mit der wirtschaftlichen Betätigung des kommunalen Unternehmens ein öffentlicher Zweck verfolgt wird[812]. Die Kommunen verfolgen in der wirtschaftlichen Betätigung keinen öffentlichen Zweck, wenn das Unternehmen ausschließlich erwerbswirtschaftlichen Zwecken, d.h. der Gewinnerzielung, dient[813].

Kommunen dürfen wirtschaftliche Unternehmen in privater Rechtsform nur *im Rahmen ihres Aufgabenbereichs*[814] einrichten, übernehmen und wesentlich erweitern[815]. Zudem wird in den

---

808 Das Gesellschaftsrecht stellt als Bundesrecht eine vom Kommunalrecht unabhängige, in sich geschlossene Rechtsmaterie dar. Dies beinhaltet, die Kommunen können die Spielräume, die das Gesellschaftsrecht eröffnet, im Sinne effektiver Aufgabenerfüllung nutzen, ohne daß dabei die besonderen kommunalen Interessen sowie die öffentlich-rechtlichen Bindungen beeinträchtigt werden. Insoweit kann für diesen Bereich vom Vorrang des Gesellschaftsrechtes gesprochen werden, vgl. BGHZ 36, S. 296, 306 ff bzw. U. Cronauge, [Kommunale Unternehmen], 1997, S. 111.

809 Vgl. P.J. Glauben, [Privatrechtsform], 1997, S. 152. Die gesellschaftsrechtlichen Einschränkungen des Weisungsrechts machen deutlich, daß die Wahl der Rechtsform AG für die Kommune einer besonders sorgfältigen Prüfung bedarf.

810 Vgl. auch § 82 Abs. 1 AktG.

811 Vgl. B. Janson, [Rechtsform], 1987, S. 120.

812 Vgl. statt vieler § 108 Abs. 1 S. 1 NGO. In NRW muß als Voraussetzung für eine kommunale wirtschaftliche Betätigung sogar ein „dringender öffentlicher Zweck“ vorliegen, vgl. P. te Reh, [City-Carrier], 1997, S. 365 u. F. Dohmen, [Gemeindeordnung], 1998, S. 149. Im Gesellschaftsvertrag oder in der Satzung ist die Ausrichtung auf den öffentlichen Zweck zu bestimmen, vgl. § 108 Abs. 1 Nr. 7 GO NRW.

813 Vgl. J. Vahle, [Betätigung], 1997, S. 1271. Positiv ausgedrückt heißt es überwiegend in der Literatur (es bleibt dennoch abstrakt), „öffentlicher Zweck ... ist jede gemeinwohlorientierte, im öffentlichen Interesse der Einwohner liegende Zielsetzung, also die Wahrnehmung einer sozial-, gemeinwohl- und damit einwohnernützigen Aufgabe“, statt vieler U. Cronauge, [kommunale Wirtschaft], 1998, S. 133.

814 Dazu zählen u.a. Maßnahmen zur Verbesserung der örtlichen Infrastruktur, der Wettbewerbssicherung, der Arbeitsplatzsicherung oder der Gewährleistung einer uneingeschränkten Wasser- und Energieversorgung der Bevölkerung.
Die Energieversorgung ist trotz der Liberalisierung aufgrund der begrenzten Raumkapazität eine notwendige öffentliche Aufgabe geblieben, vgl. M. Ronellenfisch, [Rechtliche Grenzen], 1999, S. 36.

815 Vgl. statt vieler § 108 Abs. 1 Nr. 3 NGO.

überwiegenden Gemeindeordnungen verlangt, daß der öffentliche Zweck des Unternehmens nicht besser und wirtschaftlicher durch private Anbieter erfüllt wird oder erfüllt werden kann (Subsidiaritätsklausel)[816]. Jedoch sind derart verfassungsrechtlich problematische Klauseln[817] in einigen Gemeindeordnungen (Baden-Württemberg, Hessen, Sachsen) nicht mehr enthalten[818].

Schließlich ist die Frage von besonderer Bedeutung, ob und inwieweit das sog. „Örtlichkeitsprinzip" der kommunalwirtschaftlichen Tätigkeit Grenzen setzt. Art. 28 Abs. 2 S. 1 GG gewährleistet den Kommunen das Recht, alle Angelegenheiten der örtlichen Gemeinschaft im Rahmen der Gesetze in eigener Verantwortung zu regeln[819]. Art. 28 Abs. 2 S. 1 GG spricht keine strikte räumliche Trennung aus, sondern stellt auf den Bezug zur örtlichen Gemeinschaft ab. Dennoch stößt die Ausweitung kommunaler Betätigung über die Gemeindegrenzen hinaus in einen Grenzbereich vor, denn gerade hier stellt sich vor dem Hintergrund der Liberalisierung im Bereich der leitungsgebundenen Energieversorgung das Problem der Beteiligung der kommunalen Unternehmen am freien Wettbewerb über die Ortsgrenzen hinweg. Dieser Wettbewerb zielt darauf ab, daß verschiedene Energieversorgungsunternehmen um die Versorgung einzelner Kunden bundesweit konkurrieren können. Bedeutet dies bspw., daß die Stadtwerke Kunden anderer, über die Gemeindegrenzen entlegener Kommunen versorgen dürfen?

Ein schrankenloser Wettbewerb auch zu Gunsten kommunaler Unternehmen über die Gemeindegrenzen kann somit an kommunalverfassungsrechtliche Grenzen stoßen. Deshalb zwingt die Entwicklung im Wettbewerb dazu, diese Grenzen neu zu definieren[820]. Diese Problematik[821] bedarf einer kommunalverfassungsrechtlichen Klärung, die u.a. mit der neuen Wettbewerbssituation im Bereich der Energieversorgung verträglich ist[822].

Neben dem „Örtlichkeitsprinzip" muß ein kommunales Going Public zur Versorgung der Bevölkerung mit folgender gemeinderechtlicher Bestimmung vereinbar sein[823]: Die ganze oder teilweise Veräußerung eines wirtschaftlichen Unternehmens oder auch von Beteiligungen sowie von Rechtsgeschäften, durch welche die Kommune ihren Einfluß auf das wirtschaftliche

---

816 Vgl. M. Moraing, [Gemeindewirtschaftsrecht], 1998, S. 227.

817 In NRW ist geplant, die Subsidiaritätsklausel in § 107 Abs. 1 GO NRW wieder einzuführen, vgl. schriftliche Stellungnahme des kaufmännischen Geschäftsführers der Stadtwerke Bielefeld GmbH, Wolfgang Brinkmann, zum Gesetzesentwurf der Landesregierung NRW zur Vorbereitung auf die Anhörung am 28./29.04.1999.
Aus dem Grundgesetz ergibt sich kein Vorrang der Privatwirtschaft vor der öffentlichen Wirtschaft, vgl. U. Cronauge, [kommunale Wirtschaft], 1998, S. 133 f.

818 Streng dogmatisch gesprochen müßte die Subsidiaritätsklausel dazu führen, daß die Kommunen ihre Unternehmen, die aus einem öffentlichen Bedürfnis heraus gegründet wurden, umgehend abzugeben, d.h. materiell privatisieren müßte, wenn diese rentabel und gewinnbringend arbeiten, da es selbstverständlich ist, daß in solchen Fällen die private Nachfrage an Weiterführung dieses kommunalen Unternehmens erheblich sein dürfte. Insofern darf diese Vorschrift nicht überbewertet werden, vgl. B. Leutner u. C. Schmitt, [Wettbewerb], 1999, S. 33.

819 Vgl. auch § 107 Abs. 1 S. 1 GO NRW.

820 Z. Zt. muß bei gemeindegebietsüberschreitenden Tätigkeiten die Gebietsüberschreitung durch entsprechende interkommunale Absprachen gedeckt sein, vgl. P. te Reh, [City-Carrier], 1997, S. 365.

821 Mit dieser Problematik beschäftigt sich der Landtag von NRW. Dort liegt ein Gesetzesentwurf vor, wonach kommunale Unternehmen auch über die Stadtgrenzen hinaus tätig werden können, vgl. die schriftliche Stellungnahme des kaufmännischen Geschäftsführers der Stadtwerke Bielefeld GmbH zum Gesetzesentwurf der Landesregierung NRW zur Vorbereitung auf die Anhörung am 28./29.04.1999.

822 Vgl. auch die Problematik zur wirtschaftlichen Betätigung von kommunalen Unternehmen im Telekommunikationsbereich, vgl. P. te Reh, [City-Carrier], 1997, S. 365.

823 Hier für den bevorstehenden Börsengang der MVV Energie AG (§ 106 GO Bad.-Württ.)

Unternehmen verliert oder vermindert, ist nur zulässig, wenn die Erfüllung der Aufgaben der Kommune nicht beeinträchtigt wird.

Die Aufgabenerfüllung ist bei Aufrechterhaltung einer Mehrheitsbeteiligung des bisherigen Eigentümers (Kommune) - wie im Fall der MVV Energie AG (Mannheim) - nicht beeinträchtigt, wenn die Erfüllung der Aufgaben der Kommune auch unabhängig von den Mehrheitsverhältnissen in der Aktiengesellschaft und unabhängig von der Zusammensetzung ihrer Organe durch zwingende vertragliche Vereinbarungen gewährleistet werden kann.

Abschließend bleibt kritisch anzumerken, daß die derzeitige Rechtslage in den einzelnen Bundesländern den wirtschaftlich tätigen kommunalen Unternehmen Restriktionen auferlegt, die die Börsenfähigkeit im Einzelfall erheblich einschränken kann.

5.4.2. Gesellschaftsrechtliche Vorgaben

5.4.2.1. Umwandlungsrechtliche Vorgänge vor einem Börsengang

Zur Vorbereitung des Going Public ist es erforderlich, Unternehmen, die andere Rechtsformen haben, in eine Aktiengesellschaft bzw. KGaA[824] umzuwandeln, da der Börsengang nur rechtlich möglich ist, wenn das kommunale Unternehmen in einer börsenfähigen Rechtsform geführt wird[825].

Erfolgt die Umwandlung in eine Aktiengesellschaft aufgrund der Börseneinführung, so muß in der Regel nach der Börseneinführung die Nachgründungsvorschrift des § 52 AktG beachtet werden. Gemäß § 52 Abs. 1 u. 3 AktG sind bei Verträgen, die in den ersten zwei Jahren seit der Eintragung der neuen Aktiengesellschaft in das Handelsregister geschlossen werden, nicht nur ein Hauptversammlungsbeschluß, sondern auch eine Nachgründungsprüfung, ein Nachgründungsbericht des Aufsichtsrates und die Eintragung ins Handelsregister erforderlich, sofern die Gesellschaft Anlagen oder andere Vermögensgegenstände für eine den zehnten Teil des Grundkapitals übersteigende Vergütung erwirbt. Wegen der üblicherweise erfolgten Kapitalbeschaffung im Wege des Börsengangs wird diese 10%-Grenze beim Abschluß von Verträgen häufig erreicht. Zur Zustimmung bedarf gemäß § 52 Abs. 5 S. 1 AktG der Hauptversammlungsbeschluß einer Mehrheit, die mindestens drei Viertel des bei der Beschlußfassung vertretenen Grundkapitals umfaßt.

Zur Börseneinführung ist dafür zu sorgen, daß gesellschaftsrechtlich eine kommunale Aktiengesellschaft mit transparenten Strukturen geschaffen wird, die den betriebswirtschaftlichen Anforderungen an eine optimale Unternehmensführung gerecht wird. Gesellschaftsrechtlich verworrene Konstruktionen mit vielfältigen Verschachtelungen im Beteiligungsbereich und unzähligen konkurrierenden Überkreuzbeteiligungen der Altgesellschafter sollten vermieden bzw. reduziert werden. Sie sind für die potentiellen Investoren wegen ihrer besonderen Risiken nicht akzeptabel und sorgen für unnötige Irritationen.

---

824 Ende 1982 existierten in Deutschland nur 29 KGaA's.

825 Vgl. R. Veil, [Umwandlung], 1999, S. 55.

5.4.2.1.1. Kommunale Einrichtung in der Rechtsform des Eigenbetriebs[826]

Wird das kommunale Unternehmen als Eigenbetrieb mit den Querverbundsparten Versorgung und Verkehr geführt, besteht großer Umstrukturierungsbedarf. In diesem Fall kann die erforderliche Spartentrennung durch folgende Umwandlungen herbeigeführt werden: Der Eigenbetrieb ist zunächst in eine Kapitalgesellschaft mit den Sparten Versorgung und Verkehr umzuwandeln. Anschließend bestehen die Möglichkeiten, entweder die Versorgungssparte durch Ausgliederung aus der gegründeten Kapitalgesellschaft zu verselbständigen oder sowohl die Versorgungs- als auch die Verkehrssparte aus der Kapitalgesellschaft auszugliedern[827]. Die vom Eigenbetrieb umgewandelte Kapitalgesellschaft verwaltet dann die ausgegliederten Sparten künftig als Holdinggesellschaft.

Andererseits besteht die Möglichkeit, die Verkehrssparte als Eigenbetrieb fortbestehen zu lassen und nur die Versorgungssparte in eine Aktiengesellschaft zu überführen. Die Anteile an der Versorgungsgesellschaft sind dann dem Eigenbetrieb Verkehr zuzuordnen, um den kommunalen steuerlichen Querverbund fortzuführen. Die jeweiligen Umwandlungsvorgänge werden nachfolgend in ihren wesentlichen Zügen dargestellt.

Der Eigenbetrieb ist zunächst in die Rechtsform der Kapitalgesellschaft (Aktiengesellschaft bzw. GmbH) umzuwandeln. Soll das kommunale Unternehmen insgesamt an der Börse eingeführt werden, bietet sich eine direkte Umwandlung des Eigenbetriebs in eine Aktiengesellschaft an. Ein Eigenbetrieb einer Kommune kann nach §§ 168-173 Umwandlungsgesetz[828] (UmwG) in die Rechtsform einer Kapitalgesellschaft überführt werden. § 168 UmwG ermöglicht Kommunen die Umwandlung eines Eigenbetriebs in eine privatrechtliche Rechtsform als Ausgliederung zur Aufnahme oder zur Neugründung, wenn das für den Ausgangsrechtsträger maßgebliche Bundes- oder Landesrecht nicht entgegensteht[829]. Wirtschaftlich entspricht die Ausgliederung[830] einer Sachgründung (Sacheinlage) gemäß §§ 27, 183 AktG. Rechtlich liegt der Unterschied darin, daß die Vermögensübertragung bei der Ausgliederung als Gesamtrechtsnachfolge, bei der Sachgründung als Einzelrechtsnachfolge erfolgt[831]. Die Ausgliederung hat insofern gegenüber der Sachgründung nach den Vorschriften des AktG bzw. GmbHG den Vorteil, daß das gesamte Vermögen des Eigenbetriebs im Wege der Sonderrechtsnachfolge auf die Kapitalgesellschaft übergeht. Eine Zustimmung der Gläubiger hinsichtlich der Übernahme der Verbindlichkeiten des Unternehmens ist nicht erforderlich.

Falls nur die Versorgungssparte in eine Aktiengesellschaft überführt werden soll, ist zu beachten, daß nach § 168 UmwG nur ein Unternehmen als Ganzes ausgegliedert werden kann. Zur Vorbereitung der Ausgliederung ist der bisherige Eigenbetrieb mit den Sparten Versor-

---

826 Häufig sind öffentliche Unternehmen in der kommunalen Praxis zwar bereits formell privatisiert, dennoch sollen die Umwandlungsmöglichkeiten von kommunalen Unternehmen ohne eigene Rechtspersönlichkeit hier kurz vorgestellt werden, vgl. auch R. Veil, [Umwandlung], 1999, S. 55 ff.

827 Zu den Besonderheiten beim Ausgliederungsverfahren, vgl. K. Schmidt, [Gesellschaftsrecht], 1997, S. 408 f.

828 Das UmwG regelt die Umwandlung von Rechtsträgern durch: a) Verschmelzung (§§ 2 bis 122 UmwG); b) Spaltung (§§ 123 bis 173 UmwG); c) Vermögensübertragung (§§ 174 bis 189 UmwG); d) Formwechsel (§§ 190 bis 304 UmwG).

829 Vgl. M. Schindhelm u. Kl. Stein, [Ausgliederung], 1999, S. 1375.

830 Die Ausgliederung (§ 123 Abs. 3 UmwG) ist neben der Aufspaltung (§ 123 Abs. 1 UmwG) und der Abspaltung (§ 123 Abs. 2 UmwG) eine von drei Spaltungsarten.

831 Vgl. H.-W. Arndt u. D.J. Piltz, [Besonderen Steuerrechts], 1996, S. 603 f.

gung und Verkehr unmittelbar vor dem Ausgliederungsstichtag in zwei eigenständige Eigenbetriebe Versorgung und Verkehr aufzuspalten. Die Ausgliederung in eine Aktiengesellschaft i.S. des § 168 UmwG beschränkt sich dann auf den Eigenbetrieb Versorgung.

Das umwandlungstechnische Verfahren einer Ausgliederung stellt sich im wesentlichen wie folgt dar: Zunächst ist ein Ausgliederungsbeschluß durch den Stadt- bzw. Gemeinderat zu fassen, der die Umwandlung des Eigenbetriebs in eine Kapitalgesellschaft zum Gegenstand hat[832]. Anschließend hat das Vertretungsorgan der Stadt bzw. Gemeinde (Stadt- bzw. Gemeindedirektor) nach § 136 S. 1 UmwG einen Spaltungsplan (Ausgliederungsplan) aufzustellen, der notariell zu beurkunden ist. Dieser Plan tritt an die Stelle des Spaltungs- und Übernahmevertrages (§ 136 S. 2 UmwG). Ein Ausgliederungsplan muß gemäß § 126 Abs. 1 Nr. 1-11 UmwG u.a. folgende Angaben enthalten:

- Name bzw. Firma und Sitz des an der Ausgliederung beteiligten Eigenbetriebs und der beteiligten neu gegründeten Kapitalgesellschaft (Nr. 1)
- Vereinbarung über die Übertragung der Teile des Vermögens des Eigenbetriebs als Gesamtheit gegen Gewährung von Anteilen an der neu gegründeten Kapitalgesellschaft (Nr. 2)
- Zeitpunkt, von dem an die Handlungen des Eigenbetriebs als für Rechnung der neu gegründeten Kapitalgesellschaft vorgenommen gelten (Ausgliederungs- bzw. Spaltungsstichtag, Nr. 6)
- genaue Bezeichnung der Gegenstände des Aktiv- und Passivvermögens, die auf die neu gegründete Kapitalgesellschaft übertragen werden, sowie des übergehenden Betriebs (Nr. 9)
- Folgen der Ausgliederung für die Arbeitnehmer und ihre Vertretungen sowie die insoweit vorgesehenen Maßnahmen (Nr. 10).

Der Ausgliederungsplan oder sein Entwurf ist anschließend gemäß § 126 Abs. 3 UmwG spätestens einen Monat vor dem Sitzungstag des Stadt- bzw. Gemeinderates, die für den bestehenden Eigenbetrieb über die Zustimmung zum Ausgliederungsplan beschließen soll, dem zuständigen Personalrat zuzuleiten. Durch Zustimmung des Rates wird der Ausgliederungsplan für den Eigenbetrieb wirksam. Gemäß § 125 S. 2 UmwG findet eine Prüfung des Ausgliederungsplans nicht statt. Der Gemeinde- bzw. Stadtdirektor hat den neuen Rechtsträger zur Eintragung in das Handelsregister anzumelden (§ 137 Abs. 1 UmwG). Der Anmeldung ist gemäß § 17 Abs. 2 S. 1 UmwG eine Bilanz des Eigenbetriebs (Schlußbilanz) beizufügen. Diese Bilanz darf auf einen höchstens acht Monate vor der Anmeldung liegenden Stichtag aufgestellt worden sein (§ 17 Abs. 2 S. 4 UmwG). Hieraus folgt, daß die Ausgliederung auf einen maximal acht Monate vor der Anmeldung liegenden Zeitpunkt (Ausgliederungsstichtag) zurückbezogen werden kann. Die Ergebnisse des Eigenbetriebs werden dann handels- und steuerrechtlich vom Ausgliederungsstichtag an bereits der Kapitalgesellschaft zugerechnet. Mit der Eintragung der neu gegründeten Kapitalgesellschaft in das Handelsregister geht das Vermögen des Eigenbetriebs einschließlich der Verbindlichkeiten als Gesamtheit auf die neu gegründete Kapitalgesellschaft über (§ 131 Abs. 1 Nr. 1 UmwG). Verbindlichkeiten und Verträge können grundsätzlich ohne Zustimmung der Gläubiger und Vertragspartner übertragen werden. Allerdings haftet die

[832] Gemäß § 169 S. 1 UmwG ist ein Ausgliederungsbericht nicht erforderlich.

Kommune für die bereits begründeten, mit der Ausgliederung übergegangenen Verbindlichkeiten zeitlich befristet fort (§ 172, §§ 173 i.V. mit 157 UmwG).

Nach Gründung der Kapitalgesellschaft durch Umwandlung des Eigenbetriebs ist die Sparte durch Ausgliederung rechtlich zu verselbständigen. Die wird dann notwendig sein, wenn es sich um ein sog. Querverbundunternehmen mit einer Versorgungs- und Verkehrssparte handelt[833].

Die Ausgliederung kann zur Neugründung einer Versorgungstochter nach § 123 Abs. 3 Nr. 2 UmwG oder zur Aufnahme in eine zuvor bar gegründete Versorgungstochter nach § 123 Abs. 3 Nr. 1 UmwG erfolgen. Als Zielrechtsform für die Versorgungstochter ist wegen der bevorstehenden Börseneinführung die Aktiengesellschaft zu wählen. Das Ausgliederungsverfahren ähnelt weitgehend dem zuvor geschilderten Verfahren. Nachfolgend werden daher nur die Abweichungen dargestellt: Ein Ausgliederungsbericht ist zwar nach § 127 UmwG grundsätzlich erforderlich. Es kann jedoch auf die Erstellung eines Ausgliederungsberichtes durch eine notariell zu beurkundende Verzichtserklärung der Gesellschafter gemäß § 8 Abs. 3 UmwG verzichtet werden. Der Ausgliederungsplan ist von der Geschäftsführung der Kapitalgesellschaft aufzustellen. Bei einer Ausgliederung zur Aufnahme ist von den Geschäftsführungen der beteiligten Gesellschaften ein Ausgliederungs- und Übernahmevertrag zu fertigen. Der Ausgliederungsplan bzw. Ausgliederungs- und Übernahmevertrag oder sein Entwurf ist spätestens einen Monat vor dem Tag der Gesellschafter- bzw. Hauptversammlung der beteiligten Gesellschaften, die über die Zustimmung zum Ausgliederungsplan bzw. Ausgliederungs- und Übernahmevertrag beschließen sollen, den zuständigen Betriebsräten der beteiligten Gesellschaften zuzuleiten (§ 126 Abs. 3 UmwG). Der Ausgliederungsplan wird durch Zustimmungsbeschluß der Gesellschafter- bzw. Hauptversammlung der Einheitsgesellschaft wirksam. Der Ausgliederungs- und Übernahmevertrag wird durch Zustimmungsbeschlüsse der Gesellschafter- bzw. Hauptversammlungen der Kapitalgesellschaft und der bar gegründeten Versorgungstochter wirksam (§§ 126 Abs. 3 i.V. mit 125, 13 UmwG). Die Geschäftsführung der Kapitalgesellschaft hat die neue Versorgungstochter zur Eintragung in das Handelsregister anzumelden. Die Anmeldung der Ausgliederung zur Aufnahme zum Register der Einheitsgesellschaft sowie zum Register der Versorgungstochter kann durch die Geschäftsführung der Versorgungstochter erfolgen (§ 129 UmwG). Bei der Versorgungstochter ist zur Durchführung der Ausgliederung eine Kapitalerhöhung vorzunehmen, die ebenfalls zum Handelsregister anzumelden ist. Der Anmeldung ist eine aus der Bilanz der Kapitalgesellschaft abgeleitete Teilbilanz für das zu übertragende Versorgungsvermögen beizufügen, die auf einen höchstens acht Monate vor der Anmeldung liegenden Stichtag aufgestellt sein darf

5.4.2.1.2. Kommunales Unternehmen in der Rechtsform des privaten Rechts

Liegt die Rechtsform einer Kapitalgesellschaft vor, so ist zur Vorbereitung des Börsengangs die rechtliche Verselbständigung der Versorgungssparte erforderlich[834]. Diese Spaltung kann

833 Alternativ kann gleichzeitig auch die Verkehrssparte durch Ausgliederung rechtlich verselbständigt werden, so daß die Einheitsgesellschaft zu einer Holding wird. Zur Ermöglichung des Börsengangs ist die Errichtung der aufwendigeren Holdingkonstruktion nicht erforderlich. Die nachfolgenden Ausführungen beschränken sich daher auf die rechtliche Verselbständigung der Versorgungssparte.

834 Vgl. die Ausführungen in Abschnitt 5.4.2.1.2.

durch Ausgliederung, somit durch Neugründung einer Versorgungstochter nach § 123 Abs. 3 Nr. 2 UmwG oder durch Aufnahme in eine zuvor bar gegründete Versorgungstochter nach § 123 Abs. 3 Nr. 1 UmwG in der Rechtsform der Aktiengesellschaft erreicht werden[835].

Im Falle einer Drittbeteiligung an der bisherigen Kapitalgesellschaft ist zu berücksichtigen, daß der Zustimmungsbeschluß zum Ausgliederungsplan bzw. zum Ausgliederungs- und Übernahmevertrag einer gesetzlich zwingenden ¾-Mehrheit bedarf. Dies gilt sowohl für die GmbH (§ 50 Abs. 1 UmwG: Mehrheit von mindestens ¾ der abgegebenen Stimmen auf der Gesellschafterversammlung) als auch für die Aktiengesellschaft (§ 65 Abs. 1 UmwG: Mehrheit, die mindestens drei Viertel des bei der Beschlußfassung vertretenen Grundkapitals umfaßt). Soweit einem Dritten gemäß § 179 Abs. 2 S. 1 AktG mit einer Sperrminorität von 25 % des Grundkapitals plus eine Aktie die Treuepflicht gegenüber seinen Mitgesellschaftern nicht entgegensteht[836], kann er die Ausgliederung der Versorgungssparte blockieren.

5.4.2.1.3. Kommunale Holding-Obergesellschaft

Bei einer kommunalen Holdingstruktur (geschäftsleitende Holding-Obergesellschaft mit ihren Tochtergesellschaften Versorgung und Verkehr) ist keine gesellschaftsrechtliche Umwandlung erforderlich, wenn die Versorgungstochter bereits in der Zielrechtsform der Aktiengesellschaft geführt wird. Soweit jedoch ein Beherrschungs- und Gewinnabführungsvertrag nach § 291 Abs. 1 AktG besteht[837], ist dieser vor dem Börsengang aufzuheben bzw. zu kündigen, um die für die Börseneinführung erforderliche rechtliche Selbständigkeit der Aktiengesellschaft zu gewährleisten. Die Beendigung ist ohne steuerliche Belastungen i.S. des § 14 Nr. 4 S. 1 u. 2 KStG möglich, wenn der Vertrag mindestens fünf Jahre bestanden hat und tatsächlich durchgeführt worden ist. Eine vorzeitige Beendigung des Vertrags i.S. des § 14 Nr. 4 S. 3 KStG führt nicht zu steuerlichen Belastungen, weil das kommunale Going Public einen wichtigen Grund für die Aufhebung bzw. Kündigung des Vertrages darstellt. Wird die Versorgungstochter in der Rechtsform der GmbH geführt, ist sie vor dem Börsengang in eine Aktiengesellschaft umzuwandeln. Nach §§ 190 Abs. 1, 226 UmwG kann eine GmbH formwechselnd aufgrund eines Umwandlungsbeschlusses in eine Aktiengesellschaft umgewandelt werden. Nachfolgend wird das Formwechselverfahren dargestellt:

Gemäß § 192 Abs. 1 S. 1 UmwG ist grundsätzlich ein Umwandlungsbericht von der Geschäftsführung der formwechselnden Gesellschaft zu erstatten. Dieser Bericht ist jedoch nicht erforderlich, wenn an der formwechselnden Versorgungstochter alleine die Holding beteiligt ist bzw. alle Gesellschafter auf den Bericht durch notariell zu beurkundende Erklärung verzichten (§ 192 Abs. 3 S. 1 u. 2 UmwG). Der Formwechsel erfordert gemäß § 193 Abs. 1 S. 1 UmwG einen Umwandlungsbeschluß. Der Beschluß ist in der Gesellschafterversammlung der Versorgungstochter zu fassen (§ 193 Abs. 1 S. 2 UmwG) und bedarf einer gesetzlich zwingenden Mehrheit von mindestens ¾ der bei der Gesellschafterversammlung der GmbH abgegebenen

---

835 Hinsichtlich des Ausgliederungsverfahrens wird auf die obigen Ausführungen verwiesen.

836 Zur Treuepflicht des Aktionärs, vgl. Th. Jilg, [Treuepflicht], 1996.

837 Der Beherrschungsvertrag ist ein Unternehmensvertrag, durch den eine Aktiengesellschaft oder Kommanditgesellschaft auf Aktien die Leitung ihrer Gesellschaft einem anderen Unternehmen unterstellt (§ 291 Abs. 1 AktG). Im Hinblick auf § 302 AktG (Verlustausgleichspflicht) wird der Gewinnabführungsvertrag zumeist als Ergebnisabführungsvertrag geschlossen, vgl. auch K. Schmidt, [Gesellschaftsrecht], 1997, S. 958.

Stimmen (§ 240 Abs. 1 S. 1 UmwG). Soweit ein Dritter mit einer Sperrminorität von 25 % des Grundkapitals plus eine Aktie beteiligt ist, kann er den Formwechsel blockieren, sofern dem nicht die gesellschaftsrechtliche Treuepflicht entgegensteht. Der Umwandlungsbeschluß ist gemäß § 193 Abs. 3 S. 1 UmwG notariell zu beurkunden. Dem Umwandlungsbeschluß, der gemäß §§ 218 Abs. 1, 243 Abs. 1 S. 1 AktG die neue Satzung enthalten muß, obliegen nach § 194 Abs. 1 Nr. 1-7 UmwG u.a. folgende Angaben:

- Festlegung der neuen Rechtsform Aktiengesellschaft (Nr. 1)
- Bestimmung der Firma der neuen Aktiengesellschaft (Nr. 2)
- Festlegung der Beteiligungsquoten der bisherigen Anteilseigner an der neuen Aktiengesellschaft (Nr. 3)
- Zahl, Art und Umfang der Aktien, welche die bisherigen Gesellschafter (Kommune) durch Formwechsel erlangen sollen (Nr. 4)
- Darlegung der Folgen des Formwechsels für die Arbeitnehmer und ihre Vertretungen sowie die insoweit vorgesehenen Maßnahmen (Nr. 7).

Gemäß § 194 Abs. 2 UmwG ist der Entwurf des Umwandlungsbeschlusses spätestens einen Monat vor dem Tag der Gesellschafterversammlung, die den Formwechsel beschließen sollen, dem zuständigen Betriebsrat der Versorgungstochter zuzuleiten. Nach § 197 UmwG finden auf den Formwechsel die Gründungsvorschriften für die Aktiengesellschaft Anwendung. Es sind daher ein Sachgründungsbericht der Gründer (§ 32 Abs. 1 u. 2 AktG) sowie Gründungsprüfungsberichte durch den Vorstand und den Aufsichtsrat der Aktiengesellschaft sowie durch einen gerichtlich bestellten Gründungsprüfer zu fertigen (§ 33 Abs. 1 u. 2 AktG). Der Vorstand der Versorgungstochter hat die Aktiengesellschaft als neuen Rechtsträger zum Handelsregister anzumelden (§ 246 Abs. 1 UmwG).

Als Zwischenergebnis ist festzuhalten, daß die für den Börsengang notwendigen Umwandlungsmaßnahmen bei den typischen, in der kommunalen Praxis vorherrschenden gesellschaftsrechtlichen Erscheinungsformen einer wirtschaftlichen Betätigung kommunaler Unternehmen gesellschaftsrechtlich in vertretbarem Maße durchgeführt werden können, wobei der Umfang der Maßnahmen von der jeweiligen Ausgangssituation abhängt.

5.4.2.2. Folgen des Börsengangs für die Kommune als beherrschende Anteilseignerin

Das Emissionsvolumen kann zum einen aus dem vorhandenen kommunalen Aktienbestand erzielt werden. Die Aktien können dann an der Börse eingeführt und gehandelt werden. Diese Emissionsstrategie führt jedoch nicht zur betriebswirtschaftlich gewünschten Kapitalzufuhr und der damit einhergehenden Eigenkapitalverstärkung des kommunalen Unternehmens[838].

Soll die Eigenkapitalbasis durch den Börsengang gestärkt werden (wie im Falle der Teilprivatisierung der Mannheimer MVV Energie AG), kann das Emissionsvolumen nur durch eine Kapitalerhöhung i.S. der §§ 182 ff. AktG geschaffen werden. Die Kapitalerhöhung kann dabei mit und ohne Bezugsrecht für die Altaktionäre erreicht werden (§ 186 Abs. 3 S. 1 AktG). Eine Kapitalerhöhung mit Bezugsrechtsausschluß ist nach § 186 Abs. 3 S. 2-4 AktG unter folgenden Einschränkungen möglich: a) die Hauptversammlung muß mit mindestens qualifizierter Mehrheit (¾ des bei der Beschlußfassung vertretenen Grundkapitals) dem Bezugsrechtsaus-

[838] Vgl. die Ausführungen in Abschnitt 5.3.

schluß zustimmen, b) das Grundkapital darf durch die Kapitalerhöhung gegen Bareinlage um nicht mehr als 10 % erhöht werden und c) der Ausgabebetrag der jungen Aktien darf den Börsenpreis nicht wesentlich unterschreiten. Soll mehr als 10 % des bisherigen Grundkapitals erhöht werden, ist eine Kapitalerhöhung i.S. des § 186 Abs. 1 AktG ohne Bezugsrechtsausschluß durchzuführen.

Im Fall einer kommunalen Allein- oder Mehrheitsbeteiligung an dem emittierenden Unternehmen (wie im Falle der Teilprivatisierung der MVV Energie AG, Mannheim) ergeben sich hieraus keine Probleme, da die aus der Kapitalerhöhung resultierenden jungen Aktien dem breiten Publikum angeboten werden können, wenn die Kommune auf ihr Bezugsrecht verzichtet. Die Emission im Rahmen der Kapitalerhöhung führt in Höhe des Emissionsvolumens zu einer entsprechenden Minderung der Gesellschaftsrechte der Kommune als beherrschende Aktionärin. Das Argument des unerwünschten Dritteinflusses ist kein Sonderaspekt, der ausschließlich kommunale Unternehmen betrifft. Dieser wird häufig als Einwand gegen den erstmaligen Börsengang bei Unternehmen genannt[839], die vor dem Börsengang von einem Gesellschafter oder Gesellschafterstamm (Familienunternehmen) dominiert werden[840].

Der kommunalrechtliche Einfluß zur Wahrnehmung der kommunalen Aufgaben auf das Unternehmen kann dennoch durch gesellschaftsrechtlich zulässige Maßnahmen hinreichend gewahrt werden wie z.B. durch Ausgabe von vinkulierten Namensaktien gemäß § 68 Abs. 2 AktG, durch eine breite Streuung der Aktien, durch Einführung stimmrechtsloser Vorzugsaktien gemäß § 139 Abs. 1 AktG oder durch Abbedingung der ¾-Mehrheit für Hauptversammlungsbeschlüsse bei Maßnahmen, die einer normalen Satzungsänderung gemäß § 179 Abs. 2 S. 2 AktG bedürfen[841].

5.4.2.3. Wahrung des kommunalrechtlichen Einflusses

5.4.2.3.1. Steuerung der Zusammensetzung der Anteilseigner

Der Zulassungsantrag zur Aktieneinführung muß nicht das gesamte Grundkapital der Gesellschaft umfassen; er kann sich auch auf einen Teil des Grundkapitals beschränken. Dies eröffnet der Kommune als bisheriger Alleingesellschafterin die Möglichkeit, die Stimmrechtsmehrheit in der Hauptversammlung zu behalten. Durch eine Emission von Anteilen mit einem Gesamtvolumen von unter 25 % des Grundkapitals bleibt die qualifizierte ¾-Mehrheit bei der Kommune. Falls die Emission weniger als 50 % der Anteile umfaßt, verbleibt der Kommune zumindest die einfache Mehrheit. Bei Beibehaltung der qualifizierten ¾-Mehrheit für die Altgesellschafterin ist zu berücksichtigen, daß bei einem derartig begrenzten Emissionsvolumen die mit dem Bör-

---

839 Bei einer empirischen Untersuchung zur Einstellung potentieller Börsenkandidaten zum Going Public wurde vor allem die Überfremdungsgefahr als großer Nachteil einer Börsennotierung empfunden, vgl. K. Bösl, [Hohe Börsenreife], 1996, S. 193.

840 Vgl. dazu P. May, [Sicherung des Familieneinflusses], 1991, S. 87 ff.

841 Die Aufrechterhaltung des kommunalrechtlichen Einflusses auf das Unternehmen kann im Fall des Börsengangs durch die Ausgestaltung der Emission erreicht werden. Konkrete Einzelmaßnahmen zur präventiven Wahrung des kommunalrechtlichen Einflusses lassen sich zu folgenden Gruppen zusammenfassen: a) Stimmrechtsbeschränkungen, b) Steuerung der Zusammensetzung der Anteilseigner, c) Einflußnahme auf Amtsdauer und Kompetenzen der Organe und d) Einschaltung Dritter wie Kreditinstituten oder befreundeten Unternehmen; in Anlehnung an Kl. Hopt [Präventivmaßnahmen], 1992, S. 39-56 bzw. L. Michalski, [Abwehrmaßnahmen], 1997, S. 152-163.

sengang verfolgte Verstärkung der Eigenkapitalbasis des kommunalen Unternehmens vor Anfang an begrenzt erscheint. Um einen bestmöglichen Emissionserlös für das kommunale Unternehmen bei dem Börsengang zu erzielen, ist daher eine Börsenplazierung von mehr als 25 % der Aktien anzustreben[842]. Zudem wird bei einer Sicherung einer qualifizierten ¾-Mehrheit deutlich, daß der bisherige Gesellschafter nicht gewillt ist, den neuen Aktionären wenigstens bei Grundlagenentscheidungen des Unternehmens einen Minderheitenschutz zu gewähren[843]. Dies führt zu dem Risiko einer deutlich verminderten Marktakzeptanz und eines damit verbundenen Kursabschlags.

Die Aufrechterhaltung einer qualifizierten sowie einfachen Mehrheit zieht keine börsenrechtlichen Beschränkungen nach sich. Gemäß § 7 Abs. 1 S. 1 BörsZulV muß sich der Antrag auf Zulassung von Aktien zum Amtlichen Handel auf alle Aktien derselben Gattung beziehen. Der Antrag kann nach § 7 Abs. 1 S. 2 BörsZulV jedoch insoweit beschränkt werden, als daß die nicht zuzulassenden Aktien zu einer der Aufrechterhaltung eines beherrschenden Einflusses auf den Emittenten dienenden Beteiligung gehören, wenn aus der teilweisen Zulassung keine Nachteile für die Erwerber der zuzulassenden Aktien zu befürchten sind. Der Vorbehalt einer einfachen Stimmenmehrheit der kommunalen Mehrheitsgesellschafterin in der Hauptversammlung läßt einen ausreichenden Minderheitenschutz (Sperrminorität) zu, so daß das Risiko einer gravierend verminderten Marktakzeptanz im Gegensatz zum Vorbehalt der qualifizierten Stimmenmehrheit nicht besteht.

Die Steuerung der Zusammensetzung der Anteilseigner ist nicht nur bei der Börseneinführung, sondern auch nach der Börseneinführung möglich. Im Fall einer späteren Kapitalerhöhung muß jedem Aktionär auf sein Verlangen ein seinem Anteil an dem bisherigen Grundkapital entsprechender Teil der neuen Aktien zugeteilt werden (§ 186 Abs. 1 S. 1 AktG). Dieses Bezugsrecht kann gemäß § 186 Abs. 3 S. 1 AktG ganz oder zum Teil nur im Beschluß über die Erhöhung des Grundkapitals ausgeschlossen werden. Dieser Beschluß bedarf einer Mehrheit, die mindestens ¾ des bei der Beschlußfassung vertretenen Grundkapitals umfaßt (§ 186 Abs. 3 S. 2 AktG). Die Satzung kann gemäß § 186 Abs. 3 S. 3 AktG nur eine größere Kapitalmehrheit und weitere Erfordernisse bestimmen, so daß Erleichterungen gegenüber den gesetzlichen Mindestanforderungen ausgeschlossen sind. Aufgrund dieser strikten formalen Anforderungen an einen Bezugsrechtsausschluß werden die im Emissionszeitpunkt hergestellten Beteiligungsverhältnisse auch bei künftigen Kapitalerhöhungen grundsätzlich beibehalten, so daß der kommunalrechtliche Einfluß in Form einer Mehrheitsbeteiligung am Unternehmen auf Dauer gesichert ist. Diese Möglichkeit stellt selbstverständlich nur dann ein wirksames Mittel zur Erhaltung des kommunalrechtlichen Einflusses dar, wenn die Kommune finanziell in der Lage ist, ihr Bezugsrecht aus der notwendigen Kapitalerhöhung auszuüben. Insofern wird die Kommune

---

842 Im Zuge einer Kapitalerhöhung hat die Mannheimer MVV Energie AG 25,1 % des Grundkapitals (12,68 Millionen Stück Aktien) an der Börse plaziert. Durch die Ausübung einer Mehrzuteilungsoption (Greenshoe) über weitere 1,1 Millionen Stück Aktien wurden insg. 27,2 Prozent des Grundkapitals an der Börse eingeführt.

843 Allerdings ist bei einer breiten Streuung der neuen Aktien (u.a. bei der Belegschaft und bei langfristig orientierten Investoren) und aufgrund des Umstandes, daß die vollständige Anwesenheit der Stimmrechte auf Hauptversammlungen börsennotierter Unternehmen in der Praxis eher unwahrscheinlich ist, nicht zu befürchten, daß eine Sperrminorität in der Hauptversammlung zustande kommt, obwohl die Kommune nur eine einfache Mehrheit hält.

nur bei vorhandenen finanziellen Spielräumen in der Lage sein, ihren kommunalrechtlichen Einfluß aufrechtzuerhalten.

Die Bildung neuer qualifizierter Minderheiten und somit eine Beeinträchtigung des kommunalrechtlichen Einflusses wird auch durch eine breite Streuung der Aktien vermieden. Eine breite Streuung kann erreicht werden, wenn eine Vereinbarung mit dem die Börseneinführung begleitenden Bankenkonsortium getroffen wird, wonach die Zuteilung von Aktien auf den einzelnen Interessenten limitiert wird. Zudem ist eine Erweiterung des Aktionärskreises durch die Ausgabe von Belegschafts- und „Bürgeraktien" möglich[844]. Bei der Ausgabe von Aktien an die Mitarbeiter des Unternehmens wird primär das Ziel verfolgt, die Motivation der Arbeitnehmer zu stärken. Diese Maßnahme stellt neben dem Going Public eine sinnvolle Ergänzungsmaßnahme dar. Bei der Ausgabe von Aktien an die Einwohner im Versorgungsgebiet des kommunalen Unternehmens steht die Verfestigung der Kundenbindung im Vordergrund. Zudem kann ggfs. der Bekanntheitsgrad des Unternehmens am Standort für die Heimatbörse von Vorteil sein, da private und institutionelle Investoren die räumliche Nähe zu ihren Investments schätzen. Beschränkt sich das Unternehmen jedoch auf eine „Bürgerbeteiligung", ist der potentielle Anlegerkreis vor vornherein regional und zahlenmäßig begrenzt. Insgesamt darf jedoch nicht übersehen werden, daß derartige Maßnahmen nur vorübergehend die gewünschte Wirkung entfalten, wenn spätere Aufkäufe durch einzelne Aktionäre nicht ausgeschlossen werden können.

5.4.2.3.2. Stimmrechtsgestaltungen

5.4.2.3.2.1. Einführung stimmrechtsloser Vorzugsaktien

Gemäß § 139 Abs. 1 AktG ist es zulässig, für Aktien, die mit einem nachzuzahlenden Vorzug bei der Verteilung des Gewinns ausgestattet sind, das Stimmrecht auszuschließen (Vorzugsaktien ohne Stimmrecht). Damit wird eine Kapitalaufnahme ohne Beeinträchtigung der Stimmrechtsverteilung ermöglicht. Das fehlende Stimmrecht wird den Vorzugsaktionären in der Regel durch ein Dividendenvorrecht entgolten. Üblich ist der bevorrechtigte Dividendenanspruch mit genereller Überdividende. Hierbei wird nach Ausschüttung eines bestimmten Betrages, der ausschließlich an die Vorzugsaktionäre fließt, der verbleibende Gewinn der Gesellschaft auf alle Stamm- und Vorzugsaktien gleichmäßig verteilt.

Vorzugsaktien ohne Stimmrecht dürfen höchstens bis zur Hälfte des Grundkapitals ausgegeben werden (§ 139 Abs. 2 AktG). Mit einer Einführung von Vorzugsaktien kann daher ein hoher Aktienanteil ausgegeben werden, ohne daß die kommunale Mehrheitsaktionärin in ihrer qualifizierten ¾-Mehrheit beeinträchtigt wird. So kann die Mehrheitsgesellschafterin bei einer maximalen Begebung von 50 % des Grundkapitals in Vorzugsaktien seine Kapitalbeteiligung in Form von Stammaktien auf 37,5 % des Grundkapitals (75 % des stimmberechtigten Kapitals[845]) beschränken, um noch mit einer qualifizierten ¾-Mehrheit die Aktiengesellschaft zu

---

844 Die MVV Energie AG hat ihre jungen Aktien verstärkt an institutionelle und private Interessenten aus dem Rhein-Neckar-Raum zugeteilt, vgl. Verkaufsprospekt/Börsenzulassungsprospekt der MVV Energie AG, Mannheim, v. 01.03.1999, S. 10 bzw. W. v. Petersdorff, [Westentaschenformat], 1999, S. 20.

845 Das stimmberechtigte Kapital reduziert sich auf 50 % des Grundkapitals.

beherrschen. Für die Erhaltung einer einfachen Mehrheit sind 25 % der Anteile und eine Aktie notwendig, so daß fast 75 % des Grundkapitals[846] an der Börse emittiert werden können.

Der möglichen hohen Emission durch Vorzugskapital bei Beibehaltung der qualifizierten oder einfachen Mehrheit des kommunalen Altaktionärs stehen jedoch Nachteile gegenüber: Wenn der Vorzugsbetrag in einem Geschäftsjahr aufgrund einer unzureichenden Ertragssituation des Unternehmens ganz oder teilweise ausfällt und im darauffolgenden Jahr neben dem Vorzugsbetrag des aktuellen Jahres nicht nachgezahlt wird, lebt das Stimmrecht wieder auf, bis die Rückstände nachgezahlt worden sind (§ 140 Abs. 2 AktG). Zudem haben die Vorzugsaktionäre in solchen Fällen ein Bezugsrecht auf Stammaktien (§§ 140 Abs. 1 i.V. mit 186 Abs. 1 AktG), wenn bei einer späteren Kapitalerhöhung ausschließlich Stammaktien emittiert werden. Insofern erwächst die Gefahr, daß die zunächst langfristig gesichert erscheinende Mehrheit verlorengeht, wenn die Möglichkeit der Einführung stimmrechtsloser Vorzugsaktien über das Maß hinaus genutzt wird. Dennoch stellt die Begebung von Vorzugsaktien eine geeignete Maßnahme dar, um den kommunalrechtlichen Einfluß zu sichern[847].

5.4.2.3.2.2. Ausgabe von Genußscheinen

Die Ausgabe von Genußscheinen, die Genußrechte verbriefen, ermöglicht die Kapitalbeschaffung ohne Stimmrechtsbeeinträchtigung. Genußrechte i.S. des §§ 221 Abs. 3 AktG i.V. mit 221 Abs. 1 AktG liegen vor, wenn der Genußscheininhaber vermögensrechtliche Ansprüche gegen die Aktiengesellschaft hat, die nach ihrem Inhalt typische Gesellschafterrechte sind, so insbesondere die Teilhabe am Gewinn und am Liquidationserlös. Da Genußrechte schuldrechtlicher Natur sind, begründen sie keine Mitgliedschaft. Genußrechtsinhaber haben folglich auch kein Stimmrecht. Die Ausgestaltung des Genußrechts ist in das Ermessen der Aktiengesellschaft gestellt. Häufig wird dem Genußrechtsinhaber eine gewinnorientierte Verzinsung gewährt, die daneben auch einen Festzinsbestandteil enthalten kann. Werden Genußrechte zur Kapitalbeschaffung ausgegeben, sind insbesondere die Rückzahlungsmodalitäten und die Beteiligung am Liquidationserlös zu regeln. Sofern Genußrechte mit Eigenkapitalrechten ausgestaltet sind, stellt sich die Frage, ob sie wegen der Ähnlichkeit mit stimmrechtslosen Vorzugsaktien gesellschaftsrechtlich zulässig sind. Der Bundesgerichtshof (BGH) bejaht die gesellschaftsrechtliche Zulässigkeit jedenfalls dann, wenn das Genußrecht nach Ablauf von 20 Jahren kündbar ist und der Ausgabebetrag im Liquidationsfall im Rang vor den Aktionären zurückzuzahlen ist[848].

Unter Beachtung der gesellschaftsrechtlichen Anforderungen kann das Eigenkapital durch Ausgabe von Genußscheinen verstärkt werden, ohne die einfache oder qualifizierte Mehrheit im Unternehmen zu verlieren. Für die Ausgabe von Genußrechten ist nach §§ 221 Abs. 3 i.V. mit 221 Abs. 1 AktG ein Hauptversammlungsbeschluß erforderlich, der einer Mehrheit von mindestens ¾ des bei der Beschlußfassung vertretenen Grundkapitals bedarf. Aus diesem Grunde stellt die Gewährung von Genußrechten in kommunal beherrschten Versorgungsunternehmen nur dann eine alternative Kapitalbeschaffungsmaßnahme dar, wenn die kommunale Mehrheitsgesellschafterin an der Aktiengesellschaft zu mindestens 75 % beteiligt ist.

---

846 Diese 75 % Grundkapital teilen sich in Stammkapital (50 %) und Vorzugskapital (25 %) auf.

847 Vgl. K.G. Ratjen, [externe Eigenfinanzierung], 1980, S. 84.

848 Vgl. BGH NJW 1993, S. 57; auch U. Hüffer, [Aktiengesetz], 1997, § 221 Rn. 32.

5.4.2.3.3. Einflußnahme auf Amtsdauer und Kompetenzen der Organe

Die kommunalrechtliche Einflußnahme ist nicht nur in den in die Zuständigkeit der Hauptversammlung fallenden Angelegenheiten gegeben, sondern auch in bestimmten Umfang in Maßnahmen der Geschäftsführung. Im Bereich der Geschäftsführung erfolgt die Einflußnahme über die Anteilseignervertreter im Aufsichtsrat. Maßnahmen der Geschäftsführung können dem Aufsichtsrat nach § 111 Abs. 4 S. 1 AktG nicht übertragen werden; die Satzung oder der Aufsichtsrat kann jedoch bestimmen, daß bestimmte Arten von Geschäften nur mit seiner Zustimmung vorgenommen werden dürfen (§ 111 Abs. 4 S. 2 AktG). Die Einführung von Zustimmungsvorbehalten bezweckt in erster Linie, dem Aufsichtsrat die präventive Überwachung der Geschäftsführung des Vorstands zu erleichtern, das Vetorecht gegen Maßnahmen des Vorstands gibt dem Aufsichtsrat aber faktisch auch Einfluß auf dessen Geschäftsführung. Diese Einflußnahme ist gesellschaftsrechtlich wie folgt beschränkt: Die Zustimmungserfordernis muß sich auf bestimmte Arten von Geschäften beziehen. Dabei muß es sich nicht um Rechtsgeschäfte handeln. Auch unternehmensinterne Leitungsmaßnahmen (z.B. Aufstellung des Wirtschaftsplans) können an das Zustimmungserfordernis gebunden werden. Zulässig und üblich sind bspw. Zustimmungsvorbehalte für die Aufstellung des Wirtschaftsplans, Entscheidungen über strategische Investitionen, Erwerb und Veräußerung von Beteiligungen, Grundstücksgeschäfte und Kreditaufnahmen, die einen bestimmten Rahmen überschreiten. Gesellschaftsrechtlich dagegen ist es unzulässig, einen Zustimmungsvorbehalt für alle wesentlichen Geschäfte in Form einer Generalklausel vorzusehen. Bei der Einführung von Zustimmungsvorbehalten ist auch die Kompetenzabgrenzung zum Vorstand zu beachten, der die Gesellschaft nach § 76 Abs. 1 AktG unter eigener Verantwortung leitet. Um die notwendige „Akzeptanz" für ein Going Public zu erreichen, ist der in der Praxis häufig vorzufindende umfangreiche Zustimmungskatalog auf das absolut notwendige Maß einzuschränken. Die Zustimmungsvorbehalte müssen sich dementsprechend ausschließlich auf Angelegenheiten beziehen, die deutlich über die laufenden Geschäfte hinausgehen.

Die kommunale Einflußnahme über den Aufsichtsrat ist somit unter Beachtung der vorgenannten Beschränkungen durch Zustimmungsvorbehalte zugunsten des Aufsichtsrates möglich. Daher ist es wichtig, daß die kommunalen Interessen im Aufsichtsrat durch die Anteilseignervertreter auch ausreichend vertreten werden. Zu diesem Zweck kann die Satzung nach § 101 Abs. 2 AktG für bestimmte Aktionäre das Recht begründen, Mitglieder in den Aufsichtsrat zu entsenden. Das Entsendungsrecht ist auf höchstens ein Drittel der sich aus dem Gesetz oder der Satzung ergebenden Zahl der Anteilseignervertreter im Aufsichtsrat beschränkt. Die Auswahl der zu entsendenden Aufsichtsratmitglieder steht im alleinigen Ermessen des entsendungsberechtigten kommunalen Mehrheitsaktionärs. Letzterer kann die entsandten Mitglieder jederzeit abberufen und ersetzen, ohne daß es eines Hauptversammlungsbeschlusses bedarf (§ 103 Abs. 2 AktG). Über diese Bestellungs- und Abberufungskompetenz kann die Kommune erreichen, daß das Aufsichtsratsmitglied ihre Interessen im Aufsichtsrat vertritt, obwohl das Aufsichtsmitglied gesellschaftsrechtlich gegenüber dem Anteilseigner nicht weisungsgebunden ist. Die übrigen Aufsichtsratsmitglieder der Anteilseigner werden von der Hauptversammlung gewählt (§ 101 Abs. 1 S. 1 AktG). Der Beschluß der Hauptversammlung ist mit der einfachen Stimmenmehrheit zu fassen, soweit die Satzung keine andere Bestimmung trifft. Die Abberufung von Aufsichtsratsmitgliedern, die von der Hauptversammlung ohne Bindung an einen

Wahlvorschlag gewählt worden sind, erfolgt mit einer Mehrheit von mindestens ¾ der abgegebenen Stimmen (§ 103 Abs. 1 S. 2 AktG). Die Satzung kann diesbezüglich gemäß § 103 Abs. 1 S. 3 AktG auch eine geringere Mehrheit vorsehen. Die Bestellungs- und Abberufungskompetenz hinsichtlich der zu wählenden Aufsichtsratsmitglieder und die damit verbundene Einflußnahme auf diese hängt daher von der Kapitalmehrheit am Unternehmen ab[849].

Zudem sind im Zusammenhang mit der Tätigkeit des Aufsichtsrats die Informationspflichten des Vorstands gegenüber dem Aufsichtsrat von besonderer Bedeutung. Nach § 90 Abs. 1 AktG hat der Vorstand dem Aufsichtsrat regelmäßig über die Geschäftspolitik, die Rentabilität der Gesellschaft, den Gang der Geschäfte und über wesentliche Einzelmaßnahmen zu unterrichten. Diese Berichterstattung hat im Hinblick auf den Gang der Geschäfte mindestens vierteljährlich zu erfolgen (§ 90 Abs. 2 Nr. 3 AktG). Für wesentliche Einzelmaßnahmen muß eine Berichterstattung rechtzeitig vor deren Durchführung erfolgen. Diese Berichtspflichten legen nur ein Minimum an Berichten fest, die der Vorstand zu erstatten hat. Satzung oder Geschäftsordnung für den Vorstand können die Informationspflicht sowohl hinsichtlich des Inhalts (z.B. interne betriebswirtschaftliche Aufwertungen) als auch hinsichtlich der Berichtspflichten (z.B. monatlicher Bericht über den Geschäftsverlauf) erweitern. Eine Verdichtung der Informationspflichten verbessert den unternehmensbezogenen Kenntnisstand des Aufsichtsrats und führt zu einer effektiveren Aufgabenwahrnehmung durch den Aufsichtsrat. Nach § 394 S. 1 AktG unterliegen Aufsichtsratsmitglieder, die auf Veranlassung einer Gebietskörperschaft in den Aufsichtsrat gewählt oder entsandt worden sind, hinsichtlich der Berichte, die sie der Gebietskörperschaft zu erstatten haben, keiner Verschwiegenheitspflicht. Ausgenommen sind gemäß § 394 S. 2 AktG vertrauliche Angaben und Geheimnisse der Gesellschaft, namentlich Betriebs- oder Geschäftsgeheimnisse, wenn ihre Kenntnisse für die Zwecke der Berichterstattung nicht von Bedeutung ist. Durch die hiernach mögliche Weitergabe der Informationen an die assetverwaltende Stelle der Kommune wird ein effektives Beteiligungscontrolling ermöglicht.

Im Fall einer einfachen Kapitalmehrheit des kommunalen Mehrheitsaktionärs kann die kommunale Einflußnahme über die Hauptversammlung dadurch verstärkt werden, daß - insoweit gesetzlich zulässig - die qualifizierte ¾-Mehrheit in der Satzung abbedungen wird. Eine derartige Zurückführung auf die einfache Kapitalmehrheit ist insbesondere bei folgenden Hauptversammlungsbeschlüssen möglich:

- Beschlüsse über normale Satzungsänderungen (§ 179 Abs. 2 S. 2 AktG)
- Beschlüsse über Erhöhung des Grundkapitals gegen Einlagen (§ 182 Abs. 1 S. 2 AktG)
- Beschlüsse über vorzeitige Abberufung von Aufsichtsratsmitgliedern (§ 103 Abs. 1 S. 3 AktG).

Dagegen ist für andere wichtige Entscheidungen zwingend eine ¾-Mehrheit vorgesehen. Des handelt sich insbesondere um folgende Beschlüsse:

- Änderung des Unternehmensgegenstandes (§ 179 Abs. 2 S. 2 AktG)
- Kapitalerhöhung unter Ausschluß des gesetzlichen Bezugsrechts (§ 186 Abs. 3 S. 3 AktG)
- Bedingte Kapitalerhöhung (§ 193 Abs. 1 S. 2 AktG)

---

849 Ergänzend sei darauf hingewiesen, daß der Umfang der kommunalrechtlichen Einflußnahme auf den Aufsichtsrat auch entscheidend davon abhängt, inwieweit der Aufsichtsrat aufgrund mitbestimmungsrechtlicher Vorschriften mit Arbeitnehmervertretern zu besetzen ist.

- Genehmigtes Kapital (§ 202 Abs. 2 S. 3 AktG)
- Ausgabe von Genußrechten (§§ 221 Abs. 3 i.V. mit 221 Abs. 1 S. 3 AktG).

Die Abbedingung der ¾-Mehrheit bei Hauptversammlungsbeschlüssen ist somit nur in begrenztem Umfang möglich. Darüber hinaus ist zu berücksichtigen, daß der kommunale Altaktionär bei späteren Kapitalerhöhungen auch die einfache Kapitalmehrheit verlieren kann, wenn er sich aus finanziellen Gründen nicht an der Kapitalerhöhung beteiligen kann. In diesem Fall besitzt er dann bezüglich der Hauptversammlungsbeschlüsse, die auf eine einfache Kapitalmehrheit zurückgeführt worden sind, selbst keine Sperrminorität. Die Abbedingung der ¾-Mehrheit für Hauptversammlungsbeschlüsse stellt somit nur bedingt eine geeignete Maßnahme zur Aufrechterhaltung des kommunalrechtlichen Einflusses dar.

Bei der Aktiengesellschaft besteht die Gefahr eines dominierenden Fremdeinflusses auch insoweit, als daß die Aktiengesellschaft eine konzernoffene Gesellschaft ist. Gelingt es einem Dritten, eine Mehrheitsbeteiligung bspw. im Rahmen von Kapitalerhöhungen zu erlangen, ist es ihm aktienrechtlich nicht verwehrt, seinen beherrschenden Einfluß faktisch auszuüben. Darüber hinaus kann der herrschende Dritte die Gesellschaft aufgrund seiner faktischen Leitungsmacht der einheitlichen Leitung unterwerfen, also einen Konzern gründen[850], ohne daß die Hauptversammlung der abhängigen Aktiengesellschaft der faktischen Konzernbildung zustimmen müßte. Das Gesetz sieht eine Zustimmungspflicht für die herrschende Aktiengesellschaft sowie für die beherrschte Aktiengesellschaft nur bei Abschluß eines Unternehmensvertrages (Beherrschungs- und Gewinnabführungsvertrag i.S. des § 291 Abs. 1 AktG) vor (§ 293 Abs. 1 u. 2 AktG). In der Literatur wird es für zulässig gehalten, in der Satzung eine Klausel aufzunehmen, wonach die Einbeziehung der Aktiengesellschaft in einen faktischen Konzern als Tochtergesellschaft der Zustimmung der Hauptversammlung bedarf[851]. Durch derartige Satzungsklauseln kann die Aktiengesellschaft vor Konzernabsichten Dritter geschützt werden und somit die Unabhängigkeit der Gesellschaft gewahrt bleiben.

5.4.3. Steuerrechtliche Auswirkungen

Steuerrechtliche Belastungen beim Wechsel der Organisationsform dürfen nicht außer Acht gelassen werden. Hier werden nur die einmaligen Steuerbelastungen untersucht. Auf die Unterschiede in der laufenden Besteuerung wird nicht näher eingegangen.

---

850 Auch dann, wenn ein förmlicher Beherrschungsvertrag nicht abgeschlossen worden ist, kann ein sog. faktischer Konzern vorliegen. Besteht die Abhängigkeit des beherrschten Unternehmens nur darin, daß ein an anderes Unternehmen Mehrheitsgesellschafter ist, spricht man von einem faktischen Konzern, der die Haftungsverhältnisse unberührt läßt. Übt der Mehrheitsgesellschafter im eigenen Interesse einen nachhaltigen Einfluß auf das beherrschte Unternehmen aus, liegt ein qualifizierter faktischer Konzern vor. Es muß dabei allerdings eine starke Kontrolldichte zusammen mit Einzelanweisungen vorliegen. Die Haftung des herrschenden Unternehmens im qualifizierten Konzern besteht primär in der Verpflichtung, die Verluste des abhängigen Unternehmens auszugleichen, ihr also die notwendigen Mittel zur Verfügung zu stellen, damit die abhängige Gesellschaft ihre Verbindlichkeiten bedienen kann., vgl. J. Alpmann, J.A. Alpmann u. F. Mohr, [Gesellschaftsrecht], 1994, S. 182 f.

851 Vgl. Kl. Hopt, [Präventivmaßnahmen], 1992, S. 51.

5.4.3.1. Folgen für den kommunalen steuerlichen Querverbund[852]

Das kommunale Going Public setzt voraus, daß die Versorgungssparte (Elektrizität, Gas, Wasser und Fernwärme) in einer Aktiengesellschaft rechtlich verselbständigt ist. Bezogen auf die jeweilige Ausgangssituation sind folgende Zielkonstruktionen möglich[853]:

- Verkehrsbetrieb als Eigenbetrieb mit einer 100 %-igen Versorgungstochter
- Verkehrsbetrieb als Kapitalgesellschaft mit einer 100 %-igen Versorgungstochter
- Holdinggesellschaft mit einer 100%-igen Versorgungs- und einer 100%-igen Verkehrstochter.

Der steuerliche Querverbund zwischen Versorgungs- und Verkehrssparte[854] wird bei diesen drei Varianten in der Form der körperschaftsteuerlichen Organschaft nicht aufrechterhalten bleiben können[855]. Mit der Aufhebung des Gewinnabführungsvertrages sind die Bedingungen der körperschaftsteuerlichen Organschaft nicht mehr erfüllt. Das Einkommen der Versorgungstochter wird dem Organträger[856] nicht zugerechnet, so daß es zu keiner unmittelbaren steuerlichen Verrechnung der Versorgungsgewinne mit den Verkehrsverlusten kommt. Allerdings weist die körperschaftsteuerliche Organschaft keine Vorteile gegenüber einer steuerlich wirksamen Ergebnisverrechnung im Rahmen von Ausschüttungen der Versorgungstochter an die Mutter auf.

Des weiteren ist zu klären, ob in den vorgenannten drei Gestaltungsvarianten der steuerliche Querverbund zwischen Versorgung und Verkehr in Form der gewerbesteuerlichen Organschaft aufrechterhalten werden kann. Die gewerbesteuerliche Organschaft setzt keinen Gewinnabführungsvertrag voraus, die Versorgungstochter muß jedoch finanziell, wirtschaftlich und organisatorisch in das Unternehmen des Organträgers eingegliedert sein. Eine finanzielle Eingliederung ist gegeben, wenn der Organträger die Mehrheit der Stimmrechte an der Versorgungstochter innehat. Hierbei ist die einfache Mehrheit der Stimmrechte ausreichend. Soweit das Emissionsvolumen auf weniger als 50 % des Grundkapitals beschränkt wird, ist die finanzielle Eingliederung sichergestellt; sie muß auch zukünftig - z.B. bei Kapitalerhöhungen - beibehalten werden. Die wirtschaftliche Eingliederung liegt vor, wenn das beherrschte Unternehmen den gewerblichen Zwecken des herrschenden Unternehmens dient. Dies ist der Fall, wenn es im Sinne einer eigenen wirtschaftlichen Unselbständigkeit die gewerblichen Zwecke des herrschenden Unternehmens fördert oder ergänzt. Da der Begriff der wirtschaftlichen Eingliederung weit gefaßt wird, ist eine wirtschaftliche Eingliederung ohne weiteres gegeben, wenn das herrschende Unternehmen ein Verkehrseigenbetrieb oder eine Verkehrskapitalgesellschaft ist. Ist das herrschende Unternehmen eine Holdinggesellschaft, setzt die wirtschaftliche Ein-

---

[852] Zu den Vorteilen des kommunalen Querverbundes, vgl. R. Hartung, [Querverbund], 1995, S. 195 ff.

[853] Zu den umwandlungsrechtlichen Vorgängen vor einem Börsengang, vgl. die Abschnitte 5.4.2.1. ff.

[854] In 1985 wurden gut 60 % der Verkehrsbetriebe im Verbund mit Versorgungsunternehmen geführt, vgl. J. Matschke u. Th. Hering, [Kommunale Finanzierung], 1998, S. 36.

[855] Die körperschaftsteuerliche Organschaft setzt nach § 14 Nr. 4 KStG u.a. einen Ergebnisabführungsvertrag voraus, der während der gesamten Geltungsdauer auch tatsächlich durchgeführt werden muß. Im Fall des Börsengangs ist der Ergebnisabführungsvertrag mit der Versorgungstochter zuvor aufzulösen, um die künftigen Aktionäre mit Dividenden aus dem eigenen Versorgungsergebnis bedienen zu können. Bestünde der Ergebnisabführungsvertrag fort, hätten die Aktionäre als sog. außenstehende Gesellschafter nur einen Anspruch auf eine Ausgleichszahlung nach § 304 AktG, was einem erfolgreichen Börsengang entgegenstünde.

[856] Bspw. Holding-Obergesellschaft.

gliederung voraus, daß die Holding eine einheitliche Leitung über mehrere (zumindest zwei) abhängige Kapitalgesellschaften in einer durch äußere Merkmale erkennbaren Form ausübt[857].

Organschaftlich problematisch ist die organisatorische Eingliederung. Eine solche ist gegeben, wenn die Versorgungstochter durch einen Beherrschungsvertrag i.S. des § 291 Abs. 1 AktG an das herrschende Unternehmen gebunden ist. Aber nicht nur ein Beherrschungsvertrag steht einer erfolgreichen Börseneinführung entgegen, sondern auch die organisatorische Eingliederung durch eine faktische Beherrschung[858]. Bei einer Aktiengesellschaft als Tochtergesellschaft ist die Personalunion in den Geschäftsführungen sogar uanbdingbare Voraussetzung für die organisatorische Eingliederung, da die Hauptversammlung gegenüber dem Vorstand keine rechtlich bindenden Weisungen erteilen kann. Die faktische Beherrschung durch eine Personalunion in den Geschäftsführungen[859] zwischen Mutter- und Tochterunternehmen als engste und intensivste Verflechtung steht der rechtlichen Beherrschung über einen Beherrschungsvertrag gleich, so daß sie ebenfalls einer erfolgreichen Börseneinführung entgegenstehen dürfte.

Als weiteres Zwischenergebnis ist festzuhalten, daß der kommunale steuerliche Querverbund zwischen Versorgungs- und Verkehrssparte in seiner Form nicht aufrechterhalten werden kann, wenn der Gang an die Börse erfolgreich beschritten werden soll. Die körperschaft- und gewerbesteuerliche Organschaft wird nicht aufrechterhalten werden können. Der steuerliche Querverbund ist jedoch auch künftig insoweit möglich, als die steuerwirksame Ergebnisverrechnung über das körperschaftsteuerliche Anrechnungsverfahren im Wege von Gewinnausschüttungen vorgenommen wird.

5.4.3.2. Steuerrechtliche Folgen im Zusammenhang mit gesellschaftsrechtlichen Umwandlungsvorgängen

Die zur Einleitung des Börsengangs erforderlichen gesellschaftsrechtlichen Umwandlungsmaßnahmen[860] können ertragsteuerneutral vollzogen werden. Die im Rahmen der Spaltung vorgenommene Umwandlung des Eigenbetriebs bzw. die Spaltung eines Teils des Eigenbetriebs zur Gründung einer Versorgungstochter in der Rechtsform der Aktiengesellschaft stellt steuerlich einen Einbringungsvorgang nach § 20 Umwandlungssteuergesetz (UmwStG 1995) dar[861]. Wird ein Betrieb oder ein Teilbetrieb in eine unbeschränkt körperschaftsteuerpflichtige Kapitalgesellschaft i.S. des § 1 Abs. 1 Nr. 1 KStG gegen Gewährung von Gesellschaftsrechten eingebracht, so hat die aufnehmende Kapitalgesellschaft hinsichtlich des Ansatzes des eingebrachten Betriebsvermögens ein Wahlrecht (§ 20 Abs. 1 S. UmwStG 1995): „Die Kapitalgesellschaft darf das eingebrachte Betriebsvermögen mit seinem Buchwert oder mit einem höheren Wert ansetzen", § 20 Abs. 2 S. 1 UmwStG 1995. Bei dem Ansatz des übertragenden Vermögens zu Buchwerten unterbleibt eine Besteuerung der stillen Reserven im übergehenden Betriebsver-

857 Sog. geschäftsleitende Holding, vgl. BFH, 1970 Teil II, S. 257 ff.

858 Eine faktische Beherrschung ist insbesondere gegenüber der Finanzverwaltung nachweisbar, wenn in den geschäftsführenden Organen des herrschenden und beherrschten Unternehmens Personalunion besteht, vgl. L. Schmidt, Th. Müller u. E.E. Stöcker, [Organschaft], Rdnr. 145.

859 Geschäftsführer/Vorstandsmitglieder der Muttergesellschaft müssen zugleich Geschäftsführer/Vorstandsmitglieder bei der Versorgungstochter sein.

860 Vgl. die Ausführungen in den Abschnitten 5.4.2.1. ff.

861 Vgl. H.-W. Arndt u. D.J. Piltz, [Besonderen Steuerrechts], 1996, S. 615.

mögen, so daß im Rahmen der Umwandlung kein steuerpflichtiger Einbringungsgewinn entsteht[862]. Die im Rahmen der Einbringung gewährten Gesellschaftsanteile sind jedoch steuerlich verstrickt. Bei einer späteren Veräußerung oder Verwirklichung eines veräußerungsgleichen Tatbestandes i.S. des § 21 Abs. 2 UmwStG 1995 entsteht ein steuerpflichtiger Veräußerungsgewinn in Höhe des Unterschiedsbetrages zwischen dem Veräußerungspreis bzw. dem Teilwert der Anteile und den Anschaffungskosten, die dem Buchwert des eingebrachten Betriebsvermögens entsprechen. Durch die Buchwertverknüpfung kann daher die im Rahmen der Spaltung vorgenommene Umwandlung des Eigenbetriebs bzw. die Spaltung eines Teils des Eigenbetriebs zur Gründung einer Versorgungstochter in der Rechtsform der Aktiengesellschaft ertragsteuerneutral durchgeführt werden.

Umsatzsteuerliche Folgen resultieren aus dem Umwandlungsvorgang nicht, da eine nichtsteuerbare Geschäftsveräußerung nach § 1 Abs. 1 a UStG vorliegt. Die Umwandlung des Eigenbetriebs in eine privatrechtlich organisierte Unternehmung bzw. die Ausgliederung der Versorgungssparte des Eigenbetriebs löst Grunderwerbsteuerzahlungen aus[863], soweit Grundstükke bzw. grundstücksgleiche Rechte (z.B. Erbbaurechte) auf die Versorgungstochter in Form der Kapitalgesellschaft übergehen. Bemessungsgrundlage für die Grunderwerbsteuer sind die Grundbesitzwerte i.S. des § 138 Abs. 3 BewG. Die Grunderwerbsteuer beträgt derzeit 3,5 % der Grundbesitzwerte (§ 11 Abs. 1 GrEStG).

Die im Rahmen einer Spaltung vorgenommene Ausgliederung der Versorgungssparte aus einer Kapitalgesellschaft (Aktiengesellschaft, GmbH) zur Gründung einer Versorgungstochter in der Rechtsform der Aktiengesellschaft kann ebenfalls ertragsteuerneutral unter Fortführung der Buchwerte durchgeführt werden. Lediglich Grunderwerbsteuer fällt an, soweit Grundstücke bzw. grundstücksgleiche Rechte auf die Versorgungstochter übergehen. Besteht bereits eine Versorgungsgesellschaft in der Rechtsform der GmbH, ist eine formwechselnde Umwandlung in eine Aktiengesellschaft zur Vorbereitung des Börsengangs erforderlich. Eine formwechselnde Umwandlung ist mit keinen steuerlichen Belastungen verbunden, da die Gesellschaft lediglich das Rechtskleid wechselt. Auch grunderwerbsteuerliche Belastungen fallen nicht an, da sachenrechtlich kein Eigentumwechsel auf einen anderen Rechtsträger stattfindet.

Als weiteres Zwischenergebnis bleibt festzuhalten, daß die zur Vorbereitung des Börsengangs erforderlichen gesellschaftsrechtlichen Umwandlungsmaßnahmen ertragsteuerneutral durchgeführt werden können. Im Rahmen der erforderlichen Umwandlungen fallen jedoch grunderwerbsteuerliche Belastungen an, soweit Grundstücke bzw. grundstücksgleiche Rechte auf neue Rechtsträger übergehen. Im Fall des Formwechsels einer GmbH in eine Aktiengesellschaft entstehen keine grunderwerbsteuerlichen Belastungen.

5.4.4. Arbeitsrechtliche Aspekte

Ein beabsichtigtes kommunales Going Public wird - insbesondere falls umwandlungsrechtliche Umstrukturierungen notwendig sind - Auswirkungen auf die mittel- und langfristigen Strukturen im Personalbereich und auf die materiellen Arbeitsbedingungen für die Beschäftigten des Kommunalversorgers haben[864]. Dabei sind in erster Linie die sozialen Konsequenzen für die

---

862 Vgl. ebenda S. 615.
863 Vgl. O. Heidemann, [Steuerrechtliche Prämissen], 1997, S. 93.
864 Vgl. U. Schweibert, [Beschäftigungsverhältnisse], 1999, S. 85 ff.

Beschäftigten zu berücksichtigen, die für die Durchführung der jeweiligen kommunalen Aufgabe eingesetzt werden. Insbesondere dann, wenn es sich bei dem für das Going Public in Frage kommende Versorgungsunternehmen um einen kommunalen Eigenbetrieb handelt, der noch in eine Aktiengesellschaft umgewandelt werden muß.

Da der Eigenbetrieb als Teil der Stadt- bzw. Gemeindeverwaltung keine eigenständige juristische Person darstellt, ist die Kommune Arbeitgeberin der Beschäftigten des Eigenbetriebs. Aufgrund der „Dienstherrenfähigkeit" einer Kommune können Arbeitnehmer einer öffentlichen Einrichtung in Form eines Eigenbetriebs sowohl kommunale Beamte als auch Angestellte bzw. Arbeiter sein.

Das Beamtenrecht ist aber aufgrund seiner starren Regelungen (u.a. wegen der starren Laufbahnregelungen) in vielen Fällen nicht für die Gewinnung von Führungskräften und sonstigen qualifizierten Arbeitnehmern förderlich[865]. Dies ist jedoch noch kein Grund für das Ausweichen in private Rechtsformen, da die Kommunen auch in den Grenzen des Art. 33 Abs. 4 GG Führungskräfte für ihre Eigenbetriebe im Angestellten- anstatt im Beamtenverhältnis beschäftigen können[866]. Angestellte Führungskräfte unterliegen hinsichtlich der Höhe der Besoldung nicht dem Bundesangestelltentarif (BAT)[867].

Insgesamt sind die Arbeitsverhältnisse der Angestellten jedoch durch den zwischen den Verbänden der öffentlichen Arbeitgeber[868] und den Gewerkschaften ausgehandelten BAT dem Beamtenverhältnis angenähert worden. Kommunale Angestellte sind insoweit einem ähnlich starren Besoldungsgefüge mit einer besonderen Flut an Regeln unterworfen wie kommunale Beamte[869]. Zudem erfolgt die tarifliche Eingruppierung der Angestellten, obwohl sie durch privatrechtliche Arbeitsverträge ins Beschäftigungsverhältnis übernommen werden, wie bei den Beamten nicht nach der erbrachten Leistung, sondern nach der geforderten Tätigkeit und der Vorbildung. Aus diesem Grund erscheint das im öffentlichen Dienst für Angestellte dienende Arbeitsrecht nur wenig geeignet, die Leistungsbereitschaft der Beteiligten zu fördern[870].

Die Entlohnung der Arbeiter im öffentlichen Dienst (u.a. auch beim kommunalen Eigenbetrieb) richtet sich nach dem Bundes-Mantel-Tarifvertrag für Arbeiter gemeindlicher Verwaltungen und Betriebe (BMT-G)[871]. Der Tarifvertrag sieht mehrere Lohngruppen vor, die für eine angemessene Vergütung der Arbeiter vom Hilfsarbeiter bis zum Spezialisten sorgen sollen.

Da für den bevorstehenden Börsengang die Umwandlung im Fall eines bisher in der Form des Eigenbetriebes geführten kommunalen Versorgungsunternehmens in die Rechtsform der Aktiengesellschaft erforderlich ist, führt dies zu einem gesetzlichen Arbeitgeberwechsel. Die Ausgestaltung der materiellen Arbeitsbedingungen bei der neu gegründeten Aktiengesellschaft sollte im Hinblick auf den später beabsichtigten Börsengang erfolgen. Die bisherigen Arbeitsbedingungen sollten nicht automatisch und ohne arbeitsrechtliche Prüfung übernommen werden.

---

865 Vgl. W. Hauser, [Einrichtungen], 1987, S. 19 ff.

866 Nach Art. 33 Abs. 4 GG sind hoheitliche Aufgaben i.d.R. Beamten zu übertragen (Beamtenvorbehalt), vgl. H. Bolsenkötter, [Voraussetzungen], 1993, S. 449.

867 § 3 h BAT bestimmt, daß der BAT auf solche Angestellte keine Anwendung findet, deren Tätigkeit höher als nach Vergütungsgruppe I des BAT zu bewerten ist.

868 Kommunale Arbeitgeberverbände (KAV) etc.

869 Vgl. W. Büchner, [rechtliche Gestaltung], 1982, S. 117.

870 Vgl. W. Hauser, [Einrichtungen], 1987, S. 22.

871 Der BMT-G besteht aus 69 Paragraphen (einige a- und b-Parapraphen nicht miteingerechnet).

Die Auswirkungen auf die Arbeitsverhältnisse richten sich nach der insoweit zentralen Norm des § 613a BGB. Bzgl. der Gesamtrechtsnachfolge folgt dies aus § 324 UmwG i.V. mit § 613a BGB als lex specialis. Zwar können die bisherigen Arbeitsverhältnisse der Angestellten und Arbeiter des kommunalen Eigenbetriebs, die zum Zeitpunkt der Umwandlung des Betriebes bestanden haben, gemäß § 613a Abs. 1 S. 1 BGB kraft Gesetz übergeleitet werden. Dabei sollen jedoch speziell ausgestaltete Verträge (ggfs. mit Personalüberleitungsverträgen bei Umwandlung des kommunalen Eigenbetriebs in eine privatrechtliche Rechtsform[872]) die Angleichung im Verhandlungswege an die Verhältnisse in der Privatwirtschaft ermöglichen. Dies gilt jedoch nicht für die kommunale Beamten, da mangels „Dienstherrenfähigkeit" privatrechtlich strukturierte kommunale Versorgungsunternehmen in der Rechtsform des privaten Rechts keine Beamten beschäftigen können[873], sondern nur Angestellte und Arbeiter. Da bei den derzeit vorhandenen Anreizstrukturen nicht von einer Bereitschaft der beschäftigten Beamten zum Verzicht auf ihre speziellen Rechte ausgegangen werden kann, müssen in der kommunalen Praxis geeignete Konstruktionen entwickelt werden, die auf eine teilprivatisierte Aktiengesellschaft zugeschnitten sind.

Von besonderer Bedeutung sind § 613a Abs. 1 S. 2-4 BGB, d.h. die Weitergeltung von Betriebsvereinbarungen und Tarifverträgen bei Spaltungsvorgängen. Die Arbeitsverhältnisse der Angestellten und Arbeiter gehen gemäß § 613a Abs. 1 S. 1 BGB grundsätzlich mit allen Rechten und Pflichten auf den neuen Arbeitgeber über (Besitzstandswahrungsklausel des § 613a BGB). Sind diese Rechte und Pflichten durch Tarifverträge gesetzlich geregelt, werden sie gemäß § 613a Abs. 1 S. 2 BGB Inhalt des Arbeitsverhältnisses zwischen den Angestellten bzw. Arbeitern und dem neuen Arbeitgeber und dürfen nicht vor Ablauf eines Jahres nach dem Zeitpunkt des Übergangs zum Nachteil Beschäftigten geändert werden (einjährige Veränderungssperre).

Kommunale Versorgungsunternehmen in privater Rechtsform sind nicht an die zwischen den Gewerkschaften und öffentlichen Arbeitgebern ausgehandelten Tarifverträge gebunden, die teilprivatisierte Aktiengesellschaft ist personalwirtschaftlich in die Tarifverträge der für ihren Arbeits-, Betriebs- und Produktionsbereich zuständigen Tarifparteien eingebunden. Die Transformation der Rechte und Pflichten aus dem bisherigen Tarifvertrag in das neue Arbeitsverhältnis gilt jedoch gemäß § 613a Abs. 1 S. 3 BGB nicht, wenn bei dem neuen Arbeitgeber (privatrechtlicher Rechtsträger) ein anderer Tarifvertrag Anwendung findet. Dies ist der Fall, wenn der neue, formal privatisierte Rechtsträger Mitglied eines Arbeitgeberverbandes ist, der mit der jeweiligen zuständigen Gewerkschaft einen für das Versorgungsunternehmen anwendbaren Tarifvertrag abgeschlossen hat. Hier schreibt das Gesetz eine Ablösung des alten durch den neuen Tarifvertrag vor (§ 613a Abs. 1 S. 3 BGB). Soweit sich BAT und BMT-G jedoch gegenüber dem neuen Tarifvertrag als günstiger erweisen, können die Angestellten und Arbeiter unter Hinweis auf das tarifvertragliche „Günstigkeitsprinzips" auf dessen Anwendbarkeit bestehen. Ob dies den Beschäftigten allerdings gelingen wird, wird im Zweifelsfall gerichtlich zu klären sein. Häufig gehören kommunale Unternehmen in Privatrechtsform jedoch Arbeitge-

872 Die Beschäftigten unterliegen dann nicht mehr dem Personalvertretungsrecht, sondern fallen unter das Betriebsverfassungsrecht (Mitbestimmungsrecht) der Privatwirtschaft.

873 In einer Aktiengesellschaft kann es Beamte nur übergangsweise auf veränderter rechtlicher Basis kraft Dienstleistungsüberlassungsvertrag geben, vgl. H. Cox, [juristische Person], 1992, S. 20.

berverbänden an, die Mitglied der Vereinigung kommunaler Arbeitgeberverbände sind[874], mit der Folge, daß auch für sie und insofern für ihre Beschäftigten sowohl der BAT als auch der BMT-G gelten.

Nachdem § 324 UmwG zur Anwendung des § 613a Abs. 1 BGB führt, ist den Beschäftigten des übertragenden Rechtsträgers auch ein Widerspruchsrecht nach der Rechtsprechung des Bundesarbeitsgerichtes (BAG) und des EuGH eingeräumt. Sofern Arbeitnehmer von ihrem Widerspruchsrecht Gebrauch machen, ist sodann zu prüfen, ob der Arbeitnehmer durch den Widerspruch gegen den Übergang des Arbeitsverhältnisses eine Weiterbeschäftigung im öffentlichen Dienst erzwingen kann. Bei fehlender Weiterbeschäftigungsmöglichkeit beim bisherigen Arbeitgeber und wenn gleichwohl dem Widerspruch kein sachlicher Grund zugrunde liegt, kann eine betriebsbedingte oder auch bei unkündbaren Arbeitnehmern eine außerordentliche Kündigung erwogen werden[875].

Die privatrechtlich strukturierten kommunalen Versorgungsunternehmen konkurrieren insgesamt auf dem Arbeitsmarkt nicht mit dem öffentlichen Dienst, sondern mit den regionalen Versorgungsunternehmen der Privatwirtschaft. Diese Problematik wird insbesondere in der tarifvertraglich geregelten Kündigungsfrage deutlich. Nach den Tarifverträgen des öffentlichen Dienstes treten Beschränkungen im Bereich der *ordentlichen* Kündigungsmöglichkeiten im Vergleich zum Manteltarifvertrag der Privatwirtschaft deutlich früher ein. Der BAT verlangt lediglich eine 15-jährige Beschäftigungszeit bei nur einem Arbeitgeber und die Vollendung des 40. Lebensjahres, der BMT-G verzichtet sogar auf das Erfordernis einer Altersgrenze, so daß ein Arbeiter bereits mit Vollendung des 33. Lebensjahres nur noch aus *wichtigem* Grund gekündigt werden kann. Zudem sind diese Kündigungsbeschränkungen im öffentlichen Dienst insbesondere im Angestelltenbereich mit der sog. Unkündbarkeit besonders stark ausgeprägt. Hierbei wird besonders deutlich, daß zwischen dieser vertraglichen Situation und unter der unter Wettbewerbsgesichtspunkten wünschenswerten Flexibilität in einer börsennotierten Aktiengesellschaft auch hinsichtlich einer Änderung der Arbeitsbedingungen ein erhebliches Spannungspotential besteht.

Konkrete Schritte zum Aufbrechen der festen tarifvertraglichen Strukturen werden im Zusammenhang mit dem Börsengang in erster Linie bei den Führungskräften in Betracht kommen, bspw. indem die Vergütung der leitenden Angestellten vom Maß der individuellen Zielerreichung abhängig gemacht wird. Insofern verstärkt ein Börsengang den bereits heute unabhängig von ihm bestehenden Trend, im Bereich der Privatwirtschaft Vorstandsmitgliedern, Geschäftsführern und leitenden Angestellten Vergütungserhöhungen verstärkt nicht durch eine Anpassung der Festvergütungen, sondern durch die Vereinbarung erfolgsabhängiger Zahlungen zukommen zu lassen.

Abschließend sind Fragen der Verwendung durch Wettbewerb freigesetzter Arbeitnehmer für die Erfüllung anderer Aufgaben zu klären. Dabei besteht Regelungsbedarf bzgl. der sozialen Folgen nicht mehr weiter beschäftigter Arbeitnehmer, also der Sozialverträglichkeit eines mit einem kommunalen Going Public wahrscheinlich verbundenen mittel- bis langfristigen Stellenabbaus in bestimmten Geschäftsfeldern. Von entscheidender Bedeutung ist, da sich derartige Prozesse über einen längeren Zeitraum erstrecken können, rechtzeitig vor dem Börsengang

874 Vgl. D. Ehlers, [Privatrechtsform], 1984, S. 308.

875 Vgl. U. Schweibert, [Beschäftigungsverhältnisse], 1999, S. 88 f.

eingeleitet werden. Zudem ist zu berücksichtigen, daß eingeleitete Umstrukturierungsmaßnahmen aufgrund von regelmäßig notwendigen Übergangsregelungen allenfalls mittelfristig die gewünschten Effekte erzielen können. U.a. sieht § 323 Abs. 1 UmwG vor, daß sich die kündigungsrechtliche Stellung der Beschäftigten bei einer Spaltung für die Dauer von zwei Jahren ab dem Zeitpunkt des Wirksamwerdens der Umwandlung nicht verändert. Dies bedeutet, daß der Geltungsbereich des Kündigungsschutzgesetzes gemäß § 23 KSchG durch eine Spaltung nicht eingeschränkt werden kann. Erschwerend kommt hinzu, daß Vergütungen und Vertragsgestaltungen bisher in Teilbereichen zudem noch stark kommunalpolitisch bestimmt sind. Dies beinhaltet einerseits eine unterdurchschnittliche Vergütung, andererseits jedoch eine überdurchschnittliche Absicherung des Arbeitsplatzes und der Arbeitsbedingungen[876]. Qualifizierte Führungskräfte werden sich aber nur dann für die teilprivatisierte Aktiengesellschaft gewinnen lassen, wenn ihnen Vergütungen und Arbeitsbedingungen zur Verfügung gestellt werden, die vergleichbar sind mit denen der konkurrierenden Versorgungsunternehmen in der Privatwirtschaft.

5.5. Praktische Durchführung eines kommunalen Going Public

5.5.1. Die Rolle der Emissionsberater

Obligatorisch ist gemäß § 36 Abs. 2 BörsG die Mitwirkung eines Kreditinstitutes, Finanzierungsinstitutes oder eines nach §§ 53 Abs. 1 S. 1 oder 53 b Abs. 1 S. 1 KWG tätigen Unternehmen für das Börsenzulassungsverfahren bei der Einführung in den Amtlichen Handel[877]. Das begleitende Bankenkonsortium[878] bzw. die Zusammenstellung des Konsortiums (BGB-Gesellschaft i.S. der § 705 ff. BGB) und die Wahl des Konsortialführers („Global Coordinator") spielen bei der Börseneinführung eine maßgebliche Rolle[879], da deren Standing und Plazierungskraft an der Börse die Wertschätzung einer Aktie durch die potentiellen Investoren maßgeblich beeinflussen kann. Zudem ist eine sorgfältige Auswahl des die Emission begleitenden Going Public-Teams, das sich aus internen Mitarbeiten des Börsenaspiranten und externen Beratern zusammensetzt[880], für einen erfolgreichen Börsengang von zentraler Bedeutung. Das Konsortium und das Going Public-Team beraten das Unternehmen in allen Phasen des Going Public-Prozesses und nehmen Organisation, Koordination sowie technische Abwicklung des Börsengangs wahr[881]. Aufgrund der fehlenden praktischen Erfahrungen eines Going Public im kommunalen Bereich kommt der Beratung und Betreuung des emittierenden kommunalen

---

876 Vgl. W. Hauser, [Einrichtungen], 1987, S. 22.

877 Die Vorschrift des § 36 Abs. 2 BörsG gilt nach § 71 Abs. 2 BörsG auch für einen Antrag auf Zulassung zum Börsenhandel mit nicht-amtlicher Notierung (Geregelter Markt).

878 Im Konsortium bei der Börseneinführung der MVV Energie AG waren neben der Dresdner Kleinwort Benson als Konsortialführerin des weiteren die Landesbank Baden-Württemberg, die DG Bank, Sal. Oppenheim & Cie. sowie die Credit Suisse First Boston vertreten, vgl. o.V., [Pionier], 1999, S. 7. Die Miteinschaltung einer ausländischen Bank wurde erwogen, um eine Plazierung von Aktien im Ausland zu erreichen.

879 Vgl. H.H. Trobitz u. St. Wilhelm, [Bank], 1996, S. 164 f.

880 Hierzu gehören neben Fachanwälten und Steuerberatern ein neutraler, testierender Wirtschaftsprüfer sowie Public Relations- und Marketing-Experten, vgl. auch K.-H. Stangner u. U. Moser, [Praktische Umsetzung], 1999, S. 761.

881 Vgl. R.M. Betz, [Wachstumsunternehmen], 1998, S. 34.

Unternehmens durch das ausgewählte Bankenkonsortium und das Beraterteam in den einzelnen Phasen der Börseneinführung eine besondere Rolle zu.

5.5.2. Vorbereitung und Umsetzung des Börsengangs

Nachdem die „Börsenreife" der Gesellschaft festgestellt wurde[882] und die Kontaktaufnahme zwischen dem kommunalen Unternehmen und der Konsortialbank erfolgt ist, werden die Rahmenbedingungen des Going Public im Konsortialvertrag zwischen dem kommunalen Unternehmen und den Emissionsbanken festgelegt. Zudem steht die Erstellung eines Emissionskonzeptes im Mittelpunkt[883].

5.5.2.1. Das Emissionskonzept

Das Emissionskonzept, in dem eine Vielzahl von Partikulärinteressen zusammenzuführen sind, legt die Rahmenbedingungen für den bevorstehenden Börsengang fest. Nachfolgend sollen die wichtigsten inhaltlichen Gestaltungsüberlegungen aufgezeigt werden.

Eine Vielzahl von Einzelentscheidungen sind zu treffen, die die Herkunft der Aktien, die Wahl des geeigneten Börsenplatzes und des Marktsegmentes, die Aktiengattung (incl. Dividendenberechtigung), das Emissionsvolumen und das Plazierungs- und Marketingkonzept umfassen. Die konkrete Ausgestaltung des Emissionskonzeptes ist individuell auf das kommunale Unternehmen zuzuschneiden[884]. Hierbei besteht jedoch großer Gestaltungsspielraum, der die Anpassung der einzelnen Parameter an die spezifische Interessenlage des kommunalen Unternehmens ermöglicht. Zudem sind die beschriebenen externen Anforderungen des Kapitalmarktes zu berücksichtigen[885].

Im Emissionskonzept ist zunächst detailliert festzulegen, wie hoch der Kapitalbedarf für das kommunale Unternehmen ist. Mit dem Kapitalbedarf steht die Herkunft der zu emittierenden Aktien in engem Zusammenhang, da hier die Entscheidung über die Höhe der dem Unternehmen zufließenden Mittel fällt. Dabei ist zu klären, ob die auszugebenden Aktien entweder aus einer Kapitalerhöhung[886], respektive einer reinen Umplazierung, d.h. aus dem Vermögen des Altgesellschafters (Kommune), so daß dem Unternehmen selbst keine finanziellen Mittel zufließen[887], oder einer Kombination beider Maßnahmen hervorgehen[888]. Zudem sind die Wahl

---

882 Im Fall der MVV Energie AG hatte die Stadt Mannheim zur Entscheidungsfindung die neutrale Price Waterhouse GmbH, Wirtschaftsprüfungsgesellschaft, beauftragt, ein Gutachten über eine mögliche (Teil-)Privatisierung des Versorgungsbereichs zu erstellen. Nachdem von den Gutachtern die Börsentauglichkeit der Stadtwerke bestätigt wurde, hat der Aufsichtsrat der MVV Energie AG der Teilprivatisierung durch einen Börsengang zugestimmt, vgl. Ergänzung der Beschluß-Vorlage der Stadt Mannheim zur Teilprivatisierung vom 06.07.1998.

883 „Das Emissionskonzept ist der Dreh- und Angelpunkt im Prozeß der Börseneinführung und beinhaltet die Eckpunkte eines Initial Public Offering", H.H. Trobitz u. St. Wilhelm, [Bank], 1996, S. 165.

884 In Anlehnung an H.H. Trobitz u. St. Wilhelm, [Bank], 1996, S. 167.

885 Vgl. Abschnitt 5.2.3.

886 Die Konsortialbanken zeichnen zunächst - unter Ausschluß des Bezugsrechtes der Altgesellschafter - die Aktien aus der Kapitalerhöhung und plazieren sie anschließend für Rechnung des Unternehmens am Kapitalmarkt bei den Zeichnern der neuen Aktien, so daß der Emissionserlös abzüglich Emissionskosten allein dem Unternehmen zugute kommt, vgl. D. Jeschke, [Familienunternehmens], 1998, S. 482 f.

887 Bei Kreditinstituten und potentiellen Investoren wird eine reine Umplazierung mit dem negativen Eindruck des „Kassemachens" versehen, da die Altgesellschafter nicht an einer dauerhaften finanziellen

des Börsenplatzes bzw. Marktsegmentes[889] und die Wahl der Aktiengattung wichtige Parameter im Emissionskonzept. Die Entscheidung über die Aktiengattung orientiert sich vor allem an der Frage nach dem Einfluß der Altgesellschafterin, was bei kommunalen Unternehmen ein wichtiges Kriterium ist. Auf die Ausgestaltungsmöglichkeiten der stimmrechtslosen Aktie im Rahmen der Plazierung zur Sicherung des kommunalen Einflusses wurde bereits im Vorfeld eingegangen[890]. Von Seiten der Kreditinstitute wird in diesem Zusammenhang häufig argumentiert, daß sich bei Aktien, bei denen sowohl Stamm- als auch Vorzugsaktien an der Börse notiert sind, der Kursabstand ständig vergrößert hat. Während von den Emissionsbanken Ende der 80er-Jahre noch Kursabschläge für stimmrechtslose Aktien in einer Größenordnung von rund 10 % akzeptiert wurden, sind heute Abschläge in einer Größenordnung bis zu 20 % üblich. Diese erheblichen Bewertungsunterschiede, die letztlich durch den Kapitalmarkt reguliert werden, sind aus Sicht der Kommune als Altgesellschafter in ihre wirtschaftlichen Überlegungen einzubeziehen. Die Kommune muß sich die Frage stellen, ob sie bereit ist, den Bewertungsabschlag und die Vorzugsausstattung als gleichen Gegenwert für das ausschließlich bei ihr verbleibende Stimmrecht zu akzeptieren[891].

Im Rahmen des Emissionskonzeptes sollten zudem die Zukunftsperspektiven des kommunalen Unternehmens („Equity Story") transparent gemacht werden[892]. Die Entwicklung eines überzeugenden Unternehmenskonzepts ist für den Verkauf der Aktien, deren Bewertung durch die Analysten und die Kursphantasien für potentielle Investoren von großer Bedeutung. Die Equity Story soll Aufschluß über die strategische Ausrichtung und die Zukunftserwartungen des Unternehmens liefern. Die Entwicklung und Umsetzung einer überzeugenden Equity Story zur Plazierung der jungen Aktien bedarf einer vielfältigen Erfahrung der emissionsbegleitenden Berater[893].

Das Verfahren der Plazierung der Emission ist Bestandteil der folgenden Ausführungen. Aktienemissionen können direkt an die Öffentlichkeit (Selbstemission) oder an ein Bankenkonsortium (Fremdemission) vorgenommen werden. Die Selbstbegebung scheidet als Emissionsalternative aus, da kommunale Unternehmen weder über die technischen und organisatorischen Möglichkeiten zur Abwicklung von Plazierungen noch über die erforderlichen Kontakte zu institutionellen und privaten Anlegern verfügen. Die rechtlichen Beziehungen zwischen der kommunalen Aktiengesellschaft und dem Bankenkonsortium werden in einem Übernahmever-

---

Stärkung des Unternehmens interessiert sind, sondern sich lediglich aus ihrem Unternehmen verabschieden wollen, vgl. D. Jeschke, [Familienunternehmens], 1998, S. 482.

888 Bei der Börseneinführung der MVV Energie AG stammten 12.680.400 Stückaktien aus einer Kapitalerhöhung um 25,1 % des bisherigen Grundkapitals, darüber hinaus sind 1,1 Mio. Stückaktien aus dem Altbesitz der Gesellschafterin MVV-Holding GmbH aus der Mehrzuteilungsoption (Greenshoe) plaziert worden. Das Plazierungsvolumen belief sich damit auf rund 432 Mill. DM, wovon rund 398 Mill. DM der MVV Energie AG zugeflossen sind. Insgesamt lagen nach dem Börsengang 27,18 % des Grundkapitals des kommunalen Energieversorgers in privater Hand, vgl. o.V. [Pionier], 1999, S. 7, Reuters-Informationsdienst vom 22.02.1999 sowie o.V., [MVV-Plazierungspreis], 1999, S. 26.

889 Vgl. Abschnitt 4.2.3. In Deutschland besteht an allen acht Börsenplätzen die Wahlen zwischen den Marktsegmenten „Amtlicher Handel" und „Geregelter Markt, vgl. H. Harrer u. D. Heidemann, [Going Public], 1999, S. 254.

890 Vgl. Abschnitt 5.4.2.3.2.1.

891 Vgl. D. Jeschke, [Familienunternehmers], 1998, S. 485.

892 Vgl. R.M. Betz, [Wachstumsunternehmen], 1998, S. 35.

893 Vgl. H. Harrer u. D. Heidemann, [Going Public], 1999, S. 256.

trag („Underwriting Agreement“) geregelt[894]. Ein Übernahmevertrag enthält die Verpflichtung des Konsortialführers gegenüber dem Emittenten bzw. dem abgebenden Altaktionär zur Übernahme einer bestimmten Anzahl von Aktien[895]. Mit der Übernahmeverpflichtung ist die Verpflichtung verbunden, die zu begebenden Aktien im Publikum zu plazieren[896]. Bei der Plazierung von neuen Aktien werden diese von den Konsortialbanken zum Nennbetrag gezeichnet. Die Differenz zwischen dem Nennbetrag und dem späteren Emissionspreis der plazierten Aktien wird von den Konsortialbanken aufgrund einer schuldrechtlichen Verpflichtung im Übernahmevertrag zum Zeitpunkt der Gutschrift des Emissionserlöses - nach Abschluß des Emissionsverfahrens - an das kommunale Unternehmen abgeführt.

Das zwischen dem Emittenten und den Konsortialbanken fixierte Plazierungskonzept nimmt ebenfalls eine wichtige Position ein, darin sind der angestrebte zielgruppenspezifische (institutionelle bzw. private) Investorenmix sowie die gewünschte (regionale) Streuung der zu emittierenden Aktien einzubeziehen[897]. Institutionelle Investoren unterscheiden sich hinsichtlich ihrer Anlageziele bzw. Auswahl der Anlageobjekte und ihrer Motivation von den Privatanlegern (Konzept der Portfoliotheorie versus Einzelanlage). Daß die verschiedenen Plazierungskanäle auch hinsichtlich ausgewählter Regionen optimal genutzt werden, ist Aufgabe der emissionsführenden Kreditinstitute[898].

Zudem fällt gemäß §§ 36 Abs. 3 Nr. 2 BörsG i.V. mit 13-32 BörsZulV in den gemeinsamen Aufgabenbereich der Emissionsbanken mit dem Emittenten die Erstellung eines Emissionsprospektes, der im Zuge des Börsenzulassungsverfahrens einzureichen ist und alle wesentlichen Daten über das Unternehmen enthalten muß. Der Börsenprospekt unterliegt keiner vorgeschriebenen Gliederung. Mit der Unterzeichnung des Zulassungsantrages und des Emissionsprospektes übernehmen der Emittent und die Emissionsbanken die Haftung für die Vollständigkeit und die Richtigkeit der dargelegten Angaben, die sog. Prospekthaftung[899]. Der Prospekt muß jedoch folgende gesetzliche Aspekte der BörsZulV enthalten:

- Allgemeine Grundsätze über die zuzulassenden Wertpapiere (§ 13 BörsZulV)
- Angaben über Personen oder Gesellschaften, die die Verantwortung für den Inhalt des Börsenprospekts übernehmen (§ 14 BörsZulV)
- allgemeine Angaben über die zuzulassenden Wertpapiere (§ 15 BörsZulV)
- besondere Angaben über die zuzulassenden Aktien (§ 16 BörsZulV)
- besondere Angaben über andere zuzulassende Wertpapiere als Aktien (§ 17 BörsZulV)
- allgemeine Angaben über den Emittenten (§ 18 BörsZulV)
- Angaben über das Kapital des Emittenten, insbesondere die Darstellung des Kapitals nach Kapitalerhöhung (§ 19 BörsZulV)
- Angaben über die Geschäftstätigkeit des Emittenten (§ 20 BörsZulV)
- Angaben über die Vermögens-, Finanz- und Ertragslage des Emittenten (§ 21 BörsZulV)

---

[894] Zu Rechtsfragen bei der Gestaltung von „Underwriting Agreements“, vgl. K. Technau, [Rechtsfragen], 1998, S. 445 ff.

[895] Der Konsortialführer teilt die übernommenen Aktien den übrigen Konsortialbanken zu.

[896] Vgl. H. Harrer u. D. Heidemann, [Going Public], 1999, S. 258.

[897] Das Ziel sollte eine dauerhafte Plazierung der Aktien bei den Investoren sein, vgl. A. Titzrath, [Bedeutung], 1995, S. 143.

[898] Vg. H.H. Trobitz u. St. Wilhelm, [Bank], 1996, S. 171 f.

[899] Vgl. A. Titzrath, [Bedeutung], 1995, S. 143 u. 145.

- Angaben aus der Rechnungslegung des Emittenten (§ 22 BörsZulV)
- eine Aufstellung über die Herkunft und Verwendung der finanziellen Mittel (§ 23 BörsZulV)
- Angaben über Beteiligungsunternehmen des Emittenten (§ 24 BörsZulV)
- Angabe von Jahresergebnis und Dividende je Aktie (§ 25 BörsZulV)
- Aufnahme von Konzernabschlüssen (§ 26 BörsZulV)
- Angabe der Verbindlichkeiten des Emittenten der zuzulassenden Schuldverschreibungen (§ 27 BörsZulV)
- Angaben über Geschäftsführungs- und Aufsichtsorgane des Emittenten (§ 28 BörsZulV)
- Angaben über den jüngsten Geschäftsgang und die Geschäftsaussichten des Emittenten (§ 29 BörsZulV)
- Angaben über die Prüfung der Jahresabschlüsse des Emittenten und anderer Angaben im Prospekt (§ 30 BörsZulV)
- Angaben über die zuzulassenden Zertifikate, die Aktien vertreten (§ 31 BörsZulV)
- Angaben über den Emittenten der Zertifikate, die Aktien vertreten (§ 32 BörsZulV).

In dem Emissionsprospekt sind damit die Ober- und Untergrenze der sog. Bookbuilding-Spanne[900](Emissionsspanne) enthalten (§ 16 Abs. 1 Nr. 5 BörsZulV), die die Eckdaten für die Preisfindung im Markt vorgibt[901]. Die Bookbuilding-Spanne wird in Abstimmung mit dem kommunalen Unternehmen aus dem ermittelten Unternehmenswert abgeleitet. Bookbuilding ist die Erstellung eines Orderbooks aufgrund erteilter Kauforder, bei denen die Preisbildung und die Zuteilung der Aktien bis zum Abschluß der Orderannahme (in der Regel ca. 14 Tage) offenbleibt. Die Investoren können innerhalb der vorgegebenen Bookbuilding-Spanne Zeichnungswünsche (Kauforders) abgeben. Das Bankenkonsortium baut auf diese Weise ein Orderbook auf, das alle Zeichnungswünsche mit den Angaben über Investor, Stückzahl und Preis enthält und nach Abschluß der Bookbuilding-Phase zur Vorbereitung der Preisfestlegung und der Zuteilung einer Analyse unterzogen wird. Emittent und „Bookrunner" (Konsortialführer) legen gemeinsam den Emissionspreis für die zu plazierenden Aktien fest und nehmen die Zuteilung vor[902]. Typisch für das Bookbuilding-Verfahren ist, daß zwischen Emittent und Bookrunner lediglich die Preisspanne festgesetzt wird und die Emissionspreisbildung letztlich durch die jeweilige Zeichnungsnachfrage auf dem Kapitalmarkt erfolgt. Die Bewertung des Unternehmens als Bezugsrahmen für die Emissionspreisermittlung ist ein elementarer Bestandteil des Emissionskonzeptes. Ohne das Thema der Unternehmensbewertung an dieser Stelle zu vertiefen[903], soll dennoch kurz auf die derzeit üblichen Ansätze zur klassischen Bewertung von Unternehmen, die ein Going Public anstreben, eingegangen werden.

---

900 Zum Emissionsverfahren des Bookbuilding, vgl. W. Grundmann, [Bookbuildung], 1995, S. 916 f. Das Bookbuilding-Verfahren hat das bis Mitte 1995 in Deutschland übliche Festpreisverfahren nahezu ersetzt, vgl. auch K.-H. Stangner u. U. Moser, [Praktische Umsetzung], 1999, S. 760.

901 „Die Bestimmung des Emissionspreises ist der schwierigste Teil bei der Planung eines going public", J. Wegmann, [Unternehmensbewertungsproblem], 1996, S. 149.

902 Vgl. G. Picot u. V. Land, [Rechtsfragen], 1999, S. 573 f.

903 Die Diskussion um die geeignete Methode der Unternehmensbewertung ist nicht neu. Grundlegende Arbeiten zur Unternehmensbewertung sind u.a. W. Ballwieser, [Unternehmensbewertung], 1990 und A. Moxter, [Grundsätze], 1983; Nachtrag 1990.

5.5.2.2. Die Ermittlung des Emissionspreises

Zur Ermittlung des Emissionspreises und damit eines angemessenen Börsenkurses für die Emission erfolgt eine Bewertung des kommunalen Börsenkandidatens. Dafür wird zunächst von den Emissionsbanken selbst oder von beauftragten Wirtschaftsprüfern eine Unternehmensprüfung (Financial Due Diligence[904]), insbesondere im Hinblick auf die Leistungsfähigkeit von Rechnungswesen und Controlling des kommunalen Unternehmens durchgeführt. Da für eine fundamentale Bewertung eine Vielzahl von unternehmens- und marktbezogenen Informationen erforderlich sind, werden zur Wertschätzung zusätzlich Vergleichswerte anderer (ggfs. bereits börsennotierter) Unternehmen herangezogen. Parallel wird eine Unternehmensprüfung aus rechtlicher Sicht vorgenommen („Legal Due Diligence")[905].

Für die Unternehmensbewertung gibt es eine Vielzahl von Bewertungsmethoden, die sich insbesondere hinsichtlich ihres Bewertungsansatzes (Ertragswert, Substanzwert, Marktwert oder Mischformen) unterscheiden[906]. Keine der Methoden kann für sich beanspruchen, zu dem allein maßgebenden Unternehmenswert zu führen. Durch die Anwendung verschiedener Bewertungsmethoden läßt sich eine Bandbreite ermitteln, innerhalb derer der tatsächliche Unternehmenswert liegt und welche die Grundlage für die Festlegung der Bookbuildings-Spanne darstellt. Gemeinsamer Bestandteil der Ansätze zur Unternehmensbewertung in ihren Hauptfunktionen ist u.a. eine zukunftsorientierte Unternehmensanalyse[907].

Zur Bewertung von Unternehmen finden vor allem ertragsorientierte Verfahren Anwendung[908]. Ertragsorientierte Verfahren setzen regelmäßig die Vorlage eines in sich schlüssigen Geschäftsplans unter Darstellung einer langfristigen Unternehmensperspektive voraus. Produkt und Produktinnovation, Wettbewerbsposition im Markt und Wachstumspotential bilden die Kernstücke der Geschäftsplanung. Zu den ertragsorientierten Verfahren gehören das in Deutschland übliche Ertragswertverfahren (Bewertung auf Basis des zu erwartenden Nutzens[909]), den das Unternehmen aufgrund vorhandener Substanz, seiner Produkte und seiner Markstellung etc. beansprucht, sowie das international übliche Discounted Cash Flow-Verfahren[910]. Beim Discounted Cash Flow-Verfahren erfolgt die Unternehmensbewertung durch die Abzinsung der künftigen finanzwirtschaftlichen Überschüsse. Dabei entspricht der bei den Barwerten angewandte risikoadäquate Kapitalisierungsfaktor einem gewichteten Durchschnitt aus Eigenkapital- und Fremdkapitalkosten, der um einen Risikozuschlag erhöht wird.

---

904 Übersetzt bedeutet Due Diligence „erforderliche, angemessene, gebührende Sorgfalt".

905 Vgl. R. Loges, [„Due Diligence"], 1997, S. 965 ff.

906 Vgl. J. Wegmann, [Unternehmensbewertungsproblem], 1996, S. 153 ff.

907 Vgl. ebenda S. 152.

908 Die Stellungnahme 2/1983 des Hauptausschusses (HFA) des Instituts der Deutschen Wirtschaftsprüfer (IDW) zur praktischen Unternehmensbewertung bewirkte ein Zurückdrängen des Substanzwertes zugunsten des Ertragswertes, vgl. K-H. Maul, [Offene Probleme], 1992, S. 1253.

909 Erwartete Gewinne vor Körperschaftsteuer.

910 Eine vorzunehmende Wertermittlung auf Grundlage der künftig entziehbaren finanziellen Überschüsse – „Netto-Kassenüberschüsse". Vgl. J. Wegmann, [Unternehmensbewertungsproblem], 1996, S. 153.
Nach einer veröffentlichen Studie wurden 1994 39 % der Unternehmensbewertungen nach dem Ertragswertverfahren und bereits 33 % nach der Discounted Cash Flow-Methode vorgenommen, V.H. Peemöller, P. Börmelburg u. A. Denkmann, [Unternehmensbewertung], 1994, S. 741.

Das Substanzwertverfahren (Bewertung von Aktiva und Passiva des Unternehmens unter der Prämisse der Einzelverwertung, also ohne Berücksichtigung immaterieller Wirtschaftsgüter wie z.B. des Kundenstamms)[911] kommt bei Börsengängen ebenfalls flankierend zur Bewertung von eventuell vorhandenen nicht betriebsnotwendigen Vermögen zur Anwendung. Der Unternehmenswert ergibt sich dann als Summe der Ergebnisse beider Bewertungsverfahren.

Weiterhin werden zur Emissionspreisfindung im Rahmen von Multiplikatorenmodellen übliche Vergleichskennziffern wie z.B. Kurs-Gewinn-Verhältnis (= Börsenkurs/Gewinn je Aktie) oder Umsatzkennziffern ermittelt[912], die einen Vergleich im Rahmen einer marktorientierten Bewertung zu anderen börsennotierten Unternehmen erlauben (vgl. DVFA/SG[913]-Bewertung). Von den Kursen bereits an der Börse notierter Unternehmen wird darauf geschlossen, wie hoch der erzielbare Emissionskurs sein kann[914]. Gerade bei kommunalen Unternehmen ist bei dieser Thematik die Expertise des Beraterteams von besonderer Bedeutung, da kommunale Unternehmen bisher – mit Ausnahme der MVV Energie AG (Mannheim) - nicht an einer deutschen Börse gelistet sind.

Das Ergebnis nach DVFA/SG ist eine in Deutschland übliche Ertragskennziffer für börsennotierte Unternehmen. Grundlage ist der ausgewiesene aktienrechtliche Jahresüberschuß bzw. -fehlbetrag, wie er in Übereinstimmung mit den gesetzlichen Vorschriften ermittelt und rechtsverbindlich festgestellt wurde. Das entsprechend ermittelte Ergebnis ist allerdings um außerordentliche, ungewöhnliche sowie dispositionsbedingte Aufwendungen und Erträge zu bereinigen[915]. Grundlage für die Börsenbewertung ist aber nicht der vorhandene letzte Jahresüberschuß, sondern die Plandaten des laufenden und des nächsten Geschäftsjahres.

Zur Bestimmung des Börsenwertes ist das ermittelte DVFA/SG-Ergebnis mit dem Gewinnmultiplikator (Kurs-Gewinn-Verhältnis) zu multiplizieren. Ausgehend vom Durchschnitts-Kurs-Gewinn-Verhältnis der Vergleichsunternehmen sind ggfs. unter Berücksichtigung der unternehmensspezifischen Besonderheiten[916] Zu- und Abschläge in der Bewertung vorzunehmen. Teilt man den ermittelten Börsenwert des Börsenaspiranten durch die vorhandene Aktienstückzahl, so erhält man einen möglichen Emissionspreis[917].

---

911 Vgl. hierzu A. Moxter, [Grundsätze], 1983, Nachtrag 1990, Kapital 24.

912 Diesen Ansätzen einer rein innenorientierten buchhalterischen Beurteilung haftet die Kritik des „window dressing" durch Wahrnehmung bilanzieller Wahlrechte an, vgl. R. Bühner, [Shareholder Value], 1993, S. 750.

913 Stark schematisiertes Bewertungsverfahren nach den Empfehlungen der Deutschen Vereinigung für Finanzanalyse und Anlageberatung (DVFA) und dem Arbeitskreis „Externe Unternehmensrechnung" der Schmalenbach-Gesellschaft – Deutsche Gesellschaft für Betriebswirtschaft (SG), vgl. D. Jeschke, [Familienunternehmens], 1998, S. 490.

914 Bei vergleichbaren börsennotierten Gesellschaften einer Branche kann man häufig beobachten, daß die Kurs-Gewinn-Verhältnisse innerhalb einer gewissen Bandbreite liegen, vgl. J. Wegmann, [Unternehmensbewertungsproblem], 1996, S. 154. Allerdings können die Branchen-Kurs-Gewinn-Verhältnisse nur erste Anhaltspunkte liefern. Im Einzelfall ist eine detaillierte Analyse der Branche und der zur Branche gehörenden Gesellschaften unabdingbar.

915 Einzelheiten der Wertermittlung sowie Bewertungsbesonderheiten werden nachfolgend nicht im Detail dargestellt, da sie über den Rahmen der Arbeit hinausgehen würden, vgl. hierzu J. Wegmann, [Unternehmensbewertungsproblem], 1996, S. 155-161.

916 Hier fließen Aspekte wie Wachstumsdynamik, Bekanntheitsgrad, finanzielle Verhältnisse und Dividendenrendite mit ein, vgl. A. Titzrath, [Bedeutung], 1995, S. 142.

917 Bspw. würde sich bei einem DVFA/SG-Ergebnis von 100 Mio. DM und einem durchschnittlichen Kurs-Gewinn-Verhältnis von 15 ein Börsenwert von 1,5 Mrd. DM ergeben. Beträgt das Grundkapital der Gesellschaft 150 Mio. DM, so würde sich ein Börsenkurs von DM 50,- bei einer DM 5,- Stückaktie erge-

Der Erfolg einer Aktienemission hängt im wesentlichen von der zugrunde liegenden Emissionsspanne ab. Im Zuge der Festlegung der Emissionsspanne versuchen die an der Emission beteiligten Gruppen jeweils ihre Interessen durchzusetzen[918]. Das emittierende kommunale Unternehmen beabsichtigt, mit Hilfe der im Rahmen der Börseneinführung dem Unternehmen zufließenden finanziellen Mittel die Eigenkapitalbasis zu stärken und die Bilanzstruktur zu verbessern. Ein hoher Emissionserlös entspricht dem Interesse des emittierenden Unternehmens. Daß die Konsortialbanken und die Aktionäre anderen, zum Teil konträren Interessen (erfolgreiche Plazierung des gesamten Emissionsvolumens versus niedriger Emissionspreis bzw. Maximierung der Rendite) nachgehen, ist bekannt. Eine Unternehmensbewertung, die eine Unternehmens- und Wettbewerbsanalyse einschließt, ermöglicht eine erste realistische Vorstellung des zukünftigen Emissionspreises.

Kommunale Unternehmen, die an die Börse gehen, sind dem Anlegepublikum in der Regel nicht bekannt. Daher wird es erforderlich sein, daß sich solche unbekannten Unternehmen nach einer Entscheidung für einen Börsengang rechtzeitig mit einer gezielten Public Relation-Konzeption auf den Börsengang vorbereiten[919]. Zudem sollte sich das Unternehmen vor der Plazierung der Aktien mit Unterstützung der Konsortialbank an wichtigen Finanzplätzen den potentiellen Investoren und Analysten präsentieren (sog. Roadshows), um seinen Bekanntheitsgrad zu erhöhen und um das Für und Wider eines Investments in die Aktie der Gesellschaft darzulegen. Nach Abschluß der Informationskampagne können die Investoren innerhalb der vorgegebenen Emissionsspanne Zeichnungswünsche abgeben. Nach Abschluß der Bookbuildung-Phase und Auswertung der abgegebenen Zeichnungen legen der Emittent und die konsortialführende Bank gemeinsam den Ausgabepreis der zu plazierenden Aktien fest und nehmen die Zuteilung vor[920]. Nach erfolgreichem Abschluß der Plazierung der Aktien beginnt der Börsenhandel im gewählten Marktsegment (Sekundärmarkt).

Mit der Aufnahme der Notierung der Aktien im Amtlichen Handel bzw. im Geregelten Markt finden eine Reihe von wertpapierrechtlichen Vorschriften, insbesondere des Wertpapierhandelsgesetzes (WpHG), auf den Emittenten Anwendung[921]. Nach der Börseneinführung handelt es sich bei den Aktien der Gesellschaft um Insiderpapiere und die Gesellschaft muß verschiedene Veröffentlichungspflichten beachten[922]. U.a. muß der Emittent zum Amtlichen Handel zugelassener Aktien die Einberufung der Hauptversammlung, Mitteilungen über die Ausschüttung und Auszahlung von Dividenden, die Ausgabe neuer Aktien und die Ausübung von Umtausch-, Bezugs- und Zeichnungsrechten veröffentlichen (vgl. § 63 Abs. 1 BörZulV).

---

ben. Im Bookbuildung-Verfahren würde eine Emissionsspanne, z.B. mit einem Kurs-Gewinn-Verhältnis zwischen 13,5 und 16,5 festgesetzt, so daß sich Angebotskurse zwischen DM 45,- und DM 55,- ergeben würden.

918 Vgl. A. Titzrath, [Bedeutung], 1995, S. 141.

919 Bei fehlenden Erfahrungen im Umgang mit der Wirtschaftspresse sollte evtl. eine spezialisierte Finance Public Relation-Agentur eingeschaltet werden.

920 Vgl. o.V., [Neuemissionen], 1999, S. 21.

921 U.a. muß gemäß § 15 Abs. 1 S. 1 WpHG der Emittent von Wertpapieren, die zum Handel an einer inländischen Börse zugelassen sind, unverzüglich eine neue Tatsache veröffentlichen, die in seinem Tätigkeitsbereich eingetreten und nicht öffentlich bekannt ist, wenn sie wegen der Auswirkungen auf die Vermögens- und Finanzlage oder auf den allgemeinen Geschäftsverlauf geeignet ist, den Börsenpreis der zugelassenen Wertpapiere erheblich zu beeinflussen (sog. „Ad hoc-Publizitätspflicht").

922 Vgl. §§ 63 ff. BörsZulV.

5.6. Zwischenergebnis

Aufgrund fehlender Erfahrungen mit der Börseneinführung kommunaler Unternehmen in Deutschland wird es für die Konsortialbanken schwierig sein, die ökonomischen Voraussetzungen zur Börsenfähigkeit abschließend beurteilen zu können. Es bestehen zwar Erfahrungen aus anderen Ländern, bspw. aus Großbritannien mit der Börseneinführung der Southern Electric im Jahre 1991[923], in Deutschland betritt man dennoch „Neuland" mit kommunalen Emissionen.

Notwendiger Diskussionsbedarf besteht bei den kommunalverfassungsrechtlichen Restriktionen, die mit solch einem Going Public verbunden sind. Bspw. hat die MVV Energie AG (Mannheim), ihre internationalen Aktivitäten ausgebaut[924]. Inwiefern diese Vorhaben einen öffentlichen Zweck verfolgen, geschweige denn mit dem „Örtlichkeitsprinzip" einhergehen, ist noch nicht abschließend geklärt. Die kommunalen Aufsichtsbehörden, die Bezirksregierungen und die Landesministerien in der Auslegung ihrer jeweiligen Gemeindeordnung[925] werden sich mit dieser Problematik noch zu beschäftigen haben.

Gesellschafts- und steuerrechtliche Hemmnisse stehen einem kommunalen Going Public in der Regel nicht entgegen. Jedoch kann der steuerliche Querverbund zwischen Versorgungs- und Verkehrssparte und die körperschaft- und gewerbesteuerliche Organschaft in seiner Form nicht beibehalten werden, wenn der Gang an die Börse erfolgreich beschritten werden soll. Der Querverbund ist jedoch auch künftig insoweit möglich, als die steuerwirksame Ergebnisverrechnung über das körperschaftsteuerliche Anrechnungsverfahren im Wege von Gewinnausschüttungen vorgenommen werden kann.

Positiven Aspekten wie der Plazierung eines kommunalen Unternehmens als „konservativen Dividendenwert"[926]stehen auch Konfliktfelder entgegen. Damit soll hier nur das nachvollziehbare Bestreben des Vorstands angedeutet werden, tendenziell die sog. „Gemeinwohllasten", die aus Gründen des öffentlichen Auftrags nicht profitabel sind (u.a. Aufrechterhaltung des Versorgungsstatus in Randbereichen), wegen ihrer möglichen Negativauswirkung auf den Börsenkurs abzubauen. Um dies zu verhindern, muß der Infrastrukturauftrag in die Satzung bzw. durch längerfristige Verträge instrumentalisiert werden. Dabei darf es nicht zu einer Erosion der öffentlichen Aufgabenverpflichtung und -wahrnehmung kommen. Aufgrund dieser Umstände wird es für die Konsortialbank schwierig, im Rahmen einer ertragswertorientierten Unternehmensbewertung den „exakten" Börsenwert der Gesellschaft zu ermitteln. Zudem wird die Unternehmensbewertung dadurch erschwert, daß die Auswirkungen der Marktliberalisierung in der Energiewirtschaft noch nicht absehbar sind, die Kommunen durch Hauptversammlungsmehrheit weiterhin Einfluß nehmen können und die Gebühreneinnahmen des Unternehmens reguliert werden. Zudem sind als mögliche Kostentreiber der relativ hohe Umstrukturierungsbedarf zur Anpassung an betriebswirtschaftliche Erfordernisse und die Folgekosten beschäftigungspolitischer Maßnahmen zu nennen.

---

923 Quelle: Datastream.

924 Vgl. o.V., [Stadtwerke Mannheim], 1998, S. 24.

925 Vgl. die Anfrage eines Landtagsabgeordneten an die Landesregierung NRW zur Legitimation der wirtschaftlichen Betätigung von Kommunen im Ausland (hier: Gas- und Elektrizitätswerke der Stadt Köln in Polen und Rumänien), vgl. o.V., [Ausland], 1998, S. 397 ff.

926 Vgl. H. Brocke, [Stadtwerke], 1998, S. 23.

Abschließend ist zu resümieren, daß mit einem kommunalen Going Public ein denkbarer, innovativer Ansatz in die Überlegungen zur Finanzierung dringend erforderlicher Investitionsmaßnahmen kommunaler Unternehmen in der Rechtsform der Aktiengesellschaft eingeschlossen werden kann. Die Voraussetzungen des Börsengangs müssen natürlich erfüllt sein. Dies bedarf in jedem Fall, wie bei der Mannheimer MVV Energie AG, einer sorgfältigen Analyse des Einzelfalls.

6. Besondere Verhaltensrisiken und Anreizstrukturen in teilprivatisierten kommunal beherrschten börsennotierten Versorgungsunternehmen

Bei einer Analyse von Verhaltensrisiken und Anreizstrukturen[927] in börsennotierten gemischtwirtschaftlichen Versorgungsunternehmen mit einer Kommune (Stadt bzw. Gemeinde) als dominierender Anteilseignerin[928] ist zu berücksichtigen, daß eine Beurteilung maßgeblich durch die (räumliche) Nähe zur kommunalen Trägerkörperschaft beeinflußt wird[929]. So ist das Verhältnis zwischen der kommunalen Mehrheitsaktionärin und dem Vorstand des Unternehmens selbst nicht zuletzt aufgrund der Tatsache, daß ein (dringender) öffentlicher Zweck (Versorgungsauftrag)[930] als Voraussetzung der Aufgabenwahrnehmung durch ein kommunales Unternehmen in privater Rechtsform zwingend vorgeschrieben ist[931], wesentlich intensiver und von intensiveren Einflußnahmebedürfnissen und -pflichten seitens der kommunalen Trägerin geprägt, als dies in einem klassischen börsennotierten Unternehmen der Fall ist. Das Interesse deren Anteilseigner ist ausschließlich an einer Steigerung des Unternehmenswertes, der Schaffung von Shareholder Value[932], orientiert.

6.1. Interessenkonflikte zwischen den kommunalen und den nicht-kommunalen Anteilseignern

6.1.1. Unterschiedliche Zielgrößen bei kommunalen und nicht-kommunalen Anteilseignern

In kommunalen gemischt-wirtschaftlichen Unternehmen setzt die kommunale Partnerin ihre Mehrheitsbeteiligung zur Erfüllung sozioökonomischer Ziele (kommunalpolitischer Auf-

---

927 „Anreize sind von der Organisation gewährte materielle oder immaterielle Vergütungen für die Bereitschaft einer Person, in einer Organisation als Mitglied einzutreten und nach Annahme der Mitgliedschaft individuelle Beiträge in Form von Zeit, Energie und anderen Ressourcen zur Realisation des Organisationsziels zu leisten. Die Aufrechterhaltung des Gleichgewichts zwischen den gewährten Anreizen und den zu leistenden Beiträgen wird als zentrales Problem für die Funktionsfähigkeit einer Organisation angesehen", E. Frese, [Grundlagen], 1984, S. 400 f.

928 Unabhängig davon, ob die Kommune an dem gemischt-wirtschaftlichen Versorgungsunternehmen eine unmittelbare oder mittelbare gesellschaftsrechtliche Mehrheitsbeteiligung hält, wird von der kommunalen Mehrheitsgesellschafterin gesprochen.

929 Vgl. W. Leetz, [öffentliche Aufgabe], 1987, S. 441.
In diesem Zusammenhang wird häufig auch von der Instrumentalfunktion kommunaler Unternehmen gesprochen. Demnach sind kommunale Unternehmen Instrumente ihrer Träger, mit deren Hilfe sie die jeweiligen Zielsetzungen durchzusetzen versuchen. Im Rahmen der Instrumentalthese wird das kommunale Unternehmen als Entscheidungseinheit unterstellt. Die Kommune als Trägerin überträgt dem Unternehmen aufgrund ihrer Zielvorstellungen bestimmte Aufgaben, die zu erfüllen sind. Dies bedeutet auch, daß insbesondere die Organisationseinheit Management und seine Beziehungen zur kommunalen Trägerin zu betrachten ist. In diesem Zusammenhang interessieren auch: Faktische Zuständigkeiten in der Unternehmensführung, Ziele, Verhalten und Entscheidungsspielräume der als Unternehmensleiter agierenden Manager, Auswirkungen von Marktveränderungen auf das Zielsystem von kommunalen Unternehmen. Zur Instrumentalthese in kommunalen Unternehmen vgl. Th. Thiemeyer, [Wirtschaftslehre], 1975, S. 28.

930 Der Versorgungsauftrag der gemischt-wirtschaftlichen Versorgungsunternehmen ist dadurch gekennzeichnet, daß die Unternehmen einerseits die Versorgung eines geographisch abgegrenzten Abnehmerkreises durchführen, sich dabei aber anderseits zur Deckung des gesamten Bedarfs dieser Abnehmer verpflichtet fühlen, vgl. C. Kermel, [Steuerungsmöglichkeiten], 1994, S. 114.

931 Siehe auch die Ausführungen in den Abschnitten 2.2.4.2. bzw. 5.4.1.

932 Zum Shareholder Value-Konzept vgl. Abschnitt 6.2.2.2.1.

trag[933]) ein, während sich die nicht-kommunalen Anteilseigner von einer Steigerung des Marktwertes des Eigenkapitals leiten lassen[934]. Schließen sich diese Ziele gegenseitig aus, weil die Verfolgung sozioökonomischer Ziele keine ausreichende Rendite abwirft, ist eine Auseinandersetzung vorprogrammiert. Die Interessendivergenzen zwischen kommunalen und nicht-kommunalen Anteilseignern werden an Schärfe gewinnen, wenn das Unternehmen lokalisierbare Aufgaben erfüllt und insofern ausschließlich kommunalpolitische Interessen der kommunalen Anteilseigner mit renditeorientierten Vorstellungen der nicht-kommunalen Anteilseigner konkurrieren. Der Streit der Interessen kann sich zu Lasten der nicht-kommunalen Anteilseigner durch fallende Aktienkurse, zu Lasten der Verbraucher durch wieder ansteigende Energiepreise, nachlassende Qualität und Umweltverträglichkeit der Leistungen oder zu Lasten der Beschäftigten auswirken.

Vertreter der öffentlichen Betriebswirtschaftslehre sprechen davon, daß in kommunalen Unternehmen eine durch sozioökonomische Ziele determinierte Sachzieldominanz herrscht[935]. Formalziele[936] stellen bei der Umsetzung kommunalpolitischer Aufgaben höchstens gleichrangige Ziele dar. Bei kommunalen, insbesondere gemischt-wirtschaftlichen Versorgungsun-

---

933 Zu den kommunalpolitischen, öffentlichen Zielsetzungen kommunalwirtschaftlicher Betätigung von Kommunalversorgern gehören Versorgungsaufgaben, Wirtschaftsförderung, umweltpolitische Aufgaben, gemeinwohlorientierte Aufgaben, regionalpolitische Aufgaben (Beschäftigungspolitik) bzw. die Gewinnerzielung, zu den Zielsetzungen öffentlicher Unternehmen vgl. auch H. Hirsch u. G. Püttner, [Gedanken], 1976, S. 454 ff. So vermag eine Kommune die Beteiligung an dem gemischt-wirtschaftlichen Unternehmen dazu zu nutzen, um zu verhindern, daß Arbeitsplätze aus ihrer Region an eine andere Region verloren gehen. Zwar können auch erwerbswirtschaftliche Motive für eine Beteiligung von Kommunen an gemischt-wirtschaftlichen Unternehmen relevant sein, vgl. F. Niebuhr, [Wettbewerbsteilnahme], 1994, S. 10 ff. Jedoch verfolgen die Kommunen in der wirtschaftlichen Betätigung keinen öffentlichen Zweck, wenn das Unternehmen ausschließlich erwerbswirtschaftlichen Zwecken, d.h. der Gewinnerzielung, dient. Oder negativ ausgedrückt: Allein erwerbswirtschaftliche Motive - wie bei rein-privaten Unternehmen zulässig - reichen zur Rechtfertigung kommunalwirtschaftlicher Betätigung nicht aus, vgl. M. Moraing, [Gemeindewirtschaftsrecht], 1998, S. 224.

934 Im Rahmen dieser Arbeit wird unterstellt, daß die Interessen der nicht-kommunalen Anteilseigner auf finanzielle Größen begrenzt sind. Dabei stellt das Oberziel der Erzielung maximaler Rentabilität i.S. einer langfristigen Steigerung des Börsenkurses nebst Dividendenausschüttungen den Hauptanreiz für eine Beteiligung von nicht-kommunalen Investoren an gemischt-wirtschaftlichen börsennotierten Unternehmen dar. Tatsächlich brauchen nicht-kommunale Investoren ihrerseits jedoch nicht unbedingt eine Renditemaximierung zu verfolgen. Erinnert sei hierbei an Versuche von ökologisch orientierten Aktionärsgruppen, auf Aktionärsversammlungen auch die Leistungszielorientierung von Unternehmen verstärkt zur Debatte zu stellen und durch entsprechende Anträge Einflußnahme zu üben. Des weiteren könnte für eine Beteiligung nicht-kommunaler Investoren – zumindest kurzfristig - eine sichere Kapitalverzinsung i.S. einer angemessenen Kapitalmarktrendite ausschlaggebend sein.
Früher wurden in der kommunalen Praxis Beteiligungen von nicht-kommunalen Investoren an nicht börsennotierten gemischt-wirtschaftlichen Unternehmen primär eingegangen, um einen finanziellen Nutzen aus etwaigen Belieferungs- und Abnahmevorrechten zu ziehen, bspw. Vorrechte zur Belieferung mit Maschinen oder bauausführenden Elementen. Zu den Entstehungsgründen von gemischt-wirtschaftlichen Betrieben aus Sicht der privaten Wirtschaft vgl. P. Jäger, [gemischt-wirtschaftliche Betrieb], 1977, S. 111 bzw. P. Eichhorn, [Entstehungsgründe], 1969, S. 351 ff.

935 Vgl. P. Eichhorn, [Ziele], 1983, S. 8. „Das Sachziel der Unternehmung bezieht sich auf Art, Menge und Zeitpunkt der im Markt abzusetzenden Leistungen. Aus gesamtwirtschaftlicher Sicht wird damit der qualitative und quantitative Beitrag des Unternehmens zur gesellschaftlichen Bedarfsdeckung festgelegt", E. Kosiol, [Aktionszentrum], 1966, S. 223.

936 Formalziele stellen auf Rentabilität, Kostenminimierung etc. ab. Während Sachziele den Gegenstandsbereich (Leistungskonzeption) in der Unternehmung abbilden, bringen wirtschaftliche Formalziele den Umfang der angestrebten Wirtschaftlichkeit bei der Verfolgung ökonomischer Sachziele zum Ausdruck, vgl. H. Schierenbeck, [Grundzüge], 1993, S. 56.

ternehmen, erlangen insofern sowohl ökonomische wie auch nicht-ökonomische Zielgrößen Bedeutung[937].

Aufgrund der Ausrichtung auf differierende Zielsetzungen in kommunalen gemischtwirtschaftlichen Aktiengesellschaften eröffnet sich für die kommunale Mehrheitsgesellschafterin ein Handlungs- und Entscheidungsspielraum zur Verfolgung eigener Ziele, wenn die Unternehmensziele aufgrund multivariabler Eigentümerinteressen nicht hinreichend operationalisiert werden[938]. Im Hinblick auf die dominanten Sachziele in kommunalen gemischtwirtschaftlichen Unternehmen mangelt es häufig insbesondere an eindeutigen Kriterien zur Operationalisierung[939] kommunalpolitischer Zielsetzungen[940]. Häufig fehlen, um möglichen Interessenkonflikten auszuweichen, Zielvorgaben in den Satzungen oder es findet ein Zurückziehen auf Leerformeln statt[941]. Und je allgemeiner bzw. abstrakter das zu verfolgende kommunalpolitische Ziel formuliert wird[942], desto geringer ist seine Steuerungskraft[943].

Sofern keine Reduktion auf Leerformeln stattfindet, ist insbesondere zu beobachten, daß Zielvorgaben neben der Festlegung des Unternehmensgegenstandes[944] sich häufig auf finanzwirtschaftliche Vorgaben reduzieren. Bei fehlendem Tätigwerden der Trägergremien in der

---

937 Im Gegensatz zu einer „monovariablen Zielsetzung" wird von „multivariablen Zielen" oder „von Entscheidungen bei mehrfacher Zielsetzung" gesprochen, vgl. P. Kupsch, [Unternehmensziele], 1979, S. 16. Dabei ist jedoch deutlich zu machen, daß Sachziele und Formalziele miteinander verbunden sind. Kommunale Unternehmen können es nicht verhindern, bei Erfüllung ihres Versorgungsauftrages einen Gewinn oder Verlust zu realisieren.

938 Vgl. auch H. Mühlenkamp, [Analyse], 1999, S. 95 u. U. Kirchhoff, [Managementverhalten], 1983, S. 14 f. u. S. 20. Die Vorstellung, daß Vorstände von Aktiengesellschaften nicht generell so handeln, wie außenstehende Aktionäre dies erwarten, ist in der Literatur weit verbreitet; statt vieler vgl. J. Drukarczyk, [Finanzierung], 1993, S. 621 ff.

939 Operationalisierung wird hier verstanden als eine Verringerung des Abstraktionsniveaus von Unternehmenszielen im Wege des „Herunterbrechens" allgemeiner, übergeordneter auf konkretere, untergeordnete Ziele. Unternehmensziele können nur dann die ihnen auferlegten Funktionen ausfüllen, wenn sie operational sind.

940 In der Literatur wird auch von gesellschaftlichen Zielen öffentlicher Unternehmen gesprochen, vgl. U. Scheele, [Privatisierung], 1993, S. 252. Zu den Operationalisierungsschwierigkeiten eines öffentlichen Ziels vgl. P. Friedrich, [Führungsprobleme], 1977, S. 117 ff.

941 Vgl. C. Kermel, [Steuerungsmöglichkeiten], 1994, S. 118 und U. Kirchhoff, [Managementverhalten], 1983, S. 36.
Zum Leerformelcharakter allgemeiner Zielsetzungen vgl. G.F. Schuppert, [Kontrollierbarkeit], 1985, S. 314 ff.

942 Vgl. Th. Ebert, [Verknüpfung], 1998, S. 59 ff. Dort ist exemplarisch das Unternehmenszielsystem der Stadtwerke Hannover abgedruckt. Als Zielsystem läßt sich nur ein sehr abstraktes Leitbild erkennen.
Als Ursachen für das vorhandene Vakuum bei der Zielvorgabe sieht die Gesellschaft für öffentliche Wirtschaft ein unzureichendes Selbstverständnis der öffentlichen Wirtschaft innerhalb der Marktwirtschaft, die mangelnde Klarheit über Art und Weise der vorzugebenden Ziele sowie die Angst der (Kommunal-) Politiker an, auf diese festgelegt zu werden.

943 Mangelnde und unpräzise Zielvorgaben seitens der kommunalen Anteilseignerin im Vergleich zu Privatunternehmen werden in der Literatur häufig als eine der Hauptursachen für die weniger gute Ertragsentwicklung in Gemeinschaftsunternehmen, bestehend aus kommunalen und nicht-kommunalen Anteilseignern, genannt, vgl. D. Bös u. F. Schneider, [Gemeinschaftsunternehmen], 1996, S. 143. Deshalb ist die gemischt-wirtschaftliche Unternehmung seit jeher auf Kritik gestoßen, vgl. H. Hirsch u. G. Püttner, [Gedanken], 1976, S. 466.
Anderer Auffassung ist F. Schneyer, [Besonderheiten], 1997, S. 227 ff. Demnach lassen sich aus kennzahlenbasierten Unternehmensgruppenvergleichen keine Rückschlüsse auf grundlegende Unterschiede in der Geschäftspolitik börsennotierter rein-privater und gemischt-wirtschaftlicher Unternehmen ziehen. Die öffentlichen Interessen spiegeln sich in den Jahresabschlüssen „gemischt-wirtschaftlicher" börsennotierter Aktiengesellschaften (Kennzahlen 1988-1993) nicht erkennbar wider.

944 Zur Bedeutung des Unternehmensgegenstandes bei Kapitalgesellschaften vgl. auch J. Tieves, [Unternehmensgegenstand], 1998.

Konkretisierung der Zielvorgaben für kommunale Unternehmen führt dies dazu, daß dem Vorstand des kommunalen Unternehmens die Aufgabe zufällt, den unpräzisen kommunalpolitischen Auftrag in betriebliche Ziele umzusetzen[945].

Insoweit bestehen ökonomische Risiken, falls keine klaren Zielformulierungen bzw. -vorgaben in den Unternehmenssatzungen enthalten sind. Zielunklarheiten führen zu Informationsasymmetrien innerhalb des Unternehmens und damit zu Kosten eines ungewollten opportunistischen Verhaltens einzelner Anspruchsgruppen. Zusätzlich bieten wachsende Informationsasymmetrien dem unternehmensleitenden Vorstand die Möglichkeit, eigene Interessen unbemerkt auch dann zu verfolgen, wenn sie sich gegen die Ziele des Unternehmens bzw. gegen die Interessen des kommunalen und der nicht-kommunalen Anteilseigner sowie anderer Anspruchsgruppen richten[946].

Im Vergleich zur Eigengesellschaft hat der Vorstand einer kommunalen gemischtwirtschaftlichen Aktiengesellschaft zusätzlich die Interessen renditeorientierter, nicht-kommunaler Aktionäre zu berücksichtigen. Sowohl institutionelle Investoren als auch private Anleger werden nur dann bereit sein, ihr Kapital der Gesellschaft zur Verfügung zu stellen, wenn der unternehmensleitende Vorstand sie davon überzeugen kann, daß durch die vorgenommene Geschäfts- und Investitionspolitik des Unternehmens zukünftig Ertragssteigerungen erzielt werden können und dadurch eine Erhöhung des Shareholder Value für die Aktionäre (ausgedrückt in einem nachhaltigen Anstieg des Börsenkurses nebst ausgeschütteter Dividende) erzielt werden kann. Insofern nimmt der Druck zur wirtschaftlichen Aufgabenerfüllung durch die Renditeerwartungen der nicht-kommunalen Anteilseigner auf den Vorstand zu. Um die langfristigen Erwartungen der nicht-kommunalen Investoren nicht zu enttäuschen, kommt für den Vorstand eines börsennotierten Unternehmens erschwerend hinzu, daß über die Börse täglich ein Marktwert für das Unternehmen festgestellt wird, der nicht notwendigerweise mit dem theoretisch ermittelten Wert des Unternehmens übereinstimmen muß. Dies kann dazu führen, daß durch kurzfristig angelegte spektakuläre Aktionen spekulativer Anleger[947], die ausschließlich auf kurzfristige Gewinnchancen setzen, Marktpreisänderungen an der Börse ausgelöst werden, die die langfristige Ertragskraft des kommunalen Unternehmens nachteilig beeinflussen können und damit langfristig orientierte nicht-kommunale Anleger auf diese Weise von einem Investment in das kommunale Unternehmen ferngehalten werden.

Fallende Aktienkurse sind zudem mit größeren Schwierigkeiten bei einer beabsichtigten Außenfinanzierung verbunden. Falls das kommunale Unternehmen eine Erhöhung des Eigenkapitals beabsichtigt bzw. weitere Anteile des Unternehmens privatisieren will, kann es dies nur zu deutlich ungünstigeren Konditionen durchsetzen. Kommunal beherrschte Versorgungsunternehmen in der Rechtsform der Aktiengesellschaft stehen somit im Spannungsfeld zwischen der Umsetzung kommunalpolitischer Ziele und den finanziellen Interessen der nicht-kommunalen Anteilseigner[948], wobei die Gruppe der nicht-kommunalen Aktionäre in kommunalen Unternehmen eine absolute Sonderstellung einnimmt. Die Tatsache, daß die Rechtsform der Aktiengesellschaft auf Unternehmen zugeschnitten sind, deren primäres Ziel

945 Vgl. U. Kirchhoff, [Managementverhalten], 1983, S. 6 ff. u. S. 42 ff.

946 Vgl. die Ausführungen bei D. Bös u. F. Schneider, [Gemeinschaftsunternehmen], 1996, S. 144 f.

947 Bspw. durch getätigte Leerverkäufe.

948 Auf diesen besonderen Interessenkonflikt wird bereits im Verkaufsprospekt/Zulassungsprospekt zur Börseneinführung der Mannheimer MVV Energie AG hingewiesen, vgl. Verkaufsprospekt/Börsenzulassungsprospekt der MVV Energie AG, Mannheim, v. 01.03.1999, S. 29.

Rechtsform der Aktiengesellschaft auf Unternehmen zugeschnitten sind, deren primäres Ziel nicht die Umsetzung kommunalpolitischer Aufgaben, sondern die Gewinnmaximierung im Rahmen des Wettbewerbs ist, hat prinzipielle kritische Stimmen gegen die Verwendung dieser Rechtsform im kommunalwirtschaftlichen Bereich immer wieder laut werden lassen[949].

6.1.2. Gesellschafts- und kommunalrechtliche Besonderheiten der Organe in kommunal beherrschten börsennotierten Versorgungsunternehmen

6.1.2.1. Institutionelle Besonderheiten auf der Ebene des Vorstands

Die vorhandenen Zielkonflikte werden in den Organen der Aktiengesellschaft ausgetragen. Da die Unternehmensführung in den Händen des Vorstands liegt, ist die kommunale Mehrheitsgesellschafterin über den Aufsichtsrat bestrebt, den Vorstand mit Vertretern ihrer Interessen zu besetzen[950]. Eine solche Einflußnahme auf die Unternehmensführung widerspricht der im Aktienrecht bestehenden Verpflichtung der Mitglieder der Gesellschaftsorgane Vorstand und Aufsichtsrat, ihr Amt unabhängig und eigenverantwortlich wahrzunehmen. Auch widerspricht ein solches Verhalten den Interessen der nicht-kommunalen Aktionäre. Diese sind daran interessiert, daß die Führung des Unternehmens durch „Unternehmerpersönlichkeiten“ aus dem nicht-kommunalen Umfeld ausgeübt wird, einhergehend mit einer „Entpolitisierung“ des laufenden Geschäftsbetriebes und einer kaufmännischen Beweglichkeit der Unternehmensführung[951]. In der kommunalen Praxis halten sich die Kommunen jedoch nicht an die zwingenden Vorgaben des Aktienrechts. Zur Durchsetzung ihrer kommunalpolitischen Interessen versuchen sie Einfluß - insbesondere durch bindende Weisungen - auf „ihre“ Mitglieder in den einzelnen Gesellschaftsorganen auszuüben. So hatte die Freie und Hansestadt Hamburg, seinerzeit Mehrheitsaktionärin der börsennotierten HEW AG[952], des öfteren versucht, massiven Einfluß auf den Vorstand der HEW AG zu nehmen, um den Ausstieg aus der Kernenergie und den Einsatz sog. „ressourcenschonender und umweltfreundlicher Techniken“

949 Vgl. dazu P.A. Windel, [Festlegung], 1999, S. 55 u. H. Cox, [juristische Person], 1992, S.17.

950 Gesellschaftsrechtlich hat die Kommune als Mehrheitsaktionärin keinen direkten Zugriff auf die Besetzung des Vorstands. Der Aufsichtsrat bestellt die Vorstandsmitglieder
(§ 84 Abs. 1 S. 1 AktG). Insofern gibt es keine Vorschlags- oder Entsendungsrechte einzelner Aktionäre, jedoch ist eine gewisse Einflußnahme möglich, da das AktG die statutarische Aufstellung von abstrakten Voraussetzungen, denen ein Vorstandsmitglied entsprechen muß (bspw. nur Angehörige einer bestimmten Familie bei Familienaktiengesellschaften) erlaubt. Eine solche Klausel muß allerdings durch den Gesellschaftszweck gerechtfertigt sein. Insofern wäre es nicht zulässig, als Bestellungskriterium zu bestimmen, daß das Vorstandsmitglied die Zustimmung des Stadt- bzw. Gemeinderates haben muß, vgl. U. Hüffer, [Aktiengesetz], 1997, §§ 23 Rn. 38 u. 76 Rn. 26.

951 Durch die Einflußnahmemöglichkeit der kommunalen Mehrheitsaktionärin auf die Besetzung der Aufsichtsratsmitglieder spielten in der Vergangenheit bei der Bestellung des Vorstands von kommunalen Unternehmen regelmäßig sachfremde Erwägungen eine Rolle, bspw. die Absicht, verdienten (Kommunal-)Politikern und kommunalen Beamten einen Vorstandsposten zu verschaffen. Dies wird in der Literatur wiederholt betont, vgl. u.a.
W. Büchner, [rechtliche Gestaltung], 1982, S. 189 u. 199 bzw. G. Nesselmüller, [Einwirkungsmöglichkeiten], 1977, S. 33.

952 Das Grundkapital der HEW wurde zu dieser Zeit in Höhe von 71,40 % von der Hamburgischen Gesellschaft für Beteiligungsverwaltung gehalten, deren Alleingesellschafterin die Freie und Hansestadt Hamburg war. 28,6 % der Aktien befanden sich im Eigentum von einigen institutionellen Anlegern und rund 18.000 Streuaktionären, vgl. Ch.E. Decher, [Loyalitätskonflikte], 1990, S. 278.
Der Beteiligungsanteil der Freien und Hansestadt Hamburg hat sich in der Zwischenzeit reduziert, vgl. Commerzbank [wer gehört zu wem], 1997, S. 449.

über eine Satzungsänderung zu erreichen[953]. Die Freie und Hansestadt Hamburg besaß jedoch keine rechtlich gesicherte Möglichkeit, auf die Geschäftsführung der HEW AG entscheidenden Einfluß zu nehmen. Zudem ist der Vorstand einer Aktiengesellschaft ebenso verpflichtet, die schutzwürdigen Interessen der Minderheitsaktionäre[954] zu vertreten.

Zwar erleben die Vorstände nicht-kommunaler, ausschließlich erwerbswirtschaftlich orientierender, börsennotierter Unternehmen ebenfalls Konfrontationen mit ihren Anteilseignern und deren Vertretern. Letztlich ist aber ein steigender Börsenkurs gemeinsame Zielsetzung. Und dies verbindet in der Regel um so mehr, je stärker der Vorstand am Eigenkapital des Unternehmens bzw. am erzielten Gewinn beteiligt ist. Dagegen steht der Vorstand, faktisch das Ausführungsorgan der Interessen der kommunalen Mehrheitsgesellschafterin, in kommunalen gemischt-wirtschaftlichen Versorgungsunternehmens im Schnittfeld mehrerer Handlungsweisen[955]:

Primär dient er der Erfüllung der von dazu legitimierten kommunalen Organen erkorenen kommunalpolitischen Zielsetzungen. Dabei geht es darum, generelle und spezielle Gesetze und Verordnungen anzuwenden und die Ziele des kommunalen Trägers zu verfolgen. Dazu bedarf der Vorstand eines kommunal beherrschten börsennotierten Versorgungsunternehmens spezieller Kenntnisse der politischen und administrativen Strukturen und Prozesse in seiner Gebietskörperschaft und über sie hinaus in übergeordneten (Aufsichts-, Genehmigungs- und Prüfungs-)Gremien bis hin zu den gesetzgebenden Instanzen des betreffenden Bundeslandes und des Bundes. Loyalität zur Kommune und Identifikation mit den Zielvorstellungen der Kommune determinieren seine Handlungsweise. Zudem muß der Vorstand mit Institutionen und Personen der Trägerin eng kooperieren, im einzelnen mit Stadt- und Gemeinderäten bzw. Stadtrats- und Gemeinderatsausschüssen, mit der Beteiligungsverwaltung der Kommune und anderen zuständigen Ressorts, Referaten, Dezernaten oder Ämtern.

Andererseits leitet der Vorstand eines gemischt-wirtschaftlichen börsennotierten Kommunalversorgers organisatorisch und finanzwirtschaftlich getrennte Wirtschaftseinheiten mit eigener Entscheidungskompetenz und Kapitalausstattung samt Unternehmens- bzw. Wirtschaftsplanung, kaufmännischer Buchführung und Rechnungslegung. Dabei müssen trotz des regulierten bedarfswirtschaftlichen (Gebühren- und Tarif-)Preissystems[956] die Kosten aus den Umsatzerlösen gedeckt bzw. muß unten Nebenbedingungen eine Renditeoptimierung des eingesetzten Kapitals der nicht-kommunalen Anteilseigner erzielt werden, damit sich nicht-kommunale Anteilseigner an dem Börsengang des kommunalen Unternehmens beteiligen.

Im Rahmen der Unternehmensführung hat der Vorstand eines kommunal beherrschten börsennotierten Versorgungsunternehmens entsprechend der Branchenzugehörigkeit (hier: Ener-

---

953 Vgl. M. Dreher, [Kompetenz], 1991, S. 351 (insbesondere Fn. 6).

954 Als Minderheitsaktionäre werden im Rahmen dieser Arbeit die Gruppe der Anteilseigner verstanden, die weniger als 50 % der Stimmrechte vereinigen.

955 Vgl. dazu W. Büchner, [rechtliche Gestaltung], 1982, S. 162 f.

956 Die kommunalen Versorgungsunternehmen haben bzgl. ihrer preispolitischen Überlegungen haben staatliche Vorschriften zu beachten. Die Tarifpreise für Elektrizität (Tarifgleichheit für Haushalte, Landwirtschaft und Gewerbe) unterliegen der staatlichen Bindung. Die Preise der sonstigen Versorgungsgüter wie bspw. Wasser oder Gas werden von den Versorgungsunternehmen bestimmt, wobei die Kommune als Trägerkörperschaft die Verantwortung trägt, dabei jedoch der Aufsicht der Kartellbehörden unterliegt. Insofern sind der Preisgestaltung nach oben Grenzen gesetzt bzw. Preisbindungen beschränken die Umsatzerlöse und damit die Möglichkeiten, Gewinne zu erzielen, vgl. dazu P. Münch, [Versorgungsunternehmen], 1986, S. 125 u. 129 bzw. W. Niopek, [Innovationsverhalten], 1986, S. 113.

giewirtschaft), der Rechtsform oder der Größe (z.B. nach den Kriterien des Publizitätsgesetzes) des Unternehmens dabei dieselben Gesetze und Verordnungen zu berücksichtigen wie der Vorstand einer rein-privaten börsennotierten Aktiengesellschaft. Des weiteren unterliegen kommunal beherrschte Versorgungsunternehmen unternehmensexternen und –internen Bindungen. Zu nennen sind von ihrer Trägerin ausgehende gesellschaftsrechtliche Einflüsse wie bspw. die Vorgabe einer Satzung mit umfangreichen zustimmungsbedürftigen Geschäften seitens des Aufsichtsrats i.S. des § 111 Abs. 4 S. 2 AktG, personelle Einflüsse wie z.B. die Besetzung des Aufsichtsrats mit Abgeordneten respektive Stadt- oder Gemeinderäten oder Ministerialbeamten bzw. anderen Verwaltungsangehörigen, und finanzielle Einflüsse wie bspw. die Abgeltung gemeinwirtschaftlicher Leistungen wie die Sicherstellung der Versorgung der Bevölkerung in – unter Ertragsgesichtspunkten - unrentablen Randgebieten.

Das obige Beispiel um den geplanten Ausstieg aus der Kernenergie eignet sich insbesondere zur Darstellung einer Interessenkollision zwischen kommunalen und nicht-kommunalen Aktionären. Wie oben dargestellt, hatte die Freie und Hansestadt Hamburg als Mehrheitsaktionärin versucht, den zügigen Verzicht auf den Einsatz von Kernenergie bei der HEW AG durchzusetzen. Die HEW AG erzeugte elektrische Energie zu mindestens 79 % aus Kernkraftwerken. Bei einem mittelfristigen Ausstieg (Stillegung innerhalb der nächsten 10 Jahre) hätte der Bilanzverlust der Gesellschaft mehrere Milliarden DM betragen, während als Folgen eines Sofortausstieges aus der Kernenergie in dem betroffenen Jahr ein Verlust von 2,5 Milliarden DM entstanden wäre und eine Überschuldung mit anschließendem Konkurs der Gesellschaft zur Folge gehabt hätte[957]. Die nicht-kommunalen Minderheitsaktionäre, die nicht bereit waren, eine solche Entwicklung hinzunehmen, hatten sich in diesem Fall mit Erfolg dagegen gewehrt. Ob derartige Abwehrmaßnahmen der nicht-kommunalen Anteilseigner in jedem Fall erfolgreich sind, hängt aufgrund der in der Vergangenheit gemachten Erfahrungen auch von der Standfestigkeit des Vorstands ab.

Bevor nunmehr - aufgrund des deregulierten Strommarktes in der Energiewirtschaft - auf die Folgen für die kommunalen Versorgungsunternehmen eingegangen wird, ist zu einem genaueren Verständnis explizit sowohl auf weitere gesellschaftsrechtliche als auch kommunalrechtliche Besonderheiten in kommunal beherrschten börsennotierten Versorgungsunternehmen hinzuweisen. Dies ist von besonderem Interesse, da bei der Durchsetzung kommunalpolitischer Zielsetzungen im Verhältnis zu einer mehrheitlich in ihrer Hand befindlichen Aktiengesellschaft aus Sicht der Kommune gesellschaftsrechtliche mit kommunalverfassungsrechtlichen Normen kollidieren[958], die die Einflußnahmemöglichkeiten auf die Gesellschaftsorgane Vorstand und Aufsichtsrat teilweise unterschiedlich regeln. Rechtliche Normenkollisionen können Auswirkungen auf Konfliktsituationen zwischen dem Vorstand und der kommunalen Mehrheitsgesellschafterin zur Folge und insoweit auch finanziellen Einbußen für die nicht-kommunalen Anteilseigner haben .

957 Diese Zahlen beruhen auf einem Gutachten des Deutschen Instituts für Wirtschaftsforschung (DIW) vom Juli 1988, wiedergegeben im Beschluß des LG Hamburg vom 15.09.1989, S. 19.

958 Juristisch ist der Vorrang des Gesellschaftsrechts als Bundesrecht gegenüber dem Landesgesetzgeber im Bereich des Kommunalrechts unbestritten, statt vieler vgl. R. Schmidt, [Übergang], 1996, S. 350 f. u. S. 362.

6.1.2.2. Die Zusammensetzung der Hauptversammlung

Die personelle Besetzung der Organe der kommunalen Aktiengesellschaft obliegt, soweit im Gesetz nichts anderes geregelt ist, grundsätzlich den Eigentümern der Gesellschaft. Dies betrifft zunächst einmal die *personelle Besetzung* der *Hauptversammlung*. Da eine kommunale Gebietskörperschaft als solche nicht selber handeln kann, sind hierfür Vertreter der Kommune zu bestellen. In den Gemeindeordnungen der Bundesländer ist die Vertretung der Kommunen in der Hauptversammlung unterschiedlich geregelt. Die kommunalrechtlichen Regelungen lassen sich dabei grob in zwei Gruppen einteilen[959]. Vor allem in Baden-Württemberg, Hessen und Rheinland-Pfalz wird direkt in der Gemeindeordnung bestimmt, wer das Stimmrecht für die Kommune ausübt. In diesen Ländern ist in erster Linie der Hauptverwaltungsbeamte oder ein von ihm bestimmter Vertreter vertretungsbefugt[960]. Der Stadt- bzw. Gemeinderat kann jedoch weitere Vertreter wählen[961]. Im Gegensatz dazu werden in Nordrhein-Westfalen, Schleswig-Holstein und Niedersachsen die Vertreter der Kommune vom Stadt- bzw. Gemeinderat gewählt[962].

Dem Stadt- bzw. Gemeinderat steht nach den sachlich übereinstimmenden Regelungen in den Kommunalgesetzen einiger Bundesländer (u.a. §§ 111 Abs. 1 S. 2 NGO, 113 Abs. 1 GO NRW) ein Weisungsrecht gegenüber seinen Vertretern in der Hauptversammlung, unabhängig, ob als Ratsmitglied oder als (Haupt-)Verwaltungsbeamter, zu. Diese kommunalverfassungsrechtliche Bindung führt zusammen mit der Verpflichtung, jederzeit auf Beschluß des Stadt- bzw. Gemeinderates das Mandat niederlegen zu müssen, dazu, daß die Vertreter der kommunalen Gebietskörperschaft in der Hauptversammlung kein freies Mandat ausüben, sondern rechtlich an die Weisungsvorgaben des Stadt- bzw. Gemeinderates gebunden sind. (Gesellschafts-)rechtliche Bedenken gegen die Zulässigkeit dieser Weisungsgebundenheit von kommunalen Vertretern in der Hauptversammlung bestehen nicht[963].

Gemäß § 118 Abs. 1 AktG üben die kommunalen bzw. nicht-kommunalen Anteilseigner „ihre Rechte in den Angelegenheiten der Gesellschaft in der Hauptversammlung aus, soweit das Gesetz nichts anderes bestimmt". Das Hauptversammlungsorgan, das gewöhnlich nur einmal im Geschäftsjahr einberufen wird, und dessen Willensbildung die Kommune maßgeblich steuern kann, ist grundsätzlich vom laufenden Geschäftsbetrieb durch den Gesetzgeber ausgeschlossen (§§ 119 Abs. 2, 172 ff. AktG), während der Vorstand, welcher primär für die Unternehmensführung und Umsetzung der kommunalpolitischen Zielsetzungen zuständig ist, dem unmittelbaren Einfluß der Hauptversammlung entzogen ist. Ob allerdings der kommunalen *Mehrheitsaktionärin* über das Organ der Hauptversammlung eine wirksame Einfluß-

---

959 Vgl. hierzu G. Püttner, [Vertretung], 1986, S. 748-753.

960 Damit sind parteipolitische Querelen in der Hauptversammlung von vorneherein ausgeschlossen.

961 Vgl. §§ 105 Abs. 1 GO BW, 88 Abs. 1 GO RhPf, 125 Abs. 1 S. 1 GO Hessen.

962 §§ 55 Abs. 2 GO NW, § 104 Abs. 1 GO SchlH, 111 Abs. 1 Nds. GO.
Wenn mehrere Vertreter zu entsenden sind, sind folgende Regelungen zu beachten. Sofern das Verhältniswahlrecht (Interne Zusammensetzung stellt ein Spiegelbild der Stärke der politischen Fraktionen in der Kommune dar) - wie in Niedersachsen und Nordrhein-Westfalen - zur Anwendung kommt, birgt dies eine besondere Konfliktsituation und die Gefahr der Verlagerung von Parteistreitigkeiten in die Hauptversammlung der gemischt-wirtschaftlichen Aktiengesellschaft. Demgegenüber sichert das Mehrheitsprinzip (es befinden sich nur Vertreter der politischen Ratsmehrheit in der Hauptversammlung) die einheitliche Stimmabgabe in der Hauptversammlung, vgl. hierzu A. Pfeifer, [Steuerung], 1990, S. 112 ff.

963 Vgl. Th. Koch, [Status], 1994, S. 154.

nahme auf Geschäftsführungsmaßnahmen und auf unternehmerische Entscheidungen der kommunalen Aktiengesellschaft möglich ist, hängt auch von weiteren Befugnissen ab, die diesem Organ eingeräumt werden können[964]. Der vom Aktiengesetz vorgenommenen Zuständigkeitsverteilung auf Vorstand, Aufsichtsrat und Hauptversammlung steht nicht entgegen, daß Entscheidungen zur Geschäftsführung ausnahmsweise in den Kompetenzbereich der Hauptversammlung fallen können („Grundlagenzuständigkeit")[965]. In dieser aber nur begrenzten Teilhabe der Hauptversammlung an Unternehmensentscheidungen kommt zum Ausdruck, daß das Leitungsorgan der Aktiengesellschaft seine Aufgaben in weitgehender Unabhängigkeit von den Anteilseignern eigenverantwortlich wahrzunehmen hat, der Vorstand insbesondere nicht den Weisungen der Hauptversammlung unterworfen ist.

Für die kommunale gemischt-wirtschaftliche börsennotierte Unternehmung ist maßgeblich, daß gesellschaftsrechtlich der Schwerpunkt aufgrund der konzentrierten Anteilsmehrheit der Kommune auf das von der Hauptversammlung gewählte Aufsichtsorgan verlagert wird. Insofern hat der Aufsichtsrat eine „Schlüsselstellung" in der kommunalen gemischtwirtschaftlichen Gesellschaft[966]. Eine Rückbindung der Kommunalverwaltung an die Unternehmensführung ist primär über den Aufsichtsrat möglich. Insofern besitzen die kommunalen Anteilseigner über den Aufsichtsrat - im Hinblick auf die Unternehmensführung in gemischtwirtschaftlichen Aktiengesellschaften - mittelbare Einflußmöglichkeiten[967]. Damit stellt sich die Frage, ob und inwiefern das Defizit der Hauptversammlung zur Einflußnahme auf den Vorstand durch eine Einflußnahme auf den Aufsichtsrat ausgeglichen werden kann.

In der Hauptversammlung können der Hauptverwaltungsbeamte bzw. die gewählten Vertreter des Stadt- oder Gemeinderates als Repräsentanten der kommunalen Mehrheitsaktionärin den Aufsichtsrat mit Anteilseignervertretern ihrer Wahl besetzen und dadurch – zumindest mittelbar – auch Einfluß auf die Zusammensetzung des Vorstands nehmen.

6.1.2.3. Die Zusammensetzung des Aufsichtsrates

Bezüglich der personellen Besetzung des Aufsichtsrates ist für kommunale gemischtwirtschaftliche Aktiengesellschaften zwischen Unternehmen zu unterscheiden, die dem Betriebsverfassungsgesetz von 1952 unterliegen und Unternehmen, für das Mitbestimmungsgesetz von 1976 gilt. Sofern die Aktiengesellschaft weniger als 2000 Arbeitnehmer beschäftigt, unterliegt die Zusammensetzung des Aufsichtsrates dem Betriebsverfassungsgesetz von 1952. Danach ist ein Drittel der Mitglieder aus dem Kreis der Arbeitnehmer zu stellen (§ 76 Abs. 1 BetrVG 1952)[968]. Bei Aktiengesellschaften mit mehr als 2000 Mitarbeitern unterliegt das Unternehmen dem Mitbestimmungsgesetz von 1976, wonach der Aufsichtsrat nach § 7 Abs. 2

---

964 Zu den Rechten der Hauptversammlung einer Aktiengesellschaft, vgl. Abschnitt 2.2.4.2.1.

965 Außer bei Grundlagenentscheidungen kann die Hauptversammlung nur entscheiden, wenn der Vorstand gemäß §§ 119 Abs. 2, 111 Abs. 4 S. 3 AktG die Angelegenheit der Hauptversammlung zur Beschlußfassung vorlegt.

966 Vgl. statt vieler P. Eichhorn, [Geschäftspolitik], 1968, S. 280.

967 Vgl. auch F. Engellandt, [Einflußnahme], 1995, S. 139.

968 Da kommunale Versorgungsunternehmen, die für ein Going Public in Frage kommen, i.d.R. weniger als 2000 Mitarbeiter haben (bspw. die MVV Energie AG), ist für sie das BetrVG von 1952 maßgebend. Die MVV Energie AG zählt mit rund 1800 Mitarbeitern schon zu einem der zehn größten von insgesamt 930 kommunalen und regionalen Versorgungsunternehmen in Deutschland, vgl. o.V., [Kommunaler Versorger], 1999, S. 16.

MitbestG 1976 paritätisch mit Mitgliedern der Belegschaft und Vertretern der Anteilseigner zu besetzen ist.

Das kommunalverfassungsrechtliche Weisungsrecht des Stadt- bzw. Gemeinderates gegenüber den *gewählten* Aufsichtsratsmitgliedern gilt nur im Innenverhältnis, während sich im Außenverhältnis die Rechte und Pflichten der Aufsichtsmitglieder ausschließlich nach aktienrechtlichen Vorschriften richten[969]. Insofern sind die gewählten kommunalen Anteilseignervertreter im Aufsichtsrat an Weisungen der kommunalen Mehrheitsaktionärin bzw. an Weisungen der Hauptversammlung[970] im Außenverhältnis nicht gebunden[971], mit der Folge, daß Entscheidungen des Aufsichtsrates wirksam sind, wenn die Vertreter der Mehrheitsgesellschafterin gegen eine Weisung des Stadt- bzw. Gemeinderates gestimmt haben.

Die Kommunen, sofern sie sich an einer Aktiengesellschaft beteiligen, sind wie sonstige Aktionäre den Vorschriften des Aktienrechts unterworfen, sofern das Gesetz nicht ausnahmsweise für sie oder ihre Vertreter in den Organen etwas anderes bestimmt[972]. Exemplarisch ist hier die Einschränkung der Verschwiegenheitspflicht gemäß § 394 Abs. 1 AktG für solche Aufsichtsratsmitglieder zu nennen, die „auf Veranlassung einer Gebietskörperschaft in den Aufsichtsrat gewählt oder entsandt worden sind". Daß aus kommunalrechtlichen Vorschriften über Weisungsbefugnisse der kommunalen Mehrheitsgesellschafterin nicht auf ein unmittelbares aktienrechtliches Bestellungsrecht des Vorstands geschlossen werden kann, erklärt sich auch daraus, daß der Gesetzgeber in § 101 Abs. 2 S. 1 AktG gerade mit Blick auf gemischtwirtschaftliche Unternehmen die Möglichkeit geschaffen hat, eine Befugnis einzelner Aktionäre zur *Entsendung von Aufsichtsratsmitgliedern* in der Satzung zu verankern[973], es an einer entsprechenden Bestimmung für den Vorstand jedoch fehlt.

Aktienrechtlich können insofern von der Hauptversammlung *gewählte* kommunale Aufsichtsratsmitglieder nicht daran gehindert werden, die dem Aufsichtsrat obliegenden Aufgaben und damit die Belange der Gesellschaft mit der Sorgfalt eines ordentlichen und gewissenhaften Geschäftsmanns zu wahren. Gewählten Mitgliedern des Aufsichtsrates obliegt die eigenverantwortliche Wahrnehmung ihrer Aufgaben. Sie müssen sich insbesondere Weisungen der Hauptversammlung oder eines Mehrheitsaktionärs nicht unterwerfen.

Allerdings ist zweifelhaft, ob nicht zumindest diejenigen Aufsichtsratsmitglieder, die eine kommunale Gebietskörperschaft gemäß § 102 Abs. 2 S. 1 AktG in den Aufsichtsrat *entsenden* kann[974], im Außenverhältnis an Weisungen des Entsenders gebunden sind. Nach überwiegender Ansicht sind bindende Weisungen eines Aktionärs an ein von ihm entsandtes Aufsichtsratsmitglied unzulässig, da auch ein entsandtes Aufsichtsratsmitglied im Außenverhältnis das Interesse der Gesellschaft wahrnehmen muß, ohne an Weisungen des Entsendungsberechtig-

---

969 Vgl. J. Müller, [Wahl], 1997, S. 174.

970 Hier ist an Wunschkandidaten der Hauptversammlung für die Bestellung der Vorstandspositionen zu denken.

971 Vgl. auch U. Noack, [Fragen], 1995, S. 380.

972 Vgl. auch Th. Koch, [Status], 1994, S. 157. Insofern hat der Bundesgesetzgeber mit dem AktG von 1965 eine abschließende Regelung des Innenrechts der Aktiengesellschaften geregelt, die Sonderbestimmungen für kommunale Gebietskörperschaften nur in sehr begrenztem Maße enthält.

973 Vgl. auch Ch.E. Decher, [Loyalitätskonflikte], 1990, S. 280.

974 Die Stadt Mannheim hat zwei Personen - unter Anrechnung auf die von der Hauptversammlung zu wählenden Aufsichtsratmitglieder - in den Aufsichtsrat entsandt, vgl. Verkaufsprospekt/ Börsenzulassungsprospekt der MVV Energie AG, Mannheim, v. 01.03.1999, S. 24.

ten gebunden zu sein. Insofern bestehen für entsandte Aufsichtsratsmitglieder ebenfalls eine vorrangige Verpflichtung auf die unternehmerischen Belange des Kommunalversorgers[975].

Vorgetragene Bedenken gegen diese Auffassung dürften jedoch kaum praktische Auswirkungen haben, denn die kommunale Mehrheitsgesellschafterin hat das Recht, jederzeit die Abberufung der *entsandten* Vertreter zu verlangen, wenn sie ihren Weisungen nicht nachkommen (u.a. § 113 Abs. 1 S. 3 GO NRW)[976]. Insoweit wird ein Entsender in tatsächlicher Hinsicht regelmäßig durchsetzen können, daß sich die von ihm entsandten Aufsichtsratsmitglieder nach Maßgabe seiner Vorstellungen verhalten[977]. Insofern werden mit der Befugnis zur Entsendung von Aufsichtsratsmitgliedern einer Mehrheitsaktionärin zugleich auch Möglichkeiten einer Einflußnahme auf das Geschehen im Aufsichtsrat gegeben.

Zu berücksichtigen ist jedoch, daß nach § 101 Abs. 2 S. 4 AktG die Satzung Entsendungsrechte nur für höchstens ein Drittel der von den Anteilseignern zu bestimmenden (bzw. wählenden) Aufsichtsratsmitgliedern einräumen kann[978]. Dadurch eröffnet dieses Entsendungsrecht der Mehrheitsgesellschafterin in tatsächlicher Hinsicht keinen höheren Einfluß auf die Besetzung des Aufsichtsrates. Denn eine über die Stimmenmehrheit verfügende Aktionärin wird ohnehin regelmäßig durchsetzen können, daß sich die Gruppe der von den Aktionären zu wählenden Aufsichtsratsmitgliedern nach ihren Vorstellungen zusammensetzt, da hierfür gemäß § 133 Abs. 1 AktG die einfache Stimmenmehrheit eines Aktionärs in der Hauptversammlung ausreichend ist, sofern nicht die Satzung gemäß § 133 Abs. 2 AktG für die Wahl der Aufsichtsratsmitglieder zusätzliche Erfordernisse aufstellt.

Aufgrund des Rechtes, die Auswahl der Aufsichtsratsmitglieder entscheidend zu beeinflussen, wird die an einer Aktiengesellschaft mehrheitlich beteiligte kommunale Mehrheitsaktionärin zumindest faktisch wesentlichen Einfluß auf die Entscheidungen des Aufsichtsrates (und insofern auch auf die Zusammensetzung und Unternehmensentscheidungen des Vorstandes[979]) nehmen können. Dies gilt insbesondere, wenn der Vorsitzende des Aufsichtsrates zudem ein Mitglied des Stadt- bzw. Gemeinderates ist.

Die Durchsetzbarkeit kommunalpolitischer Zielvorstellungen der kommunalen Mehrheitsgesellschafterin kann dennoch durch die tatsächliche Zusammensetzung des Aufsichtsrats - entgegen den gesellschafts- und kommunalrechtlichen Möglichkeiten - bedingt erschwert werden, wenn im Aufsichtsrat des gemischt-wirtschaftlichen Unternehmens nicht nur zwei Interessenrichtungen auftreten, sondern drei: a) Vertreter der kommunalen Verwaltung, b)

---

975 Vgl. auch hierzu C. Kemmel, [Steuerungsmöglichkeiten], 1994, S. 61.

976 Diese kommunalrechtliche Regelung ist auch aktienrechtlich wirksam. Von der Kommune entsandte Aufsichtsratsmitglieder (§ 101 Abs. 2 S. 1 AktG) können jederzeit nach § 103 Abs. 2 S. 1 AktG abberufen oder durch ein anderes Aufsichtsratsmitglied ersetzt werden.

977 Dieser Verhaltenskodex wird in der Praxis immer wieder beobachtet. So war in der Presse von Versuchen der SPD zu lesen, den von der Partei beschlossenen Ausstieg aus der Kernenergie u.a. auch in den gemischt-wirtschaftlichen Unternehmen durchzusetzen. Zu diesem Zweck hatte der ehemalige nordrhein-westfälische SPD-Fraktionsvorsitzende Farthmann einen Brief an die sozialdemokratischen Mitglieder im Verband kommunaler Aktionäre der RWE AG, in dem die öffentlichen Anteilseigner ihren Anteil seinerzeit von 30,6 % am Grundkapital von RWE gebündelt hatten, gerichtet. Dabei soll er für den Fall eines nicht parteikonformen Verhaltens mit der Abberufung aus dem Aufsichtsrat oder sogar mit einem Parteiausschluß gedroht haben, vgl. U. Schulte-Döninghaus, [Tünnesse], 1998, S. 20 ff.

978 Folglich ist der Anteil der Gruppe der entsandten Aufsichtsratsmitglieder an der Gesamtzahl der Mitglieder des Aufsichtsrates davon abhängig, ob das Unternehmen der Mitbestimmung nach dem BetrVG 1952 oder nach dem MitbestG 1976 unterliegt.

979 Vgl. auch J. Beckert, [Effizienzvergleich], 1990, S. 163.

Vertreter der Arbeitnehmer[980] und c) Nicht-kommunale Vertreter, um zumindest nach außen formal vorzugeben, daß die Interessen nicht-kommunaler Anteilseigner berücksichtigt werden.

Gesellschaftsrechtlich gesicherte Möglichkeiten, auf die Entscheidungen des Vorstandes bzw. Aufsichtsrates einer Aktiengesellschaft Einfluß zu nehmen, besitzt die kommunale Mehrheitsgesellschafterin - bis auf die Wahl oder Entsendung der *nicht* von den Arbeitnehmern zu wählenden Aufsichtsratsmitgliedern - jedoch keine. Aus betriebswirtschaftlicher Sicht ist aber die faktische Konstellation entscheidend, da sowohl die Mitglieder des Aufsichtsrates als auch des Vorstandes sich den Zielvorstellungen der kommunalen Mehrheitsgesellschafterin nicht verschließen können.

Dieses Ergebnis wird auch durch beobachtbare Verhaltensweisen bei Unternehmen in kommunalem Mehrheitsbesitz in der Praxis bestätigt[981]. Danach gestalten faktisch die maßgeblichen Vertreter der Mehrheitsgesellschafterin (insbesondere die Schlüsselposition des Aufsichtsratsvorsitzenden, häufig zugleich der Oberbürgermeister als Hauptverwaltungsbeamter[982]) zur Durchsetzung der kommunalpolitischen Interessen die Unternehmenspolitik des Unternehmens mit[983]. Der hauptamtliche Oberbürgermeister als Aufsichtsratsvorsitzender tritt dem Vorstand vielfach auf informellen Wege gegenüber, also auch außerhalb des Aufsichtsrates, und verlangt, entweder als Vertreter der Mehrheitsgesellschafterin oder als Aufsichtsratsvorsitzender, entsprechenden Einfluß bei Vorstandsentscheidungen bzw. greift unmittelbar in die Geschäftspolitik und in den Betriebsablauf, aber auch in die Mitarbeiterführung bzw. in Personalentscheidungen ein. Die kommunale Mehrheitsgesellschafterin, die sämtliche Aufsichtsratsmandate der Anteilseigner aktienrechtlich in Anspruch nehmen kann, leitet quasi dann das Unternehmensgeschäft selbst.

Aus Sicht der nicht-kommunalen Anteilseigner hat die faktische Abhängigkeit des Vorstands von der kommunalen Mehrheitsgesellschafterin zur Folge, daß Unternehmensentscheidungen primär im Interesse der kommunalen Anteilseignerin und nicht in ihrem Interesse getroffen werden.

In diesem Zusammenhang kann auch vermutet werden, daß aufgrund der Anwendung der konzernrechtlichen Vorschriften Einwirkungsmöglichkeiten der Kommune auf die Aktienge-

---

980 Im Rahmen einer schuldrechtlichen Vereinbarung zwischen der Stadt Mannheim und dem Betriebsrat der MVV Energie AG vom 29.12.1998, geändert durch Vereinbarung vom 26.01.1999, hat sich die Stadt Mannheim verpflichtet, Sorge zu tragen, daß die Mehrheitsgesellschafterin MVV-Holding GmbH (alleinige Eigentümerin ist die Stadt Mannheim) ihr Stimmrecht in der Hauptversammlung der MVV Energie AG in der Weise ausübt, daß zusätzlich zu den sechs von den Arbeitnehmern zu wählenden Vertretern zwei weitere Vertreter der Arbeitnehmer zu Aufsichtsratmitgliedern bestellt werden. Des weiteren hat sich die Stadt Mannheim verpflichtet, ihren Einfluß dahingehend auszuüben, da ein von den Arbeitnehmern nach Maßgabe des BetrVG 1952 gewählter Arbeitnehmer oder einer der beiden weiteren Vertreter der Arbeitnehmer zum ersten stellvertretenden Aufsichtsratsvorsitzender der MVV Energie AG gewählt wird, vgl. Verkaufsprospekt/Börsenzulassungsprospekt der MVV Energie AG, Mannheim, v. 01.03.1999, S. 24 ff.

981 Vgl. auch die empirischen Ergebnisse zur strategie-orientierten Steuerung von Geschäftsführern in nicht-kommunalen, jedoch sich im Mehrheitseigentum befindenden Unternehmen, dargelegt bei K. Gedenk u. S. Albers, [Ergebnisse], 1994, S. 334 f.

982 Dem Aufsichtsrat der MVV Energie AG sitzt Mannheims hauptamtlicher Oberbürgermeister Gerhard Widder vor.

983 Vgl. J. Beckert, [Effizienzvergleich], 1996, S. 162 bzw. H.-U. Erichsen, [Mitgliederorganen], 1990, S. 4 ff.

sellschaft vorhanden sind[984]. Der Vorstand einer abhängigen Aktiengesellschaft muß bei Vorliegen der konzernrechtlichen Voraussetzungen einen Bericht über die Beziehungen der Gesellschaft zu verbundenen Unternehmen, also der Gebietskörperschaft, aufstellen (Abhängigkeitsbericht gemäß § 312 Abs. 1 S. 1 AktG)[985]. Aber selbst wenn die Aktiengesellschaft abhängig ist, leitet der Vorstand die Gesellschaft unabhängig und eigenverantwortlich, ist also keinen Weisungen ausgesetzt. Die Kommune kann zwar versuchen, ihren Einfluß geltend zu machen. Sie hat jedoch gesellschaftsrechtlich keinen Anspruch auf Befolgung einer Weisung (§ 311 Abs. 1 AktG). Kommt der Vorstand einer von der Kommune veranlaßten nachteiligen Maßnahme oder eines nachteiligen Rechtsgeschäftes für die Aktionäre nach, haftet die Kommune für die zugefügten Nachteile (§ 317 Abs. 1 AktG).

Begünstigt wird eine „kommunal-freundliche" Unternehmensführung durch das Management, das sich in der kommunalen Praxis aus ehemaligen Ministerialbeamten, Abgeordneten und Angehörigen kommunaler Verwaltungen zusammensetzt. Diese haben regelmäßig keine Managementausbildung für die spezifischen gewachsenen Anforderungen kommunaler Energieversorgungsunternehmen erhalten und sehen dergleichen auch für den Führungsnachwuchs nicht vor. Da aber die Anforderungen an das Management in kommunalen Versorgungsunternehmen in den sich veränderten Energiemärkten angestiegen sind, sind entsprechende Qualifikationen des Managements besonders wichtig. Insofern besteht betriebswirtschaftlich für die nicht-kommunale Seite die Gefahr, daß der Vorstand die Konsequenzen der Liberalisierung auf dem Energiemarkt ökonomisch falsch einschätzt bzw. sich ausschließlich im Interesse der kommunalen Mehrheitsgesellschafterin verhält und insofern die Zielgrößen der nicht-kommunalen Anteilseigner (bspw. aktionärsfreundliches Ausschüttungsverhalten) vernachlässigt werden. Belastend für die Präferenzen der nicht-kommunalen Anteilseigner ist zudem, daß parteipolitische Interessenkonflikte aufgrund der politischen Besetzung der Organe eine effiziente bzw. rentable Betriebsführung der kommunalen gemischt-wirtschaftlichen Aktiengesellschaft erschweren könnten. Daher könnte es geschehen, daß wirtschaftliche Angelegenheiten des Kommunalversorgers nicht immer nach unternehmenszielorientierten Kriterien, sondern auch nach parteipolitischen Erwägungen entschieden werden[986].

---

984 Zu den Grundzügen des Konzernrechts, vgl. K. Schmidt, [Gesellschaftsrecht], 1997, S. 939 ff. Für die Kommunen und ihre im Mehrheitseigentum befindlichen börsennotierten Unternehmen sind die Vorschriften des Konzernrechts (Recht des faktischen Konzerns, da kein Beherrschungsvertrag vorliegt) anwendbar. Umstritten war zunächst lediglich die Unternehmenseigenschaft der Kommunen. Nach der Rechtsprechung des BGH ist ein Gesellschafter Unternehmen im konzernrechtlichen Sinne, wenn er neben der Beteiligung an der Aktiengesellschaft anderweitige Interessenverbindungen hat. Bei öffentlich-rechtlichen Körperschaften sei davon auszugehen, „daß sie sich bei der Ausübung ihres Einflusses auf die beherrschte Aktiengesellschaft nicht nur von typischen Aktionärsinteressen, sondern auch von anderen Interessen leiten lassen (würden), nämlich solchen, die aus ihrer öffentlich-rechtlichen Aufgabenstellung herrührten".

985 Zu Situation einer konzernrechtlichen Abhängigkeit der Mannheimer MVV Energie AG von der Stadt Mannheim, vgl. Verkaufsprospekt/Börsenzulassungsprospekt der MVV Energie AG, Mannheim, v. 01.03.1999, S. 29.

986 Im Falle der MVV Energie AG kontrolliert der Aufsichtsrat mit seinem Vorsitzenden (Oberbürgermeister der Stadt Mannheim) die Geschäftsführung des Vorstandsvorsitzenden, der u.a. für die kaufmännischen Angelegenheiten des Unternehmens zuständig ist. Dabei gehören die Entscheidungsträger unterschiedlichen Ratsfraktionen an, vgl. W. v. Petersdorff, [Westentaschenformat], 1999, S. 20.

6.1.3. Auswirkungen der Liberalisierung im Energiesektor auf bestehende Interessenkonflikte

Vorhandenes Konfliktpotential zwischen den kommunalen und den nicht-kommunalen Anteilseignern wird durch die eingesetzte Liberalisierung in der Energiewirtschaft noch vergrößert. Während vor der Einführung des neuen Energiewirtschaftsgesetzes die kommunalen Energieversorgungsunternehmen aufgrund der bestehenden Gebietsmonopolstellung und deren verhältnismäßig geringen Krisen- bzw. Konjunkturanfälligkeit relativ „sichere" Renditen erzielt und insofern eine Anziehungskraft auf privates Kapital ausgeübt werden konnte[987], ist derzeit die finanzielle Zukunft der kommunalen Versorgungsunternehmen aufgrund der massiven Energiemarktveränderungen kaum prognostizierbar. Aufgrund der von den Energieversorgungsunternehmen in den vergangenen Jahren erzielten konstant hohen Gewinne muß vermutet werden, daß die Ertragskraft der Kommunalversorger einen wesentlichen Grund für die Beibehaltung kommunaler Kapitalbeteiligung an Energieversorgungsunternehmen darstellte[988]. Nach Angaben im Geschäftsbericht des Jahres 1989 erzielte bspw. die HEW AG einen Bilanzgewinn von rund 60 Millionen DM. Das in solchen Fällen auch die private Nachfrage an einer Weiterführung des kommunalen Unternehmens erheblich sein dürfte, kann nicht bezweifelt werden. Insoweit hatten die Monopolkommission und der Kronberger Kreis der Freien und Hansestadt Hamburg empfohlen, sich von dem Engagement bei der HEW AG zu lösen[989]. Auch die MVV Energie AG (Mannheim) arbeitet nicht erst seit den Plänen zur Börseneinführung hochprofitabel[990], sondern auch schon in der vorherigen Struktur der Stadtwerke Mannheim AG[991]. Rechtlich vorgeschrieben ist in solchen Fällen eine Privatisierung jedoch nicht[992].

Inwieweit sich die Ertragslage der Energieversorger in Zukunft durch Belastungen infolge der Liberalisierung des Energiemarktes mit weitreichenden Wettbewerbs- und Verdrängungskonsequenzen und bereits eingetretenen Preissenkungen[993] für gewerbliche und private Konsumenten abschwächen wird bzw. inwiefern sinkende Margen im Strombereich[994] durch Produktivitätssteigerungen und Kostensenkungen aufgefangen werden können, darüber darf zunächst nur spekuliert werden[995].

---

987 Vgl. F. Schneyer, [Besonderheiten], 1997, S. 250 bzw. C. Kermel, [Steuerungsmöglichkeiten], 1994, S. 36.

988 Die hohe Ertragskraft der Versorgungsunternehmen ist allerdings kein überraschendes Ergebnis, denn ein hoher Cash Flow galt allgemein als Merkmal der stromerzeugenden Versorgungsunternehmen, die aufgrund ihrer Monopolstellung in der Vergangenheit relativ sichere Gewinne erwirtschaften konnten, vgl. F. Schneyer, [Besonderheiten], 1997, S. 250 u. 259.

989 Vgl. C. Kermel, [Steuerungsmöglichkeiten], 1994, S. 42. Diese Empfehlung wurde dadurch verstärkt, daß - wie bereits dargelegt – die Aufrechterhaltung kommunaler Beteiligung an Energieversorgungsunternehmen aufgrund eines rein fiskalisch orientierten kommunalen Interesses als unzulässig erscheint.

990 Vor der Einführung der Liberalisierung in der Stromwirtschaft konnten die kommunalen Versorgungsunternehmen aufgrund ihrer monopolartigen Marktstellung eine *Monopolrente* abschöpfen.

991 „MVV Energie AG verbessert Ergebnis bei stabilem Umsatz". Nachzulesen im Zwischenbericht zum 3. Quartal 1998/99 (01.03.1999-30.06.1999) der MVV Energie AG (Mannheim) bzw. im Geschäftsbericht der früheren Mannheimer Versorgungs- und Verkehrsgesellschaft mbH, Geschäftsjahr 1997/98.

992 Vgl. G. Püttner, [Rahmenbedingungen], 1988, S. 264 f.

993 Vgl. M. Franken, [Strommarkt], 1999, S. B 2.

994 „Strom drückt den Veba-Ertrag", o.V., [Strom], 1999, S. 1 u. S. 15.

995 Als unübersichtlich schätzt der Vorstandssprecher der Berliner Kraft- und Licht (Bewag) AG, Dietmar Winje, die Situation in der deutschen Energiewirtschaft ein, vgl. o.V., [Bewag], 1999, S. 23. Die börsen-

Beobachter dieser Entwicklungen, vor allem Funktionäre der kommunalen Spitzenverbände, prognostizieren für die kommenden Jahre drastische Erlöseinbußen bei den kommunalen Energieversorgungsunternehmen. Zudem wird der bereits eingetretene Preiswettbewerb mittel- und langfristig einen erheblichen vertikalen und horizontalen Konzentrationsprozeß in der bislang pluralistisch ausgestalteten Struktur der kommunalen Energiewirtschaft zur Folge haben[996]. Verstärkt wird der Druck auf die Unternehmensleitung der kommunalen Energieversorgungsunternehmen dadurch, daß trotz eingetretener Liberalisierungsentwicklungen weiterhin kommunalpolitische Zielvorgaben (u.a. flächendeckende Versorgung) zu berücksichtigen sind, mit der Folge, daß sich die Kommunalversorger nicht wie ausschließlich rentabilitätsorientierte rein-private Unternehmen verhalten und sich bspw. nicht überall dort aus der Fläche zurückziehen können, wo Rentabilität nicht erreichbar ist, sondern ihrem öffentlichem Infrastrukturauftrag entsprechen und insofern den Bedarf an Versorgungsleistungen decken müssen.

Der Vorstand eines kommunalen gemischt-wirtschaftlichen börsennotierten Versorgungsunternehmens muß aufgrund der kommunalen Mehrheitsverhältnisse und der Strukturveränderungen in der Energiewirtschaft - im Vergleich zu rein-privaten börsennotierten Aktiengesellschaften - die Geschäfts- und Investitionspolitik des Unternehmens überzeugender darstellen, um nicht-kommunale Anteilseigner zu gewinnen. Und dies insbesondere, da nicht nur - wie auch in sonstigen börsennotierten Aktiengesellschaften - der einzelne Kleinaktionär[997], sondern auch die Gesamtheit aller kooperationsfähigen, institutionellen und privaten Anteilseigner aufgrund des beherrschenden Einflusses der Kommune außer bei Grundlagenentscheidungen im Falle einer nicht-kommunalen Sperrminorität (25 % plus eine Aktie) keine Möglichkeiten zur unternehmerischen Einflußnahme besitzt[998].

Durch die Beteiligung einer nicht-kommunalen Sperrminorität an kommunalen gemischtwirtschaftlichen Versorgungsunternehmen entsteht nur dann neben der kommunalen Anteilseignerin ein zweiter „Machtfaktor"[999], wenn Entscheidungen der Hauptversammlung erforderlich sind, wofür eine Mehrheit von drei Vierteln des bei der Beschlußfassung vertretenen Kapitals notwendig ist. Insofern spielt neben der einfachen Kapitalmehrheit im Aktienrecht die qualifizierte Minderheit der Beteiligung eine Rolle, da eine qualifizierte Minderheit bzw.

---

notierte Bewag AG befindet sich im Mehrheitsbesitz des Landes Berlin, vgl. Commerzbank AG, [Wer gehört zu wem], 1997, S. 124.

996 Statt vieler vgl. J. Hennerkes, [Zukunft der Stadtwerke], 1997, S. 499; B. Leutner u. C. Schmitt, [Wettbewerb], 1999, S. 31 bzw. F. Zimmermann, [Auswirkungen], 1999, S. 50.

997 Da der Kleinaktionär mit seinem geringen Stimmenanteil nichts auszurichten vermag, interessiert sich der Kleinaktionär weniger für eine Teilnahme an der Hauptversammlung des Unternehmens. Die Aktie dient insofern dem Kleinaktionär lediglich als Vermögensanlage, die aus dem Papier erwachsenden Einflußrechte spielen praktisch keine Rolle. Bzgl. seiner Einflußrechte nimmt der Kleinaktionär de facto die Stellung eines Gläubigers ein, vgl. G. Schreyögg u. H. Steinmann, [Verfügungsgewalt], 1981, S. 534.

998 „Private Unternehmensverantwortung kann nicht eintreten, das Kapitalrisiko bleibt funktionslos. Private Minderheits-Aktien sind eigentlich Rentenpapiere, jedoch sittenwidrig belastet mit einem Eigenkapitalrisiko", H. Hirsch u. G. Püttner, [Gedanken], 1976, S. 465.
Empirische Untersuchungen haben ergeben, daß die Dividendenrendite, die für viele private Anleger ein mitentscheidendes Kriterium bei der Aktienauswahl ist, in börsennotierten Aktiengesellschaften umso höher ist, je mehr sich die Anteile im Streubesitz befinden. D.h. je mehr die Anteile wie in Familiengesellschaften und in gemischt-wirtschaftlichen Aktiengesellschaften konzentriert sind, desto geringer ist die Dividendenausschüttung. Zum Einfluß der Anteilseigner auf die Unternehmenspolitik vgl. E. Witte, [Einfluß], 1981, S. 773 f.

999 Ein Machtfaktor, der wichtige Beschlüsse blockieren kann.

Sperrminorität bestimmte Beschlüsse verhindern kann[1000]. Dabei handelt es sich vor allem um folgende Beschlüsse:

- Satzungsänderungen (§ 179 Abs. 2 S. 1 AktG)
- Erhöhung des Grundkapitals (§§ 182 Abs. 1 S. 1, 193 Abs. 1, 202 Abs. 2, 207 Abs. 2 AktG)
- bedingte Kapitalerhöhung (§ 193 Abs. 1 S. 1 AktG)
- Auflösung der Gesellschaft (§ 262 Abs. 1 Nr. 2 AktG)
- Beschlüsse über Unternehmensverträge (§ 293 Abs. 1 AktG)
- Eingliederung (§ 319 Abs. 2 AktG)
- Verschmelzung einer Gesellschaft nach dem Umwandlungsgesetz (§ 65 Abs. 1 S. 1 UmwG)
- Bei wesentlichen Strukturmaßnahmen (Holzmüller-Rechtsprechung, analoge Anwendung des §§ 179a Abs. 1 i.V. mit 179 Abs. 2 AktG[1001]).

Die Satzung kann allerdings andere Kapitalmehrheiten bestimmen. Die Kommune als Alleingesellschafterin könnte also eine durch entsprechende Satzungsänderung vor einer Teilprivatisierung mit anschließendem Börsengang versuchen, den entstehenden Einfluß der Sperrminorität einzuschränken. Abgesehen davon, daß sicher eine solche Maßnahme am Kapitalmarkt von nicht-kommunalen potentiellen Investoren negativ aufgenommen werden würde, ist sie auch gesellschaftsrechtlich für unternehmenstragende Beschlüsse nicht zulässig, denn für eine

- Änderung des Gegenstandes des Unternehmens (§ 179 Abs. 2 S. 2 AktG)
- Ausgabe von Vorzugsaktien ohne Stimmrecht (§ 182 Abs. 1 S. 2 AktG)
- bedingte Kapitalerhöhung (§ 193 Abs. 1 S. 2 AktG)
- Auflösung bzw. Verschmelzung der Gesellschaft (§ 262 Abs. 1 Nr. 2 AktG bzw. § 65 Abs. 1 S. 2 UmwG)

kann nur eine größere, aber keine kleinere Kapitalmehrheit satzungsmäßig verankert werden.

Aufgrund der bestehenden gesellschafts- und kommunalrechtlichen Einflußnahme der kommunalen Mehrheitsgesellschafterin auf die Organzusammensetzungen und Unternehmensentscheidungen läßt sich vermuten[1002], daß insbesondere in den ersten Monaten nach der Börseneinführung bei potentiellen nicht-kommunalen Investoren eine starke (Kauf-) Zurückhaltung vorherrschen wird, was das Vertrauen in den Erfolg von kommunalen gemischtwirtschaftlichen Versorgungsunternehmen am Kapitalmarkt betrifft[1003].

1000 Vgl. auch H. Cox, [juristische Person], 1992, S. 19.

1001 Vgl. u.a. B. Grunewald, [Gesellschaftsrecht], 1996, S. 268 f.

1002 Häufig läßt sich zudem in kommunalen Unternehmen ein parteipolitischer Interessenkonflikt vermuten. Im Falle der MVV Energie AG (Mannheim) kontrolliert der Aufsichtsrat mit seinem Vorsitzenden (Oberbürgermeister der Stadt Mannheim) die Geschäftsführung des Vorstandsvorsitzenden, der einer anderen Ratsfraktion angehört und u.a. für die kaufmännischen Angelegenheiten des Unternehmens zuständig ist. Zusätzliche Gefahren (kommunal-)politischer Parteistreitigkeiten scheinen dadurch gegeben zu sein, da bereits der Vorstandssprecher der MVV Energie AG, der von 1965 bis 1988 Mitglied des Gemeinderates der Stadt Mannheim war, in den 70er- und 80er-Jahren mehrfach versucht hatte, hauptamtlicher Oberbürgermeister von Mannheim zu werden. Bei seinem letzten Versuch scheiterte er 1983 an dem heutigen hauptamtlichen Oberbürgermeister, vgl. W. v. Petersdorff, [Westentaschenformat], 1999, S. 20.

1003 Diese abwartende Haltung spiegelt sich in der negativen Kursentwicklung der Aktie der Mannheimer MVV Energie AG im ersten Jahr nach der Börseneinführung (März 1999) wider. Während dieser gesamten Zeit notierte der Aktienkurs trotz der Bekanntgabe positiver Geschäftszahlen und guter Zukunftsaus-

Eine Schlüsselfrage ist, wie der Vorstand eines kommunalen gemischt-wirtschaftlichen börsennotierten Versorgungsunternehmens auf die massiven strukturellen Veränderungen in der Energiewirtschaft reagiert und ob dabei überhaupt die Interessen nicht-kommunaler Aktionäre berücksichtigt werden. Zudem ist insbesondere von den nicht-kommunalen Anteilseignern zu hinterfragen, inwieweit der Vorstand nur kommunale Zielvorstellungen[1004] verfolgt[1005]. Und wenn ja, inwieweit das Selbstverständnis des Vorstands massiv von den Erwartungen nicht-kommunaler Aktionäre abweicht. Dabei sind auch eigene Interessen des Vorstands zu berücksichtigen, denn persönliches Streben des Vorstands nach nicht-pekuniären Zielen wie Status, Macht oder Prestige führt zu einem „Einkommen" des Vorstands, welches über dem vertraglich vereinbarten finanziellen Einkommen liegt. Eine derartige Verhaltensweise des Vorstands[1006] wäre aber mit den Interessen der nicht-kommunalen Anteilseigner nicht zu vereinbaren.

6.2. Die Analyse von Interessenkonflikten in teilprivatisierten kommunal beherrschten börsennotierten Versorgungsunternehmen aus agency-theoretischer Sicht

Die ökonomische Analyse von Verhaltensrisiken und Anreizstrukturen in kommunal beherrschten börsennotierten Versorgungsunternehmen soll unter Zuhilfenahme der Gestaltungsansätze der Principal-Agent-Theorie und der ökonomischen Theorien der Politik und der Bürokratie als theoretischer Bezugsrahmen erfolgen. Aufgrund der besonderen Ausgestaltung des institutionellen Rahmens in kommunal beherrschten börsennotierten Versorgungsunternehmen im Unterschied zu Publikumsaktiengesellschaften[1007] und den daraus resultierenden

---

sichten in den quartalsweisen Zwischenberichten und Presseinformationen - teilweise sogar mit großen Abschlägen – unter dem Einführungskurs von 16 Euro, vgl. Zwischenberichte der MVV Energie AG zum 2., 3. bzw. 4. Quartal, Geschäftsjahr 1998/1999. Das Geschäftsjahr endete am 30.09.1999. Anfang Januar 2000 notierte die Aktie der MVV Energie AG bei 13,50 Euro, drei Monate später notierte die Aktie bei 12,55 Euro, vgl. Frankfurter Schlußkurse vom 05.01. bzw. 19.04.2000, gelistet im Handelsblatt vom 06.01.2000, S. 30 bzw. Handelsblatt vom 20.04.2000, S. 40. Dies ist umso erstaunlicher, da der deutsche Gesamtmarkt in 1999 zweistellige Zuwachsraten erzielte. Die Zuwachsraten sind vor allem im zweiten Halbjahr 1999 eingetreten und setzten sich in den ersten Monaten des Jahres 2000 fort.

1004 Vorstände könnten sich nur im Interesse der kommunalen Aktionäre verhalten, so daß eine zu starke bedarfswirtschaftliche Erfüllung kommunalpolitischer Aufgaben für die Unternehmung aus betriebswirtschaftlicher Sicht Verluste zur Folge hat. Interessenkonflikte zwischen nicht-kommunalen und kommunalen Anteilseignern wären vorprogrammiert: Während die kommunale Mehrheitsaktionärin ihre Beteiligung auch bei einem Absinken des Aktienkurses zur Wahrnehmung öffentlicher Aufgaben aufrechterhält, werden sich nicht-kommunale Kapitalgeber schnellstmöglich von ihrem Aktienengagement trennen wollen, um die Verluste zu begrenzen.
Dabei ist aus Sicht der nicht-kommunalen Anteilseigner insbesondere zu berücksichtigen, inwieweit die Vertreter der Mehrheitsgesellschafterin in der Hauptversammlung und im Aufsichtsrat (vor allem die Schlüsselposition des Aufsichtsratsvorsitzenden) versuchen, zur Durchsetzung ihrer Interessen Einflußnahme auf die Besetzung des Vorstands zu nehmen und die Geschäftspolitik des Unternehmens mitzubestimmen. Insbesondere in Situationen, in denen die Interessen kommunaler und nicht-kommunaler Anteilseigner konträr sind, ist es für die nicht-kommunalen Investoren notwendig, zu verfolgen, wie sich der unternehmensleitende Vorstand gegenüber Einflußnahmeabsichten der Mehrheitsgesellschafterin verhält bzw. ob sich der Vorstand überhaupt gegenüber „Eingriffen" zu wehren versucht und dabei das reine Unternehmensinteresse in seinen Entscheidungen berücksichtigt.

1005 Solche Interessenkonflikte sind vor allem bei Vorständen ohne stärkere Beteiligung am Eigenkapital bzw. ohne Teilhabe am erzielten Gewinn des Unternehmens zu berücksichtigen.

1006 Bspw. ist hier auf das Problem zusätzlicher Personalausgaben an die Mitarbeiter, um die eigene Position zu stärken, hinzuweisen.

1007 In der Publikumsaktiengesellschaft gibt es definitionsgemäß keinen Mehrheitsaktionär.

Verhaltensrisiken und Anreizstrukturen (unternehmenstyp-spezifische Principal-Agent-Beziehungen) sollen im folgenden aus Sicht der nicht-kommunalen Anteilseigner agency-theoretisch transaktionskostengünstige Maßnahmen zur Verringerung von Verhaltensrisiken und Anreizstrukturen auf der Basis des theoretischen Konzeptes des Neoinstitutionalismus untersucht werden.

6.2.1. Agency-theoretische Ursachenanalyse für das Auftreten von Verhaltensrisiken und Anreizstrukturen in kommunal beherrschten börsennotierten Versorgungsunternehmen

Die Diskussion um die Erklärungskraft der Principal-Agent-Theorie wird nun wieder aufgegriffen[1008]. Dabei werden Principal-Agent-Beziehungen zwischen der Unternehmensleitung (Agent), mit oder ohne Eigenkapitalbeteiligung, einerseits sowie den externen Eigenkapitalgebern (Principal) andererseits betrachtet[1009].

Welche besondere Rolle dieses agency-theoretische Spannungsverhältnis zwischen der kommunalen Mehrheitsgesellschafterin[1010] und den nicht-kommunalen Anteilseignern in teilprivatisierten kommunal beherrschten börsennotierten Versorgungsunternehmen spielt[1011], wird in den folgenden Abschnitten analysiert. Bevor jedoch auf die agency-theoretische Ursachenanalyse für das Auftreten bestehender Verhaltensrisiken und Anreizstrukturen in gemischt-wirtschaftlichen Versorgungsunternehmen näher eingegangen wird, soll mit Hilfe der ökonomischen Theorien der Bürokratie und der Politik untersucht werden, inwiefern die spezielle Unternehmensstruktur eines gemischt-wirtschaftlichen Unternehmens mit einer Kommune als Mehrheitsaktionärin dazu führt, daß ein solches Unternehmen anders operiert als ein privatwirtschaftlich geführtes Unternehmen, und wies dies aus Sicht der nicht-kommunalen Anteilseigner zu geringerer Effizienz führen kann.

6.2.1.1. Zur Integration der Property Rights-Theorie, der ökonomischen Theorien der Politik und der Bürokratie als Gestaltungsansätze bestehender Verhaltensrisiken und Anreizstrukturen

In kommunalen gemischt-wirtschaftlichen Unternehmen muß davon ausgegangen werden, daß kommunalpolitisches Interesse einen unternehmensbestimmenden Faktor darstellt, der die privatwirtschaftlichen Interessen der nicht-kommunalen Anteilseigner überwiegt. Im folgenden soll untersucht werden, inwiefern die spezielle Unternehmensstruktur eines gemischt-

1008 Die Principal-Agent-Theorie ist in Abschnitt 4.3.1. vorgestellt worden.

1009 Dabei werden mehrere Personen zu einem Principal und mehrere Personen zu einem Agent zusammengefaßt. Diese Repräsentanten spiegeln Gruppenmeinungen wider und maximieren Gruppennutzen.

1010 Die Kommune als Mehrheitsgesellschafterin hat de facto massive Einflußmöglichkeiten auf die Unternehmensentscheidungen des Vorstands. Insofern ist der Vorstand aus Sicht der nicht-kommunalen Anteilseigner Ausführungsorgan der Kommune. Da Vorstand und Kommune aus Sicht der nicht-kommunalen Anteilseigner interessenspezifisch eine Gruppe bilden, ist der Vorstand agency-theoretisch unter der kommunalen Mehrgesellschafterin zu subsumieren. Die hier behandelte Agency-Beziehung besteht insofern zwischen den nicht-kommunalen Anteilseignern und den kommunalen Anteilseignern (einschließlich Management des kommunalen Unternehmens).

1011 Dieser Typ von Unternehmen ist für eine agency-theoretische Analyse insbesondere von Interesse, da es in ihm – im Vergleich zu Publikumsaktiengesellschaften - mit der Gruppe (Vorstand, kommunale Mehrheitsaktionärin) einen eindeutig zu identifizierenden Agent gibt.

wirtschaftlichen Unternehmens mit einer Kommune als Mehrheitsaktionärin dazu führt, daß ein solches Unternehmen anders operiert als ein privatwirtschaftlich geführtes Unternehmen, und wieso dies aus Sicht der nicht-kommunalen Anteilseigner zu geringerer Effizienz[1012] führen kann[1013]. Zur Untersuchung sollen folgende theoretische Ansätze herangezogen werden:

- Die Property Rights-Theorie
- die ökonomische Theorien der Politik und der Bürokratie.

6.2.1.1.1. Die besondere Property Rights-Verteilung in kommunalen Unternehmen

In der Literatur wird die Property Rights-Theorie häufig als Theorieansatz in öffentlichen respektive kommunalen Unternehmen herangezogen[1014]. Property Rights werden dabei als „rechtlich oder institutionell sanktionierte Handlungsmöglichkeiten und Verhaltensbeziehungen zwischen Wirtschaftssubjekten"[1015] definiert. Sie stellen Verfügungsrechte dar, die den ökonomischen Handlungsspielraum bestimmen und insofern Verfügungsmöglichkeiten über materielle Dinge und Menschen begründen und sind somit weiter gefaßt als die aus Eigentum resultierenden Rechte[1016]. Der Property Rights-Ansatz geht davon aus, daß Wirtschaftssubjekte als Inhaber von Property Rights prinzipiell ihre Eigeninteressen verfolgen, insofern individuelle Nutzenmaximierer sind[1017].

Die Property Rights-Theorie eignet sich zur Effizienzeinschätzung unterschiedlicher Unternehmensverfassungen. Mit dem stärksten Interesse an betriebswirtschaftlicher Effizienz ist in Unternehmen zu rechnen, in denen die Anteilseigner weitgehende Verfügungsrechte besitzen. Dabei werden der privaten Produktion nach dem Property Rights-Ansatz Effizienzvorteile gegenüber den kommunalen Gebietskörperschaften zugeschrieben, da die privaten Eigentümer bestimmte Verfügungsrechte innehaben. Insbesondere können sie den Gewinn ihrer wirtschaftlichen Betätigung (Residuum aus der Unternehmertätigkeit) einbehalten, wodurch der private Eigentümer unmittelbar von Kostenersparnissen und der Vermeidung von Ineffizienzen profitiert[1018]. Weiteres Property Right von privaten Eigentümern ist das Recht, das Unternehmen oder Anteile des Unternehmens zu verkaufen. Durch dieses Recht wird es den privaten Eigentümern ermöglicht, den durch effiziente Leistungserstellung (gestiegenen) Unternehmenswert am „Markt" zu realisieren[1019].

Im kommunalen Bereich ist hingegen die gesamte Property Rights-Struktur anders ausgestaltet. Es bestehen kollektive anstelle privater Verfügungsrechte. Derartige Verfügungsrechte sind schwieriger zu transferieren als private Anteilsscheine. Eigentümer der kommunalen Unternehmen sind die Wähler bzw. Steuerzahler. Die Transaktionskosten der Bürger, sich

---

1012 Zur Beurteilung der betriebswirtschaftlichen Effizienz spielt hier die Produktionseffizienz (Minimierung der Produktionskosten der Leistungserstellung) eine Rolle. Allokative Effizienzgesichtspunkte (Optimierung des Kollektivangebotes zur Erzielung eines Wohlfahrtsmaximums) werden im Rahmen dieser Untersuchung nicht berücksichtigt.

1013 Vgl. auch N. Walter, [Privatisierung], 1993, S. 156 f.

1014 Vgl. u.a. B. Strauss, [Effizienzvergleich], 1983, S. 278-298.

1015 H. Leipold, [Forschungsziele], 1978, S. 518.

1016 Vgl. A. Picot, [Verfügungsrechte], 1981, S. 156 f.

1017 Vgl. ebenda S. 158.

1018 In etwas abgeschwächter Form gilt dies auch bei einer Trennung von Eigentum und Management, denn auch in diesem Fall ist die Entlohnung in der Privatwirtschaft in gewissem Umfang erfolgsabhängig, d.h. die Manager können sich einen Teil des Gewinnes aneignen.

1019 Vgl. A. Picot, [Verfügungsrechte], 1981, S. 157.

von einem solchen „Anteil" zu trennen, sind regelmäßig hoch. Man muß bspw. seinen Wohnsitz verlegen oder im Extremfall sein Heimatland verlassen. Ein solches Verhalten ist aber nicht mit ökonomischen Vorteilen verbunden, da die Anteile an dem kommunalen Unternehmen nicht ausbezahlt werden. Aufgrund der breiten Streuung der Eigentümer eines kommunalen Unternehmens[1020] ist auch für den einzelnen Wähler bzw. Steuerzahler kein Anreiz vorhanden, sich für seine Eigentümerinteressen einzusetzen[1021]. Es fehlt der unmittelbare Zusammenhang zwischen dem Unternehmensverhalten und dessen Wirkung auf das Vermögen des einzelnen Eigentümers, wie er bei einer privatwirtschaftlichen Aktiengesellschaft besteht. Auch für einen Kommunalpolitiker als Vertreter der kommunalen Anteilseigner besteht kein Anreiz, etwa in Form eines finanziellen Anteils, neben der sehr mittelbaren auch eine unmittelbar ökonomische Verantwortung zu übernehmen. Letztlich werden auch den Mitarbeitern der Verwaltung und den Managern kommunaler Unternehmen durch die Property Rights-Verteilung keine Anreize zu effizientem Handeln gesetzt. Eine Gewinnbeteiligung respektive erfolgsabhängige Entlohnung existiert nicht, so daß die Manager aus einem erzielten Unternehmensgewinn keine Vorteile ziehen können[1022]. Anreizen, die ein effizientes Handeln gewährleisten würden, existieren in kommunalen Unternehmen kaum[1023].

Zieht man ein Zwischenergebnis dieser Überlegungen, so ist zu konstatieren, daß aus Sicht der Property Rights-Theorie in kommunalen bzw. kommunal beherrschten Unternehmen für die kommunalen Anteilseigner ein vergleichsweise geringer Gewinnanreiz besteht, einhergehend mit einem geringem Interesse an betriebswirtschaftlicher Effizienz[1024]. Die Ursachen liegen darin, daß insbesondere das Veräußerungsrecht und das Aneignungsrecht bzgl. des Gewinnes von in kommunaler Hand befindlichen Unternehmen sehr stark abgeschwächt sind.

6.2.1.1.2. Die ökonomische Theorien der Bürokratie und der Politik

Die ökonomische Theorie der Bürokratie[1025] baut auf der Property Rigths-Theorie auf, da sie die Ineffizienz kommunaler Unternehmen ebenfalls auf falsch konzipierte Anreizstrukturen

---

1020 Eigentümer des kommunalen Unternehmens ist zunächst die Kommune, letztlich sind dies aber die Wähler und Steuerzahler.

1021 Einerseits wäre für den einzelnen der Aufwand im Verhältnis zum erzielbaren Nutzen zu groß, so daß sich kein ausgeprägter Kontrollanreiz feststellen läßt. Andererseits kommen die erzielbaren Effizienzsteigerungen allen Wählern und Steuerzahlern zugute, so daß viele Bürger eine Free-Rider-Position einnehmen würden. Ähnliche Strukturen sind allerdings auch bei Publikumsaktiengesellschaften festzustellen. Hier ist jedoch im Gegensatz zu kommunalen Unternehmen der Verkauf der Eigentumsanteile möglich. Dem Bürger als Eigentümer kommunaler Unternehmen steht dieses Recht nicht zu, so daß die Property Rights eine Ausdünnung erfahren, vgl. A. Picot u. Th. Kaulmann, [Staatseigentum], 1985, S. 964.

1022 Vgl. M.M. Metzger, [Realisierungschancen], 1990, S. 49.

1023 In der kommunalen Praxis muß die Existenz eines Anreiz- und Sanktionssystems verneint werden. Bspw. können Personalentlassungen und Gehaltskürzungen in der Regel nicht vorgenommen werden, da die Einkommenstarife im öffentlichen Dienst leistungsunabhängig sind, vgl. S. Schwarz, [Immobilien-Leasing], 1985, S. 45 f.

1024 Die Aussagen der Property Rights-Theorie sind nicht ohne Widerspruch geblieben. Insbesondere wird darauf hingewiesen, daß effizienzsteigernde Anreize nur zu erwarten sind, wenn Unternehmen unter Wettbewerbsbedingungen agieren, d.h. im Fall von Märkten ohne Wettbewerb die Effizienzunterschiede zwischen privaten und kommunalen Unternehmen nicht vorhanden sind, vgl. W.W. Pommerehne, [Reprivatisieren], 1990, S. 30 f. Da mit der Deregulierung der Energiemärkte die kommunalen Versorgungsunternehmen in einem spürbaren Wettbewerb zueinander stehen, können die Aussagen der Property Rights-Theorie im Rahmen dieser Arbeit als Grundlage dienen.

1025 Vgl. Ch.B. Blankart, [Bürokratie], 1975, S. 166-185. Unter Bürokratie ist der hierarchisch strukturierte Aufbau administrativer Organisationen zu verstehen.

im kommunalen Sektor zurückführt. Annahmegemäß fühlen sich die Beschäftigten in der öffentlichen Verwaltung nicht nur dem Gemeinwohl verpflichtet, sondern haben – wie alle Individuen – auch die eigene Nutzenmaximierung zum Ziel[1026]. Ziele wie persönliches Einkommen, Prestige, Macht etc. korrelieren in der kommunalen Verwaltung positiv mit der Höhe der verwalteten Budgetmittel und der Anzahl der unterstellen Mitarbeiter[1027]. Während im privaten Sektor die individuelle Nutzenmaximierung über die Steigerung des Gewinns erreicht wird, ist für den Bürokraten, wie im vorhergehenden Abschnitt gezeigt wurde, nicht möglich, entstehende Unternehmensgewinne für sich abzuschöpfen. Aus Sicht der ökonomischen Theorie der Bürokratie muß er andere Wege finden, um seinen persönlichen Nutzen zu steigern.

Die ökonomische Theorie der Bürokratie geht davon aus, daß die „Bürokraten" einen Informationsvorsprung hinsichtlich der Produktionskosten gegenüber den Kommunalpolitikern und den Wählern bzw. Steuerzahlern besitzen[1028]. Um seine persönlichen Ziele erreichen zu können, kann ein Angestellter des öffentlichen Dienstes den Informationsvorsprung permanent nutzen, um seinen Aufgabenbereich auszuweiten und insofern den ihm zur Verfügung stehenden Etat erhöhen. Anreizstrukturen zu einem sparsamen Mitteleinsatz bestehen nicht. Bspw. kann sich der Bürokrat zur Steigerung seines Ansehens mit mehr Personal umgeben, als es für den Arbeitsablauf notwendig erscheint. Dies führt sowohl zu einer allokativen als auch betriebswirtschaftlichen Ineffizienz. Allokative Ineffizienz liegt vor, da mehr kommunale Leistungen als optimal produziert werden. Zur betriebswirtschaftlichen Ineffizienz kommt es, da die Kosten der Leistungserstellung höher sind als es nötig wäre. Dieses bürokratische Verhalten wird noch dadurch verstärkt, daß das Management kommunaler Unternehmen damit rechnen kann, daß entstehende Verluste von der kommunalen Gebietskörperschaft abgedeckt wurde.

Nach der Theorie der Bürokratie beruht die Ineffizienz der kommunalen Verwaltungen auf einer systemimmanenten Fehllenkung der Anreizmechanismen. Denn im Rahmen der eigenen Interessen arbeitet die Bürokratie effizient, d.h. es wird Spielraum für die Verfolgung eigener Interessen erwirtschaftet wie des „managerial slack"[1029] oder des „gold plating"[1030]. Zum anderen besteht die Möglichkeit, verteilungspolitsche Ziele[1031] oder auch umwelt- und beschäftigungspolitische Ziele[1032] zu verfolgen. Insofern ist der Vorwurf der Ineffizienz kommunaler Verwaltungen anders zu formulieren; denn die Mitarbeiter verhalten sich innerhalb der von ihnen vorgefundenen und als gegeben betrachteten institutionellen Restriktionen effizient bzw. rational, wenn sie ihre individuellen Interessen wahrnehmen.

Gerade die Möglichkeit im öffentlichen Sektor, auch andere als reine Rentabilitätsziele zu verfolgen, eröffnet Kommunalpolitikern die Chance, wahlpolitische Ziele[1033] mittels des

1026 Vgl. u.a. E. Nowottny, [Sektor], 1987, S. 97.

1027 Als Beispiel: Das Ansehen eines Stadtdirektors ist u.a. umso größer, je mehr Verwaltungsangestellte und Arbeiter er beschäftigt. Es ist daher nur rational, daß der Stadtdirektor versucht, den kommunalen Haushalt zu erhöhen.

1028 Zu den Informationsmängeln in der Bürokratie vgl. S. Schwarz, [Immobilien-Leaaing], 1985, S. 44 f.

1029 Bspw. die zu erledigende Arbeit etwas „ruhiger" bzw. langsamer angehen zu lassen.

1030 Bspw. eine hochwertige Ausstattung des Arbeitsplatzes.

1031 Bspw. die bevorzugte Einstellung älterer Angestellter und Arbeiter.

1032 Bspw. die Gewährung arbeitnehmerfreundlicher Kündigungsschutzvorschriften.

1033 Bspw. sind hier Wahlversprechen zu nennen.

kommunalen Sektors durchzusetzen[1034]. Denn die ökonomische Theorie der Politik basiert auf der Annahme, daß in Demokratien westlicher Prägung der politische Erfolg im Gewinnen von Wahlen gemessen wird. Insofern ist annahmegemäß die Nutzenmaximierung von Politikern identisch mit der Maximierung ihrer Wiederwahlchance[1035]. Insofern bietet ein großer kommunaler Sektor die Möglichkeit, wahlpolitisch nützliche Ziele durchzusetzen. Verstärkt wird dieses Verhalten, da der einzelne Bürger sein Wahlverhalten kaum an den finanziellen Ergebnissen kommunaler Unternehmen ausrichtet[1036].

Zudem kann häufig beobachtet werden, daß Kommunalpolitiker in den Managern kommunaler Unternehmen Interessenpartner finden, mit denen sie eine Koalition eingehen. Kommunalpolitiker versprechen sich nämlich in Verbindung mit den kommunalen Managern Vorteile für ihre Wählerschichten und insofern ein besseres Abschneiden bei der nächsten Wahl[1037]. Ein denkbares Ziel von Politkern kann bspw. sein, ein hohes Beschäftigungsniveau zu halten. Ehrgeizige kommunalpolitische Ziele führen jedoch mittel- bis langfristig zur Überalterung des Produktionsapparates und insofern zu einer Beeinträchtigung der Wettbewerbsposition[1038].

Unter diesen Bedingungen fallen betriebswirtschaftliche Effizienz und kommunalpolitische Zielsetzungen auseinander. Denn die kurzfristige Erreichung beschäftigungspolitischer Erfolge durch direkte Beschäftigungspolitik in kommunalen Unternehmen erfolgt zu Lasten der Rentabilitätsziele nicht-kommunaler Anteilseigner. Da der Zwang Gewinne zu erzielen auf kurze Sicht nicht vorhanden ist, sondern höchstens langfristig zum Tragen kommt, stehen verfügbare Mittel für die Verfolgung kommunalpolitischer Ziele zur Verfügung.

Entsprechend der ökonomischen Theorien der Bürokratie und der Politik bleibt als weiteres Zwischenergebnis festzuhalten, daß in kommunal beherrschten Unternehmen ineffiziente Anreizstrukturen verstärkt zur Ressoucenverschwendung bei Bürokraten, Politikern[1039] und Managern auftreten. Zudem treten ökonomische Ineffizienzen auf, da aufgrund fehlender betriebswirtschaftlicher Zielsetzungen kommunalpolitische Ziele von den dominierenden Parteien in den Vordergrund gestellt werden. Insofern kann ein gemischt-wirtschaftliches Versor-

---

1034 Dieser Theoriebereich wird als ökonomische Theorie der Politik bzw. „public choice" bezeichnet.

1035 Vgl. hierzu J.E. Stiglitz, [Finanzwissenschaft], 1989, S. 144. Es erscheint unstrittig, daß die Maximierung der Wiederwahlchance ein wichtiges Motiv für Politiker ist. Gerade aber in der Kommunalpolitik, wo mit dem Politikerstatus keine Entlohung verbunden ist, erscheint es nicht gerechtfertigt, als einziges Motiv den Kommunalpolitikern die Erhöhung der Wiederwahlchance zu unterstellen. Es müssen auch noch andere Motive existieren, aufgrund derer die Wiederwahl erst attraktiv wird. Ein typisches Motiv, aufgrund derer die Wiederwahl für die Kommunalpolitiker attraktiv wird, ist die Durchsetzung von eigenen Interessen. Bspw. ist hier an den Landwirt im Stadtrat zu denken, der sein Vermögen durch die Ausweisung seiner Äcker als Bebauungsland mehren möchte. Eine vollständige Analyse dieser Motive würde aber den Rahmen der Arbeit sprengen, vgl. zu dem Thema P. Dörsam, [Theorie und Praxis], 1995, S. 19 f.

1036 Vgl. A. Picot u. Th. Kaulmann, [Staatseigentum], 1985, S. 963 f.

1037 Um das Verhalten in kommunal beherrschten Unternehmen zu ändern, könnten dort Leistungsanreize für die Manager eingeführt werden.

1038 Gefördert werden derartige Handlungsweisen durch die Unübersichtlichkeit des politischen und administrativen Apparats, vgl. S. Schwarz, [Immobilien-Leasing], 1985, S. 50.

1039 Des weiteren wird in der Literatur betont, daß zwischen der Bürokratie und der Kommunalpolitik trotz unterschiedlicher Parteizugehörigkeit nicht grundsätzlich ein Interessengegensatz besteht. Dies wird dadurch begründet, daß öffentliche Bedienstete in den Parlamenten eindeutig überrepräsentiert sind. So waren bspw. zu Beginn der 90er-Jahre knapp 50 % der Bundestagsabgeordneten Beamte oder Staatsdiener. Sie verfügen insofern über gesicherte Möglichkeiten, die Interessen der Verwaltung in der Legislative zu vertreten. Insbesondere, wenn zu erwarten ist, daß die Abgeordneten auf ihren Arbeitsplatz zurückkehren möchten, ist eine Einflußnahme zugunsten der Bürokratie nicht von der Hand zu weisen, vgl. M. Fritsch, Th. Wein u. H.-J. Ewers, [Marktversagen], 1993, S. 274 bzw. K. Döring, [Griff], 1999, S. 21.

gungsunternehmen aus politisch-ökonomischer Sicht ein geeignetes Instrument der Kommune zur (kurzfristigen) Erreichung ihrer eigennützigen Ziele darstellen.

Nachfolgend wird - aufbauend auf den Aussagen der ökonomischen Theorien der Bürokratie und der Politik - das Verhältnis von Anreizstrukturen im Zusammenhang mit bestehenden Eigentumsverhältnissen in kommunalen gemischt-wirtschaftlichen Unternehmen mit Hilfe des Principal-Agent-Theorie untersucht.

6.2.1.2. Die besondere Agency-Problematik in kommunal beherrschten börsennotierten Versorgungsunternehmen

Eine Beschreibung des Principal Agent-Problems im Zusammenhang mit bestehenden Eigentumsstrukturen in teilprivatisierten kommunal beherrschten börsennotierten Versorgungsunternehmen läßt sich folgendermaßen charakterisieren. Als Principal fungiert die Gruppe nicht-kommunaler Anteilseigner, in dessen Auftrag die kommunale Mehrheitsgesellschafterin[1040] als Agent handelt. Insofern liegt - im Vergleich zur kommunalen Eigengesellschaft - in gemischt-wirtschaftlichen börsennotierten Versorgungsunternehmen ein kleiner, agency-theoretisch aber sehr bedeutender Unterschied vor, da mit der Teilprivatisierung die Einführung von Principals, nämlich der nicht-kommunalen Anteilseigner, vorgenommen wurde.

Die nicht-kommunalen Anteilseigner hängen von den Aktionen der kommunalen Mehrheitsgesellschafterin ab. Sie können aber die Handlungen der kommunalen Anteilseignerin nicht genau beobachten. Es besteht eine ausgeprägte Informationsasymmetrie zwischen der kommunalen Mehrheitsgesellschafterin und der Gruppe der nicht-kommunalen Anteilseigner. Es ist davon auszugehen, daß die kommunale Mehrheitsgesellschafterin aufgrund ihrer Dominanz genügend Handlungsspielraum besitzt, um ihre eigene Wohlfahrt zu Lasten des Principal zu verbessern, während eine Interessenidentität in keiner Weise erkennbar ist.

6.2.1.2.1. Hidden information in kommunal beherrschten börsennotierten Versorgungsunternehmen

Vor dem Hintergrund der in der Bürokratie und Politik nicht vorhandenen effektiven Anreiz- und Sanktionssysteme eröffnen sich der kommunalen Mehrheitsgesellschafterin unterschiedliche Möglichkeiten, Informationsasymmetrien aktiv zu nutzen. Insbesondere der Fall der hidden information wird vermutlich häufiger auftreten. Die kommunale Mehrheitsgesellschafterin kann speziell aufgrund mangelnder effektiver Kontrollmöglichkeiten die nicht-kommunalen Anteilseigner über qualitative Aspekte ihrer Tätigkeit und das Ausmaß ihrer Anstrengungen im unklaren lassen. Unsicherheit besteht bei den nicht-kommunalen Anteilseignern über fachliche Qualifikationen der kommunalen Vertreter in den Organen der Aktien-

[1040] Unter der kommunalen Mehrheitsgesellschafterin werden agency-theoretisch die Interessen der Kommune (Bürokratie und Kommunalpolitik) und des Managements subsumiert. Das kommunale Management fungiert als Ausführungsorgan der Kommune. Zwischen der Bürokratie und der Kommunalpolitik ist zwar keine Interessenidentität anzunehmen, aus Sicht der nicht-kommunalen Anteilseigner ist es jedoch konsequent, die Bürokratie und die Kommunalpolitik agency-theoretisch als eine homogene Gruppe anzusehen, vgl. auch die Ausführungen zur ökonomischen Theorie der Politik und der Bürokratie in Abschnitt 6.2.1.1.2.

gesellschaft, über die Qualität und Arbeitsmotivation des Managements[1041] bzw. über das Ausmaß kommunalpolitischer Zielsetzungen des beauftragten Agent. Eine Kontrolle der unternehmerischen Anstrengungen des Agent ist bei einer kommunalen Teilprivatisierung wie bei der Mannheimer MVV Energie AG nahezu ausgeschlossen.

Bei einem Going Public eines kommunalen Versorgungsunternehmens spielt das unterschiedliche Informationsniveau zwischen den kommunalen und den nicht-kommunalen Anteilseignern eine zentrale Rolle. Erschwerend für eine informationsökonomische Analyse kommt hinzu, daß die dramatischen Auswirkungen der Marktliberalisierung in der Energiewirtschaft noch in keiner Weise absehbar sind[1042].

Da die kommunale Mehrheitsgesellschafterin über alle Informationen zur wirtschaftlichen Lage des Unternehmens verfügt, die überhaupt verfügbar sein können, entsteht ein Informationsproblem für die nicht-kommunalen Anteilseigner, wenn sich die kommunale Mehrheitsgesellschafterin dazu entscheidet, nur sehr ausgewählte Informationen den nicht-kommunalen Anteilseignern zukommen zu lassen. Die kommunale Mehrheitsgesellschafterin, die die Teilprivatisierung mit einem sich anschließenden Going Public seit längerem plant, könnte die Jahresabschlüsse der vergangenen Jahre bereits auf das Going Public ausgerichtet haben. Insofern könnte die kommunale Mehrheitsgesellschafterin die auch für die Erwartungsbildung der nicht-kommunalen Anteilseigner zu berücksichtigenden Vergangenheitsdaten in ihrem Sinne beeinflussen. Bspw. könnte die kommunale Mehrheitsgesellschafterin durch legale Gestaltung von bilanzrechtlichen Ansatz- und Bewertungswahlrechten und Ermessensspielräumen die Jahresabschlüsse mit einer Wachstumsrate versehen haben, die Eigenkapitalquote angehoben bzw. die Zukunftsaussichten trotz einschneidender Entwicklungen in der Energiewirtschaft zu optimistisch dargestellt haben (hidden information). Zudem könnten vor dem beabsichtigten Börsengang kommunalpolitische Zielsetzungen bewußt in der Hintergrund gedrängt worden sein, um negative Auswirkungen auf die Gewinn- und Verlustrechnungen zu vermeiden. Das Risiko für die nicht-kommunalen Anteilseigner besteht nunmehr darin, daß zurückgestellte gemeinwohlorientierte Investitionsmaßnahmen unmittelbar nach dem Börsengang des Versorgungsunternehmens wieder aufgenommen werden und Werteinbußen zur Folge hätten. Der Gang des kommunalen Unternehmens an die Börse könnte insofern ein Zeichen für bevorstehende Wertverluste sein, an denen die kommunale Anteilseignerin schlechter informierte nicht-kommunale Anteilseigner zu beteiligen beabsichtigt. Diese Interpretation für das Bestreben, neue Anteilseigner zu finden, steht in krassem Gegensatz zu den Motiven, die herkömmlich für die Beteiligungsfinanzierung aufgeführt werden[1043]. Dennoch sollten potentielle nicht-kommunale Anteilseigner diese Möglichkeit der Übervorteilung zumindest in Betracht ziehen[1044].

1041 Die Qualität des Managements in kommunalen Unternehmen orientiert sich evtl. aufgrund von personellen Verflechtungen zwischen Unternehmen und Kommunalpolitik nicht an Leistungskriterien, sondern kann sich aus parteipolitischen Interessen und Rücksichtnahmen ergeben, vgl. P. Christ, [Partei], 1984, S. 25. Hierin kann auch ein Grund für Ineffizienzen von in kommunalem Eigentum befindlichen Unternehmen gesehen werden.

1042 Lt. Gespräch mit A. Müller, MVV Energie AG, Mannheim, Abteilung Investor Relations, vom 19.07.1999 bzw. M. Meyer-Renschhausen u. M. Sieling, [Liberalisierung], 1999, S. 117.

1043 Vgl. auch Abschnitt 5.3.

1044 Allerdings scheinen sich insbesondere bei Neuemissionen potentielle Investoren dieses Problems durchaus bewußt zu sein. Dafür liefert das weltweit zu beobachtende Phänomen des „Underpricing" ein Indiz. Underpricing bezeichnet die empirisch belegte Tatsache, daß junge Aktien in der Realität unmittelbar

Diese Verhaltensrisiken bestehen jedoch aus Sicht der nicht-kommunalen Anteilseigner nicht nur vor einer Kapitalüberlassung, sondern können sich nach einer Kapitalüberlassung der nicht-kommunalen Anteilseigner erheblich verschärfen, denn zur Aufrechterhaltung der flächendeckenden Versorgung der Bevölkerung - auch in Randgebieten - und zur Erhaltung der Wettbewerbsfähigkeit stehen zukünftig Investitionen in Versorgungsanschlüsse neuer Wohnräume bzw. in die Entwicklung neuer Versorgungstechnologien bzw. -systeme an. Die Eigenschaften der Versorgungsgüter haben zur Folge, daß im Vergleich zu anderen Wirtschaftszweigen die Versorgungsunternehmen überdurchschnittlich hohe Investitionskosten – vor allem die hohen Kosten für die Erstellung des Versorgungsnetzes tätigen müssen und deshalb ein hoher Kapitalbedarf besteht[1045]. Bezeichnend für solche Infrastrukturinvestitionen sind zudem ein langfristiger Wirkungscharakter und die daraus resultierende Zähigkeit nachträglicher Korrekturen. Ökonomisch betrachtet sind leitungsgebundene Infrastrukturinvestitionen aufgrund des hohen technisch-spezifischen Anspruches außerordentlich kapitalintensiv[1046] und aus Sicht der nicht-kommunalen Anteilseigner risikobehaftet und führen aufgrund des hohen Fixkostenanteils erst langfristig zu finanziellen Einzahlungsüberschüssen. Des weiteren sind Informationen, die die Zweckmäßigkeit und Vorteilhaftigkeit von Infrastrukturinvestitionen aufzeigen sollen, objektiv kaum verfügbar bzw. nachprüfbar.

Da die kommunale Mehrheitsgesellschafterin über die künftige Ertragslage des von ihr geführten Unternehmens besser informiert ist als die nicht-kommunalen Anteilseigner, kann davon ausgegangen werden, daß die kommunale Mehrheitsgesellschafterin bzgl. der Dividendenpolitik[1047] eigene, den Interessen der nicht-kommunalen Anteilseigner widersprechende Zielsetzungen verfolgt. Außenstehende nicht-kommunale Minderheitsaktionäre haben trotz Stimmrechtes in der Hauptversammlung aufgrund der kommunalen Mehrheit[1048] keine Einflußmöglichkeiten auf das Ausschüttungsverhalten des kommunal beherrschten Versorgungsunternehmens[1049]. Eine Präferenz könnte sich nach der derzeitigen Steuergesetzgebung[1050] im Ausschüttungsverhalten der kommunalen Mehrheitsgesellschafterin als „Hang" zur Gewinnthesaurierung bzw. in nur geringen Ausschüttungsströmen an die Aktionäre niederschlagen und insofern von den Ausschüttungspräferenzen nicht-kommunaler Minderheitsaktionäre

---

nach Börseneinführung zumindest im Durchschnitt einen Kurs erreichen, der höher ist als derjenige, den die Ersterwerber für die Aktie bezahlt haben. Bei Annahme von Informationsasymmetrien läßt sich ein Underpricing als derjenige Preis- bzw. Risikoabschlag erklären, den rationale Investoren bei einem Erwerb neu emittierter Aktien vornehmen, um ihrer grundsätzlichen Skepsis in das vorhandene Informationsmaterial über das emittierende Unternehmen Rechnung zu tragen, zum Phänomen des Underpricing vgl. Kl. Gerfling, U. Pape u. Th. Kroecin, [Underpricing], 1999, S. 294 ff. und H. Uhlir, [Underpricing-Phänomen], 1989, S. 2 ff.

1045 Bspw. gehört die Energieversorgung zu den anlagenintensivsten Wirtschaftszweigen: „Auf das Anlagevermögen entfallen zwischen 70 und 80 % des Gesamtvermögens der Unternehmen", P. Münch, [Versorgungsunternehmen], 1986, S. 106.

1046 Zu den Merkmalen kommunaler Infrastrukturinvestitionen vgl. die Ausführungen in Abschnitt 2.2.2.

1047 Eine Politik konstanter Dividendenzahlungen kann allerdings auch dazu genutzt werden, um die Informationsasymmetrie zwischen kommunalen und nicht-kommunalen Anteilseignern zu reduzieren.

1048 Über die Verwendung des Bilanzgewinns entscheidet die Hauptversammlung mit einfacher Mehrheit (§§ 119 Abs. 1 Nr. 2, 133 Abs. 1 AktG).

1049 „Das Recht der Eigentümer auf die aus dem Unternehmen fließenden Gewinne („residual claims") ist von dem Recht, die Entscheidungen im Unternehmen zu fällen („control") getrennt", R. Schmidt u. E. Terberger, [Finanzierungstheorie], 1997, S. 438.

1050 Diese Präferenz wird nach derzeitigen Stand auch nicht durch die vorgesehene Steuerreform verloren gehen, da beabsichtigt ist, ab dem 01.01.2000 weiterhin thesaurierte Gewinne mit niedrigeren Körperschaftsteuersätzen zu besteuern als ausgeschüttete Gewinne.

abweichen[1051]. Dabei darf die Bedeutung des angestellten Vorstands für einen sicheren Arbeitsplatz nicht vergessen werden, der mit der Besorgnis um die Zukunft des kommunalen Unternehmens einhergeht.

6.2.1.2.2. Hidden action in kommunal beherrschten börsennotierten Versorgungsunternehmen

Hidden action ist nicht auszuschließen, zumal es den nicht-kommunalen Anteilseignern gerade bei komplexen Aufgabenstellungen nicht möglich sein wird, Ergebnisabweichungen auf das Verhalten der kommunalen Mehrheitsgesellschafterin oder auf anderweitige Einflüsse (bspw. Liberalisierung im Energiesektor) trennscharf zurückzuführen. Spezielle ökonomische Risiken bestehen für die nicht-kommunalen Anteilseigner darin, daß mit dem Emissionserlös zugesagte unternehmenswertsteigernde Maßnahmen nicht getätigt werden, und statt dessen mit den Erlösen kommunalpolitische Zielsetzungen verfolgt werden (moral hazard). Zur Steigerung der Produktivität[1052] könnte bspw. ein beabsichtigter Beschäftigungsabbau gestoppt werden, und insbesondere vor einer (Kommunal-)Wahl könnten „Wahlgeschenke" durch Neueinstellungen von loyalen Mitarbeitern aus der unmittelbaren Region des kommunalen Unternehmens verteilt werden. Eine kurzfristige Erzielung beschäftigungspolitischer Erfolge durch direkte kommunale Beschäftigungspolitik in gemischt-wirtschaftlichen Unternehmen erfolgt zu Lasten der Rentabilität.

1051 Aktienrechtlich hat der Vorstand zunächst dem Aufsichtsrat den Vorschlag zu unterbreiten, den er der Hauptversammlung für die Verwendung des Bilanzgewinns machen will (§ 170 Abs. 2 S. 1 AktG). Der Aufsichtsrat prüft sodann den Vorschlag für die Verwendung des Bilanzgewinns (§ 171 Abs. 1 S. 1 AktG). Anschließend faßt die Hauptversammlung den Beschluß über die Verwendung des Bilanzgewinns (§ 119 Abs. 1 Nr. 2 AktG). Dabei ist sie an den festgestellten Jahresabschluß gebunden (§ 174 Abs. 1 S. 2 AktG). Da der Jahresabschluß regelmäßig aufgrund der Billigung des vom Vorstand aufgestellten Jahresabschluß durch den Aufsichtsrat festgestellt wird (§ 712 Abs. 1 S. 1 AktG), besagt dies, daß die Hauptversammlung in der Regel keinen Einfluß auf die Ausgestaltung des Jahresabschlusses hat (Ausnahme: § 173 Abs. 1 AktG). Dies ist nicht ohne Bedeutung für die Entscheidung über die Verwendung des Bilanzgewinns, da bei der Aufstellung des Jahresabschlusses durchaus Bewertungsspielräume bestehen, die vom Vorstand dazu genutzt werden können, den Jahresabschluß nicht so hoch ausfallen zu lassen wie bei Zugrundelegung anderer ebenfalls rechtmäßiger Bewertungsmethoden. Zudem können Vorstand und Aufsichtsrat, sofern sie den Jahresabschluß feststellen, einen Teil des Jahresüberschusses, höchstens jedoch die Hälfte, in die Gewinnrücklagen einstellen (§ 58 Abs. 2 S. 1 AktG), und insofern dem Einfluß der Hauptversammlung entziehen. Denn die in die Gewinnrücklagen eingestellten Beträge werden vom Jahresabschluß abgezogen und mindern den Bilanzgewinn, über dessen Verwendung die Hauptversammlung beschließt. Die Hauptversammlung (faktisch die Kommune als Mehrheitsgesellschafterin in gemischtwirtschaftlichen Unternehmen) kann bei der Beschlußfassung über die Verwendung des Bilanzgewinns weitere Beträge in die Gewinnrücklagen einstellen oder als Gewinn vortragen (§ 58 Abs. 3 S. 1 AktG) und insofern den zur Verteilung unter die Anteilseigner kommenden Bilanzgewinn weiter verringern. Nicht-kommunale Minderheitsaktionäre, die unter Renditeaspekten nicht an einer Thesaurierung des Jahresüberschusses im Unternehmen sondern an einer Ausschüttung interessiert sein können, haben im Rahmen der gefaßten Beschlußfassungen keine Möglichkeit, gegen den Willen der kommunalen Mehrheitsgesellschafterin an dem Bilanzgewinn teilzuhaben. Allerdings wirkt das Aktiengesetz der Gefahr der „Austrocknung" der nicht-kommunalen Minderheitsaktionäre in § 254 Abs. 1 AktG entgegen: Nach dieser Norm kann der Beschluß über die Verwendung des Bilanzgewinns angefochten werden, wenn die Hauptversammlung aus dem Bilanzgewinn Beträge in die Gewinnrücklagen einstellt oder als Gewinn vorträgt, obwohl dies bei vernünftiger kaufmännischer Beurteilung nicht notwendig ist, um die Lebensfähigkeit der Gesellschaft zu erhalten. Dieses Anfechtungsrecht besteht aber nur, wenn nicht einmal vier vom Hundert des eingezahlten Grundkapitals an die Aktionäre verteilt werden.

1052 Bspw. durch zunehmende Investitionen in die Automatisierung.

Zudem müssen mögliche Verhaltensweisen der kommunalen Mehrheitsgesellschafterin berücksichtigt werden, die als „consumption on the job“ bezeichnet werden. Unter „consumption on the job“ sind diejenigen Annehmlichkeiten zu verstehen, die die kommunale Anteilseignerin auf Kosten des Unternehmens konsumiert, ohne daß dies unmittelbar sofort nach außen sichtbar erscheint. Dazu kann sowohl eine besonders aufwendige Gestaltung von Bürogebäuden bzw. Arbeitsräumen als auch das Abhalten von Konferenzen des Managements bzw. Aufsichtsratssitzungen in besonders attraktiven Städten gezählt werden. Jede Geldeinheit, die für „on the job consumption“ der kommunalen Mehrheitsgesellschafterin ausgegeben wird, reduziert den Unternehmenswert um eine Geldeinheit.

Ferner könnte sich dieses Verhalten in vergleichsweise hohen Vorstandsbezügen oder hohen Vergütungen für die Kommunalpolitiker als Aufsichtsratsmitglieder bzw. in sehr „angenehmen“ Arbeitsbedingungen des Managements bemerkbar machen[1053]. Gewinneinbußen des kommunalen Unternehmens kann die kommunale Mehrheitsgesellschafterin der eingetretenen Liberalisierung im Energiesektor zuschreiben, ohne daß die nicht-kommunale Anteilseignerin dies überprüfen kann.

Grundsätzlich wird in solchen Situationen das Verhalten der unternehmensleitenden Manager von den relativen Kosten für pekuniäres respektive nicht-pekuniäres Einkommen bestimmt, insoweit also von der für ihn relevanten „trade-off“-Beziehung zwischen „consumption on the job“ und monetärem Einkommen. Bei fehlenden Anreizmechanismen sind für den Vorstand die relativen Kosten bei fixem Geldeinkommen für nicht-monetäre Einkünfte um so niedriger, je geringer seine Gewinn- bzw. Kapitalbeteiligung am Kommunalversorger ist. Um so größer ist auch für den Vorstand der Anreiz, sich oder den Bürokraten bzw. Kommunalpolitikern, unternehmenseigene Ressourcen in Form von Ausgaben für nicht-monetäre Güter anzueignen, da sowohl der Vorstand als auch die anderen Nutznießer alle Annehmlichkeiten davon genießen, aber nur einen Teil der Kosten, im Extremfall keine - in Form der „Vernichtung“ von Unternehmenswert - zu tragen haben. Je geringer nun der Anspruch des Vorstands auf dieses Gewinnresiduum ist[1054], desto größer ist für ihn theoretisch der ökonomische Anreiz, daß größere Mengen an Firmenressourcen in Form von nicht-pekuniären Einkommen konsumiert werden.

Die Verfolgung nicht-pekuniärer Bedürfnisse durch die kommunale Mehrheitsgesellschafterin dürfte in kommunalen Energieversorgungsunternehmen eine große Bedeutung haben, da den Möglichkeiten individueller, im Falle von Unternehmenswertsteigerungen lukrativeren Gehaltszahlung für Manager, durch tarifliche und gesetzliche Vorgaben bisher enge Grenzen gesetzt sind. U.a. verhindern dienst-rechtliche Vorschriften, daß leistungsbezogene Bezüge gezahlt werden[1055]. Dies liegt auch im Interesse der Bürokraten bzw. Kommunalpolitiker, um eigene Ansprüche an das kommunale Unternehmen leichter durchsetzen zu können.

1053 Eine empirische Untersuchung weist für Unternehmen mit hoher Staatsbeteiligung in 2 von 12 Jahren relativ höhere Vorstandsbezüge nach; allerdings auf statistisch geringem Signifikanzniveau, vgl. I. Böbel u. M.J. Dirrheimer, [Eigentumsrechte], 1984, S. 167.

1054 Die Mitglieder des Vorstands der MVV Energie AG (Mannheim) erhielten vor dem Börsengang keine Aktien bzw. Bezugsrechte auf Aktien der Gesellschaft, vgl. Verkaufsprospekt/Börsenzulassungsprospekt der MVV Energie AG, Mannheim, v. 01.03.1999, S. 24.

1055 Dies würde insbesondere gelten, wenn Beamte Vorstandspositionen in kommunalen Versorgungsunternehmen bekleiden.

Des weiteren kann das Streben der Bürokratie und Kommunalpolitik in gemischtwirtschaftlichen Unternehmen durch Prestige- und Machtbestrebungen motiviert sein. Dies könnte sich in einem immer größeren und einflußreicheren kommunalen Unternehmen ausdrücken, als Resultat getätigter Zukäufe im In- und Ausland und durch eingegangene Beteiligungen sowohl in traditionellen als auch neuen Geschäftsfeldern des Kommunalversorgers[1056]. Das ökonomische Risiko für die nicht-kommunalen Anteilseigner besteht darin, daß Unternehmenskäufe bzw. Unternehmensbeteiligungen nicht notwendigerweise eine Steigerung des Unternehmenswertes zur Folge haben müssen[1057]. Zudem ist die Ausweitung der Unternehmensaktivitäten durch die Reichweite des durch rechtliche Vorgaben gewährleisteten räumlichen Handlungsspielraum, insbesondere die Zulässigkeit der Ausdehnung des Tätigkeitsgebiets über das Gemeindegebiet hinaus, mit kommunalverfassungsrechtlichen Bestimmungen nicht vereinbar[1058]. Dann kann trotz der vorgenommenen Ausweitungen der geschäftlichen Aktivitäten von kommunalen gemischt-wirtschaftlichen Unternehmen wie bspw. der Mannheimer MVV Energie AG nicht ausgeschlossen werden, daß die Kommunalaufsicht oder am Wettbewerb teilnehmende Dritte die Rechtmäßigkeit der über den Versorgungsauftrag der Kommune hinausgehenden Aktivitäten in Frage stellen, mit der möglicherweise betriebswirtschaftlich folgenschweren Konsequenz, daß nicht mit dem Kommunalrecht vereinbarte Aktivitäten unter hohen Kosten eingestellt werden müßten[1059].

Des weiteren kann sich die kommunale Mehrheitsgesellschafterin auf folgende Weise Vorteile verschaffen, die mit dem Risiko eines sinkenden Börsenkurses einhergehen. Da der unternehmensleitende Vorstand in kommunalen Versorgungsunternehmen regelmäßig nicht über eine Kapitalbeteiligung verfügt, liegt keine notwendige Bereitschaft vor, sich bei Konflikten mit der von nicht-kommunaler Seite erwarteten Zielstrebigkeit dafür einzusetzen, daß Lösungen gefunden werden, die den Börsenkurs möglichst wenig schmälern. Der Vorstand wird daher in Abstimmung mit der Bürokratie und der Politik[1060], soweit es die jeweilige Situation des Unternehmens zuläßt, u.U. großzügig übertarifliche Gehälter zahlen und betriebliche Sozialleistungen gewähren. Zudem ist nachvollziehbar, daß bei Tarifverhandlungen, die für das von ihm geleitete kommunale Unternehmen geführt werden, das Interesse an einer zügigen Kompromißlösung größer ist als das an einer dauerhaften Gewinnerzielung. Da die Kommune bzw. insbesondere die Kommunalpolitik Interesse an zufriedenen Mitarbeitern des kommunalen Unternehmens haben könnte, wird sie solchen unternehmenswertvernichtenden Entscheidungen nicht entgegenwirken.

1056 Bspw. hat die Mannheimer MVV Energie AG 100 %-ige Tochtergesellschaften in Berlin, Leipzig, Polen etc.; zur Struktur der Unternehmensgruppe der MVV Energie AG (Mannheim), vgl. Verkaufsprospekt/Börsenzulassungsprospekt der MVV Energie, Mannheim, v. 01.03.1999, S. 40.

1057 Aus Sicht der nicht-kommunalen Aktionäre wäre statt dessen eine Ausschüttung als Dividende vorzuziehen.

1058 Vgl. die Ausführungen in Abschnitt 5.4.1.

1059 Vgl. die Entscheidung der Stadt Köln, wodurch ihre 100 %-ige Tochter, die Gas- und Elektrizitätswerke AG, zur Einstellung ihrer ausländischen Beteiligungen und Aktivitäten „gezwungen" wurde, vgl. o.V. [Ausland], 1998, S. 399.

1060 Es spricht einiges dafür, daß Politiker gegenüber bestimmten Gruppierungen nachgiebiger sind. Falls Politiker Effizienzsteigerungen durch Beschäftigungsabbau in kommunalen Unternehmen durchsetzen wollen, sind die Beschäftigten unmittelbar betroffen. Insofern muß ein nach Effizienz strebender Politiker mit negativen Auswirkungen auf sein Wahlziel rechnen. Dies spricht dafür, daß die Wohlfahrt der Beschäftigten kommunaler Unternehmen eine besondere Rolle im Zielsystem der entscheidenden Politiker spielt, in Anlehnung an H. Mühlenkamp, [Analyse], 1999, S. 109.

Zusammenfassend läßt sich festhalten, daß die Bürokratie respektive Kommunalpolitik aufgrund der nicht vorhandenen effektiven und mit Sanktionsmechanismen ausgestatteten Anreiz- und Kontrollsystemen in gemischt-wirtschaftlichen Versorgungsunternehmen ein nicht unerhebliches residual loss erwarten läßt. An dieser Stelle soll allerdings nicht der Versuch einer Quantifizierung der Agency-Costs erfolgen, da die beschriebene besondere Principal-Agent-Beziehung in kommunalen gemischt-wirtschaftlichen börsennotierten Versorgungsunternehmen primär zur Sensibilität für die besondere Problematik aufgezeigt wurde.

Aufgrund der aufgezeigten Verhaltensrisiken und Anreizstrukturen sind Anreiz-, Kontroll- bzw. Informationssysteme notwendig, um die Informationsdefizite und ökonomischen Risiken der nicht-kommunalen Anteilseigner zu reduzieren. Denn aufgrund der – bedingt durch den großen Opportunitätspielraum der kommunalen Mehrheitsgesellschafterin – vorhandenen enormen ökonomischen Risiken für die nicht-kommunalen Anteilseigner dürften aus agency-theoretischer Sicht die Anteilsscheine des kommunalen börsennotierten Unternehmens keinen bzw. nur sehr geringen Unternehmenswert haben und insofern nicht-kommunale Anteilseigner von einer Beteiligung an dem Unternehmen fernhalten.

Im folgenden Abschnitt wird versucht, das Problem zu lösen, inwieweit Steuerungs- und Anreizsysteme transaktionskostengünstig in kommunal beherrschten Versorgungsunternehmen institutionalisiert werden (können), um die kommunale Mehrheitsgesellschafterin im Hinblick auf die Zielgröße nicht-kommunaler Anteilseigner zu steuern und damit eine Beteiligung nicht-kommunaler Anteilseigner zu erreichen.

Eine agency-theoretische Analyse würde sicherlich in einer Situation, in der aus fiskalischen Gründen der Verkauf weiterer Anteile an nicht-kommunale Investoren beabsichtigt ist, anders ausfallen[1061]. Nur in den Fällen, in denen die Kommune nicht beabsichtigt, weitere Anteile zu veräußern und infolgedessen keine weiteren Einnahmen zu erwarten sind, können negative Reaktionen auf dem Kapitalmarkt jedoch ignoriert werden. Insofern ist entscheidend, welchen Einfluß die nicht-kommunalen Anteilseigner in den Unternehmensorganen des kommunalen Unternehmens ausüben können.

6.2.2. Transaktionskostengünstige Mechanismen zur Verringerung der Agency-Problematik

Im vorhergehenden Abschnitt wurde agency-theoretisch entwickelt, daß die kommunale Mehrheitsgesellschafterin in kommunal beherrschten Versorgungsunternehmen Ziele verfolgt, die mit den Interessen der nicht-kommunalen Anteilseigner nicht zu vereinbaren sind. Dabei wurden grundlegende Interessenkonflikte zwischen den kommunalen und den nicht-kommunalen Anteilseignern festgestellt.

Im Rahmen der agency-theoretischen Untersuchung wurde analysiert, daß bestehende Informationsdefizite es den nicht-kommunalen Anteilseignern unmöglich machen, beim Ausmaß der Zielerfüllung der schwer zu operationalisierenden kommunalpolitischen Unternehmensziele direkt auf das Anstrengungsniveau der kommunalen Mehrheitsgesellschafterin schließen zu können. Denn die Umsetzung der Unternehmensziele wird neben den Handlungen der kommunalen Mehrheitsgesellschafterin von unsicheren Umweltzuständen beeinflußt.

1061 Vgl. auch dazu die einzelnen Privatisierungsschritte der Deutschen Telekom AG.

Verhaltensrisiken und Anreizprobleme kommen aufgrund des unterschiedlichen Informationsniveaus zwischen den kommunalen und den nicht-kommunalen Anteilseignern zum Tragen, und das Verhalten der kommunalen Mehrheitsgesellschafterin ist - trotz (kommunal-) rechtlicher Bindungen - aufgrund der asymmetrischen Informationsverteilung nicht von den nicht-kommunalen Anteilseignern zu kontrollieren. Zudem läßt die geringe Kapitalbeteiligung[1062] der nicht-kommunalen Anteilseigner auch weitgehend das Interesse an einer eigenständigen Kontrolle verlieren. Transaktionskosten in Form von Überwachungskosten sind im Vergleich zum Nutzen, den die Überwachung dem einzelnen nicht-kommunalen Aktionär bringen könnte, zu hoch. Zudem erhalten die Kleinaktionäre selbst auch nur einen kleinen Teil der Früchte und alle anderen Aktionäre bekommen einen „free ride"[1063].

Aus Sicht der Gesamtheit der nicht-kommunalen Anteilseigner haben Mechanismen zur Verringerung der Agency-Problematik die Aufgabe, den beauftragten Agent zu Entscheidungen zu veranlassen, um die durch die nicht-kommunalen Anteilseigner angestrebten Unternehmensziele zu verwirklichen[1064]. Solchen Kontroll- oder Anreizmechanismen kommt die Aufgabe zu, opportunistisches Verhalten der kommunalen Mehrheitsgesellschafterin zu reduzieren bzw. ganz zu verhindern. Dabei sind Anreizsysteme anzuwenden, die sowohl die Eigeninteressen des Agent sicherstellen als auch weitgehend mit den Interessen des Principal zu vereinbaren sind. Das zentrale agency-theoretische Entscheidungsproblem ist dabei die „Wahl von transaktionskostengünstigen Kontroll- bzw. Anreizmechanismen". Bezogen auf das Entscheidungsproblem in diesem Abschnitt lautet die Problemstellung, wie Anreiz- bzw. Kontrollmechanismen in kommunal beherrschten börsennotierten Versorgungsunternehmen transaktionskostengünstig institutionalisiert werden können, um die kommunale Mehrheitsgesellschafterin zu veranlassen, sich im Interesse der Zielgröße „Marktwertsteigerung" der nicht-kommunalen Anteilseigner zu verhalten, um eine Kapitalbeteiligung nicht-kommunaler Anteilseigner erst erreichen zu können[1065].

6.2.2.1. Einsatz von Steuerungs- und Anreizsystemen zur Interessenharmonisierung zwischen kommunalen und nicht-kommunalen Anteilseignern

Zur Herstellung einer Zielharmonie mit den nicht-kommunalen Anteilseignern besteht agency-theoretisch zum einen die Möglichkeit[1066], die Handlungsergebnisse der kommunalen Mehrheitsgesellschafterin zu überwachen (Output-orientierte Steuerung), zum anderen, in ein Informations- bzw. Kontrollsystem zu investieren, das Aufschluß über das Arbeits- bzw. Entscheidungsverhalten der kommunalen Mehrheitsgesellschafterin gibt (Input-orientierte Steuerung).

Agency-theoretisch besteht eine Möglichkeit zur Reduzierung des Moral Hazard-Risikos in der Schaffung von Rahmenbedingungen, die den Agent motivieren, ein möglichst hohes An-

1062 Der Kleinaktionär nimmt faktisch die Stellung eines Gläubigers ein.

1063 Kontrollmaßnahmen haben in interdependenten Systemen die Eigenschaft, daß Konrollaktivitäten eines Anteilseigners auch allen anderen Aktionären zugute kommen (Free Rider-Effekt), vgl. Ch.-M. Ridder-Aab, [Eigentumsrechte], 1980, S. 84.

1064 Vgl. R. Elschen, [Agency-Theorie], 1988, S. 249.

1065 Vgl. auch S. Spelthahn, [Monopole], 1994, S. 60.

1066 In Anlehnung an K.M. Eisenhardt, [Theory], 1989, S. 61 bzw. R. Elschen, [Kontrollsysteme], 1991, S. 210 f.

strengungsniveau zu wählen. Annahmegemäß ist ein höheres Aktivitätsniveau des Agent mit einem höheren Wert für das Unternehmen und damit auch für die nicht-kommunalen Anteilseigner verbunden. Die Output-orientierte Steuerung beschränkt sich auf die Ermittlung von anreizoptimalen finanziellen Entlohnungsverträgen. Dabei interessiert - so die Theorie - primär die Entlohnung des Agent durch den Principal[1067]. In der finanziellen Entlohnung spiegeln sich die vom Principal gewählten materiellen Anreize wider[1068], durch die der Agent zu einem Verhalten in eine bestimmte Richtung gelenkt werden soll, ohne daß der Principal ein solches Verhalten durch Befehle herbeiführen kann. Eine Steuerung durch Anweisungen ist in kommunalen gemischt-wirtschaftlichen Unternehmen nicht realisierbar, da die nicht-kommunalen Anteilseigner einerseits nicht über die notwendigen Informationen verfügen, um unternehmensspezifische Anweisungen geben zu können, andererseits aufgrund der zu starken Dominanz der kommunalen Mehrheitsgesellschafterin keinerlei Durchsetzungschancen bestehen.

Im Rahmen der Input-orientierten Steuerung informiert bzw. kontrolliert der Principal den Agent bzw. läßt den Agent überwachen und verschafft sich dadurch zusätzliche Informationen über das Arbeits- und Entscheidungsverhalten der kommunalen Mehrheitsgesellschafterin.

Zwischen der Überwachung der kommunalen Mehrheitsgesellschafterin und dem Einsatz finanzieller Anreizsysteme wird im Rahmen der Agency-Theorie eine substitutive Beziehung angenommen[1069]. Da mit beiden Anreizmechanismen agency-theoretisch Steuerungswirkungen erzielt werden, läßt eine intensivere Überwachung der Mehrheitsgesellschafterin - mit der Folge einer Einschränkung des diskretionären Handlungsspielraumes - eine Steuerung durch finanzielle Anreize weniger erforderlich werden.

Die im Rahmen der Agency-Theorie entwickelten Steuerungs- und Belohnungsmechanismen zeigen auf, daß die nicht-kommunalen Anteilseigner einem opportunistischen Verhalten der Mehrheitsgesellschafterin nicht grenzenlos ausgesetzt sind, sondern durch eine entsprechende Gestaltung von Kooperationsdesigns abweichendes Verhalten des Agent begrenzen können.

Unter der Annahme, daß sich derartige Kooperationsdesigns *unentgeltlich* in Verträgen vereinbaren ließen, wäre eine Bestimmung vorteilhafter Kooperationsdesigns insoweit problemlos möglich. Diese würden sich aus der Maximierung des Kooperationsertrages einerseits und der gleichzeitigen Maximierung der Anzahl der Anreiz- und Kontrollsysteme in abzuschließenden Kooperationsverträgen andererseits ergeben[1070]. In der Realität verringern Anreiz- und Kontrollmechanismen aus Sicht des Principal aber nicht nur ein opportunistisches Verhalten des Agent und damit mögliche Wohlfahrtsverluste der Kooperation, sie verursachen selbst im Gegenzug Transaktionskosten bei der Gestaltung, beim Abschluß und bei der

1067 Dies kann durch eine variable Vergütung in Form von Anteilspapieren respektive Aktienoptionen erfolgen, um das Management zu einer shareholder-orientierten Unternehmensführung zu bewegen, vgl. K. Gedenk, [Steuerung], 1998, S. 27.

1068 Zu den materiellen Anreizen gehören Löhne, Gehälter, Erfolgsprämien, Kapitalbeteiligungen etc. Beförderungen, Anerkennung, sozialer Status etc. sind immateriellen Anreizen zuzurechnen.

1069 Vgl. K.M. Eisenhardt, [Theory], 1989, S. 61 bzw. R. Elschen, [Kontrollsysteme], 1991, S. 212.

1070 Diese Darstellung entspricht im Kontext der Principal-Agent-Theorie einem Principal, der alle Aktionen des Agent kostenlos beobachten und über Anweisungen steuern kann.

Erfüllung der Vertragspflichten sowie bei der Vertragsüberwachung[1071]. Für vorteilhafte Kooperationsdesigns muß deshalb gelten, daß sie nicht die Maximierung von Kontroll- und Anreizsystemen, sondern deren kostenoptimale Kombination anstreben.

Insofern stehen den positiven Verhaltenswirkungen von Steuerungsinstrumenten die Agency-Kosten ihres Einsatzes gegenüber. Bei der Output-orientierten Steuerung sind dies vor allem Kosten des Risikotransfers auf den Agent, die aus der Forderung einer Risikoprämie durch den Agent hervorgehen[1072]. Bei der Input-orientierten Steuerung entstehen Kosten dagegen aus der Beschaffung von Informationen über den Agent, zur Überwindung von Informationsasymmetrien zwischen kommunalen und nicht-kommunalen Anteilseignern[1073]. Ex post fallen zudem Überwachungskosten an, da die kommunale Mehrheitsgesellschafterin möglicherweise zuvor gemachte Zusagen nicht einhält oder sich opportunistisch verhält.

Den vorausgegangenen Erläuterungen ist zu entnehmen, daß das Effizienzkriterium der Principal-Agent-Theorie die Agency-Kosten sind. Nach der Principal-Agent-Theorie können nur solche Gestaltungsformen institutioneller Beziehungen „überleben", die im Hinblick auf die Agency-Kosten effizient sind. Die gesuchten Lösungen sind insoweit ein Ergebnis der Minimierung von Agency-Kosten[1074]. Es gilt, die Kooperationsdesigns dahingehend zu analysieren, welche von ihnen den geringsten Trade-off zwischen den Agency-Kosten verbleibender Opportunitätsspielräume und den Agency-Kosten vertraglich vereinbarter Anreiz- und Kontrollsysteme aufweisen.

6.2.2.1.1. Input-orientierte Steuerungssysteme

Ex ante könnte eine Input-orientierte Steuerungsmöglichkeit der kommunalen Mehrheitsgesellschafterin im Hinblick auf eine wertorientierte Unternehmensführung in klar und präzise formulierten Bestimmungen in der Unternehmenssatzung zum weiteren (Teil-) Privatisierungsprozeß des kommunalen Unternehmens liegen. In der Satzung könnte die kommunale Mehrheitsgesellschafterin signalisieren, im Rahmen weiterer Teilprivatisierungen am Kapitalmarkt mittel- bis langfristig die Anteilsmehrheit an dem kommunalen Unternehmen abzugeben[1075]. Für diesen Fall geht die einschränkende Wirkung in bezug auf den diskretionären Handlungsspielraum der kommunalen Mehrheitsgesellschafterin von der Bewertung der Unternehmensanteile am Kapitalmarkt aus. Während der Kapitalmarkt im allgemeinen kein regulatives Element für die sich aus der Art und Verteilung der Verfügungsrechte an kommu-

---

1071 Bei vollständiger Festlegung und Überwachung der Entscheidungen können die zusätzlichen Kosten sogar den "Ertrag" aus der Verringerung des Wohlfahrtsverlustes übersteigen, vgl. M. Fischer, [Agency-Theorie], 1995, S. 321.
Damit dem kommunalen Unternehmen etwas vom Nutzen verbleibt, muß die Grundgleichung eines Anreizsystems lauten: Der Wert von Anreizen und die Kosten für die Institutionalisierung von Anreizsystemen dürfen zusammengenommen ex post den bewerteten positiven Nutzeneffekt nicht übersteigen.

1072 Vgl. V. Breid, [Aussagefähigkeit], 1995, S. 831 bzw. K.M. Eisenhardt, [Theory], 1989, S. 61. Mit zunehmender Risikoaversion des Agent steigt dabei seine geforderte Risikoprämie.

1073 Vgl. hierzu K.M. Eisenhardt, [Theory], 1989, S. 61; auch J. Zechner, [Managerverhalten], 1982, S. 182.

1074 Vgl. W. Neus, [Agency Costs], 1989, S. 474.

1075 Vgl. auch die einzelnen Teilprivatisierungsschritte bei der Deutschen Telekom AG. Der Bund als Mehrheitsaktionär bei der Deutschen Telekom AG beabsichtigte schon bei dem Börsengang, die Mehrheitsbeteiligung abzugeben. Im Sommer 2000 beabsichtigt die bundeseigene Kreditanstalt für Wiederaufbau für den Bund, der bislang noch direkt und indirekt
66 % der Anteile hält, eine weitere Tranche der Aktien der Deutschen Telekom AG an den Markt zu geben, vgl. H. Stüwe, [Telekom], 2000, S. 24.

nalen Unternehmen ergebenden Handlungsspielräume für die kommunale Mehrheitsgesellschafterin darstellt[1076], sind die Signale des Kapitalmarktes bei weiteren geplanten Teilprivatisierungsschritten von der kommunalen Mehrheitsgesellschafterin zu berücksichtigen. In diesem Fall ist die Bewertung des Unternehmens am Kapitalmarkt für die kommunale Mehrheitsgesellschafterin von besonderem Interesse, da sich steigende bzw. fallende Börsenkurse direkt in zukünftigen Privatisierungserlösen für die Kommune niederschlagen. Insofern werden die kommunalen Anteilseigner im Falle weiterer geplanter Teilprivatisierungen ein Interesse an hohen Börsenkursen haben. Dieses Interesse wird solange vorhalten, bis die beabsichtigten Privatisierungsschritte realisiert sind. Nach Abschluß des Privatisierungsprozesses ist davon auszugehen, daß kommunalpolitische Zielsetzungen wieder in den Vordergrund treten, falls entsprechende Einflußmöglichkeiten seitens der kommunalen Mehrheitsgesellschafterin noch vorhanden sind.

Der Kapitalmarkt stellt insofern nur für den Fall weiterer geplanter, satzungsmäßig garantierter Teilprivatisierungsschritte ein wirksames Instrument zur Verminderung der Agency-Problematik in kommunal beherrschten Aktiengesellschaften dar. Aus Sicht der nicht-kommunalen Anteilseigner sollte der Privatisierungsprozeß soweit fortgesetzt werden, bis die Kommune lediglich über eine „Minderheitsbeteiligung"[1077] verfügt. Das Ziel der nicht-kommunalen Anteilseigner besteht darin, daß die kommunale Mehrheitsgesellschafterin die aktienrechtliche Mehrheit an dem Unternehmen verliert und daß das kommunale Unternehmen sich insofern weitgehend den kommunalpolitischen Einflüssen entziehen kann.

Ob eine Kommune in der kommunalen Praxis jedoch die Mehrheit an dem kommunalen börsennotierten Unternehmen abzugeben bereit bzw. aus kommunalrechtlichen Bindungen überhaupt rechtlich in der Lage ist, muß sehr stark angezweifelt werden[1078]. Eine in der Satzung zur Reduktion der Agency-Problematik garantierte Erklärung zu weiteren (Teil-)Privatisierungsmaßnahmen kommt daher in den meisten Fällen wohl nicht in Frage. Dies hat zur Folge, daß die nicht-kommunalen Anteilseigner auch zukünftig keine Möglichkeiten zur Einflußnahme auf die Unternehmenspolitik erhalten. Ohne weitere (Teil-) Privatisierungsabsichten des kommunalen Unternehmens kann jedoch die Agency-Problematik zwischen kommunalen und nicht-kommunalen Anteilseignern nicht reduziert werden. Insofern muß, falls möglich, nach anderen Input-orientierten Steuerungssystemen gesucht werden.

Der Kapitalmarkt kann aber in einer anderen Funktion als Instrument zur Verminderung der Agency-Problematik in kommunal beherrschten Versorgungsunternehmen in Anspruch genommen werden. Agency-theoretisch wird angenommen, daß die kommunale Mehrheitsgesellschafterin eigene, den Interessen der nicht-kommunalen Anteilseigner widersprechende Zielsetzungen verfolgt. Insofern hängen zukünftige Marktwertsteigerungen des kommunalen gemischt-wirtschaftlichen Unternehmens auch davon ab, inwieweit es durch Einschaltung von Kontrollmechanismen gelingt, das Verhalten der kommunalen Mehrheitsgesellschafterin da-

1076 Die Eigentümer (Bürger) können von sich aus nicht entscheiden, ihre Anteile abzugeben: diese Entscheidung ist auf die Bürokratie und Kommunalpolitik übertragen, die über den Verkauf von Anteilen und damit über weitere Privatisierungsschritte entscheiden.

1077 Zumindest ist eine kommunale Beteiligung von weniger als 50 % am Eigenkapital des Unternehmens anzustreben.

1078 Die Mannheimer MVV Energie AG beabsichtigt nicht, weitere Teile des Unternehmens zu privatisieren. Begründet wurde dies allerdings nicht, lt. Gespräch mit A. Müller, MVV Energie AG, Mannheim, Abteilung Investor Relations, vom 19.07.1999.

hingehend zu beeinflussen, daß eine im Interesse der nicht-kommunalen Anteilseigner liegende Investitionspolitik verfolgt wird. Als ein solches Kontrollinstrument könnte der Kapitalmarkt gedeutet werden.

Die kommunale Mehrheitsgesellschafterin kann über die jährliche Gewinnverwendung ohne Mitwirkung der nicht-kommunalen Anteilseigner bestimmen[1079]. Zur Reduzierung der Agency-Problematik könnte sich die kommunale Mehrheitsgesellschafterin zu einer Dividendenausschüttung mit anschließender Aufforderung an die Anteilseigner zu einer Einbringung neuen Kapitals entscheiden[1080]. Im Fall der Dividendenausschüttung mit anschließender Kapitalerhöhung ist die Mehrheitsgesellschafterin auf die Bereitschaft der nicht-kommunalen Anteilseigner angewiesen, neues Beteiligungskapital bereit zu stellen. Nicht-kommunale Investoren werden künftig nur dann bereit sein, dem kommunalen Unternehmen frisches Kapital zur Verfügung zu stellen, wenn die kommunale Mehrheitsgesellschafterin sie davon überzeugen kann, daß die künftige Investitionspolitik eine hinreichende Rendite des investierten Kapitals erbringt.

Durch eine Bevorzugung der Außenfinanzierung gegenüber der Gewinnthesaurierung schränkt die kommunale Mehrheitsgesellschafterin ihren Entscheidungsbereich ein und unterwirft sich gleichzeitig der Kontrolle nicht kommunaler Investoren. Insofern könnte dieses Instrument teilweise dazu beitragen, das Mißtrauen und die Skepsis der nicht-kommunalen Anteilseigner gegenüber den Handlungen der kommunalen Mehrheitsgesellschafterin abzubauen und als erwünschte Folge der nicht-kommunalen Anteilseigner eine Steigerung des Unternehmenswertes des kommunalen Unternehmens bewirken. Falls allerdings Vorstands- und Aufsichtsratsmitglieder des kommunalen Unternehmens Anteile an ihrer Gesellschaft halten, wird die Anwendung des Kontrollinstrumentes erschwert. Das zu versteuernde Einkommen der Manager wird i.d.R. über dem für die Schütt-aus-hol-zurück-Politik kritischen zu versteuernden Einkommen liegen. Die Manager müßten gegen ihre eigenen Interessen handeln, wenn sie sich für die Anwendung dieses Verfahrens und gegen die offene Selbstfinanzierung entscheiden. Insofern wird das Schütt-aus-hol-zurück-Verfahren in kommunal beherrschten Versorgungsunternehmen wohl nur in Ausnahmefällen eine entsprechende Anwendung finden.

Um die (kommunalpolitischen) Handlungsspielräume des Agent zu reduzieren respektive die Aktionen des Agent zu kontrollieren, wird agency-theoretisch ex post ein Ausweg in der Einrichtung eines Überwachungsorgans gesehen[1081], das den Anteilseignern Informationen über das Anstrengungs- bzw. Aktivitätsniveau der kommunalen Mehrheitsgesellschafterin verschaffen soll.

1079 Bspw. in Form der Reinvestition thesaurierter Gewinne.

1080 Diese Form der Kapitalaufbringung wird in der Literatur als Schütt-aus-hol-zurück-Politik bezeichnet, wobei primär steuerrechtlich motivierte Gründe für ihre Anwendung genannt werden. Das Schütt-aus-hol-zurück-Verfahren kann wegen des höheren Steuersatzes für thesaurierte Gewinne kostengünstiger sein als eine volle offene Selbstfinanzierung. Inwieweit eine Gewinnausschüttung und Wiedereinlage günstiger ist eine volle Gewinnthesaurierung, hängt vom jeweiligen Einkommensteuersatz der Anteilseigner ab. Unter der Zielsetzung der Minimierung der Gesamtsteuerbelastung ist das Schütt-aus-hol-zurück-Verfahren kosten-günstiger bei Anteilseignern mit kleinen und mittleren Einkommen. Insofern ist bei diesem Verfahren die einkommensmäßige Zusammensetzung der Anteilseigner zu berücksichtigen, zum Schütt-aus-hol-zurück-Verfahren vgl. u.a. L. Perridon u. M. Steiner, [Finanzwirtschaft], 1999, S. 507 ff. Diese Form der Kapitalaufbringung wird weniger aus finanzierungstheoretischen Motiven diskutiert.

1081 Der Aufsichtsrat wird häufig selbst als Anreizsystem aufgefaßt, vgl. K. Gedenk u. S. Albers, [Innovationsanreize], 1992, S. 510.

Ausschlaggebend im Zusammenhang mit der Kontroll- und Beratungsfunktion des Aufsichtsrates ist die Intensität der Wahrnehmung der Überwachungsaufgaben. Die Überwachungsintensität durch den Aufsichtsrat bezieht sich darauf, inwieweit das Aufsichtsorgan in die Unternehmenspolitik bzw. in Beratungsaufgaben eingebunden ist. Der Aufsichtsrat, dessen Anteilseignervertreter von der Hauptversammlung mit einfacher Mehrheit gewählt werden (§ 101 Abs. 1, § 119 Abs. 1 Nr. 1, § 133 Abs. 1 AktG)[1082], beschränkt sich aufgrund seiner Zusammensetzung mit ausschließlich kommunalen Anteilseignervertretern nicht auf die gesellschaftsrechtliche Rolle eines Kontrolleurs[1083], sondern wirkt ganz entscheidend an der inhaltlichen Gestaltung der Unternehmenspolitik des Kommunalversorgers mit[1084], während die nicht-kommunalen Anteilseigner gesellschaftsrechtlich über keinen Sitz im Aufsichtsrat verfügen. Insofern nimmt der Aufsichtsrat lediglich die Interessen der kommunalen Mehrheitsgesellschafterin wahr[1085]. Skepsis an der Wirksamkeit des Aufsichtsrates als Instrument zur Herstellung einer Interessenkongruenz zwischen Management und Aktionären von sich im Mehrheitsbesitz befindenden Unternehmen sollen durch folgendes Zitat untermauert werden. „Der Aufsichtsrat ... ist in der dem Aktienrecht zugrundeliegenden Konzeption das zur sachverständigen Kontrolle der Geschäftsleitung berufene Organ. Sein faktisches Erscheinungsbild ist seit langem wesentlich weniger scharf: In der von einem oder mehreren Aktionären beherrschten Aktiengesellschaft droht er zum verlängerten Arm der Hauptversammlung, ... zu werden“[1086].

Die kommunale Mehrheitsgesellschafterin könnte diesem Zustand agency-theoretisch entgegenwirken, indem sie den nicht-kommunalen Anteilseignern ex ante garantiert, über eine Berücksichtigung nicht-kommunaler Anteilseignervertreter im Aufsichtsrat Einfluß nehmen respektive ihre Interessen wahrnehmen zu können. Bspw. hat sich die Stadt Mannheim im Aufsichtsrat der MVV Energie AG verpflichtet, dafür Sorge zu tragen, daß die Mehrheitsgesellschafterin MVV-Holding GmbH ihr Stimmrecht in der Hauptversammlung der MVV Energie AG in der Weise ausübt, daß von den insgesamt 12 Mandaten der Anteilseignervertreter[1087] zwei externe, nicht-kommunale Anteilseignervertreter u.a. zur Wahrung der Interessen der nicht-kommunalen Anteilseigner in den Aufsichtsrat der MVV Energie AG gewählt

---

1082 Dies hat zur Folge, daß ein Aktionär, der die Mehrheit in der Hauptversammlung hat, letztlich über alle Aufsichtsratsposten der Anteilseigner entscheiden kann.

1083 In öffentlichen Unternehmen wird die Qualifikation der Aufsichtsräte als verbesserungswürdig angesehen, vor allem dann, wenn Aufsichtsräte nach Parteiproporzgesichtspunkten besetzt werden, vgl. R.C. Thümmel, [Aufsichtsräte], 1999, S. 1891-1893.

1084 Dieses ist durchaus typisch für Gesellschaften, die von einem (Groß-)Aktionär beherrscht werden, vgl. E. Gutenberg, [Funktionswandel], 1970, S. 4 f.
In Publikumsaktiengesellschaften sind zwar die Geschäftsführungsfunktion einerseits und Kontroll- bzw. Beratungsfunktionen andererseits stärker getrennt, vgl. E. Gerum, [Aufsichtsratstypen], 1991, S. 723. Dennoch wird in der Literatur immer wieder betont, daß in Publikumsaktiengesellschaften der Aufsichtsrat nicht die Interessen der Anteilseigner vertritt, sondern mit dem Management eine „Interessenkoalition“ bildet, vgl. u.a. H. Klaus, [Gesellschafterfremdfinanzierung], 1994, S. 102 ff u S. 150.

1085 Aufgrund der Anzahl der Mitarbeiter besteht der Aufsichtsrat in kommunalen Aktiengesellschaften i.d.R. zu zwei Drittel aus Vertretern der kommunaler Mehrheitsgesellschafterin und des weiteren zu einem Drittel aus Arbeitnehmervertretern. Die Arbeitnehmerinteressen im Aufsichtsrat bleiben in dieser Analyse unberücksichtigt. Dies erscheint aufgrund der Dominanz der kommunalen Anteilseignervertreter gerechtfertigt.

1086 F. Kübler, [Gesellschaftsrecht], 1998, S. 190.

1087 6 weitere Mitglieder werden von den Arbeitnehmern nach dem Betriebsverfassungsgesetz gewählt.

werden[1088]. Trotz dieses Entgegenkommens an die nicht-kommunalen Anteilseigner verfügt die Stadt Mannheim als kommunale Mehrheitsgesellschafterin noch über 10 der insgesamt 18 Aufsichtsratsmandate und insofern über die absolute Mehrheit im Aufsichtsrat. Zur Berücksichtigung der Interessen nicht-kommunaler Aktionäre ist eine solche Besetzung nicht ausreichend, da die zwei nicht-kommunalen Vertreter lediglich bessere Informationsmöglichkeiten haben. Eine Lösung auftretender Agency-Probleme zwischen kommunalen und nicht-kommunalen Anteilseignern kann auf diese Weise nicht erreicht werden. Etwas anderes würde gelten, wenn die Mehrheitsgesellschafterin den nicht-kommunalen Anteilseignern die Mehrheit der Anteilseignermandate im Aufsichtsrat zur Verfügung stellen würde[1089]. Ein derartiges Entgegenkommen ist aber mit den Gesamtinteressen der kommunalen Mehrheitsgesellschafterin nicht vereinbar.

Insofern ist zu resümieren, daß der Aufsichtsrat in kommunal beherrschten börsennotierten Versorgungsunternehmen weder in seiner aktienrechtlichen Zusammensetzung noch bei einem Entgegenkommen der Mehrheitsgesellschafterin an die nicht-kommunalen Anteilseignervertreter bei der Berücksichtigung nicht-kommunaler Anteilseigner im Aufsichtsrat zur Lösung vorhandener Agency-Probleme beitragen kann. Denn ein Entgegenkommen, das den Verlust der Mehrheit der kommunalen Mehrheitsgesellschafterin im Aufsichtsrat zur Folge hätte, wird mit den Gesamtinteressen der kommunalen Anteilseigner (Bürokratie, Kommunalpolitik) nicht in Einklang zu bringen sein.

6.2.2.1.2. Output-orientierte Anreizsysteme

Die bisherigen diskutierten Input-orientierten Mechanismen können nicht als überzeugend zur Lösung der Agency-Problematik in kommunalen gemischt-wirtschaftlichen Unternehmen angesehen werden. Zur Verringerung von Verhaltens- und Anreizstrukturen bedarf es eines Einsatzes Output-orientierter Anreiz-instrumente[1090], um die unterschiedlichen Anteilseignerziele derart miteinander zu verknüpfen, daß sich Interessenkonflikte auflösen und die Mehrheitsgesellschafterin, wenn sie eigene Interessen verfolgt, zugleich im Interesse der nicht-kommunalen Aktionäre handelt. Dazu bieten sich agency-theoretisch - als Ergänzung zu integrierten Kontrollsystemen - finanzielle Anreizsysteme an[1091]. Gesucht wird ein finanzielles Anreizsystem, das den Risikogehalt und primär die langfristigen Wirkungen der Entscheidungen des Managements erfaßt. Eine Möglichkeit, eine engere Zielbindung des Managements an die Interessen nicht-kommunaler Anteilseigner zu erreichen, besteht darin, die Entlohnung

1088 Allerdings ist dieses Verhalten als Entgegenkommen an die nicht-kommunalen Anteilseigner stark zu relativieren, da die Auswahl eines dieser beiden Aufsichtsratsmitglieder auf Vorschlag der Stadt Mannheim erfolgt. Die Auswahl des zweiten Aufsichtsratsmitglieds erfolgt auf Vorschlag durch die jeweiligen Arbeitnehmervertreter im Aufsichtsrat der MVV-Holding GmbH, allerdings im Einvernehmen mit der Stadt Mannheim, vgl. Verkaufsprospekt/Börsenzulassungsprospekt der MVV Energie AG, Mannheim, v. 01.03.1999, S. 24 ff.

1089 Selbst dann ist aufgrund der fehlenden „Nähe" zu dem kommunalen Unternehmen die gewünschte Einflußnahme nur schwer möglich. Bspw. finden Aufsichtsratssitzungen in der Praxis nur selten statt: Nach einer Studie treffen Aufsichtsräte von Aktiengesellschaften nur etwa viermal jährlich zusammen, vgl. K. Bleicher, [Wandel], 1987, S. 41.

1090 Agency-theoretisch sind Output-orientierte Anreizsysteme notwendig, wenn der diskretionäre Handlungsspielraum für die Mehrheitsgesellschafterin - wie in kommunal beherrschten Versorgungsunternehmen - kaum eingeschränkt ist.

1091 Vgl. K.M. Eisenhardt, [Theory], 1989, S. 61.

des Managements derart auszugestalten, daß das Management einen finanziellen Anreiz hat, das Einkommen für die nicht-kommunalen Anteilseigner zu steigern[1092]. Da der Beitrag eines börsennotierten Unternehmens zur Zielerfüllung der nicht-kommunalen Aktionäre am ehesten durch den Aktienkurs zum Ausdruck gebracht werden kann, liegt es nahe, die handelnden Vorstands- und Aufsichtsratsmitglieder (im folgenden kommunales Management) in Abhängigkeit vom Börsenkurs zu entlohnen. Insofern läßt die Verknüpfung eines finanziellen Anreizsystems mit den Zielgrößen der nicht-kommunalen Anteilseigner daran denken, in kommunal beherrschten börsennotierten Versorgungsunternehmen die Steigerung des Shareholder Value[1093] zur konkreten Bemessungsgrundlage einer variablen Vergütung (bspw. durch Unternehmensbeteiligungen) für das kommunale Management vorzuschlagen. Mithin kommt es darauf an, die langfristigen Wertsteigerungspotentiale in das Anreizsystem des Managements und in die Entlohnungspolitik des Unternehmens zu integrieren[1094]. Denn in dem Maße, wie das kommunale Management Anteilspapiere als langfristige leistungsabhängige Vergütungsbestandteile erhält, hat es Eigentümerinteressen, die um so stärker durchschlagen, je höher seine Einkünfte aus Aktienbeteiligung im Vergleich zu festen Einkommensbestandteilen sind. Zudem wird durch eine solche Entlohnungsstruktur der Konsum „on the job" des kommunalen Managements eingeschränkt[1095].

Das Shareholder Value-Konzept steht als institutionelles Arrangement zur Lösung der Agency-Problematik bei großen Aktiengesellschaften derzeit in der Diskussion[1096]. Wird innerhalb der Agency-Beziehung „Kommunale Manager versus nicht-kommunale Anteilseigner" in kommunal beherrschten Versorgungsunternehmen die Steigerung des Shareholder Value als Zielgröße vorgegeben und insofern auch als Zielrichtung zur Unternehmensführung durch das kommunale Management angenommen, so hätte ein finanzielles Anreizsystem zunächst darauf hinzuwirken, daß die „Steigerung des Shareholder Value" für das kommunale Management zur Zielgröße der Unternehmensführung wird, bevor kommunalpolitische Zielgrößen als Grundlage eines Anreizsystems verwendet werden.

Im folgenden wird analysiert, inwiefern die Handlungen des kommunalen Managements durch persönliche Kapitalbeteiligungen an die Interessen der nicht-kommunalen Anteilseigner gebunden werden können, um damit eine Verringerung der Agency-Problematik in kommunalen Versorgungsunternehmen zu erreichen. Im folgenden Abschnitt werden jedoch zunächst die Grundzüge des Shareholder-Value-Ansatzes dargestellt.

1092 Da der Vorstand lediglich als Ausführungsorgan der kommunalen Mehrheitsgesellschafterin fungiert, ist es agency-theoretisch nicht ausreichend, lediglich den Vorstand an die Interessen der nicht-kommunalen Anteilseigner zu binden. Den Mitgliedern des Aufsichtsrates als „Schlüsselorgan" der Gesellschaft müssen ebenfalls finanzielle Anreize gegeben werden, um die Interessen der nicht-kommunalen Anteilseigner zu berücksichtigen. Im folgenden Abschnitt ist daher unter dem kommunalen Management sowohl der Vorstand als auch der Aufsichtsrat des kommunalen Unternehmens zu subsumieren.

1093 Der erzielte Unternehmensgewinn als Grundlage einer variablen Vergütung ist nur ein kurzfristiges Erfolgsmaß und birgt insofern die Gefahr falscher Anreizwirkungen in sich, vgl. u.a. K. Gedenk, [Steuerung], 1998, S. 27.

1094 Vgl. W. Busse von Colbe, [Sicht], 1997, S. 288.

1095 Vgl. Ch.-M. Ridder-Aab, [Eigentumsrechte], 1980, S. 92.

1096 Vgl. A. Rappaport, [Shareholder Value], 1999, S. 1 ff.

6.2.2.2. Der Shareholder Value-Ansatz als Steuerungsinstrument in kommunal beherrschten börsennotierten Versorgungsunternehmen

6.2.2.2.1. Grundzüge des Shareholder Value-Konzeptes

Das in den USA entwickelte Shareholder Value-Konzept hat die Wertsteigerung des Unternehmens zum Ziel[1097]. Mit der Einführung dieses Konzeptes in Deutschland etablieren sich auch hierzulande die Grundsätze einer marktwertorientierten, d.h. einer an der Maximierung des Eigenkapitalwertes orientierten Unternehmensführung[1098].

Der Shareholder Value-Ansatz beinhaltet diejenigen Aspekte einer Unternehmensführung, die sich am börsennotierten Aktionärsvermögen als zentrale Zielgröße ausrichtet[1099], d.h. der Vorstand einer Aktiengesellschaft hat das Unternehmen unter Einhaltung der gesetzlichen Vorschriften und aller vertraglichen Vereinbarungen (ausschließlich) im Interesse der Aktionäre zu führen, dabei ist die Erhöhung des Eigentümerwertes durch Investitionsobjekte, deren Rendite über den durchschnittlichen Kapitalkosten[1100] liegt, das oberste Unternehmensziel.

1097 Der Ansatz geht erstmals umfassend auf A. Rappaport zurück, vgl. A. Rappaport, [Shareholder Value], 1986. In Deutschland wurde der Shareholder Value-Gedanke von W. Ballwieser in die Wissenschaft eingeführt, vgl. W. Ballwieser, [Shareholder Value-Ansatz], 1994, S. 1377 ff. Anschließend haben diverse Unternehmensberatungen diesen Gedanken aufgefaßt und versucht, den Shareholder Value-Ansatz in die unternehmerische Praxis umzusetzen, vgl. Sammelrezension zum Shareholder Value von D. Hachmeister, [Shareholder Value], 1997, S. 824.

1098 In 1996 war der Begriff des Shareholder Value in Deutschland das Modewort auf den Hauptversammlungen, vgl. H.-D. Küller, [Gewerkschaftssicht], 1997, S. 517 bzw. O. Mülbert, [Sicht], 1997, S. 129. Allerdings gibt es vermehrt Stimmen in der Literatur, die dem Shareholder Value-Konzept wissenschaftlich nichts anderes abgewinnen als der in der Betriebswirtschaftslehre dominierenden Bedeutung der langfristigen Gewinnmaximierung als Zielfunktion in rein-privaten Unternehmungen, vgl. u.a. H. Simon, [Zweite Anlauf], 1996, S. 164 ff. bzw. F. Wagner, [Konflikt], 1997, S. 491 f. Zwingende Unterschiede zwischen dem Shareholder Value-Konzept und gewinnmaximierenden Zielgrößen werden im Rahmen dieses Abschnittes aufgezeigt.

1099 Vgl. U. Backes-Gellner u. K. Pull, [Betriebliche Sozialpolitik], 1999, S. 52. Eine solche Zielorientierung setzt informationseffiziente Kapitalmärkte voraus, so daß der Unternehmenswert korrekt in den Aktienkursen reflektiert wird. Aus empirischen Studien ergibt sich jedoch, daß der Kapitalmarkt in Deutschland lediglich im mittelstrengen Sinne informationseffizient ist, d.h., daß sich nur *allgemein* verfügbare Informationen zu jedem Zeitpunkt in den Marktpreisen widerspiegeln. Insofern kann davon ausgegangen werden, daß der Vorstand eines börsennotierten Unternehmens im Gegensatz zu den Anteilseignern über einen Informationsvorsprung verfügt und diesen zu seinen Gunsten auch nutzen kann, vgl. M. Wosnitza, [Unterinvestitionsproblem], 1991, S. 30 f.
Bei unvollkommenen und unvollständigen Kapitalmärkten sind deutliche Abweichungen zwischen einem anhand eines Bewertungsverfahren ermittelten Unternehmenswert und dem Börsenkurs zu erwarten. Dann entscheidet über die Vorteile für die Anteilseigner nicht der Investitionszahlungsstrom innerhalb der Unternehmensplanung, sondern der Zahlungsstrom, der sich unmittelbar an den individuellen Marktwert des Aktienpaketes knüpft.
Zudem wird unterstellt, daß für alle Marktteilnehmer die Zielgröße der Marktwertmaximierung gilt. Insofern finden die Vermögensinteressen des einzelnen Aktionärs Berücksichtigung mit der typisierenden Annahme, daß das Ziel der Unternehmenswertsteigerung durch das Unternehmen den übereinstimmenden Vermögensinteressen aller Aktionäre entspricht.

1100 Bei den durchschnittlichen Kapitalkosten handelt es sich um einen gewichteten Durchschnittskostensatz aus Fremd- und Eigenkapital, vgl. W. Bernhardt u. P. Witt, [Stock Options], 1997, S. 87. Dabei sind die Gewichtungsfaktoren die jeweiligen Marktwerte von Fremd- und Eigenkapital. Die Fremdkapitalkosten werden zu marktüblichen Konditionen (Return von festverzinslichen Wertpapieren) festgelegt und die Eigenkapitalkosten entsprechen den Opportunitätskosten eines durchschnittlichen Anteilseigners und setzen sich zusammen aus einem risikofreien Zinssatz und einer Risikoprämie, die von Unternehmen zu Unternehmen unterschiedlich sein kann, vgl. R. Bühner, [Shareholder Value], 1993, S. 754. Zur Problematik

Für eine Operationalisierung dieser Zielgröße haben sich in der Zwischenzeit diverse Varianten des Shareholder Value-Ansatzes herauskristallisiert[1101]. Allen Varianten gemein ist die Betrachtungsweise, aus der sie börsennotierte Unternehmen analysieren: Eine an Zahlungsströmen orientierte, langfristige Sichtweise[1102], die die Erwartungen der Aktionäre zur Meßlatte einer erfolgreichen Unternehmenstätigkeit macht[1103]. Ausgangspunkt ist die Überlegung, daß der Aktionär eine Investition auf Basis der Barwerte zukünftiger Zahlungsüberschüsse über seinen Planungshorizont (bspw. ein Zeitraum von 8 Jahren) beurteilt. Das auf der Investitionstheorie beruhende Vorteilhaftigkeitskriterium besteht darin, daß anstelle buchhalterischer Ausdrücke bzw. buchwertorientierter Performancekennzahlen wie handelsrechtlicher Gewinn, Umsatz oder Marktanteil nunmehr kapitalmarkttheoretische Größen wie Zahlungsüberschüsse bzw. der Zukunftserfolgswert diskontiert werden (Discounted Cash Flow)[1104]. Freie Cash Flows werden insofern mit den gewichteten Durchschnittskosten des Fremd- und Eigenkapitals abgezinst. Die Maxime, Investitionen nur dann zu tätigen, wenn sie einen positiven Kapitalwert haben, d.h. falls der Barwert der zukünftigen Einzahlungsüberschüsse, der Discounted Cash Flow, die Investitionsausgabe übersteigt, gehört zum klassischen Gedankengut der Ökonomie.

Diese Vorgehensweise ist insoweit zwingend, da aus Sicht der Eigenkapitalgeber eine (Finanz-)Investitionsmöglichkeit mit vergleichbarem Risiko als jederzeit zu tätigende Investitionsalternative unterstellt wird, die ebenfalls Zahlungsüberschüsse abwirft. Insofern richten sich die Erwartungen der Aktionäre nach den Opportunitätskosten (durchschnittliche Kapitalkosten), die ihnen durch die Investition in das Unternehmen entstehen. Börsennotierte Unternehmen schaffen dann für ihre „Shareholder" Werte, wenn die erzielte Rendite in einem getätigten Investitionsobjekt über der Rendite i.S. von durchschnittlichen Kapitalkosten einer alternativen Investitionsmöglichkeit mit vergleichbarem Risiko liegt[1105]. Bspw. ist ein Geschäftsbereich, für den in den nächsten Jahren aufgrund getätigter Investitionen absolute Gewinne prognostiziert werden, als „unternehmenswertvernichtend" zu beurteilen, wenn die

---

der Festlegung des „richtigen" Kapitalkosten vgl. Arbeitskreis „Finanzierung" der Schmalenbach-Gesellschaft - Deutsche Gesellschaft für Betriebswirtschaft e.V., [Wertorientierte Unternehmenssteuerung], 1996, S. 543 ff.

1101 Vgl. A. Rappaport, [Shareholder Value], 1999. Auf die Details der verschiedenen Varianten muß an dieser Stelle jedoch nicht näher eingegangen werden. Entscheidend für die Untersuchung ist vielmehr die Feststellung, daß die Auseinandersetzung um das Shareholder Value-Prinzip nicht auf der Diskussionsebene dieser Varianten zu lokalisieren ist. Eine kritische Hinterfragung von Neuartigkeit, Vorteilen und Gültigkeit der jeweiligen Variante stellt für sich genommen einen ganz selbstverständlichen Vorgang dar. Argumente für einen heftigen Streit um die „richtige" Shareholder Value-Variante sind daher an anderer Stelle zu finden. Sie liegen, wie auch im folgenden Abschnitt deutlich wird, auch in der unternehmenspolitischen Dimension, vgl. auch P. Lorson, [Shareholder Value-Ansätze], 1999, S. 1332 ff.

1102 Shareholder Value darf somit nicht als ein Ziel an kurzfristigen Kurssteigerungen interessierter Investoren mißverstanden werden, vgl. Sammelrezension zum Shareholder Value von D. Hachmeister, [Shareholder Value], 1997, S. 826.

1103 Die Erwartungen stehen naturgemäß unter extremer Unsicherheit. Insofern wird die Börse an verschiedenen Stellen in der Literatur „als eine Wettanstalt auf den wahren Wert des Unternehmen" bezeichnet; statt vieler vgl. T. Siegert, [Lenkungsinstrument], 1995, S. 593.

1104 Zudem steht ein buchhalterischer Ansatz der Sichtweise der Aktionäre auf dem Kapitalmarkt entgegen. Erfolgsmaßstab für die Aktionäre ist die Aktienrendite, die sich aus Kurssteigerungen und Dividenden zusammensetzt.

1105 Diese Risikoprämie für ihr Eigenkapital fordern die Aktionäre als Entschädigung für das Totalverlustrisiko ihres Einsatzes, vgl. T. Siegert, [Lenkungsinstrument], 1995, S. 582.

Gewinne niedriger sind als die bei einer risikoadäquaten Anlage der Investitionssumme am Kapitalmarkt.

Aus diesen Ausführungen erschließt sich, daß realisierte Investitionsprojekte, die den Gewinn erhöhen, nicht ohne weiteres auch den Unternehmenswert bzw. den Shareholder Value steigen lassen. Immer dann, wenn die Cash Flow-Rendite unter den gewichteten durchschnittlichen Kapitalkosten liegt, wird der Wert des Unternehmens verringert. Daraus ergibt sich, daß aus den Daten des Controllings abgeleitete Gewinngrößen für die Berechnung des Shareholder Value ungeeignet sind, den Erfolg eines Unternehmens ökonomisch richtig abzubilden, da bilanzielle Gewinne durch die geeignete Ausübung gesetzlicher Ansatz- und Bewertungswahlrechte von Seiten des Managements in beachtlichem Maß beeinflußt werden können[1106]. Zudem sind Gewinngrößen nicht in der Lage, die Erfolgsaussichten zukünftiger Investitionsmaßnahmen zu beurteilen, da sie die Kapitalkosten, Investitionsrisiken und den Zeitwert von Zahlungsüberschüssen nicht berücksichtigen[1107].

Die Anwendung des Shareholder Value-Konzeptes soll sicherstellen, daß das Management (eines börsennotierten Unternehmens) nur Investitionsprojekte durchführt, die eine Zunahme des Unternehmenswertes erwarten lassen. Zur Unternehmenswertsteigerung ist auch das Management des Unternehmens an der Entwicklung des Unternehmenswerts zu beteiligen[1108]. Dadurch sollen die Aktionäre vor Managern geschützt werden, die in ihrem eigenen Interesse Maßnahmen ergreifen, die die Aktionäre finanziell schädigen, weil sie den Wert des Unternehmens für die Anteilseigner verringern[1109].

In der Zwischenzeit lassen sich zunehmend kritische Stimmen vernehmen, die vor den Friktionen einer strikten Shareholder Value-Orientierung der Unternehmensführung warnen[1110]. Von den Kritikern wird eingewendet, daß die Interessengruppe der Anteilseigner einseitig und zu Lasten anderer Anspruchsgruppen wie vor allem Mitarbeitern, Fremdkapitalgebern (u.a. Kreditinstituten), Zulieferanten, der öffentlichen Hand etc. begünstigt werde. Aus diesem Grund wird von den Kritikern das Stakeholder-Konzept stärker in den Vordergrund gestellt. Verfechter des Stakeholder-Konzepts sehen Anteilseigner lediglich als eine von vielen Anspruchsgruppen am Unternehmen[1111], deren pluralistische Interessen bei der Zielformulierung zu berücksichtigen sind[1112].

1106 Wenn der Abbau von Arbeitsplätzen von gesellschaftlichen Gruppen (u.a. Arbeitnehmern oder Politikern, überwiegend Nicht-Ökonomen) trotz „schwarzer Zahlen" eines Unternehmens beklagt wird, wird dies vom unternehmensleitenden Vorstand häufig damit begründet, daß nicht buchhalterische Maßausdrücke, sondern investitionstheoretische Zielgrößen zu Grunde gelegt worden sind.

1107 Zur Ermittlung des ökonomischen Gewinns könnte allerdings mit Hilfe des Economic Value Added (EVA)-Konzeptes eine Transformation bilanzieller Erfolgsgrößen in periodische Cash Flows vorgenommen werden. Der Wert des Unternehmens stellt sich auf Basis des EVA-Konzeptes unverändert dar, wenn die Periodisierung der Zahlungsüberschüsse korrekt unter Berücksichtigung von Zinseffekten vorgenommen wird, vgl. M. Steiner u. M. Wallmeier, [Unternehmensbewertung], 1999, S. 7.

1108 Die mit der Shareholder Value-orientierten Unternehmensführung verbundene unternehmenswertorientierte Entlohnung des Vorstands soll der Überwindung von Principal-Agent-Konflikten dienen, vgl. A. Rappaport, [Shareholder Value], 1999, S. 3.

1109 Insofern bietet der Principal-Agent-Ansatz eine theoretische Basis des Shareholder Value-Konzeptes, vgl. dazu auch die späteren Ausführungen.

1110 Zur Kritik am Shareholder Value-Ansatz vgl. R. Bühner u. A. Tuschke, [Kritik], 1997, S. 499 ff.

1111 Insofern handelt es sich um einen Sammelbegriff, der sowohl quantitative wie auch qualitative Zielvorstellungen der Anspruchsgruppen umfaßt, vgl. W. Ballwieser, [Shareholder Value-Ansatz], 1994, S. 1389.

1112 Vgl. G. Zimmermann u. Th. Jöhnk, [Zielkonzeption], 1998, S. 278 f. Beide Konzepte markieren bei starrer Auslegung Extrempunkte möglicher Managementstrukturen, ähnlich

Diese Kritik ergibt sich jedoch daraus, daß mit dem Shareholder Value-Gedanken unterschiedliche Vorstellungen verbunden sind. Aus Sicht der Betriebswirtschaftslehre handelt es sich bei diesem Ansatz ausschließlich um ein konzeptionelles Verfahren der dynamischen Investitionsrechnung, deren Besonderheit in ihrer Verbindung mit der Kapitalmarkttheorie liegt. Hingegen herrscht bei Gewerkschaften die Vorstellung, es handele sich lediglich um eine unternehmenspolitische Philosophie, wonach den Interessen der Aktionäre größere Bedeutung zuzumessen ist, als dies bei (börsennotierten) deutschen Aktiengesellschaften bislang üblich war[1113]. Die Vertreter der Gewerkschaft unterstellen einen positiven Zusammenhang zwischen der Freisetzung von Mitarbeitern (und damit verfolgten Kosteneinsparungen des Unternehmens) und ansteigenden Aktienkursen. Gewerkschaftsfunktionäre gehen daher davon aus, daß bei einer einseitigen Zielorientierung auf die Shareholder der Druck auf die Unternehmen wächst, Personal freizusetzen. Diese Kontroversen - auch normativer Prägung - lassen sich allerdings entschärfen, wenn anstelle der Polarisierung eine Differenzierung der Konzeption des Shareholder Value-Ansatzes erfolgt[1114].

Daß der Ansatz des Shareholder Value als Steuerungsinstrument in Deutschland zunehmend an Bedeutung gewinnt, zeigen Studien von Rappaport und eine weitere empirische Untersuchung: Während gemäß der Studie von Rappaport von 250, in den Jahren 1994/95 befragten deutschen Aktiengesellschaften rund 23 % die Steigerung des Shareholder Value als ihr Unternehmensziel erklärten[1115], nannten im Jahre 1996 sogar rund 74 % von 42 interviewten Vorständen deutscher börsennotierter Konzerne[1116] die Marktwertmaximierung als quantitative Konzernzielsetzung[1117].

Inwieweit der Shareholder Value-Ansatz in kommunal beherrschten börsennotierten Versorgungsunternehmen als Anreizmechanismus zur Verringerung der Agency-Problematik Anwendung finden kann und welche Besonderheiten zu berücksichtigen sind, soll im folgenden Abschnitt erläutert werden. Eine solche Analyse ist auch vor dem Hintergrund zu sehen, daß unterschiedliche Faktoren für eine anhaltende Aktualität der Problemstellung des Shareholder Value als Zielinstrument in börsennotierten Unternehmen sorgen werden[1118]:

- Die Erkenntnis, daß traditionelle Größen der Rechnungslegung wie der Gewinn oder Umsatzkennziffern aufgrund ihrer Manipulierbarkeit weder zur Leistungsbeurteilung noch zur Kapitallenkung geeignet sind

---

R. Bühner u. A. Tuschke, [Kritik], 1997, S. 500 ff.

1113 Die Vertreter der Gewerkschaften sehen in dem Konzept des Shareholder Value einen neuen „Kampfbeginn", vgl. A. v. Werder, [Richtschnur], 1998, S. 70.

1114 Dabei stellt nach A. Rappaport ausschließlich die dynamische Investitionsrechnung die konzeptionelle Basis für den Shareholder Value-Ansatz dar. Die betriebswirtschaftliche Konzeption entbehrt jeglicher normativen Prägung, vgl. A. Rappaport, [Shareholder Value], 1986.

1115 58 % der Befragten verwendeten es zumindest als primären Maßstab bei der Beurteilung von Investitionsentscheidungen; zitiert in einem Aufsatz von Kl. Spremann, [Flexibilität], 1995, S. 220.

1116 Von insg. 75 angeschriebenen deutschen großen Konzernen erklärten sich 42 Konzerne zu persönlichen Gesprächen bereit. Die Konzernauswahl erfolgte anhand folgender Kriterien: Notierung im Dax 100, ausschließlich Mutterunternehmen und Umsatz größer als 1 Mrd. DM, vgl. B. Pellens, C. Rockholtz u. M. Stienemann, [Konzerncontrolling], 1997, S. 1933.
Diese Zahlen sind allerdings gegenüber der Studie von Rappaport dahingehend zu relativieren, daß bei der zitierten empirischen Untersuchung ausschließlich große Konzerne und börsennotierte Unternehmen berücksichtigt wurden.

1117 Konzeptionelle Schwierigkeiten bestehen in den (börsennotierten) Unternehmen allerdings noch in der praktischen Umsetzung des Shareholder Value-Konzepts.

1118 Vgl. auch R. Bühner u. A. Tuschke, [Kritik], 1997, S. 501 bzw. R. Bühner, [Globalisierung], 1996, S. 15.

- der zunehmende Performancedruck, der als Folge des Kapitalwettbewerbs in den hochentwickelten Kapitalmärkten weltweit und insoweit auch in Deutschland zu beobachten ist
- die Liberalisierung der Kapitalmärkte infolge weltweiter Globalisierungstendenzen und der damit einhergehende Kapitalsog als Folge der Öffnung bisher geschlossener Volkswirtschaften wie bspw. Chinas oder der Länder in Osteuropa
- der Shareholder Value-Ansatz liefert Ansatzpunkte, mögliche auftauchende Interessenkonflikte zwischen Management und Anteilseignern („Agency-Problematik") aufzudecken und diese Konflikte mit geeigneten Maßnahmen (bspw. eine performanceorientierte Entlohnung des Managements durch eine Beteiligung durch Aktien respektive Aktienoptionen am Kapital des Unternehmens) zu verringern.

6.2.2.2.2. Besonderheiten einer Implementierung des Shareholder Value-Ansatzes in kommunal beherrschten börsennotierten Versorgungsunternehmen

Das Zielkonzept des Shareholder Value erfreut sich, wie im vorhergehenden Abschnitt dargelegt, national sowie international zunehmender Beachtung in Wissenschaft und Wirtschaft. Die Notwendigkeit der Internalisierung des Shareholder Value-Konzeptes und die Probleme, die bei seiner Umsetzung entstehen, werden vorwiegend im Zusammenhang mit börsennotierten rein-privaten (Publikums-)Aktiengesellschaften diskutiert[1119]. Seit einigen Jahren be-

---

1119 Vgl. auch A. v. Werder, [Richtschnur], 1998, S. 71 ff.
Welche Ausmaße das „Zeitalter" der Internalisierung des Shareholder Value-Konzeptes auf die Unternehmensführung in der Privatwirtschaft erreicht hat und inwieweit diesem Konzept die Vorstände im Rahmen ihrer Investor Relations-Maßnahmen Rechnung zu tragen haben, schildert aufschlußreich am Beispiel eines Analystentreffens mit amerikanischen Fondsmanagern ein Zeitungsgespräch mit dem Finanzvorstand eines deutschen Pharmakonzerns (Schering AG): Um einen authentischen Eindruck zu vermitteln, wird ein längerer Ausschnitt im Wortlaut wiedergegeben:
„Fidelity Investments, Boston, USA. Eines der größten Geldhäuser der Welt. Die Anzeigetafel im Warteraum zeigt straff organisierte Termine: Zehn Uhr Schering, elf Uhr Karstadt, zwölf Uhr BASF. Wie die Schuljungen warten die Finanzvorstände der mächtigen deutschen Konzerne, bis sie an die Reihe kommen. In der Analysten-Abteilung beginnt eine Stunde peinlicher Inquisition. Die jungen Anlageexperten, oft keine 30 Jahre alt, kennen keinen Respekt vor den Konzernlenkern, sie kennen nur Kapitalrenditen: „Ihr Unternehmensbereich xy bringt nur 6 %. Warum haben Sie den nicht längst abgestoßen?" Genau eine Stunde dauert das scharfe Kreuzverhör, dann ist der Finanzvorstand gnädig entlassen. Er ist noch nicht ganz bei der Tür, schon wendet sich der Analyst zum Investmentbanker in der Ecke und diskutiert seine Entscheidung: „Na gut, kaufen wir heute für ... 30 Mill. Dollar Schering-Aktien".
„Da wird man durch die Mühle gedreht", erzählt Schering-Finanzvorstand Klaus Pohle. Seit 17 Jahren ist Klaus Pohle Vorstandsmitglied des Berliner Pharmakonzerns. Er weiß, daß die unangenehme Road-Show bei den mächtigen amerikanischen Investmenthäusern zu den unabdingbaren Pflichten seines Jobs zählt. „Sie müssen sich überlegen, da gibt es Teams, die legen jeden Tag fünf oder sechs Mrd. Dollar an". In der Entscheidung eines Augenblicks kann der Investmentriese seine Schering-Anteile verdreifachen – oder alle verkaufen. „Da können Sie in Deutschland hundertmal Regeln über den Aufsichtsrat und wer weiß was noch alles haben – das ist nichts gegen den Druck, den Sie von diesen Leute kriegen", sagt Pohle. Weltweit gibt es 24 Bank-Analysten, die die Berliner Schering AG ständig beobachten, Berichte schreiben, Anlageempfehlungen geben. Pohle kennt sie alle mit Vornamen. Sechs bis acht sind High-Professionals, „brillante Leute, die mein Unternehmen fast besser kennen als ich selber. Ob der Kurs der Schering-Aktie steigt oder fällt, hängt im wesentlichen von ihrer Entscheidung ab", D. Wetzel, [Abwehrstrategie], 1997, S. 24. Mit gleicher Ausrichtung auch die Titel-Geschichte von A. Balzer u. A. Nölting, [Macht], 1997, S. 72-89 sowie B. Fehr, [Shareholder Value], 1997, S. B 10. Zur Bedeutung und des Einflusses von Analysten auf die Umsetzung des Shareholder Value-Konzeptes in börsennotierten Unternehmen vgl. auch
R. Guserl, [Mangement-Paradigma], 1998, S. 1046 f.

kennen sich aber auch börsennotierte Versorgungsunternehmen wie bspw. die Essener RWE Energie AG, die VIAG AG und die Veba AG öffentlich zum Konzept des Shareholder Value[1120].

Die zunehmende Akzeptanz in börsennotierten (Publikums-)Aktiengesellschaften legt die Frage nahe, inwiefern börsennotierte Versorgungsunternehmen mit einem kommunalen Träger als dominierender Anteilseignerin ihre strategischen (Investitions-)Entscheidungen an der Maximierung des Eigentümerwertes ausrichten lassen können; anders ausgedrückt: Wie muß ein kommunal beherrschtes Versorgungsunternehmen institutionalisiert sein, um an der Börse erfolgreich sein zu können - vor dem Hintergrund, daß das Shareholder Value-Konzept zunehmend an Bedeutung gewinnt?

In diesem Abschnitt wird analysiert, ob der Shareholder Value-Ansatz als Steuerungsinstrument in kommunal beherrschten börsennotierten Versorgungsunternehmen zur Verringerung der Agency-Problematik beitragen kann. Zunächst werden aber die Besonderheiten bzw. Schwierigkeiten einer Übertragbarkeit des Shareholder Value-Konzeptes auf kommunal beherrschte börsennotierte Versorgungsunternehmen offengelegt.

Wie vorhergehend beschrieben, ist gemäß der Zielkonzeption des Shareholder Value die (erwartete) Rendite bei einem auf mehreren Geschäftsfeldern tätigen Unternehmen getrennt nach einzelnen Sparten zu ermitteln, wobei ein an das Risiko der einzelnen Sparte angepaßter Diskontierungssatz Verwendung findet. Kerngeschäftsfelder, deren Renditen unter den durchschnittlichen Kapitalkosten liegen, sind demnach konsequenterweise aufzugeben respektive zu veräußern. Zum einen sollen durch die konsequente Anwendung des Shareholder Value-Ansatzes. sog. unternehmensinterne Quersubventionierungen ausgeschlossen werden[1121]. Zum anderen begünstigt eine solche Vorgehensweise eine Konzentration der Unternehmenstätigkeit auf ertragsstarke Kerngeschäftsfelder mit hochrentablen Zielgruppen bzw. eine Versorgung in hochrentablen Zielregionen.

Zur inhaltlichen Umsetzung der unternehmerischen Zielkonzeption in kommunalen Versorgungsunternehmen ist zu bedenken, daß sie einerseits durch ihren in der Satzung verankerten öffentlichen Auftrag einer ausreichenden Versorgung der Bewohner eines geschlossenen Versorgungsgebietes mit Infrastrukturleistungen („Anschlußpflicht für jedermann") sowie die bestehende Gebühren- bzw. Preisaufsicht[1122] und andererseits durch kommunalpolitische

---

1120 Vgl. F. Schneyer, [Besonderheiten], 1997, S. 230. Die börsennotierten Aktiengesellschaften Bewag AG, VEW AG und HEW AG, an denen kommunale Gebietskörperschaften Minderheitsbeteiligungen besitzen, gehörten im Zeitraum von Dezember 1990 bis Dezember 1995 - gemessen am Total Return (Kursgewinn plus Dividenden- und Bezugsrechtzahlungen) - zu den fünf sich am besten entwickelten Unternehmen unter den 40 größten deutschen börsennotierten Aktiengesellschaften, vgl. K. Baden, [Wohl], 1996, S. 146-157.

1121 Dabei kann es sich aber in Einzelfällen auch um Synergieeffekte handeln. Solche Zusammenhänge erfordern in Einzelfällen eine sehr differenzierte Entscheidung.

1122 Zwar ist einerseits das neue EnWG als Folge des eingetretenen Wettbewerbs in der Strom- und Gasversorgung durch einen Abbau von Staatsaufsicht wie bspw. den Wegfall der sog. Investitionskontrolle des § 4 EnWG 1935 geprägt, andererseits ist jedoch auf solche Instrumente wie den Genehmigungsvorbehalt bei der Aufnahme der Energieversorgung
(§ 3 EnWG), die Allgemeine Anschluß- und Versorgungspflicht gegenüber Letztverbrauchern (§ 10 EnWG) sowie auf Bestimmungen über allgemeine Tarife für Elektrizitätsversorgungsunternehmen und allgemeine Versorgungsbedingungen (§ 11 EnWG) nicht verzichtet worden.
Des weiteren bilden sich bspw. in der öffentlichen Wasserversorgung die Preise infolge des fehlenden Wettbewerbs (Gebietsmonopol) nicht frei am Markt. Die Wasserversorgungsunternehmen sind – im Gegensatz zu privatwirtschaftlich geleiteten Unternehmen - gehalten, im Interesse der Allgemeinheit gemäß

Einflüsse sowie kommunalverfassungsrechtliche Restriktionen[1123] in ihren unternehmerischen Dispositionen beeinflußt werden[1124]. Dies hat zur Folge, daß sich kommunale Versorgungsunternehmen zu einem bestimmten „gemeinwohlorientierten" und insofern einem im öffentlichem Interesse (Versorgung der Bevölkerung[1125]) liegenden Verhalten hingezogen fühlen. Im Vergleich zu börsennotierten Unternehmen, die sich am Markt ausschließlich unternehmenswerterhöhend verhalten, müssen bei Kommunalversorgern Nebenbedingungen wie die bestehende Versorgungspflicht der Bewohner eines geschlossenen Versorgungsgebietes berücksichtigt werden, die sich negativ auf die erwarteten Zahlungsüberschüsse auswirken[1126].

Die sozioökonomische Zielsetzung eines kommunal beherrschten börsennotierten Versorgungsunternehmens erscheint auf den ersten Blick nicht mit einer auf eine Steigerung des Shareholder Value ausgerichteten Unternehmensführung vereinbar. Falls die Kommunalversorger sich bspw. wie ihre rein-privaten Mitbewerber i.S. einer Steigerung des Shareholder Value ausschließlich auf lukrative Kundengruppen und rentable Versorgungsregionen konzentrieren würden, wäre eine Versorgung bestimmter Kundengruppen und Regionen nicht mehr gewährleistet. Das kommunale Unternehmen würde seiner Versorgungspflicht nicht mehr gerecht werden. Die Zweckbestimmung kommunal beherrschter börsennotierter Versorgungsunternehmen erschöpft sich nicht in einem einzigen Ziel, sondern unterliegt Mehrfachzwecken, die erwerbswirtschaftliche Ziele mit Anliegen der Daseinsversorge (Versorgungsauftrag) und weiteren sozioökonomischen Zwecken verbinden[1127]. Ein Rangverhältnis zwischen mehreren Zielsetzungen fordert u.a. § 114 Abs. 1 NGO: Danach sollen kommunale Unternehmen „einen Ertrag für den Haushalt der Gemeinden abwerfen, soweit das mit ihrer Aufgabe der Erfüllung öffentlicher Bedürfnisse in Einklang zu bringen ist"[1128]. Eine solche ökonomisch unpräzise Abstufung ist durchaus zulässig, sie gehört gesellschaftsrechtlich aber

---

§ 5 der Verordnung PR Nr. 30/53 einen kostendeckenden Preis (mit angemessenem Gewinnanteil für Erweiterungs- und Rationalisierungsinvestitionen) in ihren Wasserpreisberechnungen zugrunde zulegen. Diese Selbstkostenpreise stellen Höchstpreise im preisrechtlichen Sinne dar, die zwar unterschritten, aber nicht überschritten werden dürfen.

Zudem unterliegen die Wasserpreise in Deutschland einer kommunalen Preisaufsicht (bei gemischtwirtschaftlichen Wasserversorgungsunternehmen in der Rechtsform der Aktiengesellschaft unterliegt die Preisfindung und -kontrolle einem paritätisch - aus Kommunalaktionären und Gemeindevertretern - besetzten Schiedsgericht), vgl. R. Hamann u. M. Bohlsen, [Preismechanismus], 1992, S. 420 f. u. S. 426 f.

1123 Vgl. die Ausführungen in Abschnitt 5.4.1.

1124 Wie sich die kommunalen Versorgungsunternehmen existenziell durch das neue EnWG im Wettbewerb mit den großen Versorgungsunternehmen benachteiligt fühlen, erklärt die im Mai 1999 von dreizehn großen deutschen Städten eingereichte Kommunalverfassungsbeschwerde gegen die Neuregelungen des EnWG beim Bundesverfassungsgericht. Damit versuchen die Kommunen, eine Reform des neuen EnWG zu ihren Gunsten zu erzwingen, vgl. o.V., [Energiewirtschaftsgesetz], 1999, S. 17.

1125 Dabei beinhaltet der gesetzliche Versorgungsauftrag sowohl eine Versorgung wirtschaftlich schwacher Bevölkerungskreise als auch eine Versorgung in unrentablen Randgebieten.

1126 U.a. wird bei Unternehmen in der Privatwirtschaft das Leistungsprogramm schnellstmöglich verändert, wenn damit mittel- bis langfristig eine Gewinnerzielung nicht mehr ermöglicht wird. Bei den kommunalen Versorgungsunternehmen ist hingegen die gesetzlich verbindliche Versorgungspflicht ein ebenso eigenständiges Ziel wie das Gewinnstreben: Die Versorgungsunternehmen sollen sowohl einen Gewinn erwirtschaften als auch Versorgungsleistungen erbringen, die ihrem öffentlichen Auftrag gerecht werden.

1127 Mit der rechtlichen Verselbständigung der Gesellschaft geht allerdings die Gefahr einher, daß sich die Gesellschaft zunehmend von diesen Zielvorstellungen der Trägergesellschaft als dominierende Anteilseignerin entfernt, vgl. F. Engellandt, [Einflußnahme], 1995, S. 38 ff u. 52 ff.

1128 Empirische Ergebnisse – insbesondere in bezug auf die Ertragslage – lassen darauf schließen, daß die bedarfswirtschaftlich ausformulierten Gesetzesnormen den Versorgungsunternehmen einen erheblichen Spielraum für die Verfolgung sonstiger Interessen lassen. Zudem beinhalten derartige wenig konkret ausformulierte Gesetzesnormen einen hohen ökonomischen Interpretionsspielraum.

nicht zu den Konkretisierungsaufgaben eines Vorstands i.S. des § 76 Abs. 1 AktG, sondern noch auf die Ebene der gesellschaftsrechtlichen Zielbestimmung in der Satzung eines kommunalen Unternehmens. Dem Spannungsverhältnis zwischen der Notwendigkeit einer Renditeorientierung einerseits und einer Übernahme nicht rentabler, eventuell verlustbringender Geschäftsfelder im Rahmen des Versorgungsauftrages zur flächendeckenden Versorgung der Bewohner andererseits muß das Controllingsystem des kommunalen Unternehmens Rechnung tragen.

Die Anwendungsmöglichkeiten des Shareholder Value-Ansatzes sind jedoch *nicht* auf rein-private börsennotierte Aktiengesellschaften beschränkt, sondern können, wie nachfolgend gezeigt wird, auf kommunale gemischt-wirtschaftliche börsennotierte Versorgungsunternehmen eingeschränkt übertragen werden. Obwohl sich kommunale börsennotierte Versorgungsunternehmen gemäß ihren sozioökonomischen Zielsetzungen dem Gemeinwohl verpflichtet fühlen, müssen sie sich zukünftig auch aufgrund des Liberalisierungsprozesses in der Energiewirtschaft und dem damit verbundenen schärfer werdenden Wettbewerb gegenüber sonstigen börsennotierten Versorgungsunternehmen (bspw. der RWE Energie AG, Essen) behaupten können[1129].

Die Anwendung des Shareholder Value-Konzeptes in kommunal beherrschten Versorgungsunternehmen soll sicherstellen, daß das kommunale Management ausschließlich solche Infrastrukturinvestitionsmaßnahmen durchführt, die unter Berücksichtigung des öffentlichen Auftrages eine Zunahme des Unternehmenswertes erwarten lassen. Falls aufgrund der öffentlichen Zwecksetzung Investitionen in die kommunale Infrastruktur notwendig sind, die eine Verminderung des Unternehmenswertes zur Folge haben, wird es durch die Anwendung des Shareholder Value-Konzeptes jedoch eher möglich sein, den mit der Erfüllung des Versorgungsauftrages einhergehenden Unternehmenswertverzicht für die nicht-kommunalen Anteilseigner zu messen und entgangene Zahlungsströme damit offenzulegen[1130].

Die Implementierung des Shareholder Value-Ansatzes könnte nicht-kommunale Anteilseigner vor einem kommunalen Management schützen, das in seinem eigenen Interesse kommunalpolitisch motivierte Investitionsmaßnahmen vornimmt[1131], die die nicht-kommunalen Anteilseigner schädigen, da sie den Wert des Unternehmens verringern. Geringere Zahlungsüberschüsse des kommunalen Unternehmens hätten Aktienverkäufe von nicht kommunalen Anteilseignern und damit eine niedrigere Börsenbewertung des Unternehmens zur Folge. Diese Beziehung determiniert den Handlungsspielraum des kommunalen Managements ganz entscheidend, da bei einer niedrigen Börsenbewertung u.a. die Möglichkeiten der Aktiengesellschaft zur Aufnahme finanzieller Mittel (bspw. durch eine Kapitalerhöhung) auf dem Kapitalmarkt beeinträchtigt werden. Zur finanziellen Bewältigung des enormen kommunalen Investitionsbedarfes sind für gemischt-wirtschaftliche börsennotierte Versorgungsunternehmen in naher Zukunft größere externe kapitalmarktfinanzierte Eigenkapitalzuführungen unter Betei-

---

1129 Vgl. auch R. Hartung, [Chance], 1999, S. 110 ff.
In der Versorgungsbranche gibt es keine rein-privaten Vergleichsunternehmen, an denen sich die gemischt-wirtschaftlichen kommunalen Versorgungsunternehmen messen lassen können, vgl. F. Schneyer, [Besonderheiten], 1997, S. 130.

1130 Problematisch kann die Implementierung des Shareholder Value-Konzepts in ausschließlich defizitär arbeitenden kommunalen Unternehmen sein.

1131 Bspw. könnte von Seiten des kommunalen Managements angestrebt werden, überteuerte kommunale Investitionsmaßnahmen aus Prestigegründen zu realisieren.

ligung der kommunalen Anteilseigner aufgrund der dramatischen Finanznot der Trägerkommunen nicht mehr möglich. Dem Ziel einer langfristigen Gewinnerzielung muß in börsennotierten kommunal beherrschten Versorgungsunternehmen durch eine rentabilitätsorientierte Steuerung eine ständig wachsende Beachtung beigemessen werden. Durch thesaurierte Gewinne werden angesichts der dramatischen Haushaltssituation der Kommunen die Finanzierungsalternativen für das kommunale Unternehmen erweitert.

Um nicht-kommunale Investoren zur Bewältigung der investiven Aufgaben als Eigenkapitalgeber zu gewinnen, ist es zur wettbewerbsgerechten Positionierung auf dem Kapitalmarkt konsequent, sich den unternehmenswertvernichtenden kommunalpolitischen Einflüssen weitgehend zu entziehen und die Zahlungsüberschüsse an die Renditeforderungen von Eigenkapitalgebern weiterer (börsennotierter) Versorgungsunternehmen auszurichten. Dies geht nicht notwendigerweise einher mit einer Abkehr von der Erfüllung des Versorgungsauftrages, da es dem kommunalen Management im Rahmen der strategischen Unternehmensführung freistehen muß, zur Erfüllung des Versorgungsauftrages auf Wertsteigerungspotentiale zu verzichten (Opportunitätskosten in Gestalt des Nutzenentgangs). Denn bei der Beteiligung von kommunalen gemischt-wirtschaftlichen Versorgungsunternehmen am Wettbewerb muß davon ausgegangen werden, daß ihre öffentlichen Leistungen gewinnmindernd sind. Problematisch bleibt aber, den Erfüllungsgrad der sozioökonomischen Ziele zu messen, denn darin sind Zielgrößen enthalten, die sich der direkten quantitativen Messung entziehen. Zur Messung dieser Zielgrößen könnten etwa die durch das kommunale Versorgungsunternehmen ausgelösten negativen ökonomischen Effekte erfaßt und zielentsprechend - etwa auf der Grundlage von Indikatoren - bewertet werden.

Durch die Anwendung des Shareholder Value-Konzeptes wird es insofern überhaupt erst möglich sein, den mit der Berücksichtigung des sozioökonomischen Auftrages einhergehenden Unternehmenswertverzicht für die Anteilseigner zu messen und damit entgangene zukünftige Zahlungsströme offenzulegen[1132]. Diese (hypothetische) Differenz zwischen den Unternehmenswerten eines ausschließlich privatwirtschaftlich unternehmenswertorientierten und eines durch sozioökonomische Zielvorgaben stark eingeschränkt unternehmenswertorientiert operierenden kommunalen gemischt-wirtschaftlichen Unternehmens kann als Indikator der Kosten der Verfolgung kommunalpolitischer Ziele verstanden werden[1133]. Dennoch ist aufgrund der unzureichenden Quantifizierbarkeit des öffentlichen Versorgungsauftrages eine Shareholder Value-orientierte Entlohnung des kommunalen Managements als schwierig zu betrachten. Öffentliche Zielsetzungen in kommunalen gemischt-wirtschaftlichen Versorgungsunternehmen erschweren aufgrund der schwierigen Meßbarkeit den effektiven Einsatz finanzieller Anreizsysteme[1134].

Das Shareholder Value-Konzept legt bei der strategischen Unternehmenssteuerung die gleichen Kriterien bei Entscheidungen des Managements zugrunde, die rational handelnde Investoren bei ihren Anlageentscheidungen berücksichtigen würden. Aus der Sicht der nicht-kommunalen Anteilseigner, die Aktien nicht nach dem aktuellen Cash Flow der Unterneh-

1132 Festgestellte Effizienzunterschiede können den „Preis" liefern, der für andersartige Zielprioritäten zu entrichten ist.

1133 Allerdings ist zur Berechnung des Unternehmenswertes in kommunalen Unternehmen die Höhe der Kapitalkosten entsprechend zu korrigieren. Hinweise zur Berechnung der Höhe der Eigenkapitalkosten bei öffentlichen Unternehmen geben G. Zimmermann u. Th. Jöhnk, [Eigenkapitalkosten], 1999, S. 27 f.

1134 Vgl. H. Mühlenkamp, [Analyse], 1999, S. 103.

mung, sondern nach den zukünftigen, aus dem Aktienkauf erwarteten Zahlungsströmen bewerten, ist eine Anlage in Aktien des Kommunalversorgers nur dann interessant, wenn sie hierdurch bei gleichem Risiko eine höhere Rendite - in Form von Dividendenausschüttungen und Kurssteigerungen - erzielen können als durch eine risikoadäquate Alternativanlage in sonstigen Unternehmen am Kapitalmarkt[1135].

Da mit dem Anreizsystem „Kommunale Managementbeteiligung an der Steigerung des Shareholder Value“ eine Risikoverlagerung von den nicht-kommunalen Anteilseignern auf das kommunale Management verbunden ist[1136], hängt es von der Risikoneigung der Beteiligten ab, ein solches Anreizsystem zu implementieren. Wird eine stärkere Risikoaversion des kommunalen Managements im Vergleich zu den nicht-kommunalen Anteilseignern angenommen[1137], dann wird es für die nicht-kommunalen Anteilseigner hohe Agency-Kosten verursachen, ein höheres Anstrengungsniveau des kommunalen Managements über ein börsenkursabhängiges Entlohnungssystem zu erreichen. Das kommunale Management wird nur gegen hohe Erfolgsbeteiligungen bereit sein, sichere Einkommensbestandteile aufzugeben. Eine stärkere Risikoaversion des kommunalen Managements unterstützt daher eher Input-orientierte Steuerungssysteme, da sich die Risikoteilung des finanziellen Anreizsystems „Kommunale Managementbeteiligung an der Steigerung des Shareholder Value“ für die nicht-kommunalen Anteilseigner allzusehr verteuern würde.

In der Literatur wird im Rahmen der unternehmenspolitischen Dimension[1138] die Zielorientierung des Shareholder Value-Konzeptes allein auf die Fixierung der Interessen der Anteilseigner kritisiert, die im Widerspruch zur sozial-marktwirtschaftlichen Ordnung in Deutschland stünde und mit dem öffentlichen Auftrag von kommunalen Versorgungsunternehmen nicht zu vereinbaren sei. Dieser Kritik ist nur bedingt zu folgen, da sie auf einer zu engen Auslegung des Shareholder Value-Konzeptes basiert[1139]. Die Unternehmensleitung eines börsennotierten Kommunalversorgers sieht sich in seinem Unternehmensumfeld einer Reihe von Anspruchsberechtigten und Interessengruppen wie Anteilseignern, Gläubigern (u.a. Kreditinstituten), Arbeitnehmern, Gebietskörperschaften Kunden und Lieferanten, den sog. Stakeholdern, gegenüber, die Einfluß auf die Erreichung der Unternehmensziele nehmen und z.T. unterschiedliche Erwartungen an die Unternehmensführung haben[1140]. Langfristig wird eine Steigerung des Shareholder Value nur möglich sein, wenn es gelingt, die Interessen unter-

---

1135 Risikomindernd für eine Anlage in Aktien des kommunalen Unternehmens ist, daß das Unternehmen aufgrund der Beteiligung der kommunalen Mehrheitsgesellschafterin praktisch nicht dem Insolvenzrisiko ausgesetzt ist, vgl. auch die Ausführungen in Abschnitt 2.2.4.2.

1136 Problematisch kann die „Steigerung des Shareholder Value“ als Management-Anreizsystem in ausschließlich defizitär arbeitenden (kommunalen) Unternehmen sein.

1137 Diese Annahme ist insofern realistisch, da in kommunalen gemischt-wirtschaftlichen Unternehmen Managementpositionen häufig von Beamten besetzt sind, die im Beschäftigungsverhältnis mit der öffentlichen Verwaltung bisher keine Erfahrungen mit variablen Entlohnungssystemen hatten, da ihren Gehaltsstrukturen durch tarifliche und gesetzliche Vorgaben engen Grenzen gesetzt waren. Beamte könnten sehr zurückhaltend auf ergebnisverknüpfte Anreizsysteme reagieren.

1138 Die unternehmenspolitische Dimension beinhaltet einen Ausgleich in der Gewichtung unterschiedlicher Interessen im Zielsystem einer Unternehmung, vgl. A. v. Werder, [Richtschnur], 1998, S. 74.

1139 Der Fokus des Shareholder Value-Ansatzes ist weniger auf die Rivalität zwischen den einzelnen Anspruchsgruppen des Unternehmens zu richten, sondern primär auf die Frage, wie eine bestehende Institution zu steuern ist (Umstellung von einer gewinn- zu einer wertorientierten Unternehmenssteuerung).

1140 Vgl. W. Busse von Colbe, [Sicht], 1997, S. 272.

schiedlicher Anspruchsgruppen so weit wie möglich miteinzubeziehen[1141]. Eine Lösungsmöglichkeit wäre, sämtliche Mitarbeiter des Unternehmens durch unternehmenswertorientierte Entlohnungssysteme am angestrebten Wertzuwachs teilhaben zu lassen. Auch kann ein unternehmenswertschaffendes kommunales gemischt-wirtschaftliches Versorgungsunternehmen auf lange Sicht höhere Beschäftigungsmöglichkeiten bieten[1142].

Erfolgt keine angemessene Berücksichtigung der Interessen der Stakeholder, so kann dies langfristig zu Wertminderungen des Unternehmens führen (u.a. mögliche Demotivation bei Mitarbeitern[1143]). Zur Durchsetzung der Interessen unterschiedlicher Anspruchsgruppen besteht die Aufgabe des kommunalen Managements darin, das Unternehmen strategisch auszurichten und die unterschiedlichen Interessen so weit wie möglich aufeinander abzustimmen[1144].

Es ist zu resümieren, daß das für rein-private (börsennotierte) Unternehmen entwickelte Shareholder Value-Konzept in seiner strengen theoretischen Abgrenzung nicht unmittelbar auf kommunal beherrschte börsennotierte Versorgungsunternehmen übertragen werden kann. Die Implementierung des Shareholder Value-Konzeptes in kommunal beherrschten Versorgungsunternehmen kann jedoch entscheidend zur Verringerung der Agency-Problematik beitragen. Gemischt-wirtschaftliche börsennotierte Kommunalversorger können trotz der Erfüllung des Versorgungsauftrages (Daseinsberechtigung) und einer sorgfältigen Abwägung der Interessen der Stakeholder an einer Steigerung des Shareholder Value ausgerichtet sein. Dies würde dazu beitragen, einerseits im Wettbewerb zu sonstigen börsennotierten Versorgungsunternehmen durch eine wertorientierte Unternehmenssteuerung die Ansprüche nichtkommunaler Aktionäre des Unternehmens zu erfüllen, andererseits im Wettbewerb - vor allem aufgrund der Liberalisierung in der Energiewirtschaft - bestehen zu können. Zudem wird dadurch gewährleistet, daß sich das Unternehmen den unternehmenswertvernichtenden kommunalpolitischen Einflüssen weitgehend entzieht[1145].

1141 Rappaport hat diesbezüglich darauf hingewiesen, daß die von ihm vertretene Maxime für das Management, den Unternehmenswert im Interesse der Anteilseigner durch Erzielung von Zahlungsüberschüssen für sie zu steigern, nur zu realisieren ist, wenn es der Unternehmensleitung gelingt, die Loyalität auch der anderen Anspruchs- und Interessengruppen zu gewinnen. Dies sei aber lediglich eine *notwendige Voraussetzung* für eine erfolgreiche Umsetzung des Shareholder Value-Konzeptes, *kein* eigenständiges Ziel, vgl. A. Rappaport, [Shareholder Value], 1999.

1142 Kritisch hierzu A. v. Werder, [Richtschnur], 1998, S. 75.

1143 Permanente Infragestellungen der Arbeitsplatzsicherheit werden nicht die Motivation und die Wertschöpfung der Mitarbeiter fördern.

1144 Falls einige Geschäftsfelder bereits deutliche Risikoprämien erzielen, sind Strategien zur weiteren Steigerung des Shareholder Value in diesen Geschäftsfeldern, die mit einem Arbeitsplatzabbau einhergehen würden, problematisch und bedürfen einer sorgfältigen Analyse.

1145 Die Mitglieder des Vorstands und Aufsichtsrates der Mannheimer MVV Energie AG erhielten vor dem Going Public keine Aktien bzw. Bezugsrechte auf Aktien der Gesellschaft. Dies ist agency-theoretisch dahingehend zu deuten, daß die Stadt Mannheim als Mehrheitsaktionärin weiterhin beabsichtigt, kommunalpolitische Ziele mit dem Unternehmen zu verfolgen. Dies spiegelt auch die enttäuschende Entwicklung des Aktienkurses der MVV Energie AG seit der Börseneinführung wider. Der Kapitalmarkt bewertet insofern den kommunalpolitischen Einfluß trotz Bekanntgabe positiver Geschäftsaussichten negativ. Allerdings wurde der Vorstand ermächtigt, mit Zustimmung des Aufsichtsrates bis zum 31.12.2003 ein Managementbeteiligungsprogramm einzuführen. Inwiefern eine mögliche Einführung Auswirkungen auf den Unternehmenswert hat, darüber kann derzeit nur spekuliert werden. Aus der Sicht der nicht-kommunalen Anteilseigner wäre eine solche Einführung sehr zu begrüßen, um das kommunale Management zu einer Shareholder Value-orientierten Unternehmensführung zu bewegen, vgl. Verkaufsprospekt/ Börsenzulassungsprospekt der MVV Energie AG, Mannheim, v. 01.03.1999, S. 11 u. S. 24 f.

Um aus Sicht der nicht-kommunalen Anteilseigner Agency-Kosten zu reduzieren, ist das Shareholder Value-Konzept als finanzielles Anreizsystem in börsennotierten kommunal beherrschten Versorgungsunternehmen zu implementieren, wenn *keine* stärkere Risikoaversion des kommunalen Managements im Vergleich zu nicht-kommunalen Anteilseignern unterstellt wird und wenn der Erfolg des Unternehmens - isoliert von Zufallseinflüssen - auf das Anstrengungsniveau des kommunalen Managements zurückgeführt werden kann. Gegenüber einfachen Gewinnbeteiligungsmodellen oder anderen finanziellen Anreizsystemen auf der Grundlage der externen Rechnungslegung erscheint die Orientierung an der Steigerung des Shareholder Value hingegen überlegen.

Eine uneingeschränkte Harmonisierung zwischen den manageriellen Interessen und den Interessen von nicht-kommunalen Anteilseignern verhindern letztlich bestehende Zielproblematiken, die vielfältigen Einflußgrößen auf das Arbeitsverhalten bzw. der verbleibende Handlungsspielraum des kommunalen Managements zu eigennützigem Verhalten sowie die Unsicherheit über die Ursache-Wirkungs-Beziehungen von strategischen kommunalen Infrastrukturinvestitionsentscheidungen in kommunalen gemischt-wirtschaftlichen Versorgungsunternehmen. Zudem scheitert eine völlige Interessenharmonisierung neben prohibitiv hohen Agency-Kosten derartiger institutioneller Gestaltungen an der mangelnden Beobachtbarkeit der eintretenden Umweltzustände durch die nicht-kommunalen Anteilseigner.

6.2.3. Kritische Würdigung des Agency-Ansatzes in kommunal beherrschten börsennotierten Versorgungsunternehmen

Faßt man die theoretisch abgeleiteten Erkenntnisse zusammen, lassen sich daraus Schlüsse über die relative Aussagekraft der angebotenen Erklärungsansätze ableiten. Dabei sollen die Verhaltensprämissen der Agency-Theorie daraufhin untersucht werden, inwiefern sie sich als problematisch mit effizienten Steuerungsmaßnahmen des kommunalen Managements zur Verringerung von Verhaltensrisiken und Anreizstrukturen in kommunal beherrschten börsennotierten Versorgungsunternehmen erweisen. Des weiteren sollen kritisch die Auswirkungen erörtert werden, die sich daraus zwischen den beiden Steuerungssystemen einer Output- bzw. Input-orientierten Steuerung ergeben können.

Zu kritisieren ist die fehlende Realitätsnähe agency-theoretischer Grundannahmen für die Erklärung von Verhaltensrisiken und Anreizstrukturen in kommunalen gemischt-wirtschaftlichen börsennotierten Unternehmen[1146]. In der Agency-Theorie wird in dem Anstrengungsniveau („Arbeitsaversion des Agent") ein Zielkonflikt zwischen Principal und Agent gesehen. In der Praxis dürften jedoch auch Manager von kommunalen Unternehmen eher „Workaholics" sein[1147]. Daher dürften zentrale Interessenkonflikte weniger die zeitliche Intensität der Anstrengungen als vielmehr die Inhalte der Aufgaben der Unternehmensleitung betreffen. Hier ist insbesondere zu berücksichtigen, daß das kommunale Management in gemischt-wirtschaftlichen Unternehmen sich inhaltlich mit kommunalpolitischen Anliegen der kommunalen Anteilseignerin beschäftigt, die einer Steigerung des Unternehmenswertes entgegenwirken. Problematisch dabei ist auch die Bestimmung der Größe „Anstrengungsniveau". Das kommunale Management wird seine Arbeitsaufgaben aufgrund der jeweiligen

---

1146 Vgl. auch die Ausführungen bei Ch. Müller, [Informationsgehalt], 1995, S. 64 ff.

1147 In Anlehnung an V. Breid, [Aussagefähigkeit], 1995, S. 825.

Marktentwicklung entsprechend variabel ausüben. Eine Größe, die die „Leistung" des kommunalen Managements eindeutig mißt, wird daher schwer zu entwickeln sein. Bei fehlender Meßbarkeit des Anstrengungsniveaus des kommunalen Managements sind agencytheoretische Anreizsysteme jedoch nur bedingt anwendbar bzw. entziehen sich weitgehend einer empirischen Überprüfung.

Zudem ist die Agency-Theorie in Bezug auf das von ihr zugrunde gelegte enge Menschenbild des Managements in kommunal beherrschten börsennotierten Versorgungsunternehmen zu kritisieren[1148]. Der Hauptvorwurf besteht darin, daß in der Nutzenfunktion des Agent nur der Nutzen aus monetärem Einkommen und der Nutzenentgang aus Arbeit („Arbeitsleid") abgebildet werden. Intrinsische (im Bereich der Arbeitsaufgabe liegende) Anreize wie bspw. Leistungsmotivation, Selbständigkeit oder Entscheidungskompetenz finden keine Beachtung. In der Realität haben auch immaterielle Anreize wie öffentliches Ansehen oder kommunalpolitische Einflußnahme eine große Bedeutung für das kommunale Management in gemischtwirtschaftlichen Unternehmen. Insofern ist kritisch zu hinterfragen, ob eine Implementierung des Shareholder Value-Ansatzes durch eine Kapitalbeteiligung des kommunalen Managements in gemischt-wirtschaftlichen Unternehmen tatsächlich die erwünschte Steuerung im Hinblick auf eine Steigerung des Unternehmenswertes bewirken wird. In der Praxis bestehen kaum Zweifel, daß intrinsische Anreizmotive eine nicht zu vernachlässigende Rolle spielen[1149]. Empirische Befunde weisen vor allem auf eine hohe Bedeutung des Anreizes „Selbständigkeit" hin. Auch Anreize wie „Öffentliche Anerkennung" bzw. „Entscheidungskompetenz" werden in der Praxis verstärkt als Motivationsgründe des Managements eingeschätzt.

Dadurch kann auch die Prämisse in bezug auf das Bestehen unabhängiger Nutzenfunktionen zwischen Principal und Agent für die Beziehung zwischen kommunalen und nichtkommunalen Anteilseignern als nicht zutreffend angesehen werden, da deutlich werden sollte, daß die kommunale Anteilseignerin auch ohne direkte Kapitalbeteiligung Entscheidungen im Interesse der nicht-kommunalen Anteilseigner trifft. Eine Begründung hierfür liefern auch die intrinsischen Anreize[1150], die auch von der Einschätzung der nicht-kommunalen Anteilseigner abhängig sind[1151]. Insofern ist anzunehmen, daß das kommunale Management durch eine unterschiedliche Prioritätensetzung bei den jeweiligen materiellen sowie immateriellen Anreizen anreizspezifisch gesteuert werden muß. Dabei ist allerdings zu hinterfragen, ob eine Steuerung des häufig bürokratisch agierenden kommunalen Managements überhaupt noch möglich ist. Beamte[1152] bzw. Kommunalpolitiker als kommunale Manager in gemischtwirtschaftlichen Unternehmen können durch ihre Persönlichkeit und ihren beruflichen politischen Hintergrund so stark einseitig geprägt sein, daß eingesetzte Steuerungsmaßnahmen nicht die gewünschte Wirkung entfalten.

1148 Vgl. auch die Ausführungen bei Ch. Müller, [Informationsgehalt], 1995, S. 68 f.

1149 In einer Umfrage zur Bedeutung unterschiedlicher Motive - durchgeführt in Unternehmen mit einem Mehrheitsgesellschafter - ergab sich, daß nicht-finanzielle Motive von Vorständen als entscheidend bezeichnet wurden. Die größte Bedeutung wurden den Motiven Selbständigkeit und Entscheidungsfreiheit beigemessen, vgl. K. Gedenk, [Steuerung], 1998, S. 26.

1150 Hier ist vor allem die öffentliche Anerkennung in der Gesellschaft zu nennen.

1151 Falls die kommunale Anteilseignerin die Interessen der nicht-kommunalen Anteilseigner in keiner Weise nach dem erfolgten Going Public berücksichtigen würde, müßte der Wert der Unternehmensanteile gegen „Null" tendieren. Diese Kursentwicklung ist aber am Kapitalmarkt nicht zu beobachten.

1152 Häufig sind dies ehemalige Beamte der öffentlichen Verwaltung.

Des weiteren werden in der Praxis mit dem Einsatz finanzieller Anreize vielfach andere Ziele verfolgt als von der Agency-Theorie unterstellt. Agency-theoretisch sollen finanzielle Anreize das Anstrengungsniveau des kommunalen Managements positiv beeinflussen. Aufgrund der agency-theoretischen Annahme eines funktionalen Zusammenhangs zwischen dem Aktivitätsniveau des kommunalen Managements und der Unternehmenswertentwicklung sollen damit zugleich Steuerungswirkungen in bezug auf das Unternehmensergebnis erzielt werden. Empirische Untersuchungen ergaben jedoch in einigen Fällen nur geringe Korrelationen zwischen eingesetzten finanziellen Anreizsystemen für das Management und dem realisierten Unternehmenserfolg[1153]. Allerdings wurde ein positiver Zusammenhang zwischen dem Selbständigkeitsgrad des Managements und dem erzielten Unternehmensergebnis festgestellt[1154]. Es scheint hingegen kein Zweifel darüber zu stehen, daß die Agency-Problematik hinsichtlich des Verhaltens des Managements einen Einfluß auf die Kursentwicklung und den Unternehmenswert aufweist[1155].

Inwiefern der Unternehmenserfolg in kommunal beherrschten Versorgungsunternehmen durch gezielte Managementanstrengungen aufgrund eingesetzter finanzieller Managementanreizsysteme beeinflußbar ist, kann aufgrund fehlender empirischer Daten nicht abschließend beurteilt werden. In den folgenden Jahren müssen hier Untersuchungen vorgenommen werden.

Im Rahmen der Agency-Theorie wird eine substitutive Beziehung zwischen der Überwachung des Managements durch das Aufsichtsorgan und dem Einsatz finanzieller Anreize unterstellt[1156]. Praktische Erhebungen haben jedoch widersprüchliche Ergebnisse ergeben. Sie weisen sowohl auf einen negativen Zusammenhang als auch auf eine komplementäre Beziehung hin[1157]. Eine Überwachung durch das Aufsichtsorgan wird die Selbständigkeit und Entscheidungsfreiheit des Managements einschränken. Da diese Anreize aber aus Sicht des Managements in der Praxis als sehr bedeutend angesehen werden, kann eine Überwachung um so demotivierender und damit leistungshemmender wirken, je intensiver sie institutionalisiert ist. Gerade in kommunal beherrschten börsennotierten Unternehmen mit einer sehr intensiven Überwachung des Vorstands durch den kommunalpolitisch einflußnehmenden Aufsichtsrat müssen aus Motivationsgründen zusätzliche (materielle sowie immaterielle) Anreizsysteme für den Vorstand geschaffen werden, um durch eine intensive Überwachung entstehende Motivationsverluste des Vorstands auszugleichen. Insofern sind finanzielle Steuerungsinstrumente in kommunal beherrschten börsennotierten Versorgungsunternehmen nicht - wie dies im Rahmen der Principal-Agent-Theorie unterstellt wird - lediglich als Alternative zur Überwachung des Vorstands anzusehen. Einerseits ist es zwar plausibel, daß Aufsichtsorgane, die

1153 Vgl. auch V. Breid, [Aussagefähigkeit], 1995, S. 826.

1154 Vgl. W.-D. Trucksaess, [Effizienz], 1983, S. 199 ff. Nach dieser Hypothese sind Manager erfolgreicher, wenn sie vom Aufsichtsrat weniger intensiv überwacht werden, vgl. ebenda S. 105 ff. Dies ist insbesondere für die nicht-kommunalen Anteilseigner wichtig, da das Management in kommunalen Unternehmen nicht bei ihren Entscheidungen von der kommunalen Mehrheitsgesellschafterin abhängig sind.

1155 Vgl. St. Reinholz, [Beteiligungsgesellschaften], 1997, S. 21.

1156 Vgl. K.M. Eisenhardt, [Theory], 1989, S. 61.

1157 Die Hypothese eines negativen Zusammenhangs ist in den USA in ersten Ansätzen empirisch bestätigt worden, vgl. u.a. E.J. Zajac u. J.D. Westphal, [Costs], 1994, S. 121 ff. Erhebungen in deutschen Unternehmen haben jedoch einen komplementären Zusammenhang ergeben, vgl. K. Gedenk, [Steuerung], 1998, S. 30.

den Vorstand sehr intensiv überwachen, weniger auf die Steuerung über finanzielle Anreize zurückgreifen. Andererseits können finanzielle Anreize aber auch eine Ergänzung zum Kontrollorgan darstellen. Da der Aufsichtsrat in kommunal beherrschten börsennotierten Versorgungsunternehmen sehr intensiv an der Unternehmensführung mitwirkt, erfordert dies einen verstärkten Einsatz finanzieller Anreizsysteme durch die aus der Verringerung der Selbständigkeit resultierende Demotivation des Vorstands. Abschließend müssen die Chancen finanzieller Anreizsysteme in gemischt-wirtschaftlichen börsennotierten Versorgungsunternehmen vor dem Hintergrund der besonderen Bedingungen wie der Gemeinwohlorientierung gesehen werden. Die Agency-Theorie gibt keine Antwort auf die Notwendigkeit, wie zur Umsetzung der kommunalpolitischen Aufgaben eine möglichst proportionale Beziehung zwischen öffentlicher Zielerfüllung und persönlichem Nutzen für das Management hergestellt werden kann.

Es ist also zu bedenken, ob gerade die Steuerung des kommunalen Managements in gemischt-wirtschaftlichen börsennotierten Versorgungsunternehmen ein besonders gut geeigneter Anwendungsfall der Agency-Theorie ist. Eine Leistung der Agency-Theorie für die Steuerung in kommunalen Unternehmen ist sicherlich darin zu sehen, daß sie das Augenmerk auf besondere Interessenkonflikte innerhalb des kommunalen Unternehmens gelenkt hat. Insgesamt konnte jedoch gezeigt werden, daß die Praxis in gemischt-wirtschaftlichen börsennotierten Versorgungsunternehmen wohl nur ansatzweise im Sinne agency-theoretischer Grundannahmen abläuft. Insofern sind die Ausführungen dahingehend zu deuten, daß der derzeitige Stand der Agency-Theorie zur Anwendung in kommunal beherrschten börsennotierten Versorgungsunternehmen als unbefriedigend und lediglich vorläufig empfunden werden muß. Weiterentwicklungen müssen folgen. Dabei ist zu berücksichtigen, ob und inwieweit agency-theoretisch entwickelte Lösungsansätze möglicherweise neue Probleme aufwerfen.

7. Zusammenfassung und Ausblick

Ausgangspunkt der vorliegenden Untersuchung war es, Alternativen zu klassischen Finanzierungsformen kommunaler Infrastrukturinvestitionen aufzuzeigen. Dabei wurde insbesondere auf den eingetretenen Liberalisierungsprozeß in der Energiewirtschaft Bezug genommen. Kommunale (Energie-)Versorgungsunternehmen stehen zur strategischen Wettbewerbsanpassung aufgrund veränderter Rahmenbedingungen vor Finanzierungsproblemen. Diese könnten aufgrund der Finanznot der Kommunen als bisherige Alleingesellschafter der Versorgungsunternehmen mit neuen nicht kommunalen Gesellschaftern gelöst werden. Eine Teilprivatisierung durch eine Kapitalerhöhung mit gleichzeitiger Börseneinführung stellt eine Möglichkeit zur Verbesserung der Kapitalbasis eines kommunalen Versorgungsunternehmen dar.

Diesen Weg schlugen als erstes deutsches *rein-kommunales* Unternehmen die Mannheimer Stadtwerke in Gestalt der MVV Energie AG (Vorgänger: Stadtwerke Mannheim AG) im März des Jahres 1999 ein. Dem Beispiel der nunmehr gemischt-wirtschaftlichen börsennotierten Mannheimer MVV Energie AG ist trotz großen öffentlichen Interesses und einiger Absichtserklärungen[1158] bisher kein weiteres kommunales Unternehmen in Deutschland gefolgt. Dies ist aus der Perspektive der nicht-kommunalen Gesellschafter und potentieller Investoren nicht überraschend, wenn man die bisherige Börsenkursentwicklung der Aktie der Mannheimer MVV Energie AG als Entscheidungskriterium für eine Beteiligung an einem kommunalen Unternehmen zu Grunde legt. Während der gesamten Zeit nach der Börseneinführung notierte der Aktienkurs der MVV Energie AG trotz mehrfacher Bekanntgabe positiver Geschäftszahlen[1159] und guter Zukunftsaussichten[1160] in den Medien - teilweise sogar mit großen Abschlägen - deutlich unter dem Emissionskurs von 16 Euro. Die negative Kursentwicklung ist um so erstaunlicher, da der deutsche Gesamtmarkt nach einem schlechten Start im Jahre 1999 und im bisherigen Verlauf des Jahres 2000 deutliche Zuwachsraten erzielt hat.

Als theoretischer Erklärungsansatz diente für diese Marktentwicklung die Neue Institutionenökonomik. Dabei wurde der Versuch unternommen, die ökonomischen Theorien der Politik und Bürokratie mit der Principal-Agent-Theorie zu verbinden. Die finanzierungstheoretische Untersuchung hat ergeben, daß in gemischt-wirtschaftlichen Versorgungsunternehmen aufgrund der Dominanz der kommunalen Mehrheitsgesellschafterin besondere Verhaltensrisiken und Anreizstrukturen vorherrschen, die sich negativ auf den Shareholder Value des Unternehmens auswirken können. Zur Minderung der Agency-Problematik und zur Steigerung des Unternehmenswertes ist aufgrund des bisherigen Informationsumfangs zu fordern, daß im Falle der Beibehaltung der kommunalen Mehrheit das kommunale Management am Unternehmenserfolg zu beteiligen ist[1161]. Falls eine Beteiligung des kommunalen Managements am

[1158] Bspw. beabsichtigten die Stadtwerke Halle/Saale und die Stadtwerke Düsseldorf im Jahr 1999 an die Börse zu gehen, vgl. u.a. o.V., [Kommunale Unternehmen], 1999, S. 25. Bisher ist aber außer der Mannheimer MVV Energie AG kein weiteres kommunales Unternehmen an die Börse gegangen.

[1159] So hat die MVV Energie AG im Geschäftsjahr 1998/99 in allen Energiesparten die Absatzmengen gegenüber dem Vorjahr beträchtlich gesteigert und im operativen Ergebnis vor Zinsen und Steuern einen Zuwachs von 12,9 % erzielt - insgesamt das beste Ergebnis in der Unternehmensgeschichte, vgl. Presseinformation der MVV Energie AG zum Geschäftsjahr 1998/1999, [Ergebnis], 2000, S. 2. Dieser positive Trend hat sich in den ersten sechs Monaten des Geschäftsjahres 1999/2000 fortgesetzt, vgl. o.V., [Börse], 2000, S. 18.

[1160] Vgl. o.V., [Position], 2000, 16 bzw. o.V., [Strom], 2000, S. 15.

[1161] Dies ist bekanntermaßen bei der Mannheimer MVV Energie AG bisher nicht umgesetzt worden.

Unternehmenserfolg nicht erreicht werden kann, muß zur Steigerung des Unternehmenswertes aus agency-theoretischer Sicht die Kommune den nicht-kommunalen Anteilseignern signalisieren[1162], ihre Mehrheit an dem Unternehmen auf absehbare Zeit abzugeben. Diese Forderung wird agency-theoretisch durch die positive Kursentwicklung der Deutschen Telekom AG seit der Teilprivatisierung mit gleichzeitiger Börseneinführung im Herbst des Jahres 1996 bestätigt[1163]. Im Falle der Teilprivatisierung der Deutschen Telekom AG hatte der Bund bei der Börseneinführung frühzeitig signalisiert, durch einzelne Privatisierungsschritte seine Mehrheit an dem Telekommunikationsunternehmen mittelfristig abzugeben.

Bei den aufgestellten Forderungen ist jedoch zu berücksichtigen, daß das Going Public von kommunalen Unternehmen in einem sowohl theoretische als auch empirische Erkenntnisse umfassenden Zusammenhang bisher wissenschaftlich nicht gewürdigt worden ist. Die in der Zwischenzeit zur Verfügung stehende Datenmenge ist noch zu gering, um generelle Aussagen treffen zu können. Allerdings kann anhand der Börsenkursentwicklung der Mannheimer MVV Energie AG die bisherige Wertveränderung durch die Börseneinführung beobachtet werden. Eine längere Betrachtung muß jedoch - ebenso wie eine wünschenswerte Analyse einer größeren Anzahl von kommunalen Unternehmen - späteren Untersuchungen vorbehalten bleiben. Angesichts der vorhandenen besonderen Anreizstrukturen besteht hier erheblicher Nachholbedarf.

Nach Problemaufriß und Vorstellung des Untersuchungsablaufs wurde im zweiten Kapitel der Untersuchungsgegenstand konzeptionell abgegrenzt und eine begriffliche Charakterisierung der wesentlichen Untersuchungsdeterminanten vorgenommen. Dabei wurden die Wesensmerkmale kommunaler Gebietskörperschaften und die von ihnen durchgeführten Infrastrukturinvestitionen aufgeführt, wobei auf die finanzierungsrelevanten Besonderheiten kommunaler Investitionen eingegangen wurde. Des weiteren wurde zur inhaltlichen Vorbereitung auf die ökonomische Analyse alternativer kommunaler Finanzierungsformen ein Überblick über die Vielfalt von Rechtsformen der Kommunalverwaltung und möglicher privatrechtlicher Rechtsformen kommunaler Unternehmen dargestellt. Dabei spielten insbesondere die gemischt-wirtschaftlichen Aktiengesellschaften für den weiteren Verlauf der Untersuchung eine zentrale Rolle.

Im dritten Kapitel wurden zunächst die klassischen Fremdfinanzierungsvorhaben kommunaler Investitionsvorhaben vorgestellt. Im Anschluß wurden verschiedene alternative kommunale Finanzierungsinstrumente diskutiert, die zu einer Reduzierung der Finanznot der kommunalen Gebietskörperschaften führen sollen. Da nicht abschließend geklärt werden konnte, ob die einzelnen vorgestellten alternativen Finanzierungsformen einer Heranziehung privaten Kapitals die ihnen vielfach im kommunalen Bereich zugeschriebenen Lösungsbeiträge leisten können, wurde mit Hilfe der neoinstitutionalistischen Finanzierungstheorie versucht, eine „Objektivierung" der Vorteilhaftigkeitsanalyse alternativer kommunaler Finanzierungsformen herbeizuführen. Grundlage der finanzierungstheoretischen Vorteilhaftigkeitsanalyse bildete die Agency-Theorie. Agency-theoretisch lassen sich Finanzierungsformen als vertraglich strukturierte Kooperationsdesigns zwischen Kapitalgebern und -nehmern beschreiben. Das

---

1162 Dies wäre in der Satzung zu verankern.

1163 Der Kurs der Deutschen Telekom AG hat sich seit der Emission in 1996 vervielfacht. Die Deutsche Telekom AG notiert derzeit bei rund 70 Euro (Emissionskurs rund 15 Euro), vgl. Frankfurter Schlußkurs vom 13.01.2000, gelistet im Handelsblatt vom 14./15.01.2000, S. 32.

Verhältnis ist durch eine asymmetrische Informationsverteilung, unterschiedliche Interessen und verschiedenartige Handlungsspielräume der beteiligten Vertragspartner gekennzeichnet. Als Ergebnis dieser Theorie zeichnet sich eine effiziente Finanzierungsform durch eine weitgehende Reduzierung der aus der Kooperationsbeziehung resultierenden Agency-Probleme aus. Agency-theoretisch operationalisiert wurde die Vorteilhaftigkeitsanalyse durch die Einführung von Agency-Kosten. Agency-Kosten bewerten die aus der Ungleichheit hinsichtlich der Informationslage und der Ausnutzung dieser Situation durch den Agent hervorgerufenen Interessen- und Anreizkonflikte einer Finanzierungsform.

Der finanzierungstheoretische Vorteilhaftigkeitsvergleich wurde zwischen der kommunalen Kreditfinanzierung und zwei alternativen kommunalen Finanzierungsformen, dem kommunalen Finanzierungsleasing und der Stillen Beteiligung an kommunalen Eigengesellschaften, vorgenommen. Aus finanzwirtschaftlicher Sicht ist die Kommune bzw. das kommunale Unternehmen als Kapitalnehmerin stets der Agent, die die ihr überlassenen Finanzmittel im Auftrag des Kapitalgebers und somit des Principal verantwortungsbewußt zu investieren und ordnungsgemäß zurückzuzahlen hat.

Vergleichskriterium für den Finanzierungskostenvergleich waren die Agency-Kosten eines Kommunalkredits bzw. eines Kredits an eine kommunale Eigengesellschaft. Die agencytheoretisch ermittelten Ergebnisse ergeben, daß das kommunale Finanzierungsleasing die teurere Alternative im Vergleich zur Kommunalkreditfinanzierung ist. Denn die Leasingraten müssen aus Sicht des Principal nicht nur seine vergleichsweise höheren Refinanzierungskosten enthalten, sondern auch die zusätzlich anfallenden Agency-Kosten des Leasinggebers als Finanzintermediär. Diese finanzierungstheoretischen Überlegungen werden durch empirische Auswertungen von abgeschlossenen kommunalen Leasingverträgen bestätigt. Von 71 aus den Jahren 1986 bis 1994 abschließend in Niedersachsen ausgewerteten Leasingverträgen im Mobilienbereich waren 69 für die Kommunen ungünstiger als ein kreditfinanzierter Kauf.

Ergebnis der Vorteilhaftigkeitsanalyse ist die Herleitung der kommunalen Kreditfinanzierung als effizienteste kommunale Kreditfinanzierungsform. Indessen reduziert die kommunale Stille Beteiligung die bestehende Informationsasymmetrie nur mit einem hohe Agency-Kosten verursachenden zusätzlichen Informations- und Bearbeitungsaufwand des Principal. Auch beim kommunalen Finanzierungsleasing bleibt die zwischen dem Leasinggeber und dem -nehmer zu erzielende Reduzierung der Informationsasymmetrie unter der kommunaler Standardkreditverträge.

Die Darstellung des Going Public kommunaler Unternehmen bildete den Schwerpunkt des fünften Kapitels. Dabei wurden zunächst die grundlegenden Voraussetzungen für den Gang an die Börse sowie die Entscheidungsgründe für ein Going Public (bspw. Stärkung der Eigenkapitalbasis) aufgezeigt. Dabei sind bei einem kommunalen Going Public als Besonderheit rechtliche Hemmnisse aufgrund kommunalverfassungsrechtlicher Restriktionen zu beachten. Abschließend wurde die praktische Durchführung eines kommunalen Going Public skizziert. Für die Konsortialbanken wird es dabei schwierig sein, die ökonomischen Voraussetzungen zur Börsenfähigkeit abschließend beurteilen zu können, da die Mannheimer MVV Energie AG in Deutschland bisher das einzige *rein-kommunale* Unternehmen ist, das im Zuge einer Teilprivatisierung durch eine Kapitalerhöhung an der Börse eingeführt worden ist.

Im sechsten Kapitel wird das Going Public von kommunalen Unternehmen einer finanzierungstheoretischen Analyse unterzogen. Dabei wurde besonders auf den Börsengang der

Mannheimer MVV Energie AG Bezug genommen. In diesem Kapitel konnte eine Erklärung dafür gewonnen werden, weshalb die besondere Property Rights-Verteilung in kommunal beherrschten Versorgungsunternehmen zu betriebswirtschaftlichen Ineffizienzen und somit zu einer Minderung des Shareholder Value führt. Dies liegt agency-theoretisch darin begründet, daß die kommunale Mehrheitsgesellschafterin in kommunal beherrschten Versorgungsunternehmen - theoretisch fundiert durch die Aussagen der ökonomischen Theorien der Politik und der Bürokratie – sozioökonomische Zielsetzungen (Berücksichtigung der öffentlichen Zwecksetzung, Beschäftigungspolitik, Haushaltsfinanzierung etc.) hat, die mit Shareholder Value-orientierten Unternehmenszielen kaum zu vereinbaren sind. Insofern liegen in kommunal beherrschten börsennotierten Versorgungsunternehmen besondere Verhaltensrisiken und Anreizstrukturen vor, die zu einer Minderung des Shareholder Value für die Aktionäre führen. Um diese Verhaltensrisiken aus der Sicht der nicht-kommunalen Anteilseigner zu reduzieren, wurde versucht, transaktionskostengünstige Maßnahmen zur Verringerung der Agency-Problematik zwischen kommunalen und nicht-kommunalen Anteilseignern zu entwickeln. Gemäß der Untersuchung kann eine wertorientierte Entlohnung des kommunalen Managements agency-theoretisch dazu beitragen, die Interessenkonflikte in gemischt-wirtschaftlichen Versorgungsunternehmen weitgehend zu reduzieren.

Bei den aufgestellten Forderungen ist jedoch zu berücksichtigen, daß das Going Public von kommunalen Unternehmen in einem sowohl theoretische als auch empirische Erkenntnisse umfassenden Zusammenhang bisher wissenschaftlich nicht gewürdigt worden ist. Die in der Zwischenzeit zur Verfügung stehende Datenmenge ist noch zu gering, um generelle Aussagen treffen zu können. Allerdings kann anhand der Börsenkursentwicklung der Mannheimer MVV Energie AG die bisherige Wertveränderung seit der Börseneinführung beobachtet werden. Eine längere Betrachtung muß jedoch - ebenso wie eine wünschenswerte Analyse einer größeren Anzahl von kommunalen Unternehmen - späteren Arbeiten vorbehalten bleiben. Angesichts der vorhandenen besonderen Anreizstrukturen besteht hier erheblicher Nachholbedarf.

Empirisch ist jedoch nicht abschließend geklärt, ob eine Implementierung des Shareholder Value-Ansatzes durch eine Kapitalbeteiligung des Managements in börsennotierten Aktiengesellschaften in jedem Fall die erwünschte Steuerung im Hinblick auf eine Steigerung des Unternehmenswertes bewirkt. Unternehmensspezifische Besonderheiten in kommunalen Unternehmen erschweren generelle Aussagen, die aufgrund der erfolgten agency-theoretischen Untersuchung entwickelt worden sind. Insbesondere die Annahmen der Agency-Theorie sind kritisch im Hinblick auf ihre Aussagefähigkeit in kommunal beherrschten Versorgungsunternehmen zu hinterfragen. Die Praxis in gemischt-wirtschaftlichen börsennotierten Versorgungsunternehmen funktioniert wohl nur ansatzweise im Sinne agency-theoretischer Grundannahmen.

Dennoch hat die agency-theoretische Untersuchung wichtige Vorarbeiten durch Systematisierung von Verhaltensrisiken und Anreizstrukturen in kommunal beherrschten börsennotierten Versorgungsunternehmen geleistet. Ihre theoretischen Erkenntnisse können nun zumindest als Ansatz in der Praxis zur Konstruktion anreizkonformer Kooperationsformen genutzt werden. Der von der beschriebenen Finanznot der Kommunen und den Folgen der Liberalisierung in der Energiewirtschaft[1164] ausgehende „Privatisierungsdruck[1165]" läßt den Bedarf an anreiztheoretischen Analysen als Grundlage für effiziente Kooperationsdesigns zwischen Kommunen und privaten Investoren weiter zunehmen. Insofern stellen die Untersuchungen erst den Anfang finanzierungstheoretischer Analysen in kommunalen gemischt-wirtschaftlichen Unternehmen dar. Kommunale Gebietskörperschaften, die in der Zukunft beabsichtigen, ihre Unternehmen an die Börse zu bringen, sollten die anreiztheoretischen Erkenntnisse in ihren vorzubereitenden Analysen zum praktischen Börsengang berücksichtigen. Dies ist notwendig, um zukünftig nicht-kommunale Investoren für den Börsengang des kommunalen Unternehmens zu gewinnen. Renditeorientierte nicht-kommunale Anteilseigner der Mannheimer MVV Energie AG werden diese Forderungen aufgrund ihrer gewonnenen Erfahrungen aus dem Börsengang des Kommunalversorgers uneingeschränkt unterstützen. Die Ausweitung der Erkenntnisse der modernen Institutionenökonomik und der Polit-Ökonomie auf den kommunalen Bereich bietet den Beteiligten dafür wichtige Anhaltspunkte. In diese Richtung ist auch die neoklassische Lehre zu erweitern.

[1164] „Die Liberalisierung des Energiemarktes wird dazu führen, daß viele kommunale Stadtwerke privatisiert werden", M. Noé, [Macht], 2000, S. 12.

[1165] „Wirtschaftlicher Druck auf die Kommunen fördert Privatisierung", H. Griepentrog, [Wirtschaftlicher Druck], 2000, S. B 2.

Literaturverzeichnis

Abwassertechnische Vereinigung e.V., [Betriebsformen] der kommunalen Abwasserbeseitigung. Regiebetrieb, Eigenbetrieb, Privatisierung u. a., Vor- und Nachteile. Bad Hennef 1994.

Adam, Axel, [Stadtbahn] nutzt US-Steuernische - Pilotprojekt der Mannheimer Verkehrs-AG bei der Anlagenfinanzierung. „Zeitung für kommunale Wirtschaft", München, Juni 1995, S. 11.

Adamschek, Bernd und Adams, Karl-Heinz, [Regiebetriebe]. In: Handwörterbuch der Öffentlichen Betriebswirtschaft. (Enzyklopädie der Betriebswirtschaftslehre, Bd. 11). Hrsg. v. Klaus Chmielewicz und Peter Eichhorn. Stuttgart 1989, Sp. 1390-1395.

Ade, Klaus, Die finanzielle [Leistungsfähigkeit] der Gemeinden - ein unbestimmter Rechtsbegriff mit Beurteilungsspielraum? „Der Gemeindehaushalt", Stuttgart, Jg. 93 (1992), Heft 2, S. 40-44.

Aha, Christof, Ausgewählte [Gestaltungsmöglichkeiten] bei Aktienoptionsplänen. „Betriebsberater", Heidelberg, Jg. 52 (1997), Heft 44 vom 30.10.1997, S. 2225-2228.

Ahlbrink, Heinz, Die [Rolle] gemischtwirtschaftlicher Unternehmen in der Elektrizitätsversorgung bei der Einschränkung der kommunalen Eigenversorgung. Eine Falluntersuchung am Beispiel der RWE. Freiburg 1985.

Ahrens, Hans Jürgen, Die heimlichen [Gewinner]. Kleine Energieversorgungsunternehmen haben großen gegenüber unschlagbare Vorteile beim Kundenkontakt. „Zeitschrift für kommunale Wirtschaft", München, Oktober 1999, Beilage Stadtwerke: Wir sind da - ZfK-Spezial zur VKU-Bundestagung am 3./4. November München, S. 29.

Albers, Heinrich und Seger, Rolf, [Finanzierung] kommunaler Investitionen. Wiesbaden 1990.

Alpmann, Josef, Alpmann, J.A. und Mohr, Friedrich, [Gesellschaftsrecht]. 7., völlig neubearb. Aufl., Münster 1994.

Arbeitsgemeinschaft der kommunalen Spitzenverbände Niedersachsens zur Mittelfristigen Planung Niedersachsens von 1996 bis 2000, Leit-Artikel 97: [Dramatische Finanzlage] der Kommunen. „Die Niedersächsische Gemeinde", Hannover, Jg. 47 (1997), Heft 1-2, S. 3-5.

Arbeitskreis „Finanzierung" der Schmalenbach-Gesellschaft - Deutsche Gesellschaft für Betriebswirtschaft e.V., [Wertorientierte Unternehmenssteuerung] mit differenzierten Kapitalkosten. „Zeitschrift für betriebswirtschaftliche Forschung", Düsseldorf, Frankfurt am Main, Jg. 48 (1996), Heft 6, S. 543-578.

Arndt, Hans-Wolfgang und Piltz, Detlev Jürgen, Grundzüge des [Besonderen Steuerrechts]. Bd. 1.: Ertragsteuer- und Unternehmenssteuerrecht. München 1996.

Backes-Gellner, Uschi und Pull, Kerstin, [Betriebliche Sozialpolitik] und Maximierung des Shareholder Value: Ein Widerspruch? Eine empirische Analyse alternativer Erklärungsansätze. „Zeitschrift für Betriebswirtschaft", Wiesbaden, Jg. 69 (1999), Heft 1, S. 51-70.

Baden, Kay, Zum [Wohl] der Aktionäre. „Manager Magazin", Jg. 26 (1996), Heft 4, S. 146-157.

Ballwieser, Wolfgang, Adolf Moxter und der [Shareholder Value-Ansatz]. In: Bilanzrecht und Kapitalmarkt. Hrsg. v. Wolfgang Ballwieser et alii. Festschrift zum 65. Geburtstag von Adolf Moxter. Düsseldorf 1994, S. 1377-1405.

Balzer, Arno und Nölting, Andreas, Die schiere [Macht]. „Manager Magazin", Jg. 27 (1997), Heft 8, S. 72-88.

Bastiansen, Bodo, Die Beurteilung der finanziellen Leistungsfähigkeit der Gemeinden nach den haushaltsrechtlichen [Vorschriften]. „Der Gemeindehaushalt", Stuttgart, Jg. 79 (1978), Heft 1, S. 1-2.

Baumann, Alfred, Viele [Mittelständler] zur Börse? „Zeitschrift für das gesamte Kreditwesen", Frankfurt am Main, Jg. 51 (1998), Heft 7, S. 409-412.

Baums, Theodor, [Aktienmarkt] und Finanzierung kleiner Unternehmen. „Zeitschrift für Wirtschaftsrecht", Köln, Jg. 18 (1997), Heft 44, S. 1942-1948.

Beckert, Joachim, Kommunale Versorgungs- und Verkehrsunternehmen im [Effizienzvergleich]: Eine Analyse der Organisationsformen kommunaler Versorgungs- und Verkehrsunternehmen aus Sicht der Property-Rights-Theorie. (Schriften zur öffentlichen Verwaltung und öffentlichen Wirtschaft: Bd. 146). Zugl.: München, Univ. der Bundeswehr, Diss., 1993. 1. Aufl., Baden-Baden 1996.

Behr, Matina und Laschke, Andreas, Going Public: Ein [Erfahrungsbericht]. „Zeitschrift für das gesamte Kreditwesen", Frankfurt am Main, Jg. 51 (1998), Heft 10, S. 561-571.

Beike, Rolf und Weddrien, Olivier, Going Public - auch für den [Mittelstand] von Bedeutung. „Bankinformation und Genossenschaftsforum", Bonn, Jg. 25 (1998), Heft 1, S. 42-45.

Bengsch, Volker, [Steuerliche Konsequenzen] kommunaler Sonderfinanzierungsformen. „Sparkasse", Bonn, Jg. 110 (1993), Heft 6, S. 251-254.

Benner, Wolfgang und Holst, Jonny, Finanzwirtschaft und [Steuern]. Basismaterialien. 4., überarb. u. erw. Aufl., Göttingen 1998.

Berg, Dieter, Finanzierungsaspekte und finanzwirtschaftliche [Bewertung] von privaten Betreibermodellen. „Kommunalwirtschaft", Düsseldorf, Jg. 84 (1994), Heft 12, S. 518-524.

Bernhardt, Wolfgang und Witt, Peter, [Stock Options] und Shareholder Value. „Zeitschrift für Betriebswirtschaft", Wiesbaden, Jg. 67 (1997), Heft 1, S. 85-101.

Beschluß-Vorlage der Stadt Mannheim vom 21.07.1998 zur Teilprivatisierung und Börseneinführung der Stadtwerke Mannheim AG (Nachfolger: MVV Energie AG). Mannheim 1998.

Betz, Rolf M., Konsortialbank für junge [Wachstumsunternehmen]. „Zeitschrift für das gesamte Kreditwesen", Frankfurt am Main, Jg. 51 (1998), Heft 1, S. 34-36.

Beyel, Jürgen, [Kapitalbeteiligungsgesellschaften]: Finanzierungs- und Gestaltungsmöglichkeiten des Beteiligungsverhältnisses. „Der Langfristige Kredit", Frankfurt am Main, Jg. 41 (1990), S. 217-220.

Bischof, Wolfgang, [Gemeindehaushaltsrecht]. 3., überarb. u. erw. Aufl., Köln, Berlin, Bonn, München 1979.

Blättchen, Wolfgang, [Antriebsfedern] für einen Börsengang aus praktischer Sicht. „Zeitschrift für das gesamte Kreditwesen", Frankfurt am Main, Jg. 51 (1998), Heft 1, S. 38-40.

Blankart, Charles Beat, Zur ökonomischen Theorie der [Bürokratie]. „Public Finance", Netherlands, o. Jg. (1975), Heft 2, S. 166-185.

Bleicher, Knut, Der Aufsichtsrat im [Wandel]. Eine repräsentative Studie über Aufsichtsräte in bundesdeutschen Aktiengesellschaften im Auftrag der Bertelsmann Stiftung. Gütersloh 1987.

Bloech, Jürgen, [Infrastruktur]. In: Handwörterbuch der Öffentlichen Betriebswirtschaft. (Enzyklopädie der Betriebswirtschaftslehre, Bd. 11). Hrsg. v. Klaus Chmielewicz und Peter Eichhorn. Stuttgart 1989, Sp. 637-644.

Boardman, A.E. und Vining, A.R., The [Behavior] of Mixed Enterprises, „Research in Law and Economics", Vol. 14 (1991), S. 223-250.

Böbel, Ingo und Dirrheimer, Manfred J., [Eigentumsrechte], Management-Motivation und Marktverhalten: Ein Beitrag zur Erweiterung der Theorie der Unternehmung. In: Ansprüche, Eigentums- und Verfügungsrechte: Arbeitstagung des Vereins für Socialpolitik, Gesellschaft für Wirtschafts- und Sozialwissenschaften. (Schriften des Vereins für Socialpolitik, Gesellschaft für Wirtschafts- und Sozialwissenschaften, N.F., Bd. 140). Hrsg. v. Manfred Neumann. Basel 1984, S. 157-187.

Böckels, Lothar, Privatisierung: Ausweg aus kommunalpolitischer [Finanzklemme]? „Wirtschaftsdienst", Hamburg, Jg. 74 (1994), Heft 2, S. 89-92.

Boehme, Rolf, Die Städte in der [Finanzkrise]. In: Kommunale Aufgabenerfüllung im Zeichen der Finanzkrise: Symposium des Instituts für Kommunalrecht der Universität Osnabrück am 10. November 1994. 5. Bad Iburger Gespräch. Hrsg. v. Jörn Ipsen. Baden-Baden 1995, S. 25-32.

Bös, Dieter und Schneider, Friedrich, [Private-public-partnership]: Gemeinschaftsunternehmen zwischen Privaten und der öffentlichen Hand. In: Homo oeconomicus XIII (2). (Bd. 25 der Schriftenreihe des Münchner Instituts für integrierte Studien e.V., Heft 13). München 1996, S. 127-166.

Bösl, Konrad, [Hohe Börsenreife], aber die Bereitschaft zum Going Public ist gering - Ergebnisse einer empirischen Untersuchung. „Betriebswirtschaftliche Forschung und Praxis", Herne, Berlin, Jg. 48 (1996), Heft 2, S. 183-207.

Bössmann, Eva, [Volkswirtschaftliche Probleme] der Transaktionskosten. „Zeitschrift für die gesamte Staatswissenschaft", Tübingen, Bd. 138 (1982), Heft 4, S. 664-679.

Bolsenkötter, Heinz, [Voraussetzungen] für die Privatisierung kommunaler Dienstleistungen. „Der Betrieb", Düsseldorf, Frankfurt am Main, Jg. 46 (1993), Heft 9 vom 05.03.1993, S. 445-450.

Borgmann, Olaf, [Handels- und steuerrechtliche Probleme] geschlossener Immobilienfonds. In: Finanzierung kommunaler Investitionen über geschlossene Immobilienfonds. (Schriften zur öffentlichen Verwaltung und öffentlichen Wirtschaft, Bd. 92). Hrsg. v. Peter Friedrich. Baden-Baden 1987, S. 49-65.

Brede, Helmut, Die [Sanierung] von Abwasserkanälen - Betriebswirtschaftliche Probleme und Lösungsmöglichkeiten. In: Unternehmenstheorie und Besteuerung. Festschrift zum 60. Geburtstag von Dieter Schneider. Hrsg. v. Rainer Elschen, Theodor Siegel und Franz Wagner, Wiesbaden 1995, S. 78-96.

Brede, Helmut und Püttner, Günter, Die wichtigsten [Privatisierungsformen] und ihre Eignung, ein fortdauerndes öffentliches Interesse am Unternehmen zu wahren. In: Privatisierung und die Zukunft der öffentlichen Wirtschaft. (Schriftenreihe der Gesellschaft für öffentliche Wirtschaft und Gemeinwirtschaft, Heft 29). Hrsg. v. Helmut Brede im Auftrag des Wissenschaftlichen Beirats der Gesellschaft für öffentliche Wirtschaft und Gemeinwirtschaft. 1. Aufl., Baden-Baden 1988, S. 267-288.

Brinkmann, Wolfgang, Schriftliche Stellungnahme des kaufmännischen Geschäftsführers der Stadtwerke Bielefeld GmbH, Wolfgang Brinkmann, zum Gesetzesentwurf der Landesregierung Nordrhein-Westfalen (Drucksachen 12/3730 und 12/3770) zur Vorbereitung auf die Anhörung am 28./29.04.1999.

Breid, Volker, [Aussagefähigkeit] agencytheoretischer Ansätze im Hinblick auf die Verhaltenssteuerung von Entscheidungsträgern. „Zeitschrift für betriebswirtschaftliche Forschung“, Düsseldorf, Frankfurt am Main, Jg. 47 (1995), Heft 9, S. 821-854.

Brocke, Helmut, [Stadtwerke] gehen an die Börse. „Stadt und Gemeinde“, Berlin, Jg. 53 (1998), Heft 7-8, S. 22-23.

Brod, Ernst, Die Besteuerung von [Abwasser] und Abfall. In: Privatisierung in Städten und Gemeinden. Hrsg. v. Deutschen Städte- und Gemeindebund. (Schriftenreihe des Deutschen Städte- und Gemeindebund, Heft 49). Göttingen 1994, S. 113-138.

Broder, Heiner, Möglichkeiten und [Kriterien] der Privatisierung durch Verlagerung öffentlicher Dienstleistungen auf freiberuflich Tätige. „Der Gemeindehaushalt“, Stuttgart, Jg. 86 (1985), Heft 3, S. 53-56.

Budäus, Dietrich, Betriebswirtschaftliche [Instrumente] zur Entlastung kommunaler Haushalte: Analyse der Leistungsfähigkeit ausgewählter Steuerungs- und Finanzierungsinstrumente für eine effizientere Erfüllung öffentlicher Aufgaben. (Schriften zur öffentlichen Verwaltung und öffentlichen Wirtschaft, Bd. 65). 1. Aufl., Baden-Baden 1982.

Budäus, Dietrich, Gerum, Elmar und Zimmermann, Gebhard (Hrsg.), [Betriebswirtschaftslehre] und Theorie der Verfügungsrechte. Wiesbaden 1988.

Budäus, Dietrich, Alternative Ansätze zur Finanzierung der öffentlichen Infrastruktur in den neuen Bundesländern unter besonderer Berücksichtigung von [Transaktionskosten]. In: Finanzierung und Organisation der Infrastruktur in den neuen Bundesländern. Referate und Diskussionsberichte eines Kolloquiums des Wissenschaftlichen Beirats der Gesellschaft für öffentliche Wirtschaft am 26./27. März 1992 in der Universität Würzburg. (Schriftenreihe der Gesellschaft für öffentliche Wirtschaft, Heft 34). Hrsg. v. Peter Eichhorn. Baden-Baden 1993, S. 109-120.

Budäus, Dietrich, Finanzierung öffentlicher [Infrastrukturen]. „Zeitschrift für das gesamte Kreditwesen“, Frankfurt am Main, Jg. 46 (1993), Heft 10, S. 451-454.

Büchner, Wolfgang, Die [rechtliche Gestaltung] kommunaler öffentlicher Unternehmen: Grenzen und Möglichkeiten der gemeindlichen Organisationshoheit unter besonderer Berücksichtigung der Arbeitnehmermitbestimmung am Beispiel der Verkehrs- und Versorgungseinrichtungen. (Europäische Hochschulschriften, Reihe 2, Rechtswissenschaften, Bd. 313). Frankfurt am Main 1982.

Bücker, Thomas, [Finanzinnovationen] und kommunale Schuldenwirtschaft. Zum Einsatz von Swapgeschäften und Swapderivaten im Schuldenmanagement von Gemeinden. (Nomos Universitätsschriften: Recht: Frankfurter kommunalwissenschaftliche Studien, Bd. 2). Zugl.: Frankfurt am Main, Univ., Diss., 1992. 1. Aufl., Baden-Baden 1993.

Bühner, Rolf, [Shareholder Value]. „Die Betriebswirtschaft", Stuttgart, Jg. 53 (1993), Heft 6, S. 746-769.

Bühner, Rolf, Keine [Globalisierung] ohne Shareholder Value. „Handelsblatt" vom 09.10.1996, Nr. 195, S. 15.

Bühner, Rolf und Tuschke, Anja, Zur [Kritik] am Shareholder Value - eine ökonomische Analyse. „Betriebswirtschaftliche Forschung und Praxis", Herne, Berlin, Jg. 49 (1997), Heft 5,S. 499-516.

Büllesbach, Alfred und Rieß, Joachim [Outsourcing] in der öffentlichen Verwaltung. „Neue Zeitschrift für Verwaltungsrecht", Jg. 14 (1995), Heft 5, S. 444-449.

Büschgen, Hans Egon, [Leasing] als Finanzierungs-Alternative. Kriterienorientierte Analyse und Beurteilung des Leasing. „Österreichisches Bank-Archiv", Wien, Jg. 37 (1989), Heft 5, S. 470-488.

Büschgen, Hans Egon und Ergenzinger, Thomas, Privatwirtschaftliche Finanzierung und [Erstellung] von Verkehrsinfrastruktur-Investitionen. Frankfurt am Main 1993.

Büschgen, Hans Egon, [Flugzeug-Leasingfonds] – eine kritische Erörterung. „Zeitschrift für Bankrecht und Bankwirtschaft", Köln, Jg. 7 (1995), Heft 1, S. 32-45.

Bundesaufsichtsamt für Kreditwesen: [Schreiben vom 29. Dezember 1992]. In: Kreditwesengesetz - Loseblattkommentar. Ergänzungslieferung 4/94 vom September 1994, Kennziffern zu § 10 KWG. Begründet von Friedrich Reischauer u. Joachim Kleinhans. Berlin 1994.

Bundesministerium der Finanzen (Hrsg.), Bericht der [Arbeitsgruppe] „Private Finanzierung öffentlicher Infrastruktur". (Schriftenreihe des Bundesministeriums der Finanzen, Heft 44). Bonn 1991.

Bundesministerium für Umwelt, Naturschutz und Reaktorsicherheit (Hrsg.), Kosten- und Abgabenminimierung in der kommunalen Abwasserentsorgung. [Rechtliche Grundlagen], Handlungsspielräume und Erfahrungsberichte. Bonn 1996.

Bungarten, Herman-Josef, Alternative [Finanzierungskonzepte] für die private Finanzierung öffentlicher Investitionen. „Zeitschrift für das gesamte Kreditwesen", Frankfurt am Main, Jg. 49 (1996), Heft 14, S. 666-669.

Burghof, Hans-Peter und Rudolph, Bernd, [Bankenaufsicht]. Wiesbaden 1996.

Busse von Colbe, Walther, Was ist und was bedeutet [Shareholder Value] aus betriebswirtschaftlicher Sicht? „Zeitschrift für Unternehmens- und Gesellschaftsrecht", Berlin, New York, Jg. 26 (1997), Heft 2, S. 271-289.

Caesar, Rolf, Rechtfertigungsansätze öffentlicher [Verschuldung]. „Wirtschaftsstudium", Düsseldorf, Jg. 22 (1993), Heft 2, S. 140-145.

Christ, Peter, Die [Partei] gibt, die Partei nimmt – Hamburgs SPD versorgt abgehalfterte Politiker mit lukrativen Posten. „Die Zeit", Jg. 39 (1984), Nr. 52, S. 25.

Commerzbank AG, [Beteiligungsverhältnisse] in Deutschland. Wer gehört zu wem. 19. und erw. Auflage 1997, Frankfurt am Main 1997.

Cox, Helmut, Die Unternehmen der Deutschen Bundespost als [juristische Person] des öffentlichen Rechts - Alternativvorschläge zur Postreform II. Stellungnahme des Wissenschaftlichen Beirats der Gesellschaft für öffentliche Wirtschaft. Beiträge zur öffentlichen Wirtschaft, Heft 9. Berlin 1992.

Cronauge, Ulrich, [Kommunale Unternehmen]: Eigenbetriebe - Kapitalgesellschaften - Zweckverbände. 3., überarb. und erw. Aufl., Berlin 1997.

Cronauge, Ulrich, Welchen rechtlichen Rahmen braucht die [kommunale Wirtschaft] von morgen? „Der Gemeindehaushalt", Stuttgart, Jg. 99 (1998), Heft 6, S. 131-137.

Cronauge, Ulrich und Dedy, Helmut, Verheerende [Kostenexplosion] oder sinnvolle Innovation? Zur künftigen steuerlichen Behandlung der Abwasser- und Abfallentsorgung. „Stadt- und Gemeinde", Berlin, Jg. 48 (1993), Heft 9, S. 313-325.

Dautel, Ralph, Kommunale [Sonderfinanzierung]: Ökonomische Analyse innovativer Finanzierungsinstrumente. Zugl.: München, Univ., Diss., 1997. Wiesbaden 1997.

Decher, Christian E., [Loyalitätskonflikte] des Repräsentanten der öffentliche Hand im Aufsichtsrat. „Zeitschrift für Wirtschaftsrecht", Köln, Jg. 11 (1990), Heft 5, S. 277-288.

Dedy, Helmut, Die gemeindliche [Abwasserbeseitigung] bleibt steuerfrei! Der Bundesfinanzhof verneint nun auch die Umsatzsteuerpflicht. „Der Gemeindehaushalt", Stuttgart, Jg. 99 (1998), Heft 12, S. 265-267.

Demmer, Christine, [Lockruf] des Geldes. „Manager Magazin", Jg. 19 (1989), Heft 3, S. 172-180.

Depiereux, Stefan, Das neue Haushaltsrecht der [Gemeinden]. 5. Aufl., Siegburg 1975.

Dettmer, Harald, Prophete, Walter und Wegmeyer, Klaus, Kommunales Haushalts- und [Kassenwesen]. 3., überarb. und erw. Aufl., Bad Homburg vor der Höhe 1995.

Deutsche Ausgleichsbank, [Geschäftsbericht 1997]. Bonn-Bad Godesberg 1998.

Deutsche Bundesbank, [Finanzentwicklung] der Gemeinden seit Beginn der neunziger Jahre. „Monatsberichte der Deutschen Bundesbank", Frankfurt am Main, Jg. 46 (1994), Nr. 3, S. 19-34.

Deutsche Bundesbank, Die Aktie als [Finanzierungs- und Anlageinstrument]. Öffentliche Finanzen. „Monatsberichte der Deutschen Bundesbank", Frankfurt am Main, Jg. 49 (1997), Nr. 1, S. 27-41.

Deutsche Bundesbank, Die Entwicklung der [Staatsverschuldung] seit der deutschen Vereinigung. „Monatsberichte der Deutschen Bundesbank", Frankfurt am Main, Jg. 49 (1997), Nr. 3, S. 17-32.

Deutsche Bundesbank, Entwicklung und [Finanzierungsaspekte] der öffentlichen Investitionen. „Monatsberichte der Deutschen Bundesbank", Frankfurt am Main, Jg. 51 (1999), Nr. 4, S. 29-46.

Deutsche Bundesbank, [Öffentliche Verschuldung]. „Monatsberichte der Deutschen Bundesbank", Frankfurt am Main, Jg. 51 (1999), Nr. 12, S. 9-10.

Deutsche Girozentrale - Deutsche Kommunalbank, [Finanzierungsaspekte] und finanzwirtschaftliche Bewertung von privaten Betreibermodellen. Frankfurt am Main 1996.

Deutsches Aktieninstitut e.V. (DAI) (Hrsg.), Der Gang an die Börse: [Chancen] für Ihr Unternehmen. Frankfurt am Main 1998.

Diewert, Walter, The [Measurement] of the Economic Benefits of Infrastructure Services. Heidelberg 1986.

Dillenberger, Paul, Kommunales Leasing: [Chancen] für die öffentliche Hand. „Finanzierung-Leasing-Factoring", Bonn, Jg. 39 (1992), Heft 3, S. 92-93.

Ditterich, Elke, [Privat] statt kommunal. „Umwelt Magazin", Würzburg, o. Jg. (1996), Heft 12, S. 28-29.

Dörhöfer, Andreas, Kommunales [Immobilien-Leasing] in den neuen Bundesländern. Möglichkeiten und Grenzen. (Schriftenreihe des Forschungsinstitutes für Leasing an der Universität Köln, Bd. 4), Frankfurt am Main 1993.

Döring, Kurt, Im [Griff] der öffentlichen Interessenlobby. „Handelsblatt" vom 28.12.1999, Nr. 252, S. 21.

Dörsam, Peter, Kommunal-Leasing in [Theorie und Praxis]. Unter Auswertung von 86 Verträgen aus den Jahren 1986-1994. Heidenau 1995.

Dohmen, Florian, Möglichkeiten wirtschaftlicher Betätigung sowie erweiterter Finanzspielräume durch die Reform der [Gemeindeordnung] in Nordrhein-Westfalen. „Zeitschrift für Kommunalfinanzen", Bonn, Jg. 48 (1998), Heft 7, S. 146-151.

Doos, HansJürgen, [Daueraufgabe]. Die Privatisierungsoffensive auf dem Dienstleistungssektor steht noch aus. „Mittelstandsmagazin", o. Jg. (1987), Heft 4, S. 38-39.

Dreher, Meinrad, Unternehmen und Politik. Die gesellschaftspolitische [Kompetenz] der Aktiengesellschaft. „Zeitschrift für das gesamte Handelsrecht und Wirtschaftsrecht", Bd. 155 (1991), S. 349-377.

Drukarczyk, Jochen, Theorie und Politik der [Finanzierung]. 2. Aufl., München 1993.

Dünnebacke, Friedhelm und Fittler, Horst, [Mobilien-Leasing] gibt Kommunen mehr Flexibilität in der Finanzplanung. „Sparkasse", Bonn, Jg. 112 (1995), Heft 10, S. 491-492.

Ebert, Torsten, [Verknüpfung] betriebswirtschaftlicher und gesellschaftspolitischer Ziele in kommunalen Versorgungsunternehmen. (Europäische Hochschulschriften: Reihe 5, Volks- und Betriebswirtschaftslehre, Bd. 2238). Zugl.: Kassel, Univ., Diss., 1997. Frankfurt am Main 1998.

Ehlers, Dirk, Verwaltung in [Privatrechtsform]. Berlin 1984.

Eichhorn, Peter, Wer bestimmt die [Geschäftspolitik] in gemischtwirtschaftlichen Unternehmen? „Betriebswirtschaftliche Forschung und Praxis", Herne, Berlin, Jg. 20 (1968), S. 215-228 und S. 277-295.

Eichhorn, Peter, [Entstehungsgründe] für gemischtwirtschaftliche Unternehmen. „Betriebswirtschaftliche Forschung und Praxis", Herne, Berlin, Jg. 21 (1969), S. 346-353.

Eichhorn, Peter, Aufgaben und [Ziele] öffentlicher Unternehmen in der sozialen Marktwirtschaft. „Der Nahverkehr", Jg. 1 (1983), Heft 3, S. 8-13.

Eicholz, Rainer und Lenk, Thomas, Die [Abwasserbeseitigung]. Größenordnung, Struktur und Finanzierung. „Zeitschrift für öffentliche und gemeinwirtschaftliche Unternehmen", Baden-Baden, Bd. 14 (1991), Heft 1, S. 1-15.

Eisenhardt, Kathleen M., Agency [Theory]: An Assessment and Review. In: Academy of Management Review. Vol. 14 (1989), S. 57-74.

Elschen, Rainer, [Agency-Theorie]. „Die Betriebswirtschaft", Stuttgart, Jg. 48 (1988), Heft 2, S. 248-250.

Elschen, Rainer, Gegenstand und [Anwendungsmöglichkeiten] der Agency-Theorie. „Zeitschrift für betriebswirtschaftliche Forschung", Düsseldorf, Frankfurt am Main, Jg. 43 (1991), Heft 11, S. 1002-1012.

Elschen, Rainer, Shareholder Value und Agency-Theorie - Anreiz- und [Kontrollsysteme] für Zielsetzungen der Anteilseigner. „Betriebswirtschaftliche Forschung und Praxis", Herne, Berlin, Jg. 43 (1991), Heft 3, S. 209-220.

Engellandt, Frank, Die [Einflußnahme] der Kommunen auf ihre Kapitalgesellschaften über das Anteilseignerorgan: Rechtliche, organisatorische und kompetenzielle Probleme ihrer Einwirkungspflicht. (Schriften zum Wirtschafts-, Arbeits- und Sozialrecht, Bd. 65). Zugl.: Kiel, Univ., Diss., 1994. Heidelberg 1995.

Ergenzinger, Till, [Kommunalleasing]: Eine neoinstitutionalistische Analyse. (Leasing-Studien des Forschungsinstitutes für Leasing an der Universität zu Köln). Zugl.: Köln, Univ., Diss., 1995. Wiesbaden 1996.

Erichsen, Hans-Uwe, Die Vertretung von Kommunen in den [Mitgliederorganen] von juristischen Personen des Privatrechts. (Schriftenreihe des Freiherr-Vom-Stein-Institutes, Bd. 14). Köln 1990.

Escriva, Manuel, Zahlen [Kommunen] beim Leasing drauf? „Finanzierung-Leasing-Factoring", Bonn, Jg. 43 (1996), Heft 5, S. 197-200.

Fahrholz, Bernd, Neue Formen der [Unternehmensfinanzierung]: Unternehmensübernahmen, Big ticket-Leasing, Asset Backed- und Projektfinanzierungen, die steuer- und haftungsrechtliche Optimierung durch Einzweckgesellschaften (Single Purpose Companies), dargestellt anhand von Beispielsachverhalten. München 1998.

Fehr, Benedikt, Pochen auf [Shareholder Value]. „Frankfurter Allgemeine Zeitung" vom 08.07.1997, Nr. 155, S. B 10.

Feinen, Klaus, Kommunales Immobilien-Leasing: Eine innovative [Finanzierungsvariante] für öffentliche Investitionen. „Finanzierung-Leasing-Factoring", Bonn, Jg. 41 (1994), Heft 3, S. 90-93.

Fett, Rüdiger, Die [gemischtwirtschaftlichen Unternehmen] in der Bundesrepublik Deutschland. 1. Aufl., Frankfurt am Main 1978.

Fiederer, Susanne, [Chancen] mit Beteiligungsgesellschaften. Mehr als positiv. „Wirtschaftswoche", Jg. 45 (1991), Heft 12 vom 15.03.1991, S. 58-60.

Flieger, Hermann, [Gemeindeunternehmen]. In: Handwörterbuch der Öffentlichen Betriebswirtschaft. (Enzyklopädie der Betriebswirtschaftslehre, Bd. 11). Hrsg. v. Klaus Chmielewicz und Peter Eichhorn. Stuttgart 1989, Sp. 432-440.

Förger, Hans-Rainer, Der [Verbund] als Finanzier und Problemlöser der öffentlichen Hand. „Bankinformation und Genossenschaftsforum", Bonn, Jg. 24 (1997), Heft 7, S. 30-33.

Fohlmeister, Klaus, Leasingfonds - eine [Alternative] mit Zukunft. „Der Betrieb", Düsseldorf, Frankfurt am Main, Jg. 47 (1994), Beilage Nr. 6 zu Heft 19 vom 13.05.1994, S. 8-9.

Fondsverwaltungsgesellschaft Allgemeine Leasing mbH, debis Fondsmanagement: Beteiligungsangebot XV „Niederflur-Straßenbahnwagen für die [Bremer Straßenbahn AG]". Stuttgart 1995.

Frank, Christian, Ausgewählte [Fragestellungen] im Zusammenhang mit der Umwandlung ein privatrechtliche Organisationsformen. In: Kosten- und Abgabenminimierung in der kommunalen Abwasserentsorgung. Rechtliche Grundlagen, Handlungsspielräume und Erfahrungsberichte. Hrsg. v. Bundesministerium für Umwelt, Naturschutz und Reaktorsicherheit. Bonn 1996, S. 24-25.

Franke, Günter, Neuere Entwicklungen auf dem Gebiet der [Finanzmarkttheorie]. „Wirtschaftswissenschaftliches Studium“, München, Frankfurt am Main, Jg. 22 (1993), Heft 8, S. 389-398.

Franke, Günter und Hax, Herbert, [Finanzwirtschaft] des Unternehmens und Kapitalmarkt. 4. Aufl., Berlin, Heidelberg 1999.

Franken, Michael, [Strommarkt]: Goldene Zeiten für private Verbraucher. „Handelsblatt“ vom 02.12.1999, Nr. 234, S. B 2.

Frese, Erich, [Grundlagen] der Organisation: Die Organisationsstruktur der Unternehmung. 2., vollst. neu bearb. Aufl., Wiesbaden 1984.

Frey, René, [Infrastruktur]: Grundlagen der Planung öffentlicher Investitionen. Tübingen 1972.

Friedl, Uwe, Die [Finanzierungsmittel] der Gemeinden und Gemeindeverbände. „Finanzwirtschaft“, o. Jg. (1992), Heft 8, S. 165-167.

Friedrich, Peter, [Führungsprobleme] öffentlicher Unternehmen. In: Auftrag und Führung öffentlicher Unternehmen. (Schriftenreihe der Hochschule Speyer, Bd. 68). Hrsg. v. Peter Eichhorn, Berlin 1977, S. 107-143.

Friedrich, Peter und Reich, Johannes, [Aspekte] der Finanzierung kommunaler Investitionen über geschlossene Immobilienfonds. In: Finanzierung kommunaler Investitionen über geschlossene Immobilienfonds. (Schriften zur öffentlichen Verwaltung und öffentlichen Wirtschaft, Bd. 92). Hrsg. v. Peter Friedrich, Baden-Baden 1987, S. 11-25.

Fritsch, Michael, Wein, Thomas und Ewers, Hans-Jürgen, [Marktversagen] und Wirtschaftspolitik: Mikroökonomische Grundlagen staatlichen Handelns. München 1993.

Fromme, Jochen-Konrad, Private Finanzierung von Investitionen in der kommunalen [Praxis]. In: Privatisierung öffentlicher Aufgaben: Private Finanzierung kommunaler Investitionen. (4. Bad Iburger Gespräche. Symposium des Instituts für Kommunalrecht der Universität Osnabrück am 15. September 1993). Hrsg. v. Jörn Ipsen. 1. Aufl., Köln, Berlin, Bonn, München 1994, S. 127-148.

Fuchs, Manfred, Die bestehende [Haushaltsstruktur]. In: Handbuch der kommunalen Wissenschaft und Praxis, Bd. 6: Kommunale Finanzen. Hrsg. v. Günter Püttner. 2. Aufl., Berlin, Heidelberg, New York, Tokio 1983, S. 416-422.

Gall, Berthold R., [Kommunale Kompetenz] vor Ort. Geschäftschancen der Kreditgenossenschaften. „Bankinformation und Genossenschaftsforum“, Bonn, Jg. 24 (1997), Heft 7, S. 25-27.

Gedenk, Karen und Albers, Sönke, [Innovationsanreize] für Geschäftsführer. „Die Betriebswirtschaft“, Stuttgart, Jg. 52 (1992), Heft 4, S. 505-519.

Gedenk, Karen und Albers, Sönke, Empirische [Ergebnisse] zur Steuerung von Geschäftsführern. „Die Betriebswirtschaft“, Stuttgart, Jg. 54 (1994), Heft 3, S. 327-345.

Gedenk, Karen, Agency-Theorie und die [Steuerung] von Geschäftsführern - Paradebeispiel oder Problemfall? „Die Betriebswirtschaft“, Stuttgart, Jg. 58 (1998), Heft 1, S. 22-37.

Geis, Heinz-Günter, [Diagnose] und Therapiehinweise aus der Sicht der neo-institutionalistischen Finanzierungstheorie. In: Finanzierungsmodelle selbstverwalteter Betriebe. Hrsg. v. Marlene Kück und Achim von Loesch. Frankfurt am Main 1987, S. 79-96.

Gerke, Wolfgang, Der [Finanzplatz Deutschland] braucht Innovation statt Reaktion. „Zeitschrift für das gesamte Kreditwesen", Frankfurt am Main, Jg. 48 (1995), Heft 1, S. 16-26.

Gerke, Wolfgang, Meinungen zum Thema: [Going Public]. Frage: Warum nutz Ihrer Meinung nach nicht mehr deutsche Unternehmen, insbesondere auch mittelständische, die Rechtsform der (börsennotierten) Aktiengesellschaft? „Betriebswirtschaftliche Forschung und Praxis", Herne, Berlin, Jg. 48 (1996), Heft 2, S. 208-232.

Gerum, Elmar, [Aufsichtsratstypen] – Ein Beitrag zur Theorie der Organisation der Unternehmensführung. „Die Betriebswirtschaft", Stuttgart, Jg. 51 (1991), Heft 6, S. 719-732.

Gesellschaft für öffentliche Wirtschaft, Finanzierung der Infrastruktur in den neuen [Bundesländern]: Stellungnahme des Wissenschaftlichen Beirates der Gesellschaft für öffentliche Wirtschaft. „Zeitschrift für öffentliche und gemeinwirtschaftliche Unternehmen", Baden-Baden, Bd. 15 (1992), Heft 1, S. 52-74.

Glauben, Paul J., Wirtschaftliche Betätigung der Kommunen in [Privatrechtsform]. Zulässigkeit und gesetzliche Einrichtung einer Rechnungsprüfung. „Zeitschrift für Gesetzgebung", Jg. 12 (1997), Heft 2, S. 148-165.

Goergen, Helmut, [Crossborder] Leasing. Ökonomischer Wert und steuerliche Bedingungen in der Gegenüberstellung. „Betriebsberater", Heidelberg, Jg. 42 (1987), Beilage 10 zu Heft 14 vom 20.05.1987, S. 17-22.

Goldschmitt, Wolf H., [Moderne Geldquelle]: Als erste deutsche Stadt bringt Mannheim seinen Energieversorger an die Börse. „Rheinischer Merkur" vom 25.02.1999, S. 25.

Grashoff, Dietrich, Leasing im kommunalen [Bereich]. Welche Hürden die Verträge in den Gemeinden überwinden müssen. „Süddeutsche Zeitung" vom 23.10.1990, o. Seitenangabe.

Griepentrog, Hartmut, [Wirtschaftlicher Druck] auf die Kommunen fördert Privatisierung. „Handelsblatt" vom 19.01.2000, Nr. 13, Beilage „Energietechnik", S. B 2.

Groß, Wolfgang, Die börsengesetzliche [Prospekthaftung]. „Die Aktiengesellschaft", Köln, Jg. 44 (1999), Heft 5, S. 199-209.

Gründling, Heike, Liegen im [Trend]: Immobilienfonds. „Bank Magazin", o. Jg. (1994), Heft 3, S. 38-41.

Grundmann, Wolfgang, [Bookbuilding] - ein neues Emissionsverfahren setzt sich durch. „Zeitschrift für das gesamte Kreditwesen", Frankfurt am Main, Jg. 48 (1995), Heft 18, S. 916-917.

Gruneberg, Ralf, Vorteile kommunaler Organisationsformen in der [Abwasserbeseitigung]. „Zeitschrift für Kommunalfinanzen", Bonn, Jg. 48 (1998), Heft 4, S. 80-85.

Grunewald, Barbara, [Gesellschaftsrecht]. 2. vollst. überarb. Aufl., Tübingen 1996.

Grunwald, Jorg-Günther und Witte, Hermann, Die Finanzierung öffentlicher [Infrastrukturinvestitionen]. „Wirtschaftswissenschaftliches Studium", München, Frankfurt am Main, Jg. 8 (1979), Heft 10, S. 492-495.

Guserl, Richard, Das US-amerikanische [Mangement-Paradigma] als neues Zielsystem für Unternehmen in Europa? „Zeitschrift für Betriebswirtschaft", Wiesbaden, Jg. 68 (1998), Heft 10, S. 1037-1052.

Gutenberg, Erich, [Funktionswandel] des Aufsichtsrates. „Zeitschrift für Betriebswirtschaft", Wiesbaden, Jg. 40 (1970), Ergänzungsheft, S. 1-10.

Haase, Heidrun, Aus Sicht der [Analysten]. Kriterien einer objektiven Kursfindung. In: Der Gang an die Börse. Hrsg. v. Hans K. Herdt, Ernst Padberg und Dietrich Walther. 3. Aufl., Frankfurt am Main 1988, S. 40-46.

Hachmeister, Dirk, [Shareholder Value] - Sammelrezension. „Die Betriebswirtschaft", Stuttgart, Jg. 57 (1997), Heft 6, S. 823-839.

Haller, Robert, [Privatisierung öffentlicher Aufgaben] – Juristische Möglichkeiten und Schranken neuer Organisationsstrukturen im öffentlichen Sektor. „Der Öffentliche Dienst", Jg. 50 (1997), Heft 5, S. 97-104.

Hamann, Rolf und Bohlsen, Manfred, Die Allokation über den [Preismechanismus] in der öffentlichen Wasserversorgung. „Zeitschrift für öffentliche und gemeinwirtschaftliche Unternehmen", Baden-Baden, Bd. 15 (1992), Heft 4, S. 420-430.

Harrer, Herbert und Heidemann, Dieter, [Going Public] - Einführung in die Thematik. „Deutsches Steuerrecht", München, Frankfurt am Main, Jg. 37 (1999), Heft 6, S. 254-260.

Hartung, Roland, Der kommunale [Querverbund]. Beispiel Mannheim. In: Der kommunale Querverbund. Hrsg. v. Günter Püttner im Auftrag des Wissenschaftlichen Beirats der Gesellschaft für öffentlichen Wirtschaft. (Schriftenreihe der Gesellschaft für öffentliche Wirtschaft, Heft 38). 1. Aufl., 1995, S. 191-199.

Hartung, Roland, Die [Chance] für die MVV - Der Börsengang der MVV Energie AG. In: Der Börsengang kommunaler Unternehmen. (Studien des Deutschen Aktieninstitutes, Heft 4). Hrsg. v. Rüdiger von Rosen. Frankfurt am Main 1999, S. 110-121.

Hauser, Walter, Die Wahl der Organisationsform kommunaler [Einrichtungen]: Kriterien für die Wahl privatrechtlicher und öffentlich-rechtlicher Organisationsformen. (Schriftenreihe des Freiherr-Vom-Stein-Institutes, Bd. 8). Köln 1987.

Heidemann, Otto, [Steuerrechtliche Aspekte] zur Wahl der Organisationsform kommunaler Einrichtungen. „Zeitschrift für Kommunalfinanzen", Bonn, Jg. 39 (1989), Heft 3, S. 57-60.

Heidemann, Otto, [Steuerrechtliche Prämissen] und ihre finanziellen Konsequenzen für öffentliche Hand, Investor und Gebührenzahler. In: Privatisierung kommunaler Aufgaben. Hrsg. v. Wolfgang Fettig und Lothar Späth, Baden-Baden 1997, S. 83-95.

Hering, Thomas und Matschke, Manfred Jürgen, [Kommunale Organisations- und Finanzierungsmodelle]. „Betriebswirtschaftliche Forschung und Praxis", Herne, Berlin, Jg. 49 (1997), Heft 4, S. 341-364.

Hessische Landesbank, [Kommunale Aufgaben]: Organisation und Finanzierung. Leistungsspektrum der Landesbank Hessen-Thüringen. 3. Aufl., Frankfurt am Main 1995.

Heuer, Ernst, Leasing als Instrument modernen [Finanzmanagements]. Sind staatliche Investitionen im Wege des Leasing wirklich verfassungskonform und wirtschaftlich? „Verwaltung und Management", Baden-Baden, Jg. 1 (1995), Heft 4, S. 205-209.

Hippe, Bernd, Das finanzwirtschaftliche [Modell] für Kommunen. Funktionsweise und Vorteile am Beispiel einer Baulandentwicklungs- und –erschließungsmaßnahme. „Bankinformation und Genossenschaftsforum", Bonn, Jg. 24 (1997), Heft 7, S. 50-51.

Hirsch, Hans und Püttner, Günter, [Gedanken] zur Neuordnung der industriellen Bundesunternehmen. „Die Verwaltung", Berlin, Bd. 9 (1976), S. 453-477.

Holtmann, Alfred, [Kommunale Sonderfinanzierungen]. „Sparkasse", Bonn, Jg. 105 (1988), Heft 6, S. 258-262.

Holtmann, Alfred, [Sonderfinanzierungsmodelle] im Kommunalkreditgeschäft. „Der Langfristige Kredit“, Frankfurt am Main, Jg. 40 (1989), Heft 5, S. 152-155.

Holtmann, Alfred, Neue Wege der Finanzierung [kommunaler] Investitionen. „Der Gemeindehaushalt“, Stuttgart, Jg. 90 (1989), Heft 10, S. 217-220.

Hopt, Klaus, [Präventivmaßnahmen] zur Abwehr von Übernahme- und Beteiligungsversuchen. In: Unternehmensakquisition - Strategien und Abwehrstrategien, Berichte aus der Arbeit der Deutsche Gesellschaft für Betriebswirtschaft e.V. Köln 1992, S. 39-56.

Hüffer, Uwe, [Aktiengesetz]. Erl. von Uwe Hüffer. 3., neubearb. Aufl., München 1997.

Jacobi, Klaus-Otto, Die [Unternehmensbeteiligungsgesellschaft] - ein für die kommunale Wirtschaft denkbares Refinanzierungsmodell? „Der Gemeindehaushalt“, Stuttgart, Jg. 86 (1985), Heft 12, S. 275-276.

Jäger, Peter, Der [gemischt-wirtschaftliche Betrieb]. „Wirtschaftswissenschaftliches Studium“, München, Frankfurt am Main, Jg. 6 (1977), Heft 3, S. 109-114.

Janson, Bernd, Die Wahl der [Rechtsform] bei öffentlichen Unternehmen. „Zeitschrift für öffentliche und gemeinwirtschaftliche Unternehmen“, Baden-Baden, Bd. 10 (1987), Heft, S. 117-130.

Jeschke, Dieter, Die Börseneinführung eines [Familienunternehmens] - eine Möglichkeit zur Zukunftssicherung. In: Unternehmenshandbuch Familiengesellschaften: Sicherung von Unternehmen, Vermögen und Familie. Hrsg. v. Brun-Hagen Hennerkes. 2., neubearb. und wesentlich erw. Aufl., Köln, Berlin u.a. 1998, S. 459-494.

Jilg, Thomas, Die [Treuepflicht] des Aktionärs. Zugl.: Heidelberg, Univ., Diss., 1995. Frankfurt am Main 1996.

Jochimsen, Reimut, [Theorie] der Infrastruktur: Grundlagen der marktwirtschaftlichen Entwicklung. Tübingen 1966.

Jünger, Heiko, Walter, Jochen und Götz, Andreas, Kommunales [Finanzmanagement]. Möglichkeiten und Grenzen des Einsatzes kreditwirtschaftlicher Instrumente im kommunalen Bereich. 2., überarb. und erw. Aufl., Köln 1997.

Karrenberg, Hanns, Zur [Reform] des Gemeindesteuersystems. „Zeitschrift für Kommunalfinanzen“, Bonn, Jg. 42 (1992), Heft 9, S. 194-199.

Karrenberg, Hanns und Münstermann, Engelbert, [Gemeindefinanzbericht 1995], Städtische Finanzen '95 - unter staatlichem Druck. „Der Städtetag“, Stuttgart, Jg 48 (1995), Heft 3, S. 115-193.

Karrenberg, Hanns und Münstermann, Engelbert, [Gemeindefinanzbericht 1997], Städtische Finanzen '97 - auf Maastrichtkurs. „Der Städtetag“, Stuttgart, Jg 50 (1997), Heft 3, S. 129-209.

Karrenberg, Hanns und Münstermann, Engelbert, [Gemeindefinanzbericht 1998], Städtische Finanzen '98 - im Zeichen des Steuerverfalls. „Der Städtetag“, Stuttgart, Jg 51 (1998), Heft 3, S. 143-233.

Karrenberg, Hanns und Münstermann, Engelbert, [Gemeindefinanzbericht 1999], Steuerpolitik '99 – Nicht gegen die Städte. „Der Städtetag“, Stuttgart, Jg 52 (1999), Heft 4, S. 151-240.

Kermel, Cornelia, [Steuerungsmöglichkeiten] der öffentlichen Hand bei Beteiligung an Aktiengesellschaften der Energieversorgung. (Nomos Universitätsschriften: Recht, Bd. 142). Zugl.: Berlin, Univ., Diss., 1993. Baden-Baden 1994.

Kirchhoff, Ulrich, Kommunen im [Umbruch] - Neue Wege der öffentlichen Leistungserstellung. Innovative Organisations- und Finanzierungsmodelle. „Sparkasse", Bonn, Jg. 112 (1995), Sonderheft, S. 3-20.

Kirchhoff, Ulrich und Müller-Godeffroy, Heinrich, [Finanzierungsmodelle] für kommunale Investitionen. (Wissenschaft für die Praxis: Abt. 3, Analysen, Bd. 1). 6., erw. und überarb. Aufl., Stuttgart 1996.

Kiefer, Dieter, Die [Wirtschaftlichkeit] von Investorenmodellen. Diskussionsbeitrag zu Leasing bei staatlichen und kommunalen Hochbauprojekten. In: Privatisierung kommunaler Aufgaben. Hrsg. v. Wolfgang Fettig und Lothar Späth. Baden-Baden 1997, S. 191-209.

Kiefer, Dieter und Groh, Manfred, [Wirtschaftlichkeitsanalyse] privater Investorenmodelle für öffentliche Baumaßnahmen. „Verwaltungsführung, Organisation und Personalwesen", Baden-Baden, Jg. 15 (1993), Heft 4, S. 238-244.

Kiener, Stefan, Die [Principal-Agent-Theorie] aus informationsökonomischer Sicht. (Physica-Schriften zur Betriebswirtschaft, Bd. 28). Zugl.: Regensburg, Univ., Diss., 1989. Heidelberg 1990.

Kirchhoff, Ulrich, [Managementverhalten] in öffentlichen Banken. Ein Beitrag zur Instrumentalfunktion öffentlicher Unternehmen. Diskussionsbeiträge zur öffentlichen Wirtschaft (Nr. 3). Duisburg 1983.

Kirchhoff, Ulrich, [Aktuelle] Modelle zur Finanzierung von kommunalen Infrastrukturinvestitionen. „Kommunale Steuer-Zeitschrift", Siegburg, Jg. 41 (1992), Heft 5, S. 81-87.

Kirchhoff, Ulrich und Land, Günter, [Organisation] und Finanzierung von Infrastrukturmaßnahmen mit privatem Kapital. „Sparkasse", Bonn, Jg. 110 (1993), Heft 6, S. 246-250.

Klatt, Sigurd, Die Finanzierung der [Verkehrsinfrastruktur]. In: Hamburger Jahrbuch für Wirtschafts- und Gesellschaftspolitik. Hrsg. v. Erhard Kantzenbach. Tübingen 1990, S. 207-222.

Klaus, Hans, [Gesellschafterfremdfinanzierung] und Eigenkapitalersatzrecht bei der Aktiengesellschaft und der GmbH. (Betriebswirtschaftliche Studien Rechnungs- und Finanzwesen, Organisation und Institution, Bd. 22). Zugl.: Würzburg, Univ., Diss., 1993. Berlin 1994.

Klein, Richard R., Kommunale [Schuldenpolitik]. Stuttgart, Berlin, Köln, Mainz 1977.

Klinger, Heinz, Das Fusionskarussel dreht sich immer schneller. Strategische Bedeutung von [Kooperationen] im liberalisierten Strommarkt. „Handelsblatt" vom 19.01.2000, Nr. 13, Beilage"Energietechnik", S. B1.

Koch, Manfred, Die wirtschaftliche [Betätigung] der Gemeinden. Ein Beitrag zur finanzwirtschaftlichen Ordnungspolitik. (Schriften zur wirtschaftlichen Analyse des Rechts, Bd. 11). Zugl.: Münster, Univ., Diss., 1990. Berlin 1992.

Koch, Thorsten, Der rechtliche [Status] kommunaler Unternehmen in Privatrechtsform. (Kommunalrecht-Kommunalverwaltung, Bd. 9). Zugl.: Osnabrück, Univ., Diss., 1993. 1. Aufl., Baden-Baden 1994.

Koch, Wolfgang, Die Sicherung der [Grundsätze] ordnungsmäßiger Börseneinführung durch die Einschaltung unabhängiger Sachverständiger. „Betriebswirtschaftliche Forschung und Praxis", Herne, Berlin, Jg. 48 (1996), Heft 2, S. 137-148.

Koch, Wolfgang und Wegmann, Jürgen, Going Public im [Mittelstand] - Erfahrungsberichte vom Neuen Markt. „Betriebswirtschaftliche Forschung und Praxis", Herne, Berlin, Jg. 50 (1998), Heft 3, S. 289-298.

Kosiol, Erich, Die Unternehmung als wirtschaftliches [Aktionszentrum]. Hamburg 1966.

Kothe, Peter, [Recht und Risiko]. Abfallentsorgung und Abwasserbeseitigung sind kommunale Pflichtaufgaben. Eine Privatisierung ist somit im Grundsatz ausgeschlossen. Das Kreislaufwirtschaftsgesetz bringt hier grundlegende Neuerungen. „Der Gemeinderat", Jg. 39 (1996), Heft 12, S. 14-16.

Kotz, Hans-Helmut und Welkenbach, Hans-Georg, Kommunalkredit in [Ostdeutschland]: eine Zwischenbilanz. „Zeitschrift für das gesamte Kreditwesen", Frankfurt am Main, Jg. 49 (1996), Heft 14, S. S. 674-680.

Kreditanstalt für Wiederaufbau, Investitionsfinanzierung. Ihr Vorhaben verdient Unterstützung. Die [Förderkreditprogramme] der KfW. Frankfurt am Main 1997.

Kreditanstalt für Wiederaufbau, [Geschäftsbericht 1997]. Frankfurt am Main 1998.

Kroll, Michael (Hrsg.), [Leasing-Handbuch] für die öffentliche Hand - Ausgabe 1998. 4., überarb. Aufl., Lichtenfels 1998.

Kroll, Michael und Christen, Jörg, Nachweis von Leasingvorteilen in der kommunalen [Vergleichsrechnung]. „Der Betrieb", Düsseldorf, Frankfurt am Main, Jg. 50 (1997), Heft 12 vom 21.03.1997, S. 585-590.

Krystek, Ulrich und Müller, Michael, [Investor Relations]. „Der Betrieb", Düsseldorf, Frankfurt am Main, Jg. 46 (1993), Heft 26 vom 10.09.1993, S. 1785-1789.

Kübler, Friedrich, [Gesellschaftsrecht]: Die privatrechtlichen Ordnungsstrukturen und Regelungsprobleme von Verbänden und Unternehmen. 5., neubearb. und erw. Aufl., Heidelberg 1998.

Küller, Hans-Detlev, Das Shareholder Value-Konzept aus [Gewerkschaftssicht]. „Betriebswirtschaftliche Forschung und Praxis", Herne, Berlin, Jg. 49 (1997), S. 517-531.

Kupsch, Peter, [Unternehmensziele]. (Grundwissen der Ökonomik: Betriebswirtschaftslehre). Stuttgart 1979.

Kurth, Reinhold, [Bedeutung] und Zukunft des Kommunalkredits in der Bundesrepublik Deutschland. „Der Langfristige Kredit", Frankfurt am Main, Jg. 23 (1972), S. 661-664.

Landesbank Hessen-Thüringen Girozentrale; Bereich Spezialfinanzierung, [Kommunale Aufgaben: Organisation und Finanzierung]. 3. Aufl., Frankfurt am Main 1995.

Landsberg, Gerd, Kommunen: Investitionen sinken auf [Rekordtief]. „Neue Osnabrücker Zeitung" vom 20.12.1997, Jg. 30 (1997), Nr. 297, S. 1, und das Interview mit Gerd Landsberg auf S. 4.

Landsberg, Gerd, Landsberg: [Schulden] steigen weiter. Von Wende bei Kommunen keine Rede". „Neue Osnabrücker Zeitung" vom 19.09.1998, Jg. 31 (1998), Nr. 219, S. 1; und das Interview mit Gerd Landsberg auf S. 4.

Lauf, Reinhold, Weiterhin Herr im eigenen Haus - Die stille [Einlage - eine besondere Beteiligungsform. „Frankfurter Allgemeine Zeitung" vom 28.04.1992, Beilage „Unternehmensbeteiligungen", S. B 23.

Laux, Helmut, [Risiko], Anreiz und Kontrolle. Principal-Agent-Theorie. Einführung und Verbindung mit dem Delegationswert-Konzept. Berlin, Heidelberg u.a. 1990.

Leetz, Wolf, Gemischtwirtschaftlichkeit und [öffentliche Aufgabe] (Mitteilungen). „Zeitschrift für öffentliche und gemeinwirtschaftliche Unternehmen", Baden-Baden, Bd. 10 (1987), Heft 4, S. 441-442.

Leipold, Helmut, Theorie der Property Rights: [Forschungsziele] und Anwendungsbereiche. „Wirtschaftswissenschaftliches Studium", München, Frankfurt am Main, Jg. 7 (1978), Heft 11, S. 518-525.

Leuthner, Roman, Die öffentlichen Haushalte sind von den Investitionen in Infrastruktur [überlastet]. „Handelsblatt" vom 31.10.1991, Nr. 210, S. 3.

Leutner, Barbara und Schmitt, Carsten, Gemeinsam in den [Wettbewerb]. „Der Städtetag", Stuttgart, Jg. 52 (1999), Heft 1, S. 31-36.

Loesch, Achim von, [Privatisierung] öffentlicher Unternehmen. Ein Überblick über die Argumente. (Schriftenreihe der Gesellschaft für öffentliche und Gemeinwirtschaft). 2., verb. u. erw. Aufl., Baden-Baden 1987.

Loges, Rainer, Der Einfluß der ["Due Diligence"] auf die Rechtsstellung des Käufers eines Unternehmens. „Der Betrieb", Düsseldorf, Frankfurt am Main, Jg. 50 (1997), Heft 19 vom 09.05.1997, S. 965-969.

Loipfinger, Stefan, Nickl jr., Ludwig und Richter, Uli, [Geschlossene Immobilienfonds]. Stuttgart 1994.

Lorsen, Peter, [Shareholder Value-Ansätze]. „Der Betrieb", Düsseldorf, Frankfurt am Main, Jg. 52 (1999), Heft 26/27 vom 09.07.1999, S. 1329-1339.

Lotze, Andreas, [Kapitalbeteiligungsgesellschaften] als stille Gesellschafter. Zugl.: Hannover, Univ., Diss., 1993. Hannover 1993.

Lüder, Klaus und Dubber, Oliver, [Investitionsrechnungen] für öffentliche Investitionen, dargestellt am Beispiel eines städtischen Hallenbades. „Zeitschrift für öffentliche und gemeinwirtschaftliche Unternehmen", Baden-Baden, Bd. 7 (1984), Heft 3, S. 360-376.

Lütter, Markus und Hemmelhoff, Peter, [GmbH-Gesetz. Kommentar]. 14. Aufl., Köln 1995.

Matschke, Manfred Jürgen, unter Mitwirkung von Matschke, Xenia, [Investitionsplanung] und Investitionskontrolle. Herne, Berlin 1993.

Matschke, Manfred Jürgen, [Finanzwirtschaft]. In: Wirtschaftswissenschaften. Eine Einführung. Hrsg. v. Rolf Walter. Paderborn u.a. 1997, S. 254-305.

Matschke, Manfred Jürgen und Hering, Thomas, [Kommunale Finanzierung]. München, Wien 1998.

Matschke, Manfred Jürgen und Wegmann, Jürgen, Analyse von Jahresabschlüssen der Eigengesellschaften auf dem [Versorgungs- und Verkehrssektor] in der Bundesrepublik Deutschland. „Zeitschrift für öffentliche- und gemeinwirtschaftliche Unternehmen", Baden-Baden, Bd. 8 (1985), Heft 4, S. 399-422.

Matschke, Manfred Jürgen und Wegmann, Jürgen, [Eigengesellschaften]. In: Handwörterbuch der Öffentlichen Betriebswirtschaft. (Enzyklopädie der Betriebswirtschaftslehre, Bd. 11). Hrsg. v. Klaus Chmielewicz und Peter Eichhorn. Stuttgart 1989, Sp. 294-304.

Maul, Karl-Heinz, [Offene Probleme] der Bewertung von Unternehmen durch Wirtschaftsprüfer. „Der Betrieb", Düsseldorf, Frankfurt am Main, Jg. 45 (1992), Heft 25 vom 19.06.1992, S. 1253-1259.

Maute, Hanspeter, [Börsenfähigkeit] mittelständischer Unternehmen - Empirische Studie am Neuen Markt Frankfurt und Prädikatsmarkt München. „Deutsches Steuerrecht", München, Frankfurt am Main, Jg. 37 (1999), Heft 16, S. 687-692.

May, Peter, Die [Sicherung des Familieneinflusses] auf die Führung der börsengehandelten Aktiengesellschaft: Zugleich ein Beitrag zur Gestaltungsfreiheit. (Rechtsfragen der Handelsgesellschaften, Heft 71). Zugl.: Hohenheim, Univ., Diss., 1991. Köln 1992.

Meier, Norbert und Wieseler, Johannes, Ausgewählte [Problembereiche] bei kommunal beherrschten Unternehmen in privatrechtlicher Organisationsform. „Der Gemeindehaushalt", Stuttgart, Jg. 94 (1993), Heft 8, S. 174-178.

Meilicke, Wienand, [Erste Probleme] mit § 8a des Körperschaftsteuergesetzes. „Betriebsberater", Heidelberg, Jg. 49 (1994), Heft 2, S. 117-121.

Meister, Edgar, [Moderne Finanzinstrumente] - Risiken und Grenzen -. Vortrag von Edgar Meister, Mitglied des Direktoriums der Deutschen Bundesbank, auf dem Symposium „Perspektiven von Haushaltsreform und Finanzkontrolle" aus Anlaß des 50jährigen Bestehens des Hessischen Rechnungshofes, an der Technischen Hochschule Darmstadt, am 5. November 1996.

Merl, Günther, Zeitgemäßes [Finanz- und Schuldenmanagement] auch für Kommunen. „Der Langfristige Kredit", Frankfurt am Main, Jg. 45 (1994), Heft 14, S. 491-494.

Metzger, Michaela M., [Realisierungschancen] einer Privatisierung öffentlicher Dienstleistungen. (Studien des Forschungsinstituts für Wirtschaftspolitik an der Universität Mainz, Bd. 40). Zugl.: Mainz, Univ. Diss., 1989/90. München 1990.

Meyer-Renschhausen, Martin und Sieling, Manfred, [Liberalisierung] des Strommarktes - Wirkungen und Anpassungsstrategien der kommunalen Energieversorgungsunternehmen. „Zeitschrift für öffentliche und gemeinwirtschaftliche Unternehmen", Baden-Baden, Bd. 22 (1999), Heft 2, S. 115-133.

Michalsky, Lutz, [Abwehrmaßnahmen] gegen unfreundliche Übernahmeangebote („unfriendly takeovers") nach deutschen Aktienrecht. „Die Aktiengesellschaft", Köln, Jg. 42 (1997), Heft 4, S. 152-163.

Möschel, Wernhard, [Strompreis] und kartellrechtliche Kontrolle. „Wirtschaft und Wettbewerb", Düsseldorf, Jg. 49 (1999), Heft 1, S. 5-14.

Moraing, Markus, Kommunale Wirtschaft zwischen Wettbewerb und [Gemeindewirtschaftsrecht]. „Der Gemeindehaushalt", Stuttgart, Jg. 99 (1998), Heft 10, S. 223-229.

Moxter, Adolf, [Grundsätze] ordnungsmäßiger Unternehmensbewertung. 2., vollst. umgearb. Aufl., Wiesbaden 1983; Nachtrag 1990.

Mühlenkamp, Holger, Öffentliche [Unternehmen]. Einführung unter Berücksichtigung betriebswirtschaftlicher, volkswirtschaftlicher und rechtlicher Aspekte. München, Wien 1994.

Mühlenkamp, Holger, Eine ökonomische [Analyse] ausgewählter institutioneller Arrangements zur Erfüllung öffentlicher Aufgaben. (Schriften zur öffentlichen Verwaltung und öffentlichen Wirtschaft, Bd. 149). Zugl.: Lüneburg, Univ., Habil.-Schr., 1997. 1. Aufl., Stuttgart 1999.

Mülbert, Peter O., Shareholder Value aus rechtlicher [Sicht]. „Zeitschrift für Unternehmens- und Gesellschaftsrecht", Jg. 26 (1997), Heft 1, S. 129-172.

Mülhausen, Dieter, Ein Jahr [Geregelter Markt], „Die Bank", Köln, o. Jg. (1988), Heft 6, S. 342-345.

Müller, Christian, Agency-Theorie und [Informationsgehalt]. „Die Betriebswirtschaft", Stuttgart, Jg. 55 (1995), Heft 1, S. 61-76.

Müller, Jürgen, Die [Wahl], Abwahl und Ersatzwahl von gemeindlichen Vertretern in Organen privatrechtlicher Gesellschaften nach nordrhein-westfälischen Kommunalrecht. „Nordrhein-westfälische Verwaltungsblätter", Stuttgart, München, Hannover, Berlin, Jg. 11 (1997), Heft 5, S. 172-175.

Münch, Paul, [Versorgungsunternehmen]. In: Die Unternehmen der öffentlichen Wirtschaft in der Bundesrepublik Deutschland: Ein Handbuch. Hrsg. v. Helmut Brede und Achim von Loesch. 1. Aufl., Baden-Baden 1986, S. 101-135.

Münch, Paul, Bedeutung und [Probleme] kommunaler Eigenbetriebe. In: Unternehmensverfassung in der privaten und öffentlichen Wirtschaft. (Schriften zur öffentlichen Verwaltung und öffentlichen Wirtschaft), Bd. 125). Hrsg. v. Peter Eichhorn, Festschrift für Erich Potthoff zur Vollendung des 75. Lebensjahres. 1. Aufl., Baden-Baden 1989, S. 177-188.

MVV Energie AG, Zwischenberichte zum ersten, zweiten und dritten Quartal des Geschäftsjahres 1998/99. (Das Geschäftsjahr 1998/99 endete am 30.09.1999). Mannheim 1999.

MVV Energie AG, Presseinformation: MVV Energie AG mit überdurchschnittlichem [Ergebnis]. Hrsg. v. der MVV Energie AG, Stabsabteilung Öffentlichkeitsarbeit. Mannheim 2000.

Nesselmüller, Günther, Rechtliche [Einwirkungsmöglichkeiten] der Gemeinden auf ihre Eigengesellschaften. (Schriften zum deutschen Kommunalrecht, Bd. 14). Siegburg 1977.

Neus, Werner, Ökonomische Agency-Theorie und [Kapitalmarktgleichgewicht]. (Beiträge zur betriebswirtschaftlichen Forschung, Bd. 65). Zugl.: Köln, Univ., Diss., 1988. Wiesbaden 1989.

Neus, Werner, [Finanzierungsleasing] aus vertragstheoretischer Sicht. „Zeitschrift für Betriebswirtschaft", Wiesbaden, Jg. 61 (1991), Heft 12, S. 1431-1449.

Neus, Werner, Die Aussagekraft von [Agency Costs]. Eine Untersuchung anhand von Finanzierungsbeziehungen im Kapitalmarktzusammenhang. „Zeitschrift für betriebswirtschaftliche Forschung", Düsseldorf, Frankfurt am Main, Jg. 41 (1989), Heft 6, S. 472-490.

Neus, Werner, [Unternehmensgröße] und Kreditversorgung. „Zeitschrift für betriebswirtschaftliche Forschung", Düsseldorf, Frankfurt am Main, Jg. 43 (1991), Heft 2, S. 130-156.

Niebuhr, Frank, Die [Wettbewerbsteilnahme] gemischtwirtschaftlicher Unternehmen im Spannungsfeld der Grundrecht. (Europäische Hochschulschriften: Reihe 2, Rechtswissenschaft, Bd. 1532). Zugl.: Köln, Univ., Diss., 1993. Frankfurt am Main 1994.

Niopek, Wolfgang, [Innovationsverhalten] öffentlicher Unternehmen: Determinanten, Typen und Funktionen. (Schriften zur öffentlichen Verwaltung und öffentlichen Wirtschaft, Bd. 83). 1. Aufl., Baden-Baden 1986.

Noack, Ulrich, Gesellschaftsrechtliche [Fragen] kommunaler Beteiligung an Gesellschaften des Privatrechts. „Städte- und Gemeinderat", o. Jg. (1995), Heft 10, S. 379-386.

Noé, Martin, Die [Macht] am Rhein hat Falten bekommen. „Handelsblatt" vom 13.01.2000, Nr. 9, S. 12.

Noll, Werner und Ebert, Werner, Finanznot der Kommunen im [Kontext] von Bund und Ländern. In: Neue Finanzierungsinstrumente für öffentliche Aufgaben: Eine Analyse im Spannungsfeld von Finanzkrise und öffentlichem Interesse. Hrsg. v. Gebhard Zimmermann im Auftrag des Wissenschaftlichen Beirats der Gesellschaft für öffentliche Wirtschaft. (Schriftenreihe der Gesellschaft für öffentliche Wirtschaft, Heft 39). 1. Aufl., Baden-Baden 1997, S. 19-92.

Nowotny, Ewald, Der öffentliche [Sektor]. Einführung in die Finanzwissenschaft. Berlin 1987.

Oelmann, Hubertus, Hat der Regiebetrieb noch eine [Chance]? In: Kosten- und Abgabenminimierung in der kommunalen Abwasserentsorgung. Rechtliche Grundlagen, Handlungsspielräume und Erfahrungsberichte. Hrsg. v. Bundesministerium für Umwelt, Naturschutz und Reaktorsicherheit. Bonn 1996, S. 18-21.

Oesterwind, Dieter, Ein Großer unter den Kleinen will mithalten. [Stadtwerke] im Umbruch. „Handelsblatt" vom 19.01.2000, Nr. 13, Beilage „Energietechnik", S. B 6.

Oettingen, Manfred von, Die [Planung] des Gangs an die Börse unter besonderer Berücksichtigung steuerlicher Aspekte. (Reihe: Finanzierung, Steuern, Wirtschaftsprüfung, Bd. 11). Zugl.: Münster (Westfalen), Univ., Diss., 1990. Köln 1990.

Oettle, Karl, [Außenfinanzierung] öffentlicher Unternehmen. In: Handwörterbuch der Öffentlichen Betriebswirtschaft. (Enzyklopädie der Betriebswirtschaftslehre, Bd. 11). Hrsg. v. Klaus Chmielewicz und Peter Eichhorn, Stuttgart 1989, Sp. 46-53.

O.V., Holen Sie sich ihr [Eigenkapital] von der Bank. „Impulse", o.Jg. (1985), Nr. 11, S. 294-297.

O.V., [Der geregelte Markt], „Das Wirtschaftsstudium", Düsseldorf, Jg. 17 (1988), Heft 6, S. 329-330.

O.V., Risikokapital –Alle Adressen. Alle [Konditionen]. „Impulse", o.Jg. (1989), Nr. 8, S. 36-45.

O.V., Beim [Kommunal-Leasing] geht es weiter aufwärts. „Handelsblatt" vom 18.01.1995, Nr. 13, S. 15.

O.V., Für die [Sanierung] der Kanalnetze werden bis zu 150 Milliarden fällig. „Blick durch die Wirtschaft" vom 22.10.1997, Nr. 203, S. 5.

O.V., Viele Gemeinden werden auch 1998 ihre [Gebühren] erhöhen. Gerd Landsberg: Den Kommunen steht finanziell das Wasser bis zum Hals. „Frankfurter Allgemeine Zeitung" vom 27.12.1997, Nr. 300, S. 11.

O.V., [Kassenkredite] der Kommunen dramatisch gestiegen. „Niedersächsischer Landkreistag", Hannover, Jg. 20 (1997), Heft 4, S. 5-7.

O.V., Kommunalkredit bleibt bei Dexia der [Favorit]. „Frankfurter Allgemeine Zeitung" vom 26.03.1998, Nr. 72, S. 26.

O.V., Die [Stadtwerke Mannheim] wollen an die Börse gehen. „Frankfurter Allgemeine Zeitung" vom 17.04.1998, Nr. 89, S. 24.

O.V., [Deutsche] besitzen immer mehr Aktien. „Frankfurter Allgemeine Zeitung" vom 29.12.1998, Nr. 301, S. 19.

O.V., Mit dem [Leipziger Gewandhaus] lassen sich in Amerika Steuer sparen. Auch die Messestadt profitiert von Leasinggeschäften mit Unternehmen in den Vereinigten Staaten. „Frankfurter Allgemeine Zeitung" vom 18.12.1998, Nr. 294. S. 18.

O.V., Die kommunale [Gebührenpolitik] wird zum Ärgernis. „Frankfurter Allgemeine Zeitung" vom 12.06.1998, Nr. 133, S. 49.

O.V., Die [Stadtwerke Mannheim] wollen an die Börse gehen. „Frankfurter Allgemeine Zeitung" vom 17.04.1998, Nr. 89, S. 24.

O.V., Going Public 1997: Neuer Markt setzt neue [Akzente]. „Die Bank", Köln, o. Jg. (1998), Heft 1, S. 38-40.

O.V., [Schweden-Rat]: Auf Kompetenz achten. „Zeitung für kommunale Wirtschaft", München, Nr. 4, 1998, S. 10.

O.V., Wirtschaftliche Betätigung von Kommunen im [Ausland]. „Eildienst Landkreistag Nordrhein-Westfalen", Düsseldorf, o. Jg. (1998), Heft 17, S. 397-399.

O.V., Die MVV Gruppe auf [Erfolgskurs]. Ein Kommunalversorger wird zum Vorreiter der Energiebranche. „Zeitung für kommunale Wirtschaft", München, 05.06.1999, ZfK-Spezial, S. 23.

O.V., Als erste deutsche Kommune mit einer [Euro-Anleihe] ist die Stadt Leipzig ... . „Frankfurter Allgemeine Zeitung" vom 05.01.1999, Nr. 3, S. 15.

O.V., Bei [Neuemissionen] kämpfen die Banken mit harten Bandagen. Die Zuteilung von Aktien bleibt nicht selten ein Geheimnis des Konsortialführers. „Frankfurter Allgemeine Zeitung" vom 13.01.1999, Nr. 10, S. 21.

O.V., [MVV-Plazierungspreis] 16 Euro. Frankfurter Allgemeine Zeitung vom 02.03.1999, Nr. 51, S. 26.

O.V., Wettlauf um das [Euro-Kapital]. „Frankfurter Allgemeine Zeitung" vom 07.01.1999, Nr. 5, S. 21.

O.V., Bei [Neuemissionen] kämpfen die Banken mit harten Bandagen. Die Zuteilung von Aktien bleibt nicht selten ein Geheimnis des Konsortialführers. „Frankfurter Allgemeine Zeitung" vom 13.01.1999, Nr. 10, S. 21.

O.V., In diesem Jahr kommen 80 bis 100 Unternehmen an die [Börse]. „Frankfurter Allgemeine Zeitung" vom 23.01.1999, Nr. 19, S. 25.

O.V., Hard: Was dürfen die [Stadtwerke]. „Düsseldorfer Express" vom 23.01.1999, S. 28.

O.V., MVV Energie AG geht als [Pionier] an die Börse. Dresdner Bank führt beim Gang in amtlichen Handel – Versorger will im Wettbewerb wachsen. „Börsen-Zeitung" vom 27.01.1999, Nr. 17, S. 7.

O.V., [Bewag] und Mobilcom verhandeln über gemeinsamen Verkauf von Strom. Berliner Energiekonzern baut zum Jahreswechsel jede vierte Stelle ab. „Handelsblatt" vom 06.12.1999, Nr. 236, S. 23.

O.V., Der erste [kommunale Stromverteiler] geht an die Börse. „Frankfurter Allgemeine Zeitung" vom 27.01.1999, Nr. 22, S. 18.

O.V., [Unternehmen] drängen auf den Neuen Markt. Zahl der Neuemissionen steigt im November wieder an - Weiterer Schub im nächsten Jahr erwartet. „Handelsblatt" vom 03.11.1999, Nr. 213, S. 1.

O.V., [Kommunaler Versorger] unter Strom. Mit der MVV Energie AG strebt ein Pionier an die Börse. „Going Public", o. Jg. (1999), Heft 3, S. 16-19.

O.V., Dreizehn Kommunen wollen das [Energiewirtschaftsgesetz] kippen. „Frankfurter Allgemeine Zeitung“ vom 02.06.1999, Nr. 125, S. 17.

O.V., [Niedersachsen] will Weg für privat finanzierten Straßenbau frei machen. Verkehrsminister Fischer sieht Straßenbau mit öffentlichen Mittel am Ende. „Handelsblatt“ vom 18.01.2000, Nr. 12, S. 8.

O.V., [Börse] honoriert gute Zahlen der MVV Energie. „Handelsblatt“ vom 15.05.2000, Nr. 93, S. 18.

O.V., MVV steht unter [Strom]. Energiehandel legt kräftig zu. „Handelsblatt“ vom 14.08.2000, Nr. 155, S. 15.

O.V., MVV will um seine [Position] kämpfen. Energieversorger plant weitere Beteiligungen. „Handelsblatt“ vom 25.09.2000, Nr. 185, S. 16.

Ossadnik, Wolfgang, Die [Kostenwirksamkeitsanalyse] als Entscheidungstechnik für Bedarfswirtschaften. „Zeitschrift für öffentliche und gemeinwirtschaftliche Unternehmen“, Baden-Baden, Bd. 15 (1992), Heft 1, S. 30-45.

Pappermann, Ernst, Privatisierung kommunaler [Aufgaben]: Möglichkeiten und Grenzen. „Der Städtetag“, Stuttgart, Jg. 37 (1984), Heft 4, S. 246-253.

Pappermann, Ernst, [Abfallentsorgung] und Abwasserbeseitigung als städtische Herausforderung. „Zeitschrift für öffentliche und gemeinwirtschaftliche Unternehmen“, Baden-Baden, Bd. 12 (1989), Heft 4, S. 534-543.

Peemöller, Volker, Bömelburg, Peter und Denkmann, Andreas, [Unternehmensbewertung] in Deutschland. Eine empirische Erhebung. „Die Wirtschaftsprüfung“, Düsseldorf, Jg. 47 (1994), Heft 22, S. 741-749.

Pellens, Bernhard, Rockholtz, Carsten und Stienemann, Marc, Marktwertorientiertes [Konzerncontrolling] in Deutschland. Eine empirische Untersuchung. „Der Betrieb“, Düsseldorf, Frankfurt am Main, Jg. 50 (1997), Heft 39 vom 26.09.1997, S. 1933-1939.

Pellens, Bernhard und Crasselt, Nils, Bilanzierung von [Stock Options]. „Der Betrieb“, Düsseldorf, Frankfurt am Main, Jg. 51 (1998), Heft 5 vom 30.01.1998, S. 217-223.

Perridon, Louis und Steiner, Manfred, [Finanzwirtschaft] der Unternehmung. 10., überarb. Aufl., München 1999.

Petersdorff, Winand von, „Wir sind nicht die RWE im [Westentaschenformat]“. MVV Energie wagt als erstes deutsches Unternehmen den Schritt an die Börse. „Frankfurter Allgemeine Zeitung“ vom 27.02.1999, Nr. 49, S. 20.

Petersen, Thomas, Optimale [Anreizsysteme]: Betriebswirtschaftliche Implikationen der Prinzipal-Agenten-Theorie. (Beiträge zur betriebswirtschaftlichen Forschung, Bd. 63). Zugl.: Bonn, Univ., Diss., 1988. Wiesbaden 1989.

Pfaff, Dieter und Zweifel, Peter, Die [Principal-Agent-Theorie]. Ein fruchtbarer Beitrag der Wirtschaftstheorie zur Praxis. „Wirtschaftswissenschaftliches Studium“, München, Frankfurt am Main, Jg. 27 (1998), Heft 4, S. 184-190.

Pfeifer, Axel, Möglichkeiten und Grenzen der [Steuerung] kommunaler Aktiengesellschaften durch ihre Gebietskörperschaften. (Rechtswissenschaftliche Forschung und Entwicklung, Bd. 306). Zugl.: Heidelberg, Univ., Diss., 1990, München 1991.

Pfüller, Hans-Joachim, Die [Erbringung] kommunaler Dienstleistungen - eine Aufgabe für private Unternehmen. Ein Symposium führte Praktiker und Theoretiker zusammen. „Das Rathaus“, Bonn, Jg. 42 (1989), Heft 8, S. 497-500.

Picot, Arnold, Der Beitrag der Theorie der [Verfügungsrechte] zur ökonomischen Analyse von Unternehmensverfassungen. In: Unternehmensverfassung als Problem der Betriebswirtschaftslehre. Hrsg. v. Kurt Bohr, Jochen Drukarczyk, Hans-Jürgen Drumm und Gerhard Scherrer. Regensburg 1981, S. 153-197.

Picot, Arnold, [Transaktionskostenansatz] in der Organisationstheorie: Stand der Diskussion und Aussagewert. „Die Betriebswirtschaft", Stuttgart, Jg. 42 (1982), Heft 2, S. 267-284.

Picot, Arnold, Zur Bedeutung allgemeiner [Theorieansätze] für die betriebswirtschaftliche Information und Kommunikation: Der Beitrag der Transaktionskosten- und Principal-Agent-Theorie. In: Die Betriebswirtschaftslehre im Spannungsfeld zwischen Generalisierung und Spezialisierung: Edmund Heinen zum 70. Geburtstag. Hrsg. v. Werner Kirsch und Arnold Picot. Wiesbaden 1989, S. 361-379.

Picot, Arnold, [Ökonomische Theorien] der Organisation - Ein Überblick über neuere Ansätze und deren betriebswirtschaftliches Anwendungspotential. In: Betriebswirtschaftslehre und ökonomische Theorie. Hrsg. v. Dieter Ordelheide, Bernd Rudolph und Elke Büsselmann, Stuttgart 1991, S. 143-170.

Picot, Arnold, [Ronald H. Coase] - Nobelpreisträger 1991. Transaktionskosten: Ein zentraler Beitrag zur wirtschaftswissenschaftlichen Analyse. „Wirtschaftswissenschaftliches Studium", München, Frankfurt am Main, Jg. 21 (1992), Heft 2, S. 79-83.

Picot, Arnold und Dietl, Helmut, [Transaktionskostentheorie], „Wirtschaftswissenschaftliches Studium", München, Frankfurt am Main, Jg. 19 (1990), Heft 4, S. 178-184.

Picot, Arnold und Kaulmann, Thomas, Industrielle Großunternehmen in [Staatseigentum] aus verfügungsrechtlicher Sicht. „Zeitschrift für betriebswirtschaftliche Forschung", Düsseldorf, Frankfurt am Main, Jg. 37 (1985), Heft 11, S. 956-980.

Picot, Arnold, und Schneider, Dietram, Unternehmerisches [Innovationsverhalten], Verfügungsrechte und Transaktionskosten. Hrsg. v. Dietrich Budäus, Elmar Gerum und Gebhard Zimmermann, Wiesbaden 1988, S. 91-118.

Picot, Gerhard und Land, Volker, Going Public - Typische [Rechtsfragen] des Ganges an die Börse. „Der Betrieb", Düsseldorf, Frankfurt am Main, Jg. 52 (1999), Heft 11 vom 19.03.1999, S. 570-575.

Pommerehne, Werner W., Genügt bloßes [Reprivatisieren]? In: Deregulierung und Privatisierung. Symposium Oeconomicum Münster (Westf.). Hrsg. v. Dieter Aufderheide. Stuttgart, Berlin, Köln 1990, S. 27-63.

Prautsch, Wolf-Albrecht, [Geschäft] mit Kommunen. In: Handbuch Firmenkundengeschäft. Das Firmenkundengeschäft auf dem Weg in 21. Jahrhundert. Hrsg. v. Klaus Juncker und Erich Priewasser. Frankfurt am Main 1993, S. 792-809.

Püttner, Günter, Rechtliche [Grundlagen] der öffentlichen Unternehmen. In: Die Unternehmen der öffentlichen Wirtschaft in der Bundesrepublik Deutschland. Hrsg. v. Günter Püttner und Achim von Loesch. Baden-Baden 1986, S. 57-75.

Püttner, Günter, Die [Vertretung] der Gemeinden in wirtschaftlichen Unternehmen. Zum Verhältnis von Kommunalrecht und Gesellschaftsrecht. „Deutsches Verwaltungsblatt", Jg. 101 (1986), Heft 14 vom 01.08.1986, S. 748-753.

Püttner, Günter, Rechtliche [Rahmenbedingungen] der Privatisierung. In: Privatisierung und die Zukunft der öffentlichen Wirtschaft. Hrsg. v. Helmut Brede. Baden-Baden 1988, S. 257-265.

Rappaport, Alfred, [Shareholder Value]: Ein Handbuch für Manager und Investoren. 2., vollst. überarb. und aktual. Aufl., Stuttgart 1999.

Ratjen, Karl Gustaf, Die [externe Eigenfinanzierung] bei Kapitalgesellschaften. In: Finanzierungshandbuch. Hrsg. v. Friedrich Wilhelm Christians. Wiesbaden 1980, S. 67-98.

Rau, Thomas, [Betriebswirtschaftslehre] für Städte und Gemeinden. München 1994.

Rehm, Hannes, Neue [Modelle] der Finanzierung kommunaler Investitionen. „Zeitschrift für öffentliche und gemeinwirtschaftliche Unternehmen", Baden-Baden, Bd. (1989), Heft 1, S. 49-70.

Rehm, Hannes, Finanzwirtschaftliche [Alternativen] für öffentliche Investitionen. In: Unternehmerische Finanzierungen. Corporate Finance im Spannungsfeld von Banken und Industrie. Hrsg. v. Bernd Rudolph. Frankfurt am Main 1991, S. 89-115.

Rehm, Hannes, Neue [Wege] zur Finanzierung öffentlicher Investitionen. „Zeitschrift für das gesamte Kreditwesen", Frankfurt am Main, Jg. 44 (1991), Heft 4, S. 156-162.

Rehm, Hannes, Sozialstaatsüberwälzung - Dauerlast der [Kommunalfinanzen]? In: Archiv für Kommunalwissenschaften. Bd. 1991. Stuttgart, S. 213-241.

Rehm, Hannes, Sonderfinanzierungsformen zur Finanzierung öffentlicher Infrastruktur und deren [Verträglichkeit] mit dem öffentlichen Auftrag. In: Finanzierung und Organisation der Infrastruktur in den neuen Bundesländern. Referate und Diskussionsberichte eines Kolloquiums des Wissenschaftlichen Beirats der Gesellschaft für öffentliche Wirtschaft am 26./27. März 1992 in der Universität Würzbug. (Schriftenreihe der Gesellschaft für öffentliche Wirtschaft, Heft 34). Hrsg. v. Peter Eichhorn. Baden-Baden 1993, S. 97-108.

Rehm, Hannes, Modelle zur Finanzierung kommunaler Investitionen durch [Private]. In: Privatisierung öffentlicher Aufgaben: Private Finanzierung kommunaler Investitionen. (4. Bad Iburger Gespräche. Symposium des Instituts für Kommunalrecht der Universität Osnabrück am 15. September 1993). Hrsg. v. Jörn Ipsen. Köln, Berlin, Bonn, München 1994, S. 93-114.

Rehm, Hannes, [Neue Wege] zur Finanzierung öffentlicher Investitionen. „Zeitschrift für öffentliche und gemeinwirtschaftliche Unternehmen", Beiheft 18, Baden-Baden 1994.

Rehm, Hannes, Der Beitrag der [Sparkassenorganisation] zur Bewältigung der kommunalen Finanzmisere. „Betriebswirtschaftliche Forschung und Praxis", Herne, Berlin, Jg. 49 (1997), S. 365-380.

Rehm, Hannes, [Going Public] kommunaler Unternehmen: Möglichkeiten – Perspektiven – Grenzen. Vortrag von Hannes Rehm im Rahmen eines Symposiums des Wissenschaftlichen Beirats der Gesellschaft für öffentliche Wirtschaft am 29./30.09.1999. Berlin 1999.

Reichard, Christoph, Institutionelle [Wahlmöglichkeiten] bei der öffentlichen Aufgabenwahrnehmung. In: Organisationswandel öffentlicher Aufgabenwahrnehmung. (Schriftenreihe der Gesellschaft für öffentliche Wirtschaft, Bd. 44). Hrsg. v. Dietrich Budäus. Baden-Baden 1997, S. 121-154.

Reichstein, Susanne, Private Finanzierung von Investitionen in der kommunalen [Praxis]. In: Privatisierung öffentlicher Aufgaben: Private Finanzierung kommunaler Investitionen. (4. Bad Iburger Gespräche. Symposium des Instituts für Kommunalrecht der Universität Osnabrück am 15. September 1993). Hrsg. v. Jörn Ipsen. Köln, Berlin, Bonn, München 1994, S. 115-126.

Reidenbach, Michael, Von der Quantität zur Qualität? Zum Wandel des kommunalen [Investitionsbedarf]. In: Archiv für Kommunalwissenschaften. Kommunaler Investitionsbedarf in der zweiten Hälfte der 80er-Jahre. Sonderband 1987. Stuttgart, S. 217-235.

Reidenbach, Michael, Der kommunale Investitionsbedarf in den [neunziger Jahren] in den alten Bundesländern. „Der Gemeindehaushalt", Stuttgart, Jg. 93 (1992), Heft 9, S. 193-196.

Reidenbach, Michael, Autzen, Rainer, Echter, Claus-Peter, Grabow, Busso, Kühn, Gerd und Rauch, Nizan, Der kommunale [Investitionsbedarf] in den neunziger Jahren: Eine Schätzung für die alten Länder. Hrsg. v. Deutschen Institut für Urbanistik. (Difü-Beiträge zur Stadtforschung, Bd. 7). Berlin 1992.

Reif, Karl, [Haushaltsplan] - Kein Buch mit sieben Siegeln. „Die Gemeinde", Kommunalzeitschrift des Gemeindetags Baden-Württemberg, Stuttgart, o. Jg. (1990), Heft 3, S. 97-104.

Reinholz, Stefan, Aktive [Beteiligungsgesellschaften] – Investmentvehikel zur Reduktion der Corporate Governance Problematik. Zugl.: St. Gallen, Univ., Diss., 1997. St. Gallen 1997.

Richter, Rudolf und Bindseil, Ulrich, Neue [Institutionenökonomik]. „Wirtschaftswissenschaftliches Studium", München, Frankfurt am Main, Jg. 24 (1995), Heft 3, S. 132-140.

Ridder-Aab, Christa-Maria, Die moderne Aktiengesellschaft im Lichte der Theorie der [Eigentumsrechte]. (Campus: Forschung, Bd. 171). Frankfurt am Main 1980.

Riener, Heinz, Private Finanzierung öffentlicher [Leistungen]. „Kommunalwirtschaft", Düsseldorf, o. Jg. (1995), Heft 12, S. 531-536.

Riener, Heinz, Kommunalleasing auf dem [Vormarsch]. „Zeitschrift für das gesamte Kreditwesen", Frankfurt am Main, Jg. 50 (1997), Heft 12, S. 558-566.

Rodewald, Bernd, [Aktienkultur] und Genossenschaftsbanken. „Bankinformation und Genossenschaftsforum", Bonn, Jg. 25 (1998), Heft 7, S. 2-3.

Ronellenfitsch, Michael, Staat und Markt – [Rechtliche Grenzen] einer Privatisierung kommunaler Aufgaben? In: Der Börsengang kommunaler Unternehmen. Hrsg. v. Rüdiger von Rosen. (Studien des Deutschen Aktieninstitutes, Heft 4). Frankfurt am Main 1999, S. 16-46.

Roth, Petra, [Begrüßung]. In: Der Börsengang kommunaler Unternehmen. Hrsg. v. Rüdiger von Rosen. (Studien des Deutschen Aktieninstitutes, Heft 4). Frankfurt am Main 1999, S. 7-15.

Rudolph, Bernd, [Kreditsicherheiten] als Instrumente zur Umverteilung und Begrenzung von Kreditrisiken. „Zeitschrift für betriebswirtschaftliche Forschung", Frankfurt am Main, Jg. 38 (1986), S. 16-43.

Rudolph, Karl-Ulrich, Privatwirtschaftliche [Realisierung] der Abwasserentsorgung. „Infodienst Kommunal", Bonn, o. Jg. (1993), Nr. 66 v. 12.02.1993.

Rudolph, Karl-Ulrich, [Zur privaten Finanzierung] öffentlicher Investitionen. „Wirtschaftsdienst", Hamburg, Jg. 74 (1994), Heft 2, S. 92-95.

Ruschmeier, Lothar, Heinz, Marlies und Kempken, Mariacarmen, Neue [Wege] zur Finanzierung städtischer Investitionen. „Betriebswirtschaftliche Forschung und Praxis", Herne, Berlin, Jg. 49 (1997), S. 381-394.

Rust, Erich-Alfred, Der [DG HYP-Kommunalkredit]. Ein erfolgreiches Produkt genossenschaftlicher Arbeitsteilung. „Bankinformation und Genossenschaftsforum", Bonn, Jg. 24 (1997), Heft 7, S. 28-29.

Sandvoß, Ernst-Otto, [Sparkassen] und Landesbanken als öffentliche Kreditgeber. „Sparkasse", Bonn, Jg. 109 (1992), Heft 3, S. 116-121.

Sandvoß, Ernst-Otto, [Kommunalverschuldung] und Kommunalkredit: Die Perspektive eines öffentlichen Finanziers. „Der Langfristige Kredit", Frankfurt am Main, Jg. 45 (1994), Heft 6, S. 186-191.

Sattler, Andreas, [Kapitalbeteiligungsgesellschaften]. In: Handwörterbuch der Banken und Finanzierung. Hrsg. v. Wolfgang Gerke und Manfred Steiner. 2. Aufl., Stuttgart 1995, Sp. 1092-1098.

Scheele, Ulrich, [Privatisierung] von Infrastruktur. Möglichkeiten und Alternativen. (Hans-Böckler-Stiftung, Bd. 13). Köln 1993.

Schierenbeck, Henner, [Grundzüge] der Betriebswirtschaftslehre. 11. Aufl., München, Wien 1993.

Schierenbeck, Henner und Hölscher, Reinhold, [BankAssurance]: Institutionelle Grundlagen der Bank- und Versicherungsbetriebslehre. 3., unveränd. Aufl., Stuttgart 1993.

Schimanke, Dieter, [Sondervermögen]. In: Handwörterbuch der Öffentlichen Betriebswirtschaft. (Enzyklopädie der Betriebswirtschaftslehre, Bd. 11). Hrsg. v. Klaus Chmielewicz und Peter Eichhorn. Stuttgart 1989, Sp. 1445-1451.

Schindhelm, Malte und Stein, Klaus, Der Gegenstand der [Ausgliederung] bei einer Privatisierung nach dem UmwG. „Der Betrieb", Düsseldorf, Frankfurt am Main, Jg. 52 (1999), Heft 26/27 vom 09.07.1999, S. 1375-1377.

Schmeken, Werner, [Organisationsformen] in der Abfallwirtschaft. Ein Vergleich zwischen Regiebetrieb, Eigenbetrieb und Privatisierung. „Städte- und Gemeindebund", Düsseldorf, Jg. 44 (1989), Heft 1, S. 7-13.

Schmid, Hansdieter, Der [Haushaltsplan] - kein Buch mit sieben Siegeln. Ein Handbuch für Kommunalpolitiker. 3. Aufl., Stuttgart 1991.

Schmidt, Frank O., Neue Wege zur Finanzierung von [Verkehrsinvestitionen]. „Die Bank", Köln, o. Jg. (1993), Heft 7, S. 412-417.

Schmidt, Frank O., Privates Kapital für den öffentlichen [Verkehr]. „Die Bank", Köln, o. Jg. (1993), Heft 9, S. 524-529.

Schmidt, Frank O., Die Finanzierung der [Verkehrsinfrastrukur] vor dem Hintergrund der Wiedervereinigung. Privatfinanzierung: Eine Alternative zur öffentlichen Finanzierung? (Europäische Hochschulschriften, Reihe 5: Volks- und Betriebswirtschaft, Bd. 1509). Zugl.: Freiburg (Breisgau), Univ., Diss., 1993. Frankfurt am Main, Berlin, Bern 1994.

Schmidt, Karsten, [Gesellschaftsrecht]. 3., völlig neu bearb. und erw. Aufl., Köln, München 1997.

Schmidt, Ludwig, Müller, Thomas und Stöcker, Ernst E., Die [Organschaft] im Körperschaftsteuer-, Gewerbesteuer- und Umsatzsteuerrecht. 4. Aufl., Herne, Berlin 1993.

Schmidt, Reiner, Der [Übergang] öffentlicher Aufgabenerfüllung in private Rechtsform. „Zeitschrift für Unternehmens- und Gesellschaftsrecht", Berlin, New York, Jg. 25 (1996), Heft 3, S. 345-363.

Schmidt, Reinhard H., Ein [neo-institutionalistischer Ansatz] der Finanzierungstheorie. In: Unternehmensführung aus finanz- und bankwirtschaftlicher Sicht. Bericht der wissenschaftlichen Tagung des Verbandes der Hochschullehrer für Betriebswirtschaft e. V. Bericht über die Tagung in Zürich, Mai 1980. Hrsg. v. Edwin Rühli und Jean-Paul Thommen, Stuttgart 1981, S. 135-154.

Schmidt, Reinhard H., [Grundformen] der Finanzierung. Eine Anwendung des neo-institutionalistischen Ansatzes der Finanzierungstheorie. „Kredit- und Kapital", Berlin, Jg. 14 (1981), Heft 2, S. 186-221.

Schmidt, Reinhard H., Venture Capital aus der Sicht der [Finanzierungstheorie]. „Betriebswirtschaftliche Forschung und Praxis", Herne, Berlin, Jg. 37 (1985), Heft 5, S. 421-437.

Schmidt, Reinhard H. und Terberger, Eva, Grundzüge der Investitions- und [Finanzierungstheorie]. 4., aktual. Aufl., Wiesbaden 1997.

Schneider, Bernd Jürgen, Kommunen in [Not]. „Der Gemeindehaushalt", Stuttgart, Jg. 97 (1996), Heft 6, S. 173-180.

Schneider, Erwin und Schürmann, Heinz Jürgen, [Stadtwerke] suchen regionale und bundesweite Allianzen. Kommunale Versorger sind gut in den liberalen Markt gestartet. „Handelsblatt" vom 09.02.2000, Nr. 28, S. 16.

Schneider, Erwin und Schürmann, Heinz-Jürgen, [Veba und Viag] erreichen noch kein Europa-Format. „Handelsblatt vom 27.09.1999, Nr. 186, S. 25.

Schneider, Ulrich, [Kommunales Factoring] - kommunale Forfaitierung. „Finanzwirtschaft", o. Jg. (1994), Heft 11, S. 241-244.

Schneyer, Frank, [Besonderheiten] deutscher börsennotierter gemischtwirtschaftlicher Aktiengesellschaften: Eine vergleichende Analyse auf der Basis von Kennzahlen und Aktienkursen. (Schriften des Göttinger Forums für Wissenschaft, Wirtschaft und Verwaltung, Bd. 2). Zugl.: Göttingen, Univ., Diss., 1997. Frankfurt am Main, Berlin 1997.

Schön, Wolfgang, Der Einfluß öffentlich-rechtlicher Zielsetzungen auf das [Statut] privatrechtlicher Eigengesellschaften der öffentlichen Hand: Gesellschaftsrechtliche Analyse. „Zeitschrift für Unternehmens- und Gesellschaftsrecht", Bonn, New York, Jg. 25 (1996), Heft 3, S. 429-457.

Schreyögg, Georg und Steinmann, Horst, Zur Trennung von Eigentum und [Verfügungsgewalt] - Eine empirische Analyse der Beteiligungsverhältnisse in deutschen Großunternehmen. „Zeitschrift für Betriebswirtschaft", Wiesbaden, Jg. 51 (1981), Heft 6, S. 533-558.

Schrinner, Axel, Die [Schuldenberge] der öffentliche Haushalte wachsen weiter. „Auszüge aus Presseartikeln". Hrsg. v. der Deutschen Bundesbank, 26.11.1999, Nr. 73, S. 14-15.

Schürmann, Heinz Jürgen, Stadtwerke stellen sich dem [Verdrängungswettbewerb]. „Handelsblatt" vom 03.11.1999, Nr. 213, S. B 13.

Schulte-Dönighaus, Uli, Farthmanns [Tünnesee]. „Wirtschaftswoche", Jg. 42 (1988), Heft 8 vom 19.02.1988, S. 20-23.

Schulte-Mattler, Hermann, [Eigenkapitalgrundsatz I]: Bankaufsichtsrechtliche Norm für Kreditrisiken. „Das Wirtschaftsstudium", Düsseldorf, Jg. 23 (1994), Heft 7, S. 609-613 u. Heft 8-9, S. 703-708.

Schuppert, Gunnar Folke, Zur [Kontrollierbarkeit] öffentlicher Unternehmen – Normative Zielvorgaben und ihre praktische Erfüllung. „Zeitschrift für öffentliche und gemeinwirtschaftliche Unternehmen“, Baden-Baden, Bd. 8 (1985), Heft 3, S. 310-332.

Schwarting, Gunnar, Finanzierung öffentlicher [Verwaltungen]. In: Handwörterbuch der Öffentlichen Betriebswirtschaft. (Enzyklopädie der Betriebswirtschaftslehre, Bd. 11). Hrsg. v. Klaus Chmielewicz und Peter Eichhorn. Stuttgart 1989, Sp. 339-350.

Schwarting, Gunnar, Die [Kreditaufnahmen] der Kommunen. „Finanzwirtschaft“, o. Jg. (1991), Heft 3, S. 57-60.

Schwarting, Gunnar, Der kommunale [Haushalt]. Berlin 1993.

Schwarting, Gunnar, Kommunales [Kreditwesen]: Haushaltsrechtliche Grundlagen - Schuldenmanagement - neue Finanzierungsformen. Berlin 1994.

Schwarz, Sabine, Kommunales [Immobilien-Leasing]. Eine Analyse zur Steigerung der Effizienz in der öffentlichen Verwaltung und Entlastung des Gemeindehaushaltes unter Berücksichtigung des gemeindlichen Haushaltsrechts. Frankfurt am Main1985.

Schweibert, Ulrike, Auswirkungen einer Privatisierung auf die [Beschäftigungsverhältnisse] und die Altersversorgung. In: Der Börsengang kommunaler Unternehmen. (Studien des Deutschen Aktieninstitutes, Heft 4). Hrsg. v. Rüdiger von Rosen. Frankfurt am Main 1999, S. 85-102.

Schweisfurth, Thomas, [Privatwirtschaftliche Formen] kommunaler Investitionsfinanzierung. (Reihe G, Deutscher Städtetag - Beiträge zur Finanzpolitik, Heft 11). Köln 1991.

Schweisfurth, Tilmann, Sonderfinanzierungsformen bei kommunalen Infrastrukturinvestitionen aus haushalts- und steuerpolitischer [Sicht]. „Finanzwirtschaft“, o. Jg. (1995), Heft 10, S. 229-234.

Schwirzke, Werner und Sandfuchs, Klaus, Allgemeines [niedersächsisches Kommunalrecht]: Grundriß für die Ausbildung und Fortbildung. (Studienreihe öffentliche Verwaltung). 15., vollst. neubearb. Aufl., Köln 1997.

Seifert, Klaus und Metschkoll, Michael, [Anmerkungen] zur Organisation der Abwasserbeseitigung nach dem Niedersächsischen Betreibermodell. „Der Gemeindehaushalt“, Stuttgart, Jg. 92 (1991), Heft 8, S. 180-184.

Seifert, Klaus und Metschkoll, Michael, Steuerliche [Aspekte] der Privatisierung öffentlicher Aufgaben. „Der Betrieb“, Düsseldorf, Frankfurt am Main, Jg. 45 (1992), Heft 34 vom 21.08.1992, S. 1691-1696.

Seitz, Helmut, Eine empirische Studie zur [Folgelastenproblematik] kommunaler Investitionen. In: Konkrete Probleme der öffentlichen Planung. Hrsg. v. Eberhard Wille. Frankfurt am Main 1986, S. 203-221.

Seitz, Helmut, Die ökonomischen [Effekte] der kommunalen Infrastruktur: Eine theoretische und empirische Bestandsaufnahme. „Zeitschrift für öffentliche und gemeinwirtschaftliche Unternehmen“, Baden-Baden, Bd. 21 (1998), Heft 4, S. 450-468.

Serfling, Klaus, Pape, Ulrich und Kressin, Thomas, Emissionspreisfindung und [Underpricing] im Rahmen des Börsengangs junger Wachstumsunternehmen. „Die Aktiengesellschaft“, Köln, Jg. 44 (1999), Heft 7, S. 289-298.

Siegert, Theo, Shareholder Value als [Lenkungsinstrument]. „Zeitschrift für betriebswirtschaftliche Forschung und Praxis“, Herne, Berlin, Jg. 47 (1995), S. 580-606.

Simon, Hermann, Der [zweite Anlauf]: Alle reden vom Shareholder Value und meinen damit nichts weiter als das gute alte Ziel der Gewinnmaximierung. „Manager Magazin", Jg. 26 (1996), Heft 12, S. 164-166.

Spelthahn, Sabine, Privatisierung natürlicher [Monopole]. Theorie und internationale Praxis am Beispiel Wasser und Abwasser. Wiesbaden 1994.

Sperl, Richard E., [München] least seit Jahren. „Frankfurter Allgemeine Zeitung" vom 23.09.1997, Nr. 221, Beilage „Leasing", S. B 6.

Sperl, Richard E. und Bezold, Wilhelm, Sonderfinanzierung im kommunalen [Konzern] - Vor- und Nachteile der Sonderfinanzierung kommunaler Investitionen aus kommunaler Sicht. Teil I. „Finanzwirtschaft", o. Jg. (1992), Heft 9, S. 177-181.

Spreemann, Klaus, Zur Reduktion von [Agency-Kosten]. In: Kapitalmarkt und Finanzierung (Schriften d. Vereins für Socialpolitik, Gesellschaft für Wirtschafts- und Sozialwissenschaften; N. F.; Bd. 165). Hrsg. v. Dieter Schneider, Berlin 1987, S. 341-350.

Spremann, Klaus, [Asymmetrische Information]. „Zeitschrift für Betriebswirtschaft", Wiesbaden, Jg. 60 (1990), Heft 5/6, S. 561-586.

Spremann, Klaus, [Flexibilität]. „Die Unternehmung", Bern, Jg. 49 (1995), Heft 4, S. 219-224.

Spremann, Klaus, [Wirtschaft], Investition und Finanzierung. 5., vollst. überarb., erg. und aktual. Aufl., München 1996.

Spreter, Jürgen, [Baukosten] dämpfen. „Der Gemeinderat", o. Jg (1992), Heft 1.

Städtler, Arno, [Leasing] wird konjunkturreagibler. „ifo-Schnelldienst", München, Jg. 47 (1994), Nr. 1-2, S. 1-12.

Städtler, Arno, Leasing in [Deutschland]: Immobilien weiter expansiv – Massengeschäft rückläufig. „ifo-Schnelldienst", München, Jg. 48 (1995), Nr. 1-2, S. 1-5.

Stangner, Karl-Heinz und Moser, Ulrich, Going Public: [Praktische Umsetzung] des Börsengangs. „Der Betrieb", Düsseldorf, Frankfurt am Main, Jg. 52 (1999), Heft 15 vom 16.04.1999, S. 759-761.

Stargardt, Hans-Joachim, Die [Finanzgarantien] der Städte und Gemeinden. „Der Gemeindehaushalt", Stuttgart, Jg. 96 (1995), Heft 4, S. 77-84.

Stein, Heinrich von und Schubert, Thomas, [Cross Border Leasing]. „Die Betriebswirtschaft", Stuttgart, Jg. 50 (1990), Heft , S. 679-681.

Steinhauer, Bernd, Der [Norden] ganz vorn – kommunale Energieeinkaufsgesellschaften gegründet. „Zeitung für kommunale Wirtschaft", München, Nr. 2, 1998, S. 2.

Stiglitz, Joseph E., [Finanzwissenschaft]. 2. Aufl., München 1989.

Strauss, Bernd, Private und öffentliche Unternehmen im [Effizienzvergleich]. Unternehmensverfassungen im Lichte der Property Rights-Theorie. „Zeitschrift für öffentliche und gemeinwirtschaftliche Unternehmen", Baden-Baden, Bd. 6 (1983), S. 278-298.

Stüwe, Heinz, [Telekom] will in diesem Jahr Internet- und Mobilfunktaktien plazieren. „Frankfurter Allgemeine Zeitung" vom 15.01.2000, Nr. 12, S. 24.

Süddeutsche Treuhand AG (Hrsg.), Privatisierung kommunaler [Abwasserentsorgungsanlagen]. Projektstudie für das Bayerische Staatsministerium für Landesentwicklung und Umweltfragen. München 1990.

Swoboda, Peter, Betriebliche [Finanzierung]. 3., überarb. Aufl., Graz, Österreich 1994.

Technau, Konstantin, [Rechtsfragen] bei der Gestaltung von Übernahmeverträgen („Underwriting Agreements") im Zusammenhang mit Aktienemissionen. „Die Aktiengesellschaft", Köln, Jg. 43 (1998), Heft 10, S. 445-459.

te Reh, Peter, Die [City-Carrier] kommen. Kommunale Unternehmen im Telekommunikationsbereich. „Der Städtetag", Stuttgart, Jg. 50 (1997), Heft 5, S. 361-367.

Thiemeyer, Theo, [Wirtschaftslehre] öffentlicher Betriebe. München 1975.

Thümmel, Roderich C., [Aufsichtsräte] in Unternehmen der öffentlichen Hand - professionell genug? „Der Betrieb", Düsseldorf, Frankfurt am Main, Jg. 52 (1999), Heft 37 vom 17.09.1999, S. 1891-1893.

Tieves, Johannes, Der [Unternehmensgegenstand], der Kapitalgesellschaft. (Rechtsfragen der Handelsgesellschaften, Bd. 93). Zugl.: Heidelberg, Univ., Diss. 1997. Köln 1998.

Titzrath, Alfons, Die [Bedeutung] des Going Public. Ein Erfahrungsbericht aus der Sicht einer Bank. „Zeitschrift für Betriebswirtschaft", Wiesbaden, Jg. 65 (1995), Heft 2, S. 133-155.

Trobitz, Hans H. und Wilhelm, Stefan, Going Public aus Sicht der emissionsbegleitenden [Bank]. „Betriebswirtschaftliche Forschung und Praxis, Herne, Berlin, Jg. 48 (1996), Heft 2, 164-182.

Trucksaess, Wolf-Dieter, Die [Effizienz] formaler Organisationsregeln – empirisch überprüft am Beispiel von mittleren Kreditgenossenschaften. Frankfurt am Main, Bern 1983.

Uhlig, Klaus, [Private Public Partnership] - Aufgaben, Formen und Risiken kommunaler öffentlich-privater Gemeinschaftsfinanzierungen - mit Beispielen der Stadt Köln. In: Archiv für kommunale Wissenschaften. Bd. 1990. Stuttgart, S. 106-117.

Uhlir, Helmut, Der Gang an die Börse und das [Underpricing-Phänomen]. Eine empirische Untersuchung deutscher Emissionen (1977-1987). „Zeitschrift für Bankrecht und Bankwirtschaft", Köln, Jg. 1 (1989), Heft 1, S. 2-16.

Utech, Hans G. und Weinand-Härer, Klaus, Einsatz von [Leasingfonds] zur Finanzierung von Investitionen der öffentlichen Hand. In: Leasing-Handbuch für die öffentliche Hand – Ausgabe 1998. Hrsg. v. Michael Kroll. 4., überarb. Aufl., Lichtenfels 1998, S. 296-365.

Vahle, Jürgen, Die erwerbswirtschaftliche [Betätigung] der öffentlichen Hand. „Verwaltungsrecht" vom 28.07.1997, Nr. 31, S. 1267-1274.

Veil, Rüdiger, [Umwandlung] von Eigen- und Regiebetrieben in Kapitalgesellschaften. In: Der Börsengang kommunaler Unternehmen. (Studien des Deutschen Aktieninstitutes, Heft 4). Hrsg. v. Rüdiger von Rosen. Frankfurt am Main 1999, S. 55-70.

Verband öffentlicher Banken, Neue Wege für das [Finanz- und Zinsmanagement] der Kommunen - Eine Information und Entscheidungshilfe der öffentlichen Bankengruppe. Hrsg. v. Verband öffentlicher Banken. Bonn 1995.

Verband kommunaler Unternehmen e.V. (Hrsg.), Kommunale [Versorgungswirtschaft] 1992/1993. Köln 1993.

Volk, Gerrit, Attraktiver durch den [Börsengang]. „Handelsblatt" vom 18.10.1999, Nr. 201, S. 58.

Wagner, Franz W., Shareholder Value: Eine neue Runde im [Konflikt] zwischen Kapitalmarkt und Unternehmensinteresse. „Betriebswirtschaftliche Forschung und Praxis", Herne, Berlin, Jg. 49 (1997), S. 490-515.

Wahl, Jürgen, [Alternativen] zum Kommunalkredit - Eine kritische Betrachtung aus ökonomischer Sicht. „Staatswissenschaften und Staatspraxis", Baden-Baden, Jg. 3 (1992), Heft 1, S. 107-120.

Wallraff, Hermann Josef, [Subsidiarität]. In: Handwörterbuch der Öffentlichen Betriebswirtschaftslehre. (Enzyklopädie der Betriebswirtschaftslehre, Bd. 11). Hrsg. v. Klaus Chmielewicz und Peter Eichhorn. Stuttgart 1989, Sp. 1527-1532.

Walter, Jochen, Kommunalkredit als [Konsortialgeschäft] von Landesbanken und Sparkassen. „Zeitschrift für das gesamte Kreditwesen", Frankfurt am Main, Jg. 49 (1996), Heft 14, S. 670-672.

Walter, Norbert, Mehr Wachstum durch [Privatisierung] von Staatsleistungen. In: Weniger Staat - Mehr Markt: Wege aus der Krise. Hrsg. v. Norbert Walter. München 1993, S. 134-170.

Weber, Manfred und Massenberg, Hans-Joachim, Vorrang für private [Infrastrukturvorhaben]. „Die Bank", Köln, o. Jg. (1994), Heft 1, S. 10-14.

Weber, Rüdiger, [Kommunale] Investitionen durch Kommunal-Leasing. „Bankinformation und Genossenschaftsforum", Bonn, Jg. 24 (1997), Heft 7, S. 53-56.

Wegmann, Jürgen, Die Bestimmung des Emissionspreises als [Unternehmensbewertungsproblem]. „Betriebswirtschaftliche Forschung und Praxis", Herne, Berlin, Jg. 48 (1996), Heft 2, S. 149-163.

Wendt, Rudolf, Haushaltsrechtliche [Probleme] der Kapitalbeteiligung Privater an öffentlichen Infrastrukturinvestitionen. In: Privatisierung öffentlicher Aufgaben: Private Finanzierung kommunaler Investitionen. (4. Bad Iburger Gespräche. Symposium des Instituts für Kommunalrecht der Universität Osnabrück am 15. September 1993). Hrsg. v. Jörn Ipsen. Köln, Berlin, Bonn, München 1994, S. 37-62.

Wenger, Ekkehard und Terberger, Eva, Die Beziehung zwischen Agent und Prinzipal als [Baustein] einer ökonomischen Theorie der Organisation. „Wirtschaftswissenschaftliches Studium", München, Frankfurt am Main, Jg. 17 (1988), Heft 10, S. 506-514.

Werder, Axel von, Shareholder Value-Ansatz als (einzige) [Richtschnur] des Vorstandshandelns. „Zeitschrift für Unternehmens- und Gesellschaftsrecht", Berlin, New York, Jg. 27 (1998), Heft 1, S. 69-91.

Westdeutsche Landesbank, Private Finanzierung kommunaler [Infrastrukturprojekte]. Düsseldorf, Münster 1995.

Wetzel, Daniel, „Natürlich haben wir eine [Abwehrstrategie]". Hauptversammlung der Schering AG. „Der Tagesspiegel" vom 30.04./01.05.1997, Nr. 15 967, S. 24.

Wielens, Hans, Die Gründe für die Wahl der [Publikums-Aktiengesellschaft] aus der Sicht des Unternehmens und des Eigentümers. In: Unternehmensfinanzierung heute. Neue Chance für die Aktie? Hrsg. v. Ludwig Mülhaupt und Hans Wielens, 1. Aufl., Frankfurt am Main 1978, S. 73-105.

Wiesner, Herbert, Öffentliche [Finanzwirtschaft] I - Haushaltsrecht. 9., völlig neubearb. Aufl., Heidelberg 1992.

Wille, Eberhard, Die [Bedeutung] der öffentlichen Infrastruktur für die wirtschaftliche Entwicklung: In: Finanzierung und Organisation der Infrastruktur in den neuen Bundesländern. (Schriftenreihe der Gesellschaft für öffentliche Wirtschaft, Heft 34). Hrsg. v. Peter Eichhorn. Baden-Baden 1993, S. 11-36.

Williamson, Oliver E., The [Economic Institutions] of Capitalism. New York 1985.

Windel, Peter A., Die [Festlegung] der gemischtwirtschaftlichen GmbH auf politische Ziele. „Zeitschrift für öffentliche und gemeinwirtschaftliche Unternehmen", Baden-Baden, Bd. 22 (1999), Heft 1, S. 52-65.

Winkler, Ulrich, [Sanierungsmarkt] der Zukunft. "Handelsblatt" vom 25.02.1998, Nr. 39, Beilage „Technik und Innovation", S. 25.

Witte, Eberhard, Der [Einfluß] der Anteilseigner auf die Unternehmenspolitik. „Zeitschrift für Betriebswirtschaft", Wiesbaden, Jg. 51 (1981), Heft 8, S. 733-779.

Wöhe, Günter, [Einführung] in die Allgemeine Betriebswirtschaftslehre. 19., neubearb. Aufl., München1996.

Wöhe, Günter und Bilstein, Jürgen, Grundzüge der [Unternehmensfinanzierung]. 8., überarb. und erw. Aufl., München 1998.

Wosnitza, Michael, Das Agency-theoretische [Unterinvestitionsproblem] in der Publikumsgesellschaft. Heidelberg 1991.

Wriedt, Helmut, Tendenzen im [Kommunalkreditgeschäft] der Hypothekenbanken. „Der Langfristige Kredit", Frankfurt am Main, Jg. 40 (1989), Heft 17/18, S. 554-556.

Zajac, Edward J. und Westphal, James D., The [Costs] and Benefits of Managerial Incentives and Monitoring in Large U.S. Corporations. When ist more not Better. „Strategic Management Journal", Vol. 15 (1994), S. 121-142.

Zechner, Josef, [Managerverhalten] und die optimale Kapitalstruktur von Unternehmungen. Ein Überblick zur Theorie der Agency-Costs. „Journal für Betriebswirtschaft", Wien, Jg. 32 (1982), Heft 1, S. 180-197.

Zeiß, Friedrich, [Eigenbetriebe]. In: Handwörterbuch der Öffentlichen Betriebswirtschaft. (Enzyklopädie der Betriebswirtschaftslehre, Bd. 11). Hrsg. v. Klaus Chmielewicz und Peter Eichhorn. Stuttgart 1989, Sp. 282-294.

Zimmermann, Felix, [Auswirkungen] der Energierechtsreform auf die Finanzlage der Gemeinden. „Der Gemeindehaushalt", Stuttgart, Jg. 100 (1999), Heft 3, S. 49-51.

Zimmermann, Felix, Auswirkungen der [Energierechtsreform] auf die Finanzlage der Städte. „Der Städtetag", Stuttgart, Jg. 52 (1999), Heft 1, 37-40.

Zimmermann, Gebhard, Produktionsplanung, [Verfügungsrechte] und Transaktionskosten. In: Betriebswirtschaftslehre und Theorie der Verfügungsrechte. Hrsg. v. Dietrich Budäus, Elmar Gerum u. Gebhard Zimmermann. Wiesbaden 1988, S. 197-218.

Zimmermann, Gebhard, Zur Substanzerhaltung in Unternehmen unter [Preisaufsicht]. „Zeitschrift für öffentliche und gemeinwirtschaftliche Unternehmen", Baden-Baden, 12 Bd. (1989), Heft 4, S. 498-516.

Zimmermann, Gebhard, [Finanzierungs- und Organisationsmodelle] zur nachhaltigen Minderung der Finanznot in Kommunen. „Betriebswirtschaftliche Forschung und Praxis", Herne, Berlin, Jg. 49 (1997), Heft 4, S. 395-416.

Zimmermann, Gebhard (Hrsg.), Neue [Finanzierungsinstrumente] für öffentliche Aufgaben: Eine Analyse im Spannungsfeld von Finanzkrise und öffentlichem Interesse. (Schriftenreihe der Gesellschaft für öffentliche Wirtschaft, Heft 39). 1. Aufl., Baden-Baden 1997.

Zimmermann, Gebhard, Die [Steuerung] der öffentlichen Aufgabenerfüllung durch finanzielle Mittel in Zeiten der Finanznot. In: Neue Finanzierungsinstrumente für öffentliche Aufgaben: Eine Analyse im Spannungsfeld von Finanzkrise und öffentlichem Interesse. Hrsg. v. Gebhard Zimmermann im Auftrag des Wissenschaftlichen Beirats der Gesellschaft für öffentliche Wirtschaft. (Schriftenreihe der Gesellschaft für öffentliche Wirtschaft, Heft 39). 1. Aufl., Baden-Baden 1997, S. 11-18.

Zimmermann, Gebhard, [Investitionsrechnung]: Fallorientierte Einführung. München, Wien 2000.

Zimmermann, Gebhard und Jöhnk, Thorsten, Shareholder-Value- oder Stakeholder-Ansatz als [Zielkonzeption] für öffentlich-rechtliche Kreditinstitute. „Zeitschrift für das gesamte Kreditwesen", Frankfurt am Main, Jg. 51 (1998), Heft 6, S. 277-280.

Zimmermann, Gebhard und Jöhnk, Thorsten, Probleme der Bestimmung der [Eigenkapitalkosten] öffentlicher Unternehmen. „Zeitschrift für das gesamte Kreditwesen", Frankfurt am Main, Jg. 52 (1999), Heft 19, S. 26-28.

Zwehl, Wolfgang von, Die [Kalkulation] kommunaler Benutzungsgebühren in betriebswirtschaftlicher Sicht. „Zeitschrift für Betriebswirtschaft", Wiesbaden, Jg. 58 (1988), Heft 1, S. 155-170.

Zwehl, Wolfgang von und Kaufmann, Michael, Finanzierung öffentlicher Unternehmen. In: Handwörterbuch des Bank und Finanzwesen. Hrsg. v. Wolfgang Gerke und Manfred Steiner. 2. Aufl., Stuttgart 1995, Sp. 628-637.

GPSR Compliance

The European Union's (EU) General Product Safety Regulation (GPSR) is a set of rules that requires consumer products to be safe and our obligations to ensure this.

If you have any concerns about our products, you can contact us on ProductSafety@springernature.com

In case Publisher is established outside the EU, the EU authorized representative is:

Springer Nature Customer Service Center GmbH
Europaplatz 3
69115 Heidelberg, Germany

Batch number: 10815962

Printed by Printforce, the Netherlands